Der Wechsel von Gesellschaftern bei Personen- und Kapitalgesellschaften in Deutschland, England und Frankreich

EUROPÄISCHE INTEGRATION UND INTERNATIONALE WIRTSCHAFTSBEZIEHUNGEN

Rechtswissenschaftliche Studien

Herausgegeben von Peter Behrens

Band 16

PETER LANG
Frankfurt am Main · Berlin · Bern · Bruxelles · New York · Oxford · Wien

Sven Krämer

Der Wechsel von Gesellschaftern bei Personen- und Kapitalgesellschaften in Deutschland, England und Frankreich

Eine rechtsvergleichende Untersuchung zur Ermittlung gemeinsamer gesellschaftsrechtlicher Prinzipien

PETER LANG
Europäischer Verlag der Wissenschaften

Bibliografische Information Der Deutschen Bibliothek
Die Deutsche Bibliothek verzeichnet diese Publikation in der Deutschen Nationalbibliografie; detaillierte bibliografische Daten sind im Internet über <http://dnb.ddb.de> abrufbar.

Zugl.: Hamburg, Univ., Diss., 2004

D 18
ISSN 0948-8774
ISBN 3-631-52530-3

www.peterlang.de

Meinen Eltern

Vorwort

Diese Schrift hat im Wintersemester 2003/2004 dem Fachbereich Rechtswissenschaft der Universität Hamburg als Dissertation vorgelegen. Rechtsprechung und Literatur sind bis März 2004 nachgetragen worden.

Mein Dank gebührt in erster Linie Herrn *Prof. Dr. Peter Behrens*, der diese Untersuchung angeregt und ihr Entstehen durch eine intensive Betreuung stets gefördert hat. Regelmäßige Treffen mit ihm und den anderen Doktoranden, die ebenfalls rechtsvergleichende Studien im Gesellschaftsrecht betrieben, haben das Gelingen der Untersuchung ganz maßgeblich positiv beeinflusst. Herrn *Prof. Dr. Heribert Hirte* danke ich für die Erstellung des Zweitgutachtens.

Ganz besonders herzlich bedanke ich mich bei meinen Eltern und meiner Großmutter, die mich während meines Studiums und der Erstellung dieser Schrift in jeder Hinsicht unterstützt und ermutigt haben.

Der Grundstein für die Teile der Untersuchung, die das englische Recht betreffen, wurde während eines Forschungsaufenthalts an der University of Cambridge im Sommer 2001 gelegt. Während dieser Zeit erhielt ich von *Prof. Brian Cheffins* wertvolle Hinweise zu den Besonderheiten des englischen Personen- und Kapitalgesellschaftsrechts.

Für die kritische Durchsicht des Manuskripts und wertvolle Hinweise möchte ich mich bei *Philip Peitsmeyer*, *Eckart Lantz*, *Wiebke Robrecht*, *Justus Jansen* und meinem Vater bedanken.

Der Bibliothek des Max-Planck-Instituts für ausländisches und internationales Privatrecht in Hamburg danke ich dafür, dass ich dort auf die Quellen zum englischen und französischen Recht zugreifen durfte.

Zu danken habe ich ferner der Friedrich-Naumann-Stifung für die langjährige finanzielle und ideelle Förderung während meines Studiums und der Promotion.

Hamburg, im März 2004 *Sven Krämer*

Inhaltsübersicht

Inhaltsverzeichnis

Abkürzungen

ABl.	Amtsblatt (der Europäischen Gemeinschaft)
AC	Law Reports, Appeal Cases
al.	alinéa (Absatz)
ALI	American Law Institute
All ER	All England Law Reports
BALO	Bulletin des annonces légales obligatoires (amtliches französisches Anzeigenblatt)
BCC	British Company Law Cases
BCLC	Butterworths Company Law Cases
Beav.	Beavan's English Rolls Court Reports (abgedruckt in 48-55 ER)
BNA 1985	Business Names Act von 1985
BODACC	Bulletin officiel des annonces civiles et commerciales
BörsenZulVO	Börsenzulassungs-Verordnung
Bull. Civ.	Bulletin des arrêts de la Cour de cassation (chambre civ.)
Bull. Joly	Bulletin Joly
Cass. 1re civ.	Cour de cassation, prémière chambre civile
Cass. 2e civ.	Cour de cassation, deuxième chambre civile
Cass. 3e civ.	Cour de cassation, troisième chambre civile
Cass. ass. plén.	Cour de cassation, assemblée plénière
Cass. com.	Cour de cassation, chambre commerciale et financière
Cass. req.	Cour de cassation, chambre des requêtes
CA	1. Court of appeal 2. Cour d'appel
CA 1985	Companies Act von 1985
CA 1989	Companies Act von 1989
C. civ.	Code civil
C. com.	Code de commerce
CfiLR	Company Financial and Insolvency Law Review
Ch.	Law Reports, Chancery (ab 1891)
Ch. D.	Law Reports, Chancery Division (1875-1890)
chron.	chronique
CISG	United Nations Convention on Contracts for the International Sale of Goods (Wiener UN-Kaufrecht)
C.J.	Chief Justice
C.L.J.	Cambridge Law Journal
CLR	Commonwealth Law Reports (Australien)

C. mon. et fin.	Code monétaire et financier
CMF	Conseil des marchés financiers
COB	Commission des opérations de bourse
Co Law	The Company Lawyer
Comm. Law.	Commercial Lawyer
Cornell Int'l L.J.	Cornell International Law Journal
D.	Dalloz
D. 67-236	Décret n° 67-236 du 23 mars 1967 (Ausführungsverordnung zum Gesetz über die Handelsgesellschaften von 1966)
Dr. soc.	Droit des sociétés
DTI	Department of Trade and Industry (vergleichbar mit dem deutschen Wirtschaftsministerium)
éd.	édition
ER	English Reports
EUGEN	Vorschlag einer Verordnung über das Statut der Europäischen Genossenschaft
EUGGES	Vorschlag einer Verordnung über das Statut der Europäischen Gegenseitigkeitsgesellschaft
EURL	Entreprise unipersonelle à responsabilité limitée
UV	Vorschlag einer Verordnung über das Statut des Europäischen Vereins
EWIV	Europäische wirtschaftliche Interessenvereinigung
Fasc.	Fascicule (Heft)
FSA 1986	Financial Services Act 1986
FSAMA 2000	Financial Services and Markets Act 2000
GP	Gazette du Palais
H. L.	House of Lords
IA 1986	Insolvency Act von 1986
ICCLR	International Company and Commercial Law Review
INSEE	Institut national de la statistique et des études économique
J.	Justice (Richter)
JAL	Journal des annonces légales

JBL	The Journal of Business Law
JCl.	Juris-Classeur
JCP	La Semaine Juridique (édition générale)
JCP, éd. E	La Semaine Juridique (édition entreprise)
J. soc.	Journal des Sociétés
Jurispr.	Jurisprudence
KAGG	Gesetz über Kapitalanlagegesellschaften
K. B.	Law Reports King's Bench Division
Law Com.	Law Commission Report
Law Teach.	Law Teacher
L.	Loi (Gesetz)
LCCP	Law Commission Consultation Paper
L.J.	Lord Justice (Richter am Court of Appeal)
Lloyd's Rep.	Lloyd's (List) Law Reports
LMCLQ	Lloyd's Maritime and Commercial Law Quaterly
LPA 1907	Limited Partnership Act von 1907
LQR	Law Quaterly Review
LR	Law Reports
LSE	London Stock Exchange
LSG	The Law Society's Gazette
Ltd.	Limited (Abkürzung für Private limited company)
MJLS	Mountbatten Journal of Legal Studies
MLR	The Modern Law Review
MR	Master of the Rolls (Vorsitzender Richter des Court of Appeal für Zivilsachen)
NaStraG	Gesetz zur Namensaktie und zur Erleichterung der Stimmrechtsausübung (Namensaktiengesetz)
NLJR	New Law Journal Law Reports
(Loi) NRE	(Loi sur les) Nouvelles Régulations Économiques
No.	1. Number 2. numéro
NZLR	The New Zealand Law Reports
O. H.	Outer House (Das Outer House urteilt als Teil des Court of Session, des obersten schottischen Gerichts für Zivilsachen, als erstinstanzliches Gericht)
OJLS	Oxford Journal of Legal Studies

Öst. OGH	Österreichischer Oberster Gerichtshof
P. A.	Les Petites Affiches
PA 1890	Partnership Act von 1890
P. C.	Privy Council
PLC	Practical Law of Companies
plc.	public limited company
Q.B.	Law Reports, Queen's Bench Division
QR	Quarterly Review
r.	regulation
RD banc. et bourse	Revue du droit bancaire et de la bourse
Re	"in the matter of" (in Sachen)
Rev. prat. soc.	Revue pratique des sociétés
Rev. soc.	Revue des sociétés
RJDA	Revue de jurisprudence de droit des affaires
RR	The Revised Reports
RTD civ.	Revue trimestrielle de droit civil
RTD com.	Revue trimestrielle de droit commercial
s./ss.	section (Paragraf, Abschnitt)
SA	Société anonyme
SARL	Société à responsabilité limitée
SAS	Société par actions simplifiée
SBF	Société des bourses françaises
SC	Société civile
SCA	Société en commandite par action
SCS	Société en commandite simple
SCV	Société à capital variable
SE	Societas Europae
SEL	Société d'exercice libéral
SeP	Société en participation
SEVO	Verordnung über die Europäische Aktiengesellschaft (societas europae)
SI	Statutory Instrument (Rechtsverordnung)
SICOVAM	Société Interprofessionelle pour la Compensation des Valeurs Mobilières (zentrale französische Wertpapier-sammelbank)
S. J.	Solicitors' Journal
S.L.R.	The Scottish Law Reporter

SLT	Scots Law Times
SNC	Société en nom collectif
SNM	Société du nouveau marché
somm.	sommaire (kurze Zusammenfassung)
t.	tome (Band)
Table A	Mustersatzung der englischen *private* und *public company*
Trib. com.	Tribunal commercial
TLR	The Times Law Reports
Unidroit	International Institute for the Unification of Private Law
v.	versus
V-C	Vice-Chancellor
WGGDV	Verordnung zur Durchführung des Wohnungsgemeinnützigkeitsgesetzes
WiPO	Wirtschaftsprüferordnung
WLR	Weekly Law Reports
Yale LJ	The Yale Law Journal

Einleitung

Erster Abschnitt: Ziel der Untersuchung

Erster Unterabschnitt: Bedürfnis für die Ermittlung gemeinsamer europäischer Prinzipien des Gesellschaftsrechts

In keinem anderen Bereich des Privatrechts ist die Rechtsangleichung innerhalb der Europäischen Union so weit vorangeschritten wie im Gesellschaftsrecht.[1] An einer Harmonisierung des Gesellschaftsrechts wird bereits seit über 30 Jahren gearbeitet: Insgesamt 14 Richtlinien und Richtlinienentwürfe betreffen die Angleichung des materiellen Gesellschaftsrechts in den Mitgliedstaaten der Europäischen Union. Neun sind bereits erlassen, fünf befinden sich im Stadium des Vorschlags bzw. Vorentwurfs. Mit der Einführung der Europäischen Wirtschaftlichen Interessenvereinigung (EWIV) im Jahre 1985 gibt es zudem bereits jetzt eine der deutschen OHG nahestehende originär europäische Gesellschaftsform, die vor allem von Angehörigen freier Berufe (Rechtsanwälte, Steuerberater) für grenzüberschreitende Kooperationen genutzt wird. Jüngst ist zudem das Statut für die Europäische Aktiengesellschaft (*Societas Europae*) verabschiedet worden.[2] Bisher nicht verabschiedete Verordnungsvorschläge der Europäischen Kommission existieren für das Statut für Europäische Vereine (1992), das Statut für Europäische Genossenschaften (1992) und für das Statut einer Europäischen Gegenseitigkeitsgesellschaft (1992). Die EU-Kommission strebt nicht nur eine bloße Angleichung der innerstaatlichen Rechtsvorschriften, sondern ein „echtes europäisches Gesellschaftsrecht" an.[3]

Die Initiative für eine Rechtsangleichung im Bereich des Gesellschaftsrechts geht aber nicht nur von der Europäischen Kommission aus. So haben eine Reihe von Experten aus verschiedenen Mitgliedstaaten der Europäischen Union in Zusammenarbeit mit der Industrie- und Handelskammer Paris einen ersten Vorschlag für das Statut einer Europäischen Privatgesellschaft für die

---

1 *Behrens*, in: Dauses, E. III., Rn. 4; *ders.*, EuZW 1996, 193; *Hommelhoff*, AcP 192 (1992), 71, 76 f.; *Reher*, 21.

2 Vgl. hierzu: *Hopt*, EuZW 2002, 1 („Durchbruch im Hinblick auf das europäische Gesellschaftsrecht insgesamt"); *Neye*, ZGR 2002, 377; *C. Teichmann*, ZGR 2002, 383; zur SE auch schon *Jaeger*.

3 *Europäische Kommission*, Bedingungen für die Unternehmenskooperation, 5. Für eine weitere Harmonisierung auf dem Gebiet des Gesellschaftsrechts auch: *Lutter*, in: Grundmann, Systembildung, 121, 142; *Ebke*, FS Großfeld, 189, 192 f.; *Bachmann*, ZGR 2001, 351, 372; *Deckert*, RabelsZ 64 (2000), 478, 492 f.; *Tilmann*, in: Müller-Graff, Gemeinsames Privatrecht, 579, 589.

Zielgruppe der kleineren und mittleren Unternehmen vorgelegt.[4] In diesem Statut wird in weiten Teilen zur Lückenfüllung auf „allgemeine Prinzipien des Gesellschaftsrechts der Gemeinschaft“[5] und die „allgemeinen Prinzipien, die den nationalen Rechtsordnungen gemeinsam sind,“[6] verwiesen. Diese Prinzipien sind aber bisher nicht ermittelt worden.[7]

Der Grund für die bereits stark fortgeschrittene europäische Rechtsangleichung im Bereich des Gesellschaftsrechts liegt in ihrer Bedeutung für das Funktionieren des Gemeinsamen Marktes. Für Unternehmen wird durch eine Angleichung der Gesellschaftsrechte die grenzüberschreitende Betätigung erleichtert. Diese expandieren am ehesten in fremde Märkte, deren rechtliche Rahmenbedingungen sie genau kennen, also am ehesten in Märkte, in denen die gleichen rechtlichen Regelungen gelten wie in ihrem nationalen Markt. So könnte eine weitere Rechtsangleichung in Europa zu einem höheren grenzüberschreitenden Geschäftsvolumen führen und damit ein Beitrag zu einer weiteren Integration der nationalen Märkte zu einem gemeinsamen (europäischen) Markt geleistet werden.[8]

Eine zusätzliche Dynamik für eine Harmonisierung des Gesellschaftsrechts dürfte von den vom Europäischen Gerichtshof erlassenen Urteilen in Sachen *Centros* (1999)[9], *Überseering*[10] und *Inspire Art*[11] ausgehen. In den Urteilen hat der EuGH entschieden, dass das Recht einer Gesellschaft, in anderen Mitgliedstaaten Zweigniederlassungen zu gründen, unmittelbar aus der vom EG-Vertrag gewährleisteten Niederlassungsfreiheit (Art. 43, 48 EG-

---

4 *Boucourechliev/Hommelhoff*, Europäische Privatgesellschaft. Kritisch zu diesem Projekt: *Ehricke*, RabelsZ 64 (2000), 498, 515 f. Für eine „europäische GmbH“ jüngst auch: *Horstmeier*, GmbHR 2001, 332, 336; *Lutter*, ZGR 2000, 1, 16.

5 Vgl. hierzu im Einzelnen: *Völter*, 113 ff.

6 Vgl. Art. 12 Abs. 2 des Verordnungsentwurfs zur Europäischen Privatgesellschaft, abgedruckt als Anhang 2 bei *Boucourechliev/Hommelhoff*, Europäische Privatgesellschaft.

7 *Ehricke*, RabelsZ 64 (2000), 498, 515; *Bachmann*, ZGR 2001, 351, 374; *Dejmek*, NZG 2001, 878, 881.

8 *Behrens*, GmbHR 1993, 129; *ders.*, RabelsZ 50 (1986), 19, 21; *Vogel*, RabelsZ 65 (2001), 591, 591 f.; *Neßler*, ZfRV 2000, 1.

9 EuGH, 9.3.1999 - Rs. C-212/97 (Centros Ltd. ./. Erhvervs- og Selskabsstyrelsen), Slg. 1999, I-1484 ff. Vgl. hierzu zuletzt m. w. N. auf die zahlreichen anderen Literaturstimmen: *Klinke*, ZGR 2002, 163, 167 ff.; zu Reaktionen mitgliedstaatlicher Gerichte auf dieses Urteil: *Behrens*, IPRax 2000, 384 ff.

10 EuGH, 5.11.2002 - Rs. C-208/00 (Überseering BV ./. Nordic Construction Company Baumanagement GmbH (NCC)), NJW 2002, 3614. Vgl. hierzu z. B.: *Behrens*, IPRax 2003, 193; *ders.*, EuZW 2002, 737; *Geyrhalter/Gänßler*, NZG 2003, 409; *Lutter*, BB 2003, 7; *Kindler*, NJW 2003, 1073; *Zimmer*, BB 2003, 1.

11 EuGH, 30.09.2003 – Rs. C-167/01 (Kamer van Koophandel en Fabrieken voor Amsterdam ./. Inspire Art Ltd.), NJW 2003, 3331. Vgl. hierzu: *Hirsch/Britain*, NZG 2003, 1100; *Kindler*, NZG 2003, 1086; *Zimmer*, NJW 2003, 3585.

Vertrag) folge. Konsequenz der Urteile wird sein, dass im deutschen Rechtsverkehr vermehrt auch Gesellschaften ausländischen Rechts wie die englische *private company* auftreten werden. Vor diesem Hintergrund dürfte sich der Druck auf die Mitgliedstaaten, die Harmonisierung des Gesellschaftsrechts in der Europäischen Union weiter voranzutreiben, erheblich erhöhen:[12] dadurch, dass es in Zukunft möglich sein wird, beliebige Gesellschaftsformen aus anderen EU-Staaten zu „importieren", werden sich innerhalb der Europäischen Union die wirtschaftlichen Akteure zunehmend für die Gesellschaftsformen entscheiden, die für sie am vorteilhaftesten sind. Diese weisen aber für ihre Vertragspartner und Gläubiger häufig große Nachteile auf, z. B. durch sehr eingeschränkte Haftungsrisiken für die Geschäftsführer und Gesellschafter. So besteht die Gefahr, dass sich auf diesem Wege in Europa ein Qualitätsverlust im Gesellschaftsrecht, insbesondere hinsichtlich des Gläubiger- und Minderheitenschutzes, durchsetzt („race to the bottom").[13] Zudem beeinträchtigt es die Rechtssicherheit, wenn in einem Mitgliedstaat Unternehmen in Gesellschaftsformen tätig werden, die anderen nationalen Rechtsordnungen innerhalb der Europäischen Union entstammen. Den Vertragspartnern dieser Gesellschaften dürfte dann oft nicht bekannt sein, welche Konsequenzen der Vertragsschluss mit einer solcher Gesellschaft hat (z. B. hinsichtlich der Haftung), weil sie die für diese geltenden rechtlichen Regelungen aus anderen EU-Staaten nicht kennen.

Will man die Gesellschaftsrechtsordnungen der Gemeinschaft aber vereinheitlichen, dann liegt es nahe, zunächst die Rechtsregeln herauszuarbeiten, die in allen Mitgliedstaaten gleich oder zumindest vergleichbar vorhanden sind (gemeinsame Prinzipien der europäischen Gesellschaftsrechtsordnungen).[14] Kennt man zusätzlich die genauen Unterschiede zwischen den europäischen Gesellschaftsrechtsordnungen, kann man auf der Grundlage dieses Wissens entscheiden, wie auf europäischer Ebene weiter verfahren werden soll: denkbar wäre es, eine nationale Lösung als die „beste Lösung" in Europa zu verwirklichen. Man könnte aber auch eine einheitliche Regelung entwickeln, die Komponenten der verschiedenen nationalen Lösungen enthält. Schließlich besteht die Möglichkeit, das Gesellschaftsrecht in bestimmten

---

[12] *Bachmann*, ZGR 2001, 351, 372 f.; *Deckert*, RabelsZ 64 (2000), 478, 492 f.; *Freitag*, EuZW 1999, 267, 270.

[13] *Blaurock*, ZEuP 1998, 460, 463, spricht in diesem Zusammenhang von der Gefahr der europaweiten Durchsetzung von gesellschaftsrechtlichen „Discountregelungen". Vgl. auch *Lutter*, in: Grundmann, Systembildung, 121, 135; *Deckert*, RabelsZ 64 (2000), 478, 493; *Neßler*, ZfRV 2000, 1, 1 f.

[14] *C. Teichmann*, ZGR 2002, 383, 409 (im Hinblick auf die Auslegung der Verordnung über die Europäische Aktiengesellschaft); *Ebke*, FS Großfeld, 189, 210 f. (im Hinblick auf die Aufgabe des *American Law Institute*).

divergierenden Punkten in Europa bewusst nicht zu vereinheitlichen und insofern einem Wettbewerb der nationalen Rechtsordnungen den Vorrang einzuräumen.[15]

Im Rahmen dieser Untersuchung sollen gemeinsame Prinzipien für den Wechsel von Gesellschaftern ermittelt werden.[16] Dabei beschränkt sich die Untersuchung auf die Rechtsordnungen Deutschlands, Englands[17] und Frankreichs. Diese drei Rechtsordnungen wurden deshalb ausgewählt, weil sich so ein möglichst repräsentativer Überblick über die Gesellschaftsrechte in Europa ergibt: Die Rechtsordnungen von Deutschland, England und Frankreich stehen stellvertretend für die drei großen in der Europäischen Union existierenden Rechtskreise, nämlich für den germanischen, den angloamerikanischen und den romanischen Rechtskreis.

Die Möglichkeit eines Gesellschafterwechsels ist von erheblicher praktischer Bedeutung und für jeden Gesellschafter von großem Interesse. Sie prägt das Erscheinungsbild einer Gesellschaft und stellt bei der Wahl der konkreten Gesellschaftsform einen wichtigen Aspekt dar. Gerade bei grenzüberschreitenden Aktivitäten, bei denen mit einem ausländischen Partner in einer Gesellschaftsform ausländischen Rechts kooperiert werden soll, ist es für die Handelnden wichtig zu wissen, ob sie sich bei eventuell auftretenden Streitigkeiten von einem Partner trennen können oder ob umgekehrt die Möglichkeit besteht, ein zusätzliches Mitglied in die Gesellschaft aufzunehmen. Insofern besteht gerade im Bereich des Wechsels von Gesellschaftern ein hoher Bedarf an Harmonisierung der Regelungen auf europäischer Ebene.

Die Untersuchung beschränkt sich nicht auf eine Gesellschaftsform in jeder Rechtsordnung und ist auch weder auf Personen- noch auf Kapitalgesellschaften beschränkt. In die Untersuchung werden vielmehr die wirtschaft-

---

15 *Hopt*, ZIP 1998, 96, 98 f.; *ders.*, ZGR 1992, 265, 293; *Deckert*, RabelsZ 64 (2000), 478, 488 f.; zu einem möglichen Wettbewerb der verschiedenen Gesellschaftsrechtsformen in der EU: *Cheffins*, 426 ff.

16 Diese Untersuchung ist Teil eines Forschungsprojekts, in dem verschiedene Arbeiten der Ermittlung gemeinsamer gesellschaftsrechtlicher Prinzipien der Rechtsordnungen Deutschlands, Englands und Frankreichs gewidmet sind. Vgl. beispielsweise *Schwanna* zur Gründung von Gesellschaften, *Schmidt-Tiedemann* zur Geschäftsführung und Vertretung und *Wendt* zur Kontrolle der Geschäftsführung.

17 England, Wales, Schottland und Nordirland bilden gemeinsam das Vereinigte Königreich. Im Vereinigten Königreich besteht im Bereich des Gesellschaftsrechts kein einheitlicher Rechtsraum. Vielmehr unterscheidet sich teilweise das Recht, das in England und Wales gilt, vom schottischen und nordirischen Recht. Diese Untersuchung beschränkt sich auf die Untersuchung der Rechtsregeln, die in England und Wales gelten. Vereinfachend wird in den folgenden Ausführungen vom englischen Recht die Rede sein, wenn damit die Gesamtheit der in England und Wales geltenden Rechtsregeln gemeint ist. Vgl. hierzu: *Rajak*, in: Lutter/Wiedemann, Gestaltungsfreiheit, 187, 188; *Triebel/Hodgson/Kellenter/Müller*, Rn. 559; *Blumenwitz*, 3.

lich bedeutendsten Personen- und Kapitalgesellschaftsformen in Deutschland, England und Frankreich einbezogen.[18]

Zweiter Unterabschnitt: Beispiele bereits ermittelter gemeinsamer Prinzipien

Für das Vertragsrecht haben international zusammengesetzte Gremien von Wissenschaftlern bereits gemeinsame Prinzipien verschiedener nationaler Rechtsordnungen erarbeitet. Zu nennen sind hier vor allem die sogenannten „*Principles of European Contract Law*" der *Lando*-Kommission, die auf einer privaten Initiative beruht,[19] sowie die „*Principles of International Commercial Contracts*", die von UNIDROIT (*Institut international pour l'unification du droit privé*) – einer unabhängigen zwischenstaatlichen Organisation mit ca. 60 Mitgliedstaaten – vorgelegt wurden[20]. Für den Bereich des internationalen Handels existiert das Wiener UN-Kaufrecht von 1980 (CISG), das inzwischen von über 50 Staaten ratifiziert und in ihre nationalen Rechtsordnungen inkorporiert worden ist.[21] Die Erarbeitung von gemeinsamen Prinzipien auf dem Gebiet des Deliktsrechts hat sich die ebenfalls private Initiative der *European Group on Tort Law* („*Tilburg Group*") zum Ziel gesetzt.[22] Auf dem Gebiet des Gesellschafts- und Unternehmensrechts hinken die Entwicklungen hingegen noch hinterher.[23]

Um gemeinsame Prinzipien handelt es sich auch bei den US-amerikanischen *Restatements*.[24] Als Reaktion auf die große Rechtszersplitterung in den USA – jeder Einzelstaat hat seine eigenen Gesetze, so dass es

---

[18] Zu den untersuchten Gesellschaftsformen vgl. im Einzelnen unten S. 36 ff.

[19] *Lando/Beale*, Principles of European Contract Law. Vgl. hierzu: *Lando*, in: Müller-Graff, Gemeinsames Privatrecht, 567; *Zimmermann*, JZ 1995, 477.

[20] Zur Ausrichtung des Unidroit-Projekts vgl.: *Bonell*, RabelsZ 56 (1992), 274 ff.; *ders.*, International Restatement of Contract Law; *Hartkamp*, in: Hartkamp, European Civil Code, 37 ff.; *Burkart*, 27 ff.; *Kötz*, RabelsZ 50 (1986), 1, 3 f.; *Hirte*, Wege zu einem europäischen Zivilrecht, 36; *Zimmermann*, JZ 1995, 477, 480; *Taupitz*, 16. Genauere Informationen finden sich dazu auch im Internet unter: http://www.unidroit.org.

[21] Eine Liste der Vertragsstaaten findet sich bei *Schlechtriem*, Kommentar zum UN-Kaufrecht, Anh. I.

[22] Vgl. zur Arbeit der *Tilburg Group*: *Spier/Haazen*, ZEuP 1999, 469. Informationen hierzu gibt es auch im Internet unter: http://civil.udg.es/tort/principles.htm.

[23] *Ebke*, FS Großfeld, 189, 202.

[24] Ausführlicher zu den *Restatements*: *Schindler*, ZEuP 1998, 277 f.; *Ebke*, FS Großfeld, 189, 203 ff.; *Hirte*, Wege zu einem europäischen Zivilrecht, 35 ff.; *Zweigert/Kötz*, 246 f.; vgl. auch: *Zimmermann*, JZ 1995, 477, 478; *Reher*, 82 f. Auch die *Principles of European Contract Law* sind von der Idee der amerikanischen *Restatements* inspiriert. Vgl.: *Lando/Beale*, xxvi; *Zimmermann*, JZ 1995, 477, 478 f.

innerhalb der USA fünfzig verschiedene Rechtsordnungen gibt – und der damit einhergehenden Rechtsunsicherheit und Komplexität entstand im Jahre 1923 das *American Law Institute* (ALI). Diese private Vereinigung von Professoren, Richtern und Anwälten setzte sich zum Ziel, das Fallrecht der verschiedenen Einzelstaaten systematisch in kodifikationsähnlicher Form zusammenzufassen.[25] Die inhaltlich nicht bindenden Regeln sollen den Gerichten die Arbeit erleichtern und in der rechtswissenschaftlichen Diskussion als Arbeitsgrundlage dienen.[26] Die *Restatements* folgen in ihrem Aufbau einem einheitlichen Muster: Die Grundprinzipien des jeweiligen Rechtsgebiets werden möglichst einheitlich im Stile eines Gesetzes formuliert. Bei unterschiedlichen Rechtslagen in den Bundesstaaten der USA wird der aus Sicht des ALI geeignetsten und am überzeugendsten begründeten Rechtsregel der Vorzug eingeräumt; abweichende Rechtslagen werden offen gelegt. Eingehende Anmerkungen (*Comments*) und Erläuterungen (*Illustrations*) begleiten die *Principles*.[27]

Zweiter Abschnitt: Der Begriff der „gemeinsamen Prinzipien"

Wenn es im Folgenden um die Erarbeitung von gemeinsamen Prinzipien geht, was soll dann unter diesem Begriff verstanden werden? In der Rechtstheorie ist umstritten, wie der Begriff der Prinzipien genau zu bestimmen ist. Meist werden diese in Abgrenzung zu Rechtsregeln definiert.[28] Die dabei zur Unterscheidung vorgeschlagenen Kriterien sind zahlreich.[29] Häufig wird als Unterscheidungskriterium das der Generalität herangezogen. Prinzipien sind danach Normen mit einem relativ hohen und Rechtsregeln Normen mit einem relativ geringen Generalitätsgrad.[30] Ebenfalls als Unterscheidungskriterien werden die Bestimmbarkeit der Anwendungsfälle,[31] der Bezug zur Rechtsidee[32] und die Bedeutung für die Rechtsordnung[33] verwandt. *Esser* möchte

25 *Schindler*, ZEuP 1998, 277, 278 f.

26 *Reher*, 82 f. Inzwischen ist es üblich, dass von Gerichten und Anwälten an Stelle des Fallrechts die *Restatements* zitiert werden. Vgl. *Elsing/Van Alstine*, Rn. 67.

27 Vgl. z. B. den Aufbau der vom ALI herausgegebenen *Restatements* zum *Contract Law*.

28 Umfassend zur Bedeutung von allgemeinen Rechtsprinzipien aus rechtsvergleichender Sicht: *Esser*, Grundsatz und Norm.

29 Eine Übersicht über die verwendeten Unterscheidungskriterien findet sich bei *Alexy*, Theorie der Grundrechte, 73 ff.

30 *Raz*, Yale LJ 81 (1972), 823, 838; *Hughes*, Yale LJ 77 (1968), 411, 419; *Alexy*, 73, m. w. N.; ähnlich: *Fikentscher*, Methoden des Rechts IV, 211 f.

31 *Esser*, Grundsatz und Norm, 51.

32 *Larenz*, Methodenlehre, 474.

33 *Peczenik*, Rechtstheorie, 2 (1971), 17, 30.

Prinzipien und Regeln danach unterscheiden, ob sie Gründe für Regeln oder selbst Regeln sind.[34]

Ohne sich zwischen diesen unterschiedlichen Auffassungen zu entscheiden, lässt sich festhalten, dass Prinzipien einen abstrakteren Charakter haben, während Regeln sich eher auf konkrete Sachverhalte beziehen.[35] Bei den gesetzlichen Regelungen, wie sie in den untersuchten Rechtsordnungen anzutreffen sind, handelt es sich demnach grundsätzlich um Regeln, während hinter einzelnen Normen stehende allgemeingültigere Rechtsgedanken wie z. B. der Grundsatz von Treu und Glauben als Prinzip zu verstehen sind.[36] Die in dieser Untersuchung zu ermittelnden gemeinsamen Prinzipien weisen zwar zumeist keinen höheren Abstraktionsgrad auf als die gesetzlichen Regelungen in den einzelnen untersuchten Rechtsordnungen. Sie könnten zum großen Teil in der Form auch als Gesetze in den nationalen Rechtsordnungen bestehen. Allerdings haben die gemeinsamen Prinzipien deswegen einen allgemeingültigeren Charakter als nationale Rechtsregeln, weil sie die Regelungen dreier unterschiedlicher Rechtsordnungen enthalten. Damit sind die hier als gemeinsame Prinzipien bezeichneten Normen zwischen den Regeln und den Prinzipien anzusiedeln. Sie weisen einen höheren Generalitätsgrad auf als die einzelnen nationalen Rechtsregeln, auf denen sie beruhen, haben aber grundsätzlich nicht einen so hohen Generalitätsgrad wie die Normen, die gemeinhin als Prinzipien bezeichnet werden.

Wie sollen die gemeinsamen Prinzipien aber ermittelt werden? Eine Möglichkeit wäre es, nur dann von einem gemeinsamen Prinzip zu sprechen, wenn die Regelungen in allen drei untersuchten Rechtsordnungen exakt übereinstimmen. Eine andere Möglichkeit bestünde darin, ein gemeinsames Prinzip schon dann zu formulieren, wenn ein bestimmtes Regelungsmodell mehrheitlich in den drei untersuchten Ländern verwirklicht ist. Im letzteren Fall stellte sich aber die Frage, wie großzügig dann vorgegangen werden dürfte. Soll es zur Bildung eines gemeinsamen Prinzips beispielsweise bereits ausreichen, dass ein Sachverhalt in zwei von drei Rechtsordnungen übereinstimmend und in einer Rechtsordnung abweichend geregelt ist? Ein besonderes Problem stellt sich im Rahmen dieser Untersuchung, weil es hier nicht nur um den Vergleich von drei Rechtsordnungen geht, sondern um den Vergleich von mehreren verschiedenen Gesellschaftsformen in drei unterschiedlichen Ländern.[37] Würde man einer strengen Konzeption folgen, dann hätte

---

[34] *Esser*, Grundsatz und Norm, 51 f.: „Das Prinzip ist nach kontinentaler Vorstellung nicht selbst ‚Weisung, sondern Grund, Kriterium und Rechtfertigung der Weisung."

[35] *Larenz*, Methodenlehre, 474; *Peczenik*, Rechtstheorie, 2 (1971), 17, 30.

[36] *Fikentscher*, Methoden des Rechts IV, 212.

[37] Untersucht werden insgesamt vierzehn verschiedene Gesellschaftsformen in den drei Ländern. Vgl. dazu unten S. 36 ff.

die Tatsache, dass bei einer Gesellschaftsform in einer der drei Rechtsordnungen in einer bestimmten Frage eine von den anderen Gesellschaftsformen abweichende Rechtslage besteht, zur Folge, dass kein gemeinsames Prinzip gebildet werden könnte. Im Ergebnis würde dies dazu führen, dass nur sehr wenige Gemeinsamkeiten festgestellt werden könnten,[38] obwohl möglicherweise doch eindeutige gemeinsame Regelungstendenzen erkennbar sind. Auf der anderen Seite sollen aber bestehende Unterschiede durch die Bildung von gemeinsamen Prinzipien nach dem „Mehrheitsprinzip" auch nicht ignoriert werden.

Bei der nachfolgenden Untersuchung wird deshalb ein Mittelweg eingeschlagen. Ist eine Regelung in einer der untersuchten Rechtsordnungen überhaupt nicht verwirklicht, dann darf sie nicht zum gemeinsamen Prinzip erhoben werden. Liegt aber ein „Ausreißer" in dem Sinne vor, dass eine Abweichung nur bei einer oder zwei von vierzehn untersuchten Gesellschaftsformen besteht, dann ist die Bildung eines gemeinsamen Prinzips nicht ausgeschlossen.[39] Zur Beantwortung der Frage, ob eine bestimmte abweichende Regelung der Bildung eines gemeinsamen Prinzips entgegensteht oder nicht, soll jeweils folgende Kontrollüberlegung angestellt werden: Würde das Land, dessen nationale Regelungen zum Teil von dem anvisierten gemeinsamen Prinzip abweichen, sich aller Voraussicht nach widersetzen, wenn dieses anvisierte gemeinsame Prinzip als eine gemeinsame europäische Regelung vorgeschlagen würde? Ist eine bestimmte Regelung auch in der eigenen Rechtsordnung rechtspolitisch umstritten, wird sie vielleicht sogar als Nachteil empfunden, dann spricht dies beispielsweise dafür, dass ein Land eine Harmonisierung auf europäischer Ebene nicht scheitern lassen würde, weil es seine von den übrigen Ländern abweichende Regelung aufgeben müsste. In einem solchen Fall scheint die Bildung eines gemeinsamen Prinzips – unter Offenlegung der teilweise bestehenden Abweichungen in den untersuchten Rechtsordnungen – gerechtfertigt zu sein.

Zur Beantwortung der Frage, ob jeweils ein gemeinsames Prinzip gebildet werden kann, werden aber nicht nur quantitative Überlegungen angestellt. Die verschiedenen vorhandenen Regelungsmodelle werden vielmehr in gewissem Umfang auch qualitativ betrachtet. So wird im Rahmen einer wertenden Betrachtung teilweise auch danach gefragt, welche der vorhandenen Regelungsmodelle ökonomisch am sinnvollsten ist und damit als modernste Regelung charakterisiert werden kann. Auch die *Principles of European Contract Law* wollen zwar (nur) einen gemeinsamen Kern (*common core*)

---

[38] Auf dieses Problem verweist auch *Bachmann*, ZGR 2001, 351, 376 ff.

[39] Ebenso im Hinblick auf die Entstehung der *Principles of European Contract Law*: *Lando/Beale*, xxvi.

des Vertragsrechts der Mitgliedstaaten der EU herausarbeiten, zielen aber insgesamt auf eine Rechtsvereinheitlichung und damit im Hinblick auf die nationalen Rechte auf eine Rechtsreform oder Rechtsfortbildung ab. Insofern sind auch bei ihrer Erstellung zum Teil wertende Betrachtungen angestellt worden.[40] Selbst die amerikanischen *Restatements* beschränken sich nicht auf eine reine Feststellung der bestehenden Gemeinsamkeiten. Bei unterschiedlichen Rechtslagen in den Einzelstaaten erfolgt in den *Restatements* vielmehr auch eine Entscheidung streitiger Rechtsfragen.[41]

Als Rechtsquelle wird zur Ermittlung der gemeinsamen Prinzipien alles herangezogen, was das Rechtsleben der drei untersuchten Rechtsordnungen gestaltet oder mitgestaltet.[42] Einbezogen werden deshalb nicht nur die bestehenden gesetzlichen Regelungen im Sinne von Gesetzen oder Verordnungen, sondern auch das Richterrecht.[43] Darüber hinaus ist zu beachten, dass in einigen Rechtsordnungen die typischerweise gewählte Gestaltung von Verträgen positive, durch Gesetz oder Richterrecht fixierte Normen praktisch obsolet macht.[44] So kann das gleiche Problem in der einen Rechtsordnung durch eine Rechtsnorm und in der anderen Rechtsordnung durch eine außerrechtliche Usance gelöst werden.[45] Dies ist der Grund dafür, dass nachfolgend bei fehlenden gesetzlichen Regelungen zum Teil auch typischerweise verwendete Verträge (Typenverträge)[46] in die Untersuchung einbezogen werden.[47]

---

40 *Lando/Beale*, xxiii: „The principles are intended to be progressive." Ebenso: *Hirte*, Wege zu einem europäischen Zivilrecht, 36; *Zimmermann*, JZ 1995, 477, 479.

41 *Zimmermann*, JZ 1995, 477, 479; *Schindler*, ZEuP 1998, 293; *Elsing/Van Alstine*, Rn. 67.

42 Zur Rechtsquelle im Sinne rechtsvergleichender Forschung vgl. *Zweigert/Kötz*, 34.

43 Das Richterrecht spielt eine überragende Rolle im englischen Gesellschaftsrecht.

44 Vgl. *Zweigert/Kötz*, 37.

45 *Zweigert/Kötz*, 37, verweisen als Beispiel auf das Problem der Bindung an die Offerte: Im *Common Law* ist das Angebot bis zur Annahme grundsätzlich frei widerruflich. In Deutschland ist der Anbietende dagegen eigentlich nach § 145 BGB an sein Angebot gebunden, allerdings wird im Handelsverkehr diese Bindungswirkung durch die in Allgemeinen Geschäftsbedingungen enthaltenen Klauseln wie „freibleibend", „ohne Obligo", „Lieferungsmöglichkeit vorbehalten" in der Regel gerade vermieden. Es liegt bei solcher Vertragsgestaltung oftmals gar kein rechtswirksames Angebot, sondern nur eine „invitatio ad offerendum" vor.

46 Diese finden sich in den einschlägigen Formularbüchern.

47 Vor allem bei der englischen *partnership* und der *limited partnership* unterliegen einige Fragen, die in Frankreich und Deutschland gesetzlich geregelt sind, keiner gesetzlichen Regelung und sind der freien Gestaltung durch die Gesellschafter überlassen.

Dritter Abschnitt: In die Untersuchung einbezogene Gesellschaftsformen

Gegenstand der Untersuchung sind die wirtschaftlich bedeutendsten Gesellschaftsformen in Deutschland, England und Frankreich, und zwar sowohl aus dem Bereich der Personen- als auch aus dem Bereich der Kapitalgesellschaften. Nachfolgend soll ein kurzer Überblick über die rechtliche Ausgestaltung und die rechtstatsächliche Bedeutung der zu untersuchenden Gesellschaftsformen gegeben werden.

Erster Unterabschnitt: Rechtliche Ausgestaltung

A. Personengesellschaften

I. Deutschland

Im deutschen Recht werden als wirtschaftlich bedeutendste Personengesellschaften die Gesellschaft bürgerlichen Rechts (GbR), die Offene Handelsgesellschaft (OHG) und die Kommanditgesellschaft (KG) untersucht.[48]

1. Gesellschaft bürgerlichen Rechts

Die GbR ist eine Personengesellschaft, deren Zweck nicht auf den Betrieb eines Handelsgewerbes gerichtet ist[49] und deren Mitglieder gesamtschuldnerisch für die Verbindlichkeiten der Gesellschaft haften.[50] Sie wird nicht in einem öffentlichen Register eingetragen. Die Geschäftsführung und die Vertretung der Gesellschaft obliegt allen Gesellschaftern gemeinschaftlich (§§ 709 Abs. 1, 714 BGB), es sei denn, im Gesellschaftsvertrag ist etwas anderes vereinbart (§ 710 BGB).

2. Offene Handelsgesellschaft

Die OHG ist eine Personengesellschaft, deren Zweck auf den Betrieb eines Handelsgewerbes gerichtet ist und bei der alle Gesellschafter unbeschränkt

[48] Nicht untersucht werden die in Deutschland existierenden Mischformen (z. B. GmbH & Co. KG), weil sich in diesen letztendlich auch nur die vom Gesetz bereitgestellten Regelungen für die Grundformen widerspiegeln.

[49] Eine Gesellschaft, deren Zweck auf den Betrieb eines Handelsgewerbes gerichtet ist, ist eine OHG (§ 105 Abs. 1 HGB).

[50] *Grunewald*, GesR, 1. A., Rn. 106. Die GbR ist geregelt in §§ 705-740 BGB.

für die Gesellschaftsverbindlichkeiten haften (§ 105 Abs. 1 HGB).[51] Die OHG muss ins Handelsregister eingetragen werden (§ 106 HGB). Da die Eintragung nur deklaratorisch ist, besteht eine OHG aber unabhängig davon, ob sie eingetragen ist oder nicht.[52] Zur Geschäftsführung und Vertretung sind alle Gesellschafter allein berechtigt und verpflichtet (§§ 114 Abs. 1, 125 Abs. 1 HGB), soweit nichts Abweichendes vereinbart ist (§§ 109, 125 Abs. 1 HGB).

3. Kommanditgesellschaft

Die KG ist eine Sonderform der OHG, die dadurch gekennzeichnet ist, dass bei einem Teil der Gesellschafter (den Kommanditisten) die Haftung für Gesellschaftsverbindlichkeiten auf eine bestimmte Vermögenseinlage beschränkt ist.[53] Für die KG gelten grundsätzlich die gleichen Vorschriften wie für die OHG (§ 161 Abs. 2 HGB). Die Kommanditisten sind von der Führung der Geschäfte ausgeschlossen, wenn im Gesellschaftsvertrag nichts anderes vereinbart ist (§ 164 HGB).[54]

II. England

Im englischen Recht werden nicht wie im deutschen (und im französischen) Recht drei Personengesellschaftsformen untersucht, sondern nur zwei, nämlich die *partnership* und die *limited partnership*. Dies liegt daran, dass das englische Recht keine Sondernormen für den kaufmännischen Bereich kennt[55] und insofern die *partnership* in England die Funktion erfüllt, die in Deutschland teils der OHG und teils der GbR zukommt.[56]

---

[51] Die OHG ist geregelt in §§ 105-160 HGB.

[52] Etwas anderes gilt jedoch in dem Fall, dass die Gesellschaft kein Handelsgewerbe im Sinne von § 1 Abs. 2 HGB betreibt. Eine OHG kann auch in diesem Fall entstehen, aber eben nur durch Eintragung im Handelsregister (§ 2 HGB).

[53] Die KG ist geregelt in §§ 161-229 HGB.

[54] BGH, Urteil v. 9.12.1968, BGHZ 51, 198, 201; MünchKommHGB-*Grunewald*, § 164, Rn. 2; *Grunewald*, GesR, 1. C., Rn. 13.

[55] So braucht eine *partnership* nicht auf den Betrieb eines Handelsgewerbes ausgerichtet zu sein, wenn der Zusammenschluss nur der Gewinnerzielung dient (s. 1 (1) PA 1890).

[56] *Triebel/Hodgson/Kellenter/Müller*, Rn. 787.

1. Partnership

Auch bei der *partnership* haften die Gesellschafter gesamtschuldnerisch (*jointly*) für die Gesellschaftsverbindlichkeiten (s. 9 PA 1890).[57] Neben dem sehr bedeutenden Richterrecht richtet sich das Recht der *partnership* vor allem nach dem *Partnership Act* von 1890. *Partnerships* werden wie die GbR nicht in einem öffentlichen Register geführt. Die Geschäftsführungsbefugnis ist durch die Gesellschafter im Gesellschaftsvertrag (dem *partnership agreement)* zu regeln.[58] Zur Vertretung der Gesellschaft ist jedes Mitglied allein befugt (s. 5 PA 1890). Die Zahl der Gesellschafter ist grundsätzlich auf zwanzig begrenzt (s. 716 (1) CA 1985).[59]

2. Limited partnership

Neben der *partnership* gibt es auch die *limited partnership*, die mit der deutschen KG vergleichbar ist.[60] Es handelt sich dabei um eine *partnership* mit mindestens einem persönlich unbeschränkt haftenden *general partner* und mindestens einem *limited partner*, dessen Haftung auf seine Vermögenseinlage beschränkt (s. 4 (2) LPA 1907) und der grundsätzlich von der Geschäftsführung ausgeschlossen ist (s. 6 (1) LPA 1907). Die gesetzlichen Bestimmungen über die *partnership* finden grundsätzlich auch auf die *limited partnership* Anwendung (s. 7 LPA 1907). Anders als die *partnership* bedarf es zur Existenz einer *limited partnership* der Eintragung in ein Register (s. 8 LPA 1907).[61] In der Praxis sind die *limited partnerships* jedoch sehr selten.[62]

3. Vorschläge zur Reform des Partnership Law

Die *Law Commission* von England und Wales und die *Law Commission* von Schottland haben gemeinsam im Jahr 2000 ein Beratungspapier (*Consultati-*

---

57 *Morse*, Partnership Law, 125 f.; *Pennington*, in: Jura Europae IV, 90.30, Rn. 7.

58 Vgl. *Morse*, Partnership Law, 153.

59 Für bestimmte Gruppen von Freiberuflern gibt es aber Ausnahmen von der Obergrenze von 20 Gesellschaftern (CA 1985, s. 716 (2)), z. B. für Anwälte (*Solicitors*), Buchhalter, Börsenmakler, Mediziner, Stadtplaner; vgl. *Morse*, Partnership Law, 84. Das Gesetz sieht diese Obergrenze in s. 717 (1) CA 1985 ausdrücklich auch für *limited partnerships* vor.

60 Die *Limited partnership* ist im *Limited Partnership Act* von 1907 geregelt.

61 Ist eine *partnership* nicht im Register eingetragen, dann gilt sie als *general partnership* und jeder *limited partner* wird als *general partner* angesehen (s. 5 LPA 1907).

62 Nach *Morse*, Partnership Law, 64, waren im Jahre 1996 eine Zahl von 5287 *limited partnerships* registriert. Allerdings dürfte die Zahl der tatsächlich existierenden *limited partnerships* noch darunter liegen, weil die *limited partnerships* nicht im Register gelöscht werden, wenn sie aufgelöst sind.

on Document) zur Reform des *Partnership Law*[63] und im Jahr 2001 zur Reform des Rechts der *limited partnership*[64] veröffentlicht.[65] Die *Law Commission* ist eine aus fünf Mitgliedern bestehende unabhängige und ständige Kommission, die regelmäßig Vorschläge für Gesetzesreformen erarbeitet.[66] In den Beratungspapieren werden umfangreiche Änderungen des *Partnership Law* zur Diskussion gestellt. So haben die *Law Commissions* unter anderem vorgeschlagen, den *partnerships* in der Zukunft eine eigene Rechtspersönlichkeit (*legal personality*) zu verleihen und ihren Bestand von einem Wechsel in der Mitgliedschaft grundsätzlich unabhängig zu machen.[67] Nach einem weiteren Vorschlag der *Law Commissions* soll die Obergrenze von zwanzig Gesellschaftern für *partnerships* völlig aufgegeben werden.[68] Die Vorschläge der *Law Commissions* finden im Folgenden Berücksichtigung, soweit sie die hier behandelten Fragestellungen betreffen.

III. Frankreich

Von den französischen Personengesellschaften werden in die Untersuchung einbezogen die *société civile* (SC), die der deutschen Gesellschaft bürgerlichen Rechts ähnlich ist, sowie die *société en nom collectif* (SNC) und die *société en commandite simple* (SCS), die der deutschen OHG und KG entsprechen.[69]

1. Société civile

Bei der SC handelt es sich wie bei der GbR um eine Personengesellschaft, die eine zivilrechtliche Tätigkeit zum Gegenstand hat und die nicht kraft ihrer

---

63 *Law Commission*, LCCP No. 159 (2000). Alle Vorschläge der *Law Commission* sind auch im Internet einsehbar unter der Adresse: http://www.lawcom.gov.uk.

64 *Law Commission*, LCCP No. 161 (2001).

65 Zu den Reformvorschlägen der *Law Commissions* vgl.: *Sheikh*, [2001] ICCLR, 89.

66 In Großbritannien sind 1965 *Law Commissions* auf Grund des *Law Commissions Act* als ständige, von der Regierung unabhängige Einrichtungen eingerichtet worden. Sie sind mit der systematischen Entwicklung und Reform des gesamten Rechts betraut. Hierzu veröffentlichen die *Law Commissions* Analysen des bestehenden Rechtssystems und unterbreiten Reformvorschläge. Es existiert eine *Law Commission* für England und Wales und eine für Schottland. Häufig beruhte in der Vergangenheit die Reform eines Rechtsgebietes auf entsprechenden vorherigen Vorschlägen der *Law Commissions*.

67 *Law Commission*, LCCP No. 159, Rn. 3.11; *Morse*, Partnership Law, 193. Bisher führte das Ausscheiden eines Gesellschafters wie bei der deutschen GbR automatisch zur Auflösung der Gesellschaft, wenn im Gesellschaftsvertrag nichts Gegenteiliges vereinbart worden war.

68 *Law Commission*, LCCP No. 159, Rn. 5.61. Vgl. auch *Morse*, Partnership Law, 85.

69 *Haas*, RIW 1981, 766; *Sonnenberger*, Rn. III 9.

Form, ihrer Natur oder ihrem Gegenstand nach eine andere Gesellschaftsform hat (art. 1845 al. 2 C. civ.).[70] Die Gesellschafter haften für Gesellschaftsschulden unbeschränkt, aber – anders als bei der deutschen GbR – nicht gesamtschuldnerisch, sondern nur entsprechend ihrem Gesellschaftsanteil (art. 1857 al. 1 C. civ.).[71] Die Haftung ist zudem subsidiär und greift erst ein, wenn der Gläubiger zuvor vergeblich versucht hat, sich bei der Gesellschaft zu befriedigen (art. 1858 C. civ.).[72] Von den Gesellschaftern sind ein oder mehrere Geschäftsführer zu bestimmen (art. 1846 C. civ.). Die Erscheinungsformen der SC sind ähnlich wie bei der GbR äußerst vielfältig. Für zahlreiche besondere Formen sind spezielle Regelungen vorgesehen.[73] In dieser Untersuchung findet jedoch nur die Grundform der SC Berücksichtigung. In Frankreich besteht zudem die Besonderheit, dass das Gesetz ausdrücklich sowohl die SC als auch alle Handelsgesellschaften (d. h. auch die SNC und die SCS) mit eigener Rechtspersönlichkeit (*personnalité morale*) ausstattet, die diese durch Eintragung im Handels- und Gesellschaftsregister erlangen.[74]

2. Société en nom collectif

Die *société en nom collectif* (SNC) ist eine Handelsgesellschaft, deren Gesellschafter auf Grund ihrer Gesellschaftereigenschaft Kaufleute sind und die für die Verbindlichkeiten der Gesellschaft unbeschränkt und gesamtschuldnerisch haften (art. L. 221-1 al. 1 C. com.).[75] Allerdings haften die Gesellschafter persönlich nur, wenn zuvor die Gesellschaft in Verzug gesetzt worden ist (art. L. 221-1 al. 2).[76] Die SNC entsteht mit ihrer Eintragung im Handels- und Gesellschaftsregister (art. L. 210-6 al. 1 C. com.).[77] Alle Gesellschafter sind Geschäftsführer (*gérants*) und können deshalb die Gesellschaft nach außen

---

70 Die Grundnormen des französischen Gesellschaftsrechts, die grundsätzlich sowohl für die *société civile* (SC) als auch für die Handelsgesellschaften gelten, finden sich in art. 1832 bis 1844-17 C. civ. (art. 1834 C. civ.). Die speziellen Regelungen für die SC finden sich in art. 1845 bis 1870-1 C. civ.

71 *Bastian/Germain*, in: Jura Europae II, 30.40, Rn. 6.

72 *Cozian/Viandier/Deboissy*, Rn. 1502 f.

73 Es bestehen z. B. eigene Gesetze für die Immobilienanlagegesellschaften (Loi n° 70-1300) und die verschiedenen Baugesellschaften (Loi n° 71-579). Für die freien Berufe besteht zudem eine eigene Organisationsform, die *société civile professionelle*, die im *Loi n° 66-879* geregelt ist.

74 **SC:** art. 1842 C. civ.; **SNC:** art. L. 210-6 al. 1 C. com.; **SCS:** art. L. 210-6 al. 1 C. com. i. V. m. art. L. 222-2 C. com.

75 Für alle Handelsgesellschaften geltende Regelungen finden sich in art. 210-1 bis 210-9 C. com. Die SNC ist speziell geregelt in art. 221-1 bis 221-17 C. com.

76 Vgl. *Cozian/Viandier/Deboissy*, Rn. 1463.

77 *Guyon*, Droit des affaires, Rn. 246.

allein vertreten, wenn im Gesellschaftsvertrag nichts Abweichendes bestimmt ist (art. L. 221-3 al. 1, 221-5 C. com.).[78] Die SNC ist vor allem durch die (auch im Vergleich zur SC) sehr starke Ausprägung des personalistischen Elements (*intuitus personae*) gekennzeichnet. Dieses zeigt sich unter anderem daran, dass es bei der SNC am schwierigsten ist, in den Verband einzutreten und auch ihn zu verlassen, worauf im Folgenden noch ausführlich einzugehen sein wird.

3. Société en commandite simple

Wie in Deutschland mit der KG und in England mit der *limited partnership* gibt es auch in Frankreich mit der SCS eine Personengesellschaft, die mindestens einen persönlich unbeschränkt haftenden Gesellschafter (*commandité*) und mindestens einen Gesellschafter aufweist, dessen Haftung auf seine Vermögenseinlage beschränkt (*commanditaire*, art. L. 222-1 al. 2 C. com.) und der grundsätzlich von der Geschäftsführung ausgeschlossen ist (art. L. 222-6 al. 1 C. com.). Die gesetzlichen Bestimmungen über die SNC finden grundsätzlich auch auf die SCS Anwendung (art. L. 222-2 C. com.).

4. Société à capital variable

In Frankreich gibt es die Varianten der Gesellschaften mit variablem Kapital (*Sociétés à capital variable* (SCV). Bei ihnen handelt es sich nicht um eine eigenständige Gesellschaftsform,[79] sondern alle Gesellschaftsformen außer der *société anonyme* (SA) – also nicht nur Personengesellschaften einschließlich der SC, sondern auch die *société à responsabilité limitée* (SARL) – können durch eine Bestimmung im Gesellschaftsvertrag als *société à capital variable* ausgestaltet werden (art. L. 231-1 al. 1 C. com.). In dem Fall finden neben den rechtsformspezifischen Bestimmungen auch die speziellen Bestimmungen für die SCV (art. L. 231-1 bis 231-8 C. com.) auf die Gesellschaft Anwendung (art. L. 231-1 al. 2 C. com.). Ist eine Gesellschaft als *société à capital variable* ausgestaltet, dann kann das Gesellschaftskapital ohne besonderes Verfahren in Folge der Zeichnung neuer Anteile oder des Ausscheidens eines Gesellschafters erhöht oder vermindert werden (art. L. 231-1 al. 1 C. com.).[80] Die *sociétés á capital variable* spielen im Rechtsleben in

---

[78] *Guyon*, Droit des affaires, Rn. 261.

[79] *Jauffret/Merle*, Droit commercial, Rn. 503.

[80] *Jeantin*, Droit des sociétés, Rn. 143.

Frankreich jedoch nur eine sehr untergeordnete Rolle, weil es sich bei ihnen fast ausschließlich um Genossenschaften handelt.[81]

B. Kapitalgesellschaften

I. Deutschland

Als bedeutendste deutsche Kapitalgesellschaften werden die Gesellschaft mit beschränkter Haftung (GmbH) und die Aktiengesellschaft (AG) in die Untersuchung einbezogen.

1. Gesellschaft mit beschränkter Haftung

Bei der GmbH handelt es sich um eine Handelsgesellschaft mit eigener Rechtspersönlichkeit (§ 13 Abs. 1, 3 GmbHG), bei der für die Verbindlichkeiten der Gesellschaft den Gläubigern nur das Gesellschaftsvermögen (und damit nicht die Gesellschafter persönlich) haftet (§ 13 Abs. 2 GmbHG).[82] Für die GmbH ist ein Mindeststammkapital von 25.000 € vorgeschrieben (§ 5 Abs. 1 GmbHG), wovon bei Gründung mindestens die Hälfte eingezahlt sein muss (§ 7 Abs. 2 S. 2 GmbHG). Die GmbH erlangt die Rechtsfähigkeit mit der Eintragung im Handelsregister (§ 11 Abs. 1 GmbHG). Geschäftsführung und Vertretung obliegen dem oder den von der Gesellschafterversammlung zu bestellenden[83] Geschäftsführern.[84] Ein spekulativer Handel mit Anteilen (beispielsweise an der Börse) wird dadurch unterbunden, dass die Übertragung von GmbH-Geschäftsanteilen nur durch einen in notarieller Form geschlossenen Vertrag möglich ist (§ 15 Abs. 3 GmbHG).[85]

2. Aktiengesellschaft

Auch bei der AG handelt es sich um eine Handelsgesellschaft mit eigener Rechtspersönlichkeit, bei der für die Gesellschaftsverbindlichkeiten den Gläubigern nur das Gesellschaftsvermögen haftet (§ 1 Abs. 1 AktG).[86] Die AG muss über ein Mindestgrundkapital von 50.000 € verfügen (§ 7 AktG),

---

[81] *Guyon*, Aménagements statutaires, Rn. 49, 83; vgl. für die SARL à capital variable *Pfitzmann*, 60.

[82] Die GmbH wird durch die Bestimmungen des GmbHG geregelt.

[83] § 46 Nr. 5 GmbHG.

[84] § 35 Abs. 1 GmbHG (für die Vertretung); *Grunewald*, GesR, 2. F., Rn. 43 u. 47.

[85] Vgl. dazu ausführlich unten S. 118 ff.

[86] Die AG unterliegt den Regelungen des AktG.

wovon mindestens ein Viertel eingezahlt sein muss (§ 36 a Abs. 1 AktG).[87] Sie entsteht mit Eintragung im Handelsregister (§ 41 Abs. 1 S. 1 AktG). Geschäftsführung und Vertretung obliegen dem vom Aufsichtsrat zu bestellenden[88] Vorstand (§§ 76 Abs. 1, 78 Abs. 1 AktG). Die Mitglieder des Aufsichtsrates werden grundsätzlich von der Hauptversammlung gewählt (§ 101 Abs. 1 S. 1). Die AG unterscheidet sich von der GmbH vor allem dadurch, dass ihre Anteile (Aktien) an der Börse gehandelt werden können.[89]

II. England

In England werden als bedeutendste Kapitalgesellschaften die *private* und *public company* untersucht.

1. Private und public company

Bei den *companies* unterscheidet man *private* und *public (limited) company*. Der *Companies Act* von 1985 als bedeutendste Rechtsquelle für die Kapitalgesellschaften ist grundsätzlich auf beide anwendbar. Daraus ergibt sich, dass *private* und *public company* – anders als GmbH und AG in Deutschland – keine unterschiedlichen Gesellschaftsformen sind, sondern Typen im Sinne von Abwandlungen ein und derselben einheitlichen Kapitalgesellschaftsform.[90] Dabei stellt die *private company* die Grundform dar, während eine Gesellschaft nur dann als *public company* eingetragen werden kann, wenn sie gewisse zusätzliche Voraussetzungen erfüllt.

Ebenso wie die deutschen und französischen Kapitalgesellschaften zeichnen sich auch *private* und *public company* dadurch aus, dass sie über eine eigene Rechtspersönlichkeit verfügen und ihre Mitglieder für die Gesellschaftsverbindlichkeiten nicht persönlich haften.[91] Rechtspersönlichkeit erlangt eine *company* durch Eintragung im Gesellschaftsregister (*Companies Registry*, s. 13 (3) CA 1985). Die beiden wichtigsten Unterscheidungsmerkmale zwischen *private* und *public company* bestehen darin, dass zum einen – wie in Deutschland bei der Unterscheidung von GmbH und AG – nur die An-

---

87 *Hirte*, KapGesR, Rn. 5.34.

88 § 84 Abs. 1 S. 1 AktG.

89 *Grunewald*, GesR, 2. C., Rn. 3.

90 *Behrens*, Die GmbH im internationalen Recht, Rn. GB/NI/EI 14; *Hicks/Drury*, in: Boucourechliev/Hommelhoff, 69, 74.

91 *Lord Halsbury*, in: Salomon v. Saloman & Co., [1897] AC 22, 30; *Davies*, Gower's Principles, 80; *Morse*, Charlesworth & Morse, 17 ff.

teile der *public company* an der Börse gehandelt werden können[92] und dass zum anderen nur eine *public company* in ihrem Gesellschaftsvertrag ein Mindestkapital von 50.000 £ festsetzen muss, wovon ein Viertel sofort einzuzahlen ist.[93] Geleitet werden sowohl *private* als auch *public company* vom Direktorium (*board of directors*, s. 282 (1) CA 1985).

Eine *company* hat keine einheitliche Satzung. Ihre Verfassung besteht vielmehr aus zwei selbstständigen Urkunden: dem *memorandum of association* und den *articles of association*. Das *memorandum* regelt vor allem das Außenverhältnis,[94] während sich die *articles* mit dem Innenverhältnis der *company* befassen. Wenn die *company* keine eigenen *articles* beim Registrator vorlegt, dann gilt automatisch eine Mustersatzung gemäß *Table A CA 1985*,[95] die als Rechtsverordnung erlassen wird (s. 8 (2) CA 1985).[96] Insofern handelt es sich bei *Table A* – bedient man sich der kontinentaleuropäischen Rechtsterminologie – um dispositives Recht. Die überwiegende Mehrzahl der Gesellschaften verwendet *Table A* mit nur geringen Abweichungen.[97]

Im englischen Kapitalgesellschaftsrecht wird nicht nur zwischen *private* und *public company* unterschieden, sondern daneben auch noch zwischen drei unterschiedlichen Arten von *(private und public) companies*: der *company limited by shares*, der *company limited by guarantee* und der *unlimited company* (s. 1 (2) CA 1985). Bei der *company limited by shares* ist die Haftung der Gesellschafter auf ihre Einlage beschränkt. Bei der *company limited by guarantee* verpflichten sich die Gesellschafter, für den Fall der Liquidation der *company* für die Verbindlichkeiten der Gesellschaft bis zu einer bestimmten Höhe zu haften. Diese Gesellschaftsform findet sich beispielsweise bei Sportvereinen, bestimmten Versicherungen und einigen Konzernen, die nicht gewinnorientiert gegründet wurden.[98] Die *unlimited company* ist in England wenig attraktiv, da die Gesellschafter unbegrenzt für Verbindlichkeiten dieser Gesellschaftsform haften. Die praktisch allein bedeutsame Rechtsform einer *company* ist die *company limited by shares*,[99] weshalb sich die nachfolgenden Ausführungen auf diese Gesellschaftsform beschränken.

---

92 S. 75 (3) FSAMA 2000. Vgl. auch s. 81 CA 1985.

93 Ss. 1 (3), 11, 101 (1), 117 und 118 CA 1985.

94 Im *memorandum* sind z. B. Unternehmensname, Sitz, Gegenstand der *company*, Haftungsbeschränkung und Höhe und Stückelung des Nominalkapitals festgelegt.

95 Gleiches gilt, soweit die eigenen *articles* die Vorschriften der Mustersatzung nicht ausschließen oder ändern (s. 8 (2) CA 1985).

96 *Table A* wird durch Vorschriften des Ministers für Handel und Industrie festgelegt. Gegenwärtig gilt die Companies (Table A to F) Regulation von 1985 (SI 1985/805).

97 *Hicks/Drury*, in: Boucourechliev/Hommelhoff, 69, 77.

98 *Graf von Bernstorff*, 203.

99 *Nagel*, 307.

Wird im Folgenden der Begriff *company* verwandt, dann ist damit immer die *company limited by shares* gemeint.

2. Vorschläge zur Reform des Company Law

Von verschiedenen Stellen sind Vorschläge für eine Reform des *Company Law* vorgelegt worden. So hat die *Law Commission*[100] im Oktober 1996 ein Konsultationspapier (*consultation paper*)[101] und im Oktober 1997 einen Abschlussbericht (*final report*)[102] zur Reform des Rechts der Klagemöglichkeiten von Anteilseignern (*Shareholder Remedies*) vorgelegt. Zudem hat das britische Handelsministerium, das *Department of Trade of Industry* (DTI), 1998 eine Kommission ins Leben gerufen, die Vorschläge zur Reform des *Company Law* erarbeiten soll, die *Company Law Review Steering Group*.[103] Die *Steering Group* besteht vor allem aus Anwälten, Vertretern von kleinen und größeren Unternehmen und Juraprofessoren.[104] Die *Steering Group* hat seit 1998 mehrere *Consultation Documents*[105] und im Juli 2001 seinen *Final Report* vorgelegt. Basierend auf der Arbeit der *Steering Group* hat die englische Handelsministerin *Patricia Hewitt* (*Secretary of State for Trade and Industry*) im Juli 2002 einen Vorschlag für eine neue *Companies Bill 2002* als sogenanntes *White Paper* in das Parlament eingebracht.[106] Die Vorschläge der *Law Commission* und der *Company Law Review Steering Group* sowie das *White Paper* berühren den Bereich des Wechsels von Gesellschaftern aber nur in geringem Umfang. Auf sie wird im Folgenden eingegangen, soweit sie die hier behandelten Rechtsfragen betreffen.

III. Frankreich

Als bedeutendste französische Kapitalgesellschaften werden die *société à responsabilité limitée* (SARL) und die *société anonyme* (SA) untersucht. Sie stellen die Pendants zur deutschen GmbH und AG dar. Zusätzlich wird in

---

[100] Zur Aufgabe und Organisation der *Law Commission* vgl. die Ausführungen auf S. 38 f.

[101] *Law Commission*, Shareholder Remedies, LCCP No. 142.

[102] *Law Commission*, Shareholder Remedies, Law Com. No. 246.

[103] Zu den Vorschlägen der Kommission vgl. den Überblick bei *Bachmann*, ZGR 2001, 351, 354 ff.

[104] *Pettet*, 87.

[105] Es existieren unter anderem folgende DTI *Consultation Documents*: The Stragetic Framework (Februar 1999), Developing the Framework (März 2000), Completing the Structure (November 2000).

[106] *Secretary of State for Trade and Industry*: Modernising Company Law (im Internet einsehbar unter: http://www.dti.gov.uk/companiesbill).

bestimmten Fragen auf die erst seit 1994 bestehenden Regelungen zur *société par actions simplifiée* (SAS) eingegangen.

1. Société à responsabilité limitée

Die *société à responsabilité limitée* (SARL) wurde in Frankreich 1925 nach dem Vorbild der deutschen GmbH eingeführt.[107] Es handelt sich auch bei ihr um eine Handelsgesellschaft mit eigener Rechtspersönlichkeit, bei der die Haftung der Gesellschafter für Gesellschaftsverbindlichkeiten auf die Höhe ihrer Einlagen begrenzt ist (art. L. 223-1 al. 1 C. com.). Seit Anfang 2004 e-xistiert für die SARL kein gesetzliches Mindestkapital mehr (art. L. 223-2 C. com.). Das in der Satzung festgelegte Kapital muss mindestens zu einem Fünftel eingezahlt werden (art. L. 223-7 al. 1 C. com.). Die SARL wird von einem Geschäftsführer (*gérant*) geleitet und nach außen vertreten.[108] Da es der SARL verboten ist, handelbare Anteile auszugeben (art. L. 223-12 C. com.), ist ihr – genau wie der GmbH und der *private company* – der Zugang zur Börse verwehrt.[109] Die SARL wird in der französischen Lehre als Kapitalgesellschaft mit sehr starken personenbezogenen Elementen beschrieben. Diese zeigen sich vor allem daran, dass eine Anteilsübertragung grundsätzlich zwingend der Zustimmung von drei Vierteln des stimmberechtigten Kapitals bedarf[110] und dass die Gesellschafterzahl auf 50 begrenzt ist.[111]

2. Société anonyme

Die *société anonyme* (SA) ist das historische Vorbild für die deutsche AG, so dass beiden Gesellschaften viele Ähnlichkeiten und Übereinstimmungen aufweisen.[112] Auch bei der SA handelt es sich um eine Handelsgesellschaft mit eigener Rechtspersönlichkeit, deren Mitglieder für die Gesellschaftsverbindlichkeiten nur bis zur Höhe ihrer Einlage haften (art. L. 225-1 C. com.).

---

[107] *Guyon*, Droit des affaires, Rn. 427; *Lutter*, FS 100 Jahre GmbH-Gesetz, 49, 52 f.; *Sonnenberger*, Rn. III 9; *Michalsky*, DStR 1991, 1563; *A. Maier*, GmbHR 1990, 379, 380. Die SARL unterliegt vor allem den Regelungen der art. L. 223-1 bis 223-43 C. com.

[108] Art. 223-18 C. com.; vgl. *Guyon*, Droit des affaires, Rn. 485.

[109] Vgl. hierzu unten ausführlich S. 118 ff.

[110] Art. L. 223-14 al. 1, 7 C. com.: An Familienangehörige und Mitgesellschafter können die Anteile allerdings frei übertragen werden. Vgl. dazu ausführlich unten S. 61 f.

[111] Wird die Zahl von 50 Gesellschaftern überschritten, dann muss die SARL innerhalb von zwei Jahren in eine SA umgewandelt werden. Geschieht dies nicht, wird die Gesellschaft aufgelöst (art. L. 223-3 C. com.).

[112] *Meyer-Landrut*, in: Großkomm. AktG, Einl., I. 1.; *Michalsky*, DStR 1991, 1563, 1568. Die SA ist vor allem in den art. L. 224-1 bis L. 225-270 C. com. geregelt.

Sie muss mindestens sieben Mitglieder haben (art. L. 225-1 C. com.). Ihr Gesellschaftskapital muss grundsätzlich mindestens 225.000 € betragen. Für eine SA, die nicht öffentlich zur Zeichnung von Anteilen aufruft, ist ein reduziertes Mindestkapital von 37.000 €[113] vorgeschrieben (art. L. 224-2 al. 1 C. com.). Mindestens die Hälfte des Kapitals muss bei Gründung aufgebracht werden (art. L. 225-3 al. 2 C. com.).[114] Hinsichtlich ihrer Verwaltungsstruktur kann die SA zwischen zwei verschiedenen Modellen auswählen. Entweder entscheidet sie sich für das klassische System, bei dem die Gesellschaft durch einen von der Gesellschafterversammlung (*assemblée générale*) zu wählenden[115] Verwaltungsrat (*conseil d'administration*) und eine Generaldirektion (*direction générale*) geleitet wird oder aber es wird ein neues System gewählt, das vom deutschen Recht inspiriert ist und das ein die Geschäfte führendes[116] Direktorium (*directoire*) und einen das Direktorium kontrollierenden[117] Aufsichtsrat (*conseil de surveillance*) vorsieht.[118] In der Praxis wird in den allermeisten Fällen von den Gesellschaften das klassische System gewählt.[119]

3. Société par actions simplifiée

Seit 1994 gibt es die *société par actions simplifiée* (SAS). Sie ist ein neuer Typ von Aktiengesellschaft mit verringerten Formvorschriften, durch die es zunächst nur Gesellschaften mit einem gezeichneten Grundkapital von mindestens 1,5 Millionen FRF (entspricht heute 225.000 €) ermöglicht werden sollte, Joint Ventures und gemeinsame Holdinggesellschaften zu gründen.[120] Im Sommer 1999 wurde die SAS überraschend so umgestaltet,[121] dass sie

---

[113] Die Umrechnung in Euro ergibt sich aus art. 4 Ordonnance n° 2000-916 du 19 septembre 2000.

[114] Dies gilt für Bareinlagen. Sacheinlagen sind dagegen vollständig zu erbringen (art. L. 225-3 al. 3 C. com.). Der Rest der Bareinlage ist innerhalb von fünf Jahren zu erbringen (art. L. 225-3 al. 2 C. com.). Vgl. *Guyon*, Droit des affaires, Rn. 283.

[115] Art. L. 225-18 al. 1 C. com.

[116] Art. L. 225-58 C. com.

[117] Art. L. 225-68 al. 1 C. com.

[118] Art. L. 225-57, 225-17 C. com.

[119] Nur 2 % aller SA haben das System mit Direktorium und Aufsichtsrat gewählt, darunter sind allerdings 20 % der wichtigsten börsennotierten Gesellschaften. Vgl. dazu *Guyon*, Droit des affaires, Rn. 351.

[120] Kleinen und mittleren Unternehmen und natürlichen Personen war durch diese Zugangsschwelle der Zugang zu dieser Rechtsform *de facto* verwehrt.

[121] Gesetz No. 99-587 vom 12.7.1999, Journal Officiel de la République Française vom 13.7.1999, 10396 ff. (art. 3).

nunmehr auch durch einzelne natürliche oder juristische Personen gegründet werden kann (art. L. 227-1 al. 1 C. com.). Die Aktien der SAS können nicht an der Börse gehandelt werden (art. 227-2 C. com.),[122] weshalb für sie – genau wie bei der SA, die sich nicht an den öffentlichen Kapitalmarkt wendet – ein Mindestkapital von 37.000 € vorgeschrieben ist.[123] Soweit nichts Abweichendes bestimmt ist, gelten für die SAS die Regeln über die SA (art. L. 227-1 al. 3 C. com.). Die innere Organisation wird vom Gesetz ausdrücklich der Regelung durch die Gesellschafter überlassen (vgl. art. L. 227-13 ff. C. com.). Bei der Reform von 1999 ging es vor allem darum, eine mit Blick auf ihre Gestaltungsfreiheit besonders vorteilhafte Rechtsform für sogenannte *start-up-companies* zur Verfügung zu stellen.[124] Die Einführung der SAS 1994 und ihre Öffnung für natürliche Personen 1999 war aber auch eine Reaktion des französischen Gesetzgebers auf die zunehmende Kritik an der geringen Flexibilität des französischen Kapitalgesellschaftsrechts.[125] In der Rechtspraxis setzte sich die SAS rasch durch. 1999 waren schon über 1700 Gesellschaften in der Form einer SAS gegründet worden.[126]

Diese Untersuchung beschränkt sich auf die Grundform der SA, so dass die SAS grundsätzlich keine Berücksichtigung findet. Auf ihre Regelungen wird nur ausnahmsweise an den Stellen eingegangen werden, an denen diese als modernste Kodifikation des französischen Gesellschaftsrechts Rückschlüsse auf die Rechtslage bei den anderen Gesellschaften zulässt.

Zweiter Unterabschnitt: Rechtstatsächliche Bedeutung

Betrachtet man die Bedeutung der zu untersuchenden Gesellschaftsformen in der Rechtspraxis Deutschlands, Englands und Frankreichs, dann lassen sich folgende unterschiedliche Tendenzen ausmachen:

Die Personengesellschaften spielen in Frankreich nicht eine so große Rolle wie in Deutschland und England. In Frankreich sind nur knapp 3 % aller Gesellschaften in der Rechtsform der SNC oder SCS organisiert und nur knapp 14 % in der Rechtsform der SC.[127]

---

[122] *Guyon*, FS Lutter, 83, 89.

[123] Art. L. 227-1 al. 2 i. V. m. 224-2 al. 1 C. com., art. 4 Ordonnance n° 2000-916 du 19 septembre 2000. Vgl. *Mercadal/Janin*, Mémento Soc. com., Rn. 14940.

[124] Vgl. *Paillusseau*, D. 1999, chron., 333.

[125] *Guyon*, in: Lutter/Wiedemann, Gestaltungsfreiheit, 297, 398 f.; *Hopt*, in: Lutter/Wiedemann, Gestaltungsfreiheit, 123, 134.

[126] Zahlen nach *Helms*, GmbHR 1999, 1078.

[127] Die Zahlen stammen vom Institut national de la statistique et des études économique (INSEE), wiedergegeben bei *Cozian/Viandier/Deboissy*, Rn. 9.

Bei den Kapitalgesellschaften ist die Bedeutung der Gesellschaften mit Zugang zum öffentlichen Kapitalmarkt in Frankreich traditionell größer als in Deutschland und England. So stehen knapp 170.000 SA (1999)[128] 11.500 *public companies* (1993/94)[129] und gut 14.000 AG (2002)[130] gegenüber. Zudem fristete die AG in Deutschland lange Zeit mit einer Anzahl von ca. 2000 Gesellschaften ein Schattendasein. Erst durch die Wiedervereinigung und das „Gesetz für kleine Aktiengesellschaften und zur Deregulierung des Aktienrechts" von 1994 hat die AG zahlenmäßig an Bedeutung gewonnen.[131] In England sind zudem sehr viel mehr *public companies* an der Börse notiert als in Deutschland, nämlich 2.000 von 11.500 (1993/1994)[132] im Gegensatz zu 700 von 14.000 AG (2002)[133].

Vierter Abschnitt: Gang der Darstellung

Der Wechsel von Gesellschaftern kann auf vier verschiedene Arten erfolgen, wodurch die Gliederung dieser Untersuchung bestimmt wird. Im ersten Teil wird die Übertragung von Gesellschaftsanteilen unter Lebenden behandelt, also die Rechtsnachfolge unter Lebenden, die dazu führt, dass ein Mitglied in dem Moment aus der Gesellschaft ausscheidet, in dem ein neues Mitglied zur Gesellschaft hinzustößt. Im zweiten Teil geht es um den Eintritt von Gesellschaftern, also um die Situation, dass eine Gesellschaft ein Mitglied aufnimmt, ohne dass gleichzeitig ein bisheriges Mitglied ausscheidet. Im dritten Teil wird das freiwillige Ausscheiden, also der Austritt von Gesellschaftern, untersucht, und im vierten Teil das zwangsweise Ausscheiden, d. h. der Ausschluss von Gesellschaftern. Nicht behandelt wird die Rechtsnachfolge von Todes wegen sowie das Ausscheiden aus der Gesellschaft durch Tod.[134] Den fünften Teil bildet eine Schlussbetrachtung. Nach Darstellung der verschiedenen Rechtslagen bei den zu untersuchenden Gesellschaften wird zu jeder einzelnen Fragestellung unmittelbar ein gemeinsames Prinzip gebildet. Am

---

[128] Die Zahl stammt vom Institut national de la statistique et des études économique (INSEE), wiedergegeben bei *Cozian/Viandier/Deboissy*, Rn. 9.

[129] Zahlen auf dem Stand 1993/1994 nach *Hicks/Drury*, in: Boucourechliev/Hommelhoff, 69, 70.

[130] Stand: Ende Juli 2002; *Hirte*, KapGesR, Rn. 1.58; vgl. zu den Zahlen im Jahr 2000: Deutsche Bundesbank, Kapitalmarktstatistik, Februar 2001, Statistisches Beiheft zum Monatsbericht 2; *Hansen*; AG 2001, R 67.

[131] *Hirte*, KapGesR, Rn. 1.58.

[132] Zahlen nach *Hicks/Drury*, in: Boucourechliev/Hommelhoff, 69, 70.

[133] Zahlen nach *Hirte*, KapGesR, Rn. 1.58.

[134] Vgl. dazu ebenfalls rechtsvergleichend: *Peitsmeyer*, Vererbung von Gesellschaftsanteilen.

Ende werden die ermittelten gemeinsamen Prinzipien noch einmal systematisch zusammengefasst und mit kurzen Anmerkungen versehen.

Erster Teil: Übertragung von Gesellschaftsanteilen unter Lebenden

In diesem Teil der Untersuchung wird die Übertragung von Gesellschaftsanteilen behandelt. Untersucht wird dabei, wie Anteile durch ein unmittelbares Rechtsgeschäft zwischen dem bisherigen und neuen Gesellschafter (ohne direkte Beteiligung der Gesellschaft) bei den verschiedenen Gesellschaftsformen in Deutschland, England und Frankreich übertragen werden können.

Erster Abschnitt: Zulässigkeit und Art und Weise der Übertragung von Gesellschaftsanteilen

§ 1 Zulässigkeit der Übertragung von Gesellschaftsanteilen

Die Zulässigkeit der Übertragung von Gesellschaftsanteilen ist bei allen untersuchten Gesellschaftsformen anerkannt.[135] Lediglich bei den deutschen Personengesellschaften bestanden hierüber früher einmal Zweifel (im Hinblick auf § 719 Abs. 1 Fall 1 BGB),[136] die inzwischen aber ausgeräumt sind.[137]

Hinsichtlich der *partnership* ist lediglich anzumerken, dass bei dieser zwischen zwei Arten von Übertragungen unterschieden wird. Zum einen existiert die Vollübertragung (*assignment*), auf Grund derer der Anteilserwerber vom abtretenden Gesellschafter sämtliche Mitgliedschaftsrechte er-

---

[135] **GmbH:** § 15 Abs. 1 GmbHG; **AG:** §§ 41 Abs. 4, 68, 180 Abs. 2 AktG; **Partnership und Limited Partnership:** s. 24 (7) PA 1890; vgl. *Twomey*, Rn. 19.28; **Companies:** *Davies*, Gower's Principles, 336; **SC:** *Bougnoux*, JCl. des Sociétés, Fasc. 48-70, Rn. 21; **SNC/SCS:** *Mercadal/Janin*, Mémento Soc. com., Rn. 4330; **SA:** *Artz*, Encyclopédie Dalloz Sociétés, Rn. 332; *Cozian/Viandier/Deboissy*, Rn. 881; *Guyon*, JCl. des Sociétés, Fasc. 97 B, Rn. 1; **SARL:** Dies gilt grundsätzlich auch für die SARL. Allerdings sind ihre Anteile dann nicht übertragbar, wenn Dienstleistungen (apport en industrie) als Einlage erbracht wurden (Dies ist in begrenzten Ausnahmefällen möglich, art. L. 223-7 C. com.). Solche Anteile müssen vielmehr aufgelöst werden, wenn ihr Inhaber sich von ihnen trennen will. Vgl.: *Mercadal/Janin*, Mémento Soc. com., Rn. 6120; *M. Storck*, JCl. des Sociétés, Fasc. 73-20, Rn. 10.

[136] RG, Urteil v. 28.11.1913, RGZ 83, 312, 314 f.; RG, Urteil v. 4.3.1930, RGZ 128, 172, 176 f.

[137] BGH, Urteil v. 28.4.1954, BGHZ 13, 179, 185 f.; BGH, Urteil v. 11.4.1957, BGHZ 24, 106, 114; BGH, Urteil v. 8.11.1965, BGHZ 44, 229, 231; BGH, Urteil v. 30.6.1980, BGHZ 77, 392, 394 f.; BGH, Urteil v. 15.12.1980, BGHZ 79, 374, 378 f.; BGH, Urteil v. 29.6.1981, BGHZ 81, 82, 84; BGH, Urteil v. 31.1.1983, BGHZ 86, 367, 369; BGH, Urteil v. 14.5.1986, WM 1986, 832, 833; Schlegelberger-*K. Schmidt*, § 105, Rn. 186; *K. Schmidt*, GesR, § 45 III 2 b; *Baumbach/Hopt*, § 105, Rn. 69; MünchKomm-*Ulmer*, § 719, Rn. 21; *Ulmer*, in: Großkomm. HGB, § 105, Rn. 298; *Wiedemann*, Übertragung, 31 f.

wirbt.[138] Daneben kennt das Gesetz aber noch die Übertragung nur der Vermögensbestandteile des Gesellschaftsanteils, d. h. des Gewinnanspruchs und des Anspruchs auf das Auseinandersetzungsguthaben (im Gesetz unglücklicherweise ebenfalls als *assignment* bezeichnet).[139] Alle Bestandteile des Gesellschaftsanteils, die ein Vertrauenselement enthalten – und damit auch die Gesellschafterstellung an sich – verbleiben dagegen beim Zedenten.[140] Dieser letztere Fall des *assignments* dürfte im deutschen Recht am ehesten der Bestellung eines Nießbrauchs am Gesellschaftsanteil[141], der Verpfändung des Gesellschaftsanteils oder des Anspruchs auf den Jahresgewinn entsprechen. Diese Grundsätze gelten auch für die *limited partnership*.[142] Gegenstand dieser Untersuchung ist aber grundsätzlich nur der Wechsel in der Vollmitgliedschaft, so dass auf die Übertragung nur des Vermögensbestandteils der Mitgliedschaft[143] im Folgenden lediglich in einem gesonderten Abschnitt eingegangen wird.[144]

Es gilt folgendes gemeinsames Prinzip:

Die Übertragung von Gesellschaftsanteilen ist zulässig.

§ 2 Art und Weise der Übertragung

Hinsichtlich der Art und Weise der Anteilsübertragung ist zwischen Gesellschaften zu unterscheiden, deren Anteile als Wertpapiere verbrieft sind, und Gesellschaften, bei denen das nicht der Fall ist.

---

138 Hierzu bedarf es der Zustimmung aller Mitgesellschafter (s. 24 (7) PA 1890); vgl. *Sterry*, in: Halsbury's Laws of England, Rn. 112.

139 Diese ist auch ohne Zustimmung der Mitgesellschafter möglich (s. 31 PA 1890). Vgl. *Banks*, Lindley & Banks, Rn. 31-19.

140 *Morse*, Partnership Law, 170; *Banks*, Lindley & Banks, Rn. 19-60; *Schmitthoff*, Die Nachfolge im englischen Recht, 34; *Nagel*, 309.

141 Vgl. dazu: *K. Schmidt*, GesR, § 61 II 3.

142 Auch dort existiert auf der einen Seite die Vollübertragung, auf Grund derer der Erwerber des Anteils mit allen Rechten ausgestattet ist, die auch der ursprüngliche Gesellschafter innehatte, und daneben die Abtretung nur des Vermögensbestandteils des Gesellschaftsanteils, die auch ohne Zustimmung der anderen Gesellschafter möglich und wie sie für die *general partner* in s. 31 PA 1890 (i. V. m. s. 7 LPA 1907) vorgesehen ist. Allerdings ist bei der *limited partnership* anders als bei der *partnership* die Vollübertragung des Mitgliedschaftsrechts der gesetzliche Regelfall (s. 6 (5) (b) LPA 1907: "...upon such an assignment the assignee shall become a limited partner with all the rights of the assignor"). Vgl. dazu: *Banks*, Lindley & Banks, Rn. 31-19; *Morse*, Partnership Law, 68.

143 Gemeint ist das *assignment* nach s. 31 PA 1890.

144 Vgl. unten S. 126.

Die Möglichkeit der Verbriefung ihrer Gesellschaftsanteile als Wertpapiere war früher allen den Gesellschaften eröffnet, deren Anteile an der Börse handelbar waren. Inzwischen ist die Verbriefung von Aktien der französischen SA nicht mehr möglich.[145] *Companies* können hingegen Inhaberanteilsscheine (*share warrants*)[146] ausgeben, wenn sie dazu im Gesellschaftsvertrag ermächtigt und die entsprechenden Anteile voll eingezahlt sind (s. 188 (1) CA 1985).[147] *Share warrants* sind in der Praxis jedoch nur noch sehr selten anzutreffen.[148] Einzig bei der AG ist die Verbriefung der Aktien (noch) der Regelfall. Dies hat sich auch durch die Novellierung des § 10 Abs. 5 AktG im Jahr 1998[149] nicht geändert, der nunmehr besagt, dass der Anspruch des Aktionärs auf Verbriefung seines Anteils ausgeschlossen oder eingeschränkt werden darf. Allerdings ist damit immerhin in weitem Umfang die Möglichkeit eröffnet worden, die Mitgliedschaften in einer Globalurkunde zu verbriefen. Die Tatsache, dass der deutsche Gesetzgeber an dem Wertpapiercharakter der Aktie bewusst festhalten wollte,[150] ist in der Literatur jedoch auf Kritik gestoßen.[151] Gerade vor dem Hintergrund des Mehraufwandes und der Kosten, die mit der Verbriefung von Anteilen verbunden sind, dürften verbriefte Aktienurkunden in Europa mittelfristig ganz verschwinden.

Inhaberaktien der AG werden durch Vertragsschluss zwischen Veräußerer und Erwerber (Einigung) und Übergabe übertragen.[152] Sind die Inhaberaktien in einem Wertpapierdepot bei einer Wertpapiersammelbank (§ 1 Abs. 3 DepotG) gelagert, dann besteht die Übergabe in der Einräumung des Mitbesitzes.[153] Der mittelbare Besitz des Aktionärs manifestiert sich dabei in der

---

[145] Art. 1 al. 1 Décret n° 83-359 du 2 mai 1983. Vor 1981 gab es die Möglichkeit, Inhaberaktien in Aktienurkunden zu verbriefen. Vgl. dazu *Mercadal/Janin*, Mémento Soc. com., Rn. 17050.

[146] Zum Teil werden diese auch als *share certificates in favour of bearer* bezeichnet.

[147] *Table A* ermächtigt nicht zur Ausgabe von *share warrants*.

[148] *Davies*, Gower's Principles, 329 f. Die Gründe für die Seltenheit der *share warrants* liegen zum einen darin, dass diese bis 1979 nur mit Sondergenehmigung der Steuerverwaltung ausgegeben werden durften und außerdem bei einem autorisierten Verwahrer hinterlegt werden mussten. Zum anderen sind *share warrants* wegen der auf ihnen lastenden hohen Steuer (*stamp duty*) äußerst unattraktiv. Vgl. dazu *Morse*, Charlesworth & Morse, 211.

[149] § 10 Abs. 5 AktG wurde durch das Gesetz zur Kontrolle und Transparenz im Unternehmensbereich (KonTraG) vom 27.4.1998 (BGBl. I, 786) geändert.

[150] *Hüffer*, AktG, § 10, Rn. 11, mit Hinweis auf die Gesetzgebungsmaterialien.

[151] *Habersack/Mayer*, WM 2000, 1678, 1684; *Schwennicke*, AG 2001, 118, 125.

[152] Übereignung nach § 929 S. 1 BGB. Vgl. *Brändel*, in: Großkomm. AktG, § 10, Rn. 36; *Hirte*, KapGesR, Rn. 4.52; *Lutter*, in: Kölner Komm. AktG, Anh. § 68, Rn. 15.

[153] § 929 S. 1 BGB. Vgl.: MünchKomm-*K. Schmidt*, § 747, Rn. 18; *Heinsius/Horn/Than*, Depotgesetz, § 6, Rn. 35; MünchHdb. GesR IV-*Wiesner*, § 14, Rn. 6. Neben der in der Praxis im Regelfall praktizierten Übereignung nach § 929 S. 1 BGB ist auch eine Übereignung nach

Eintragung im Depotbuch. Die zum Zweck der Übertragung des Eigentums vom Anteilsveräußerer veranlasste Umbuchung ist Übergabe im Sinne von § 929 BGB.[154] Gleiches gilt, wenn – wie in der Praxis weit verbreitet – gar keine Urkunden über einzelne Aktien mehr ausgestellt sind, sondern nur noch eine Sammelurkunde (§ 9 a DepotG).[155]

Bei der Übertragung von Namensaktien bedarf es neben der dinglichen Einigung über den Eigentumsübergang und der Übergabe (oder des Übergabesurrogats) eigentlich noch eines Indossaments.[156] Abgemildert wird dieser Grundsatz aber dadurch, dass Namensaktien neben der Übertragung durch Indossament auch durch Abtretung nach § 413 i. V. m. § 398 BGB übertragen werden können.[157] Nach Ansicht der Rechtsprechung bedarf es dabei nicht nur einer (formlosen) Einigung über die Abtretung, sondern auch der Übergabe der Aktienurkunde oder eines Übergabesurrogats.[158] Zudem braucht das Indossament den Indossatar nicht zu bezeichnen und kann selbst in der bloßen Unterschrift des Indossanten (Blankoindossament) bestehen.[159] Der Erwerber einer blankoindossierten Namensaktie kann diese auch weiterübertragen, ohne das Blankoindossament auszufüllen oder ein neues Indossament hinzuzufügen.[160] Die blankoindossierte Namensaktie kann also

---

§§ 929, 930 BGB und nach §§ 929, 931 BGB möglich. Vgl.: Hdb. KapitalanlageR/*Kümpel*, § 13, Rn. 52; *Lutter*, in: Kölner Komm. AktG, Anh. § 68, Rn. 22 f.; *Hirte*, KapGesR, Rn. 4.52; *Grunewald*, GesR, 2. C., Rn. 194.

154 MünchKomm-*K. Schmidt*, § 747, Rn. 18; *Heinsius/Horn/Than*, Depotgesetz, § 6, Rn. 35; MünchHdb. GesR IV-*Wiesner*, § 14, Rn. 6.

155 *Habersack/Mayer*, WM 2000, 1678; *Brändel*, in: Großkomm. AktG, § 10, Rn. 39; MünchHdb. GesR IV-*Wiesner*, § 14, Rn. 6; *Hirte*, KapGesR, Rn. 4.52; vgl. auch *Lutter*, in: Kölner Komm. AktG, Anh. § 68, Rn. 24.

156 § 68 Abs. 1 AktG i. V. m. Art. 12, 13, u. 16 WG. Vgl.: BGH, Urteil v. 12.12.1957, NJW 1958, 302, 303; *Lutter*, in: Kölner Komm. AktG, Anh. § 68, Rn 7; MünchKommAktG-*Bayer*, § 68, Rn. 3; *Hefermehl/Bungeroth*, in: Geßler/Hefermehl, AktG, § 68, Rn. 6; MünchHdb. GesR IV-*Wiesner*, § 14, Rn. 7; *Hüffer*, AktG, § 68, Rn. 4; *Hirte*, KapGesR, Rn. 4.53.

157 RG, Urteil v. 29.1.1915, RGZ 86, 154, 157; *Lutter*, in: Kölner Komm. AktG, Anh. § 68, Rn. 17; *Hüffer*, AktG, § 68, Rn. 3; MünchKommAktG-*Bayer*, § 68, Rn. 30; *Hefermehl/Bungeroth*, in: Geßler/Hefermehl, AktG, § 68, Rn. 33; MünchHdb. GesR IV-*Wiesner*, § 14, Rn. 14.

158 RG, Urteil v. 29.1.1915, RGZ 86, 154, 157; BGH, Urteil v. 12.12.1957, NJW 1958, 302, 303; a. A. die herrschende Literaturansicht: *Lutter*, in: Kölner Komm. AktG, Anh. § 68, Rn. 17; MünchKommAktG-*Bayer*, § 68, Rn. 30; *Hefermehl/Bungeroth*, in: Geßler/Hefermehl, AktG, § 68, Rn. 33 ff.; *Hüffer*, AktG, § 68, Rn. 3; MünchHdb. GesR IV-*Wiesner*, § 14, Rn. 14.

159 § 68 Abs. 1 S. 2 AktG i. V. m. Art. 13 Abs. 2 WG. Für Kapitalanlagegesellschaften ist die Übertragung durch Blankoindossament nach § 1 Abs. 3 S. 2 KAGG allerdings ausgeschlossen.

160 Art. 14 Abs. 2 Nr. 3 WG analog. Dies ist trotz des fehlenden Verweises in § 68 Abs. 1 S. 2 AktG auf Art. 14 WG ganz herrschende Meinung. Vgl.: *Lutter*, in: Kölner Komm. AktG, Anh. § 68, Rn. 6 f.; MünchKommAktG-*Bayer*, § 68, Rn. 12; *Hefermehl/Bungeroth*, in: Geßler/Hefermehl, AktG, § 68, Rn. 13; *Hüffer*, AktG, § 68, Rn. 5; MünchHdb. GesR IV-*Wiesner*, § 14, Rn. 9.

ohne zusätzliches Indossament lediglich durch formlose Übereignung der Urkunde übertragen werden und erlangt dadurch eine der Inhaberaktie angenäherte Umlauffähigkeit. Namensaktien können Bestandteile von Wertpapiersammeldepots sein, wenn sie mit einem Blankoindossament versehen und voll eingezahlt sind. Namensaktien in Sammeldepots werden genauso übertragen wie Inhaberaktien, die in einem Sammeldepot gelagert sind, also auch durch Vertragsschluss und Übergabe in der Form der Einräumung von Mitbesitz.[161] Für Namensaktien gilt damit im Ergebnis genauso wie für Inhaberaktien, dass diese durch Einigung und Übergabe übertragen werden können.

Auch Inhaberanteilsscheine an *companies* (*share warrants*) können durch Vertragsschluss zwischen Veräußerer und Erwerber und Übergabe übertragen werden (s. 188 (2) CA 1985).[162] Die *share warrants* dürfen nicht mit den sogenannten Anteilsscheinen (*share certificates*) verwechselt werden, die sich jeder Anteilseigner von der Gesellschaft ausstellen lassen kann (art. 6 Table A) und bei denen es sich lediglich um bloße Beweisurkunden handelt (s. 186 CA 1985).[163]

Es gilt folgendes gemeinsames Prinzip:

Die Übertragung von Gesellschaftsanteilen, die als Wertpapiere verbrieft sind, erfolgt durch Vertragsschluss zwischen Veräußerer und Erwerber und durch Übergabe der Urkunden. Befinden sich die Urkunden in einem Sammeldepot, dann tritt an die Stelle der Übergabe die Umbuchung des Depotkontos.

B. Nicht als Wertpapiere verbriefte Anteile

Die Übertragung von Gesellschaftsanteilen, die nicht als Wertpapiere verbrieft sind, erfolgt bei allen untersuchten Gesellschaften durch Vertragsschluss zwischen Veräußerer und Erwerber.[164] Im Gegensatz zum englischen

[161] *Lutter*, in: Kölner Komm. AktG, § 68, Rn. 16; *Hüffer*, AktG, § 68, Rn. 3; *Hefermehl/Bungeroth*, in: Geßler/Hefermehl, AktG, § 68, Rn. 40; MünchHdb. GesR IV-*Wiesner*, § 14, Rn. 15.

[162] *Pennington*, Company Law, 403; *Birds*, in: Gore-Brown on Companies, § 16.9; *Morse*, Charlesworth & Morse, 210.

[163] *Davies*, Gower's Principles, 344; *Morse*, Charlesworth & Morse, 191 f.

[164] **GbR:** Staudinger-*Keßler*, § 736, Rn. 21; Palandt-*Sprau*, § 736, Rn. 7; **OHG/KG:** *Baumbach/Hopt*, § 105, Rn. 69; **GmbH:** Scholz-*H. Winter*, § 15, Rn. 41; *Grunewald*, GesR, 2. F., Rn. 160; **AG:** RG, Urteil v. 29.1.1915, RGZ 86, 154, 157; *Lutter*, in: Kölner Komm. AktG, Anh. § 68, Rn. 2; MünchHdb. GesR IV-*Wiesner*, § 14, Rn. 1; *Hirte*, KapGesR, Rn. 4.53; *Schwennicke*, AG 2001, 118, 120; **Partnership und limited partnership:** *Sterry*, in: Halsbury's Laws of England, Rn. 112; **Private und public company:** *Morse*, Charlesworth & Morse, 185; *Davies*, Gower's Principles, 336; *Pennington*, Company Law, 426; *Birds*, in: Gore-Brown on Companies,

und französischen Recht besteht in Deutschland allerdings die Besonderheit, dass die Übertragung durch Abtretung (§§ 413, 398 BGB) als Verfügungsgeschäft von dem schuldrechtlichen Grundgeschäft zu unterscheiden ist.[165]

Bei der AG kommt eine solche Übertragung nur in Betracht, wenn die Aktienurkunden noch nicht ausgedruckt sind oder wenn der Anspruch auf Ausstellung effektiver Stücke nicht ausgeübt wird.[166]

Für an der Börse notierte *public companies* besteht zudem die Möglichkeit, ihre Anteile elektronisch mit Hilfe des Systems CREST übertragen zu lassen.[167] Die Anteile werden dabei als entmaterialisiert angesehen, so dass die Übertragung durch bloße Computeranweisungen erfolgt.[168] Eine Anteilsübertragung mit Hilfe dieses Systems ist für börsennotierte *public companies* nicht zwingend, sondern erfolgt nur, wenn die Gesellschaft und die betroffenen Anteilseigner nicht ausdrücklich eine Übertragung auf konventionelle Art und Weise wünschen.[169] Diese Übertragung mit Hilfe des elektronischen Systems ändert jedoch nichts daran, dass es auch hier eines Vertragsschlusses zwischen Veräußerer und Erwerber bedarf. Dieser erfolgt dann über Vertreter, die Angebot und Annahme mit Hilfe von Computern übermitteln.

Für die Übertragung von Inhaber- und Namensaktien der SA gilt seit der Einführung der Entmaterialisierung der Aktien[170] übereinstimmend, dass diese durch Umbuchung auf einem Sammelkonto (*compte*) übertragen werden.[171] Bei Namensaktien werden diese Sammelkonten von der ausgebenden

---

§ 16.3.1.; **SC:** *Bougnoux*, JCl. des Sociétés, Fasc. 48-70, Rn. 22; **SNC/SCS:** *Dereu*, JCl. des Sociétés, Fasc. 59-20, Rn. 71; **SARL:** *Cozian/Viandier/Deboissy*, Rn. 1349.

[165] **GbR:** Palandt-*Sprau*, § 736, Rn. 7; Staudinger-*Keßler*, § 736, Rn. 21; **OHG/KG:** *Baumbach/Hopt*, § 105, Rn. 69; **GmbH:** Scholz-*H. Winter*, § 15, Rn. 41; **AG:** *Lutter*, in: Kölner Komm. AktG, Anh. § 68, Rn. 2; *Schwennicke*, AG 2001, 118, 120.

[166] Die Entstehung der Mitgliedschaft in der AG setzt die Ausgabe von Aktienurkunden nicht voraus (vgl. § 214 Abs. 4 AktG). Vgl. hierzu: *Hirte*, KapGesR, Rn. 4.54; MünchHdb. GesR IV-*Wiesner*, § 14, Rn. 1; *Hirte, in:* Großkomm. AktG, § 214, Rn. 9; *Lutter*, in: Kölner Komm. AktG, Anh. § 68, Rn. 1.

[167] In den Uncertificated Securities Regulations 1995 (S. I. 1995 No. 3272), die auf s. 207 CA 1989 beruhen, sind detaillierte Regeln für die Anteilsübertragung mittels des Systems CREST und auch Sicherheitsbestimmungen für den Fall des Zusammenbruchs des Systems festgelegt.

[168] *Davies*, Gower's Principles, 337.

[169] *Birds*, in: Gore-Brown on Companies, § 16.3; *Sealy*, 478; *Davies*, Gower's Principles, 343.

[170] Die Entmaterialisierung der Aktien beruht auf dem Loi n° 81-1160 du 30 décembre 1981. Vorher erfolgte die auch Dritten und der Gesellschaft gegenüber wirksame Übertragung je nach Aktientyp durch Übergabe, Eintragung ins Aktienbuch oder Überschreibung der in Kontokorrentverwahrung der SICOVAM befindlichen Aktien. Die französische Rechtslage war damit der deutschen Rechtslage ähnlich. Vgl. *A. Maier*, RIW 1986, 677.

[171] Art. 2 Décret n° 83-359 du 2 mai 1983. Vgl.: *Cozian/Viandier/Deboissy*, Rn. 886; *Mercadal/Janin*, Mémento Soc. com., Rn. 17050 u. 18397; *Bastian/Germain*, in: Jura Europae II, 30.10, Rn. 66.

Gesellschaft geführt, es sei denn, diese beauftragt einen Dritten mit der Kontenführung.[172] Inhaberaktien, deren Ausgabe nur börsennotierten Gesellschaften möglich ist,[173] werden in Sammelkonten geführt, die von staatlich autorisierten Finanzinstituten verwaltet werden.[174] Auch für die Übertragung der Aktien der SA gilt, dass die Umbuchung auf dem entsprechenden Konto Ausdruck des zwischen den Parteien (meist über Vertreter) zustandegekommenen Vertrags ist.

Es gilt folgendes gemeinsames Prinzip:

Die Übertragung von Gesellschaftsanteilen, die nicht als Wertpapiere verbrieft sind, erfolgt durch Vertragsschluss zwischen Veräußerer und Erwerber.

Zweiter Abschnitt: Einfluss der Gesellschafter auf den Mitgliederkreis

Hinsichtlich der Frage, welchen Einfluss die Gesellschafter auf die Veränderung des Mitgliederkreises im Falle der Übertragung von Gesellschaftsanteilen haben, werden zunächst die gesetzlichen Regelungen in Deutschland, England und Frankreich untersucht, bevor darauf eingegangen wird, in welchem Umfang von den gesetzlichen Regelungen durch Bestimmungen im Gesellschaftsvertrag abgewichen werden kann.

§ 3 Gesetzliche Regelung

Hinsichtlich der Frage, welchen Einfluss die Mitgesellschafter von Gesetzes wegen bei der Übertragung von Gesellschaftsanteilen haben, wird zwischen Personengesellschaften, Kapitalgesellschaften mit Zugang zum öffentlichen Kapitalmarkt und Kapitalgesellschaften ohne Zugang zum öffentlichen Kapitalmarkt unterschieden.

---

[172] Art. 1 al. 2 u. art. 3 Décret n° 83-359 du 2 mai 1983. In diesem Fall müssen Name und Anschrift des Beauftragten im amtlichen Anzeigenblatt (Bulletin des annonces légales obligatoires, BALO) veröffentlicht werden (art. 3 Décret n° 83-359 du 2 mai 1983).

[173] *Bastian/Germain*, in: Jura Europae II, 30.10, Rn. 64.

[174] Art. 1 al. 2 Décret n° 83-359 du 2 mai 1983. Die Verwaltung erfolgt in der Regel durch die zentrale französische Wertpapiersammelbank SICOVAM (*Société Interprofessionelle pour la Compensation des Valeurs Mobilières*) und unterliegt Bestimmungen, die der Rat der Finanzmärkte (*Conseil des marchés financiers*, CMF) festgelegt hat (art. 6-3-15 Règlement général du CMF). Seit neuestem hat die SICOVAM aber nicht mehr das Monopol für die Verwaltung von Wertpapieren, sondern die CMF kann auch andere Stellen zur Verwaltung von Wertpapieren ermächtigen. Vgl. dazu: *Mercadal/Janin*, Mémento Soc. com., Rn. 17074 ff.; *Artz*, Encyclopédie Dalloz Sociétés, Rn. 333.

Bei allen untersuchten Personengesellschaften kann ein Mitglied seinen Gesellschaftsanteil nur übertragen, wenn dem sämtliche Mitgesellschafter zustimmen.[175] Eine gewisse Abmilderung dieses Grundsatzes findet sich allerdings bei der SC, wo die Anteilsübertragung auf Verwandte in auf- oder absteigender Linie auch ohne Zustimmung der Mitgesellschafter möglich ist.[176] Auch bei der *limited partnership* gilt dieser Grundsatz nicht uneingeschränkt. Dort bedarf es zur Anteilsübertragung[177] nur der Zustimmung aller *general partner*, nicht aber der Zustimmung der *limited partner*.[178]

Das Erfordernis der Zustimmung der Mitgesellschafter wird in allen genannten Fällen mit dem persönlichen, auf gegenseitigem Vertrauen beruhenden Charakter des Gesellschaftsvertrags (dem *intuitus personae*) begründet. Die Gesellschafter sollen dagegen geschützt werden, dass ihnen gegen ihren Willen ein neuer Mitgesellschafter aufgedrängt wird.[179] Dies leuchtet unmittelbar ein: Wie der Begriff der Personengesellschaft es schon ausdrückt, ist es in der Regel ein Charakteristikum dieser Art von Gesellschaften, dass sie auf dem persönlichen Miteinander der Gesellschafter basieren. Das bedeutet, dass es bei diesen idealtypischerweise kleinen Gesellschaften zur Geschäftsgrundlage gehört, dass die Gesellschaft gerade zwischen den Personen bestehen soll, die sich zu ihr zusammengefunden haben. Die Zusammensetzung der Gesellschaft hängt oft von den persönlichen Fähigkeiten jedes Einzelnen

---

[175] **Deutsche Personengesellschaften:** BGH, Urteil v. 28.4.1954, BGHZ 13, 179, 186; BGH, Urteil v. 11.4.1957, BGHZ 24, 106, 114; BGH, Urteil v. 30.6.1980, BGHZ 77, 392, 394 f.; BGH, Urteil v. 29.6.1981, BGHZ 81, 82, 84; BGH, Urteil v. 31.1.1983, BGHZ 86, 367, 369; Schlegelberger-*K. Schmidt*, § 105, Rn. 186; *Baumbach/Hopt*, § 105, Rn. 70; *Ulmer*, in: Großkomm. HGB, § 105, Rn. 306; *Nitschke*, 42; gilt auch für die Übertragung eines Kommanditanteils: *Grunewald*, GesR, 1. C., Rn. 58; **Partnership:** s. 24 (7) PA 1890; **Limited Partnership:** S. 6 (5) (b) u. (d) LPA 1907; **SC:** Art. 1861 al. 1 C. civ.; **SNC:** Art. L. 221-13 al. 1 C. com.; **SCS:** Art. L. 222-8 al. 1 C. com.

[176] Allerdings kann in den Statuten auch für diesen Fall die Zustimmung der Mitgesellschafter vorgeschrieben werden (art. 1861 al. 2 C. civ.). Vgl. *Bougnoux*, JCl. des Sociétés, Fasc. 48-70, Rn. 62.

[177] Dies betrifft die Übertragung sowohl der Anteile der *general* als auch der *limited partner*.

[178] S. 6 (5) (b) u. (d) LPA 1907; *Banks*, Lindley & Banks, Rn. 31-20; *Morse*, Partnership Law, 68; *Schmitthoff*, Die Nachfolge im englischen Recht, 48.

[179] **Deutsche Personengesellschaften:** *Baumbach/Hopt*, § 105, Rn. 70; *Ulmer*, in: Großkomm. HGB, § 105, Rn. 306; **Partnership und limited partnership:** *Banks*, Lindley & Banks, Rn. 19-54; *Morse*, Partnership Law, 163; *Pettet*, in: International Encyclopaedia of Laws, Rn. 419; *Schmitthoff*, Die Nachfolge im englischen Recht, 34; *Pennington*, in: Jura Europae, 90.30, 13; **SC:** *Bougnoux*, JCl. des Sociétés, Fasc. 48-70, Rn. 45; **SNC:** *Mercadal/Janin*, Mémento Soc. com., Rn. 4339; *Dereu*, JCl. des Sociétés, Fasc. 59-20, Rn. 85; **SCS:** *Bougnoux*, JCl. des Sociétés, Fasc. 62-10, Rn. 85.

sowie vom zwischen ihnen bestehenden Vertrauensverhältnis ab.[180] Deshalb hat jeder einzelne der Gesellschafter in aller Regel ein Interesse daran, dass der Mitgliederkreis sich nicht gegen seinen Willen verändern und ein neues Mitglied nur mit seiner Zustimmung in die Gesellschaft aufgenommen werden darf. Zwischen den Mitgliedern einer Personengesellschaft bedarf es zudem deshalb eines besonderen Vertrauensverhältnisses, weil das eine Mitglied durch die Handlung eines anderen Mitglieds (im Hinblick auf die Gesellschaftsschulden) persönlich verpflichtet werden kann.[181]

Die Tatsache, dass bei der SC die Anteilsübertragung auf Verwandte in auf- oder absteigender Linie auch ohne Zustimmung der Mitgesellschafter möglich ist, steht diesen Grundsätzen nicht entgegen. Zum einen ist die SC die einzige der untersuchten Personengesellschaften, bei der das der Fall ist. Zum anderen bilden Verwandte in auf- oder absteigender Linie eine relativ kleine Gruppe, die auch für die Mitgesellschafter überschaubar ist. Auch die Tatsache, dass bei der *limited partnership* der Übertragung von Anteilen nur alle *general partner*, nicht aber die *limited partner*, zustimmen müssen, stellt keine wirkliche Abweichung von den dargestellten Grundsätzen dar. Denn die *limited partner* sind eher dem Gesellschafter einer Kapitalgesellschaft vergleichbar. Für sie steht die Kapitalbeteiligung im Vordergrund. Die Gesellschaft basiert gerade nicht auf ihrem persönlichen Einfluss, weshalb sie auch von der Geschäftsführung grundsätzlich ausgeschlossen sind.[182] Es ergibt sich deshalb folgendes gemeinsames Prinzip:

Der Übertragung von Anteilen einer Personengesellschaft müssen alle Gesellschafter zustimmen.

B. Kapitalgesellschaften mit Zugang zum öffentlichen Kapitalmarkt

Im Gegensatz zur Rechtslage bei den Personengesellschaften bedarf es zur Übertragung von Anteilen an Kapitalgesellschaften mit der Möglichkeit des Zugangs zum öffentlichen Kapitalmarkt (AG, *public company*, SA) von Gesetzes wegen keiner Zustimmung der Mitgesellschafter. Es gilt vielmehr bei allen diesen Gesellschaften der Grundsatz der freien Übertragbarkeit der Mitgliedschaft.[183] Eine Ausnahme gilt allerdings bei der AG hinsichtlich im

[180] Vgl. *Hélot*, D. 1991, chron., 143.

[181] So ausdrücklich für die *partnership* und *limited partnership*: *Twomey*, Rn. 19.13. Zur Haftung der Personengesellschafter für die Gesellschaftsverbindlichkeiten vgl. unten S. 100 ff.

[182] Insofern könnte man sich allerdings fragen, warum vergleichbare Regelungen nicht auch für den Kommanditisten in Deutschland und den *commanditaire* in Frankreich bestehen.

[183] **AG:** BGH, Urteil v. 1.12.1986, NJW 1987, 1019, 1020 („Familien-AG-Entscheidung"); BayObLG, Beschluss v. 24.11.1988, WM 1989, 138, 141 f.; MünchKommAktG-*Bayer*, § 68,

Gesetz genau bezeichneter Gesellschaften, die nach ihrem gesetzlichen Leitbild sehr stark von der jeweiligen Zusammensetzung der Anteilseigner abhängen (z. B. Sozietäten von Steuerberatern oder Wirtschaftsprüfern). Bei diesen ist für die Anteilsübertragung die Zustimmung der Mitgesellschafter gesetzlich vorgeschrieben.[184]

Bei den Kapitalgesellschaften ergibt sich aus ihrer Bezeichnung selbst, dass hier grundsätzlich nicht die persönlichen Fähigkeiten der Einzelnen und das Vertrauen zwischen den Gesellschaftern die Basis des Gesellschaftserfolgs bilden. Vielmehr steht hier idealtypischerweise die Kapitalbeteiligung der Gesellschafter im Vordergrund (der *intuitus pecuniae*). Für das Gelingen der Gesellschaft ist in der Regel nicht das persönliche Miteinander der Mitglieder entscheidend, sondern hierfür ist eine von der Gesellschafterversammlung zu bestimmende Geschäftsführung (bzw. ein Vorstand) verantwortlich. Besonders deutlich wird dies bei den Kapitalgesellschaften mit Zugangsmöglichkeit zum Kapitalmarkt. Wenn diese an der Börse notiert sind, basiert ihr Erfolg gerade auf der freien Übertragbarkeit der Anteile. Breite Schichten der Bevölkerung lassen sich auf diesem Wege nur deshalb zu einer Beteiligung an der Gesellschaft bewegen, weil sie wissen, dass sie sich von ihren Gesellschaftsanteilen jederzeit und ohne die Zustimmung der Mitgesellschafter einholen zu müssen durch Verkauf über die Börse wieder trennen können. Es gilt folgendes gemeinsames Prinzip:

Rn. 34; *Hefermehl/Bungeroth*, in: Geßler/Hefermehl, AktG, § 68, Rn. 67; *Barz*, in: Großkomm. AktG, 3. Aufl. 1973, § 68, Rn. 2; *Lutter*, in: Kölner Komm. AktG, § 68, Rn. 23; *Flechtheim*, in: Düringer/Hachenburg, § 222 HGB, Rn. 4; MünchHdb. GesR IV-*Wiesner*, § 14, Rn. 1; *Wiedemann*, Übertragung, 80; **Private und public company:** *Lord Greene MR*, in: Greenhalgh v. Mallard [1943] 2 All ER 234, 237; *Buckley L.J.*, in: Lindlar's Case [1910] 1 Ch. 312, 316, CA; *Sir W. Page Wood L.J.*, in: Re Smith, Knight, & Co., Weston's Case (1868) L.R. 4 Ch. App. 20, 27; *Morse*, Charlesworth & Morse, 194; *Davies*, Gower's Principles, 88; *Pennington*, Company Law, 402; *ders.*, in: Jura Europae IV, 90.10, Rn. 43; **SA:** Art. L. 228-10 C. com. Vgl.: *Guyon*, JCl. des Sociétés, Fasc. 97 B, Rn. 1; *ders.*, Droit des affaires, Rn. 738 ; *Schrötter*, 90.

Allerdings ist für die *companies* in der Mustersatzung *Table A* bestimmt, dass zwar nicht die Mitgesellschafter, aber die Direktoren die Übertragung von Anteilen verweigern dürfen, wenn diese nicht voll eingezahlt sind (art. 24 Table A), wenn die *company* an den Anteilen ein Sicherungsrecht (*lien*) besitzt (art. 24 Table A), wenn die Übertragung mehr als eine Art von Anteilen (*classes of shares*) betrifft (art. 24 (b) Table A) oder wenn die Übertragung zu Gunsten von mehr als vier Erwerbern erfolgen soll (art. 24 (c) Table A).

[184] Vgl. § 50 Abs. 5 S. 2 StBerG (Steuerberatungsgesellschaften), § 28 Abs. 5 S. 2 WiPO (Wirtschaftsprüfungsgesellschaften), § 1 Abs 3 KAGG (Kapitalanlagegesellschaften), § 3 Abs. 5 WGGDV (gemeinnützige Wohnungsbauunternehmen). Bei der AG ist die Vinkulierung der Aktien zudem vorgeschrieben für den Fall, dass den Aktionären statutarische Nebenleistungspflichten auferlegt werden oder dass den Inhabern bestimmter Aktien ein Entsenderecht in den Aufsichtsrat eingeräumt wird (§§ 55 Abs. 1, 101 Abs. 2 S. 2 AktG).

Die Anteile von Kapitalgesellschaften, denen der Zugang zum öffentlichen Kapitalmarkt offen steht, sind frei übertragbar.

C. Kapitalgesellschaften ohne Zugang zum öffentlichen Kapitalmarkt

Eine Stellung zwischen den Personengesellschaften und den Kapitalgesellschaften mit Zugang zum öffentlichen Kapitalmarkt nehmen die Kapitalgesellschaften ein, denen der Zugang zum öffentlichen Kapitalmarkt verwehrt ist (GmbH, *private company*, SARL). Da es sich auch bei ihnen im Grundsatz um Kapitalgesellschaften handelt, steht auch hier grundsätzlich die Kapitalbeteiligung (der *intuitus pecuniae*) im Vordergrund, weshalb der Grundsatz der freien Übertragbarkeit der Mitgliedschaft zumindest bei der GmbH[185] und der *private company*[186] genauso gilt wie bei den Kapitalgesellschaften mit Zugang zum öffentlichen Kapitalmarkt.[187] Auf der anderen Seite zeigt sich aber bei allen diesen Gesellschaften auf verschiedene Art und Weise, dass der *intuitus personae* jedenfalls stärker ausgeprägt ist als bei den Kapitalgesellschaften mit Zugang zum öffentlichen Kapitalmarkt, wenn auch nicht so stark wie bei den Personengesellschaften:

Am deutlichsten zeigt sich die hybride Stellung zwischen Personen- und Kapitalgesellschaften bei der französischen SARL:[188] Die Übertragung ihre Anteile ist weder frei möglich wie bei den Gesellschaften mit Zugang zum öffentlichen Kapitalmarkt noch an die Zustimmung aller Mitgesellschafter gebunden wie bei den Personengesellschaften. Ihre gesetzliche Regelung liegt vielmehr zwischen den beiden genannten Lösungen.[189] Während die Anteile auf Ehepartner, Verwandte in auf- oder absteigender Linie und Mitgesellschafter frei übertragen werden können,[190] ist die Veräußerung an dritte Personen zwingend nur mit Zustimmung einer Dreiviertelmehrheit der Gesellschafter zulässig, die sowohl nach Köpfen als auch nach Kapitalanteilen vorliegen muss (art. L. 223-14 C. com.).[191]

---

185 § 15 Abs. 1 GmbHG. Vgl. dazu: *Lutter/Hommelhoff*, § 15, Rn. 22; Scholz-*H. Winter*, § 15, Rn. 1.

186 Vgl. die Nachweise oben in Fn. 183 zu den *companies*.

187 Zur besonderen Stellung der SARL, bei der nach der gesetzlichen Ausgangslage der *intuitus personae* über den *intuitus pecuniae* dominiert, vgl. *Boucourechliev/Huet*, in: Études à la mémoire d'Alain Sayag, 177, 180 ff.

188 Von einem ambivalenten Status (*l'ambiguité du statut*) der SARL sprechen *Boucourechliev/Huet*, in: Études à la mémoire d'Alain Sayag, 177, 178.

189 *Bastian/Germain*, in: Jura Europae II, 30.20, Rn. 15.

190 Art. L. 223-13 al. 1, 223-16 al. 1 C. com.

191 Dabei kann der Veräußerer mitstimmen. Vgl. *Mercadal/Janin*, Mémento Soc. com., Rn. 6135.

Eine ähnliche Regelung wie bei der SARL bestand bis 1980 auch im Recht der *private company*. Bis zu diesem Zeitpunkt zeigte sich die Sonderstellung der *private company* bei der Anteilsübertragung dadurch, dass eine solche (und damit keine *public company*) nur dann vorlag, wenn in der Satzung irgendeine Einschränkung der Übertragbarkeit vorgesehen war.[192] Das Gesetz schrieb dabei nicht eine besondere Form der Restriktion vor (z. B. das Erfordernis der Zustimmung der Mehrheit der Mitgesellschafter), sondern die Einschränkung der Übertragbarkeit konnte so stark oder so schwach sein, wie die Gesellschafter dies wünschten.[193] Diese gesetzliche Bestimmung ist entfallen und der Grundsatz der freien Übertragbarkeit ergibt sich heute aus dem Richterrecht (dem *common law*). Gleichwohl gilt aber für die *private company*, dass in der Praxis die Anteilsübertragung im Gesellschaftsvertrag in sehr vielen Fällen von der Zustimmung der Mitgesellschafter oder der Gesellschaft abhängig gemacht wird.[194]

Auch im Recht der GmbH zeigt sich ihre im Vergleich zur AG personalistischere Ausrichtung. Zwar ist in § 15 Abs. 1 GmbHG bestimmt, dass die Geschäftsanteile der GmbH grundsätzlich frei übertragbar sind. In § 15 Abs. 5 GmbHG weist das Gesetz aber ausdrücklich darauf hin, dass die Übertragung von GmbH-Anteilen vinkuliert werden kann, und schlägt zudem auch einen Beispielsfall der Vinkulierung vor (die Zustimmung der Gesellschaft). Noch deutlicher als im Gesetz zeigt sich die Sonderstellung der GmbH ebenso wie bei der *private company* in der Rechtswirklichkeit. In der Praxis in Deutschland wird die Möglichkeit zur Beschränkung der Übertragung von Geschäftsanteilen in so großem Umfang genutzt, dass sich das gesetzlich vorgesehene Regel-Ausnahme-Verhältnis dabei geradezu umgekehrt hat.[195] Die GmbH ist auf diese Weise oft sehr personalistisch ausgestaltet. Die häufigste Art der Beschränkung ist dabei die im GmbH-Gesetz beispielhaft genannte, bei der die Abtretung nicht von der Zustimmung sämtlicher

---

[192] Nach s. 28 (1) CA 1948, der 1980 aufgehoben wurde. Vgl. dazu: *Hannigan*, in: Farrar's Company Law, 240; *Pennington*, in: Jura Europae IV, 90.10, Rn. 43; *Shearman*, GmbHR 1992, 149, 152.

[193] *Pennington*, Company Law, 920.

[194] *Morse*, Charlesworth & Morse, 195; *Pennington*, in: Jura Europae IV, 90.20, Rn. 2; *ders.*, Company Law, 403 u. 920 f.; *Sealy*, 478; *Hannigan*, in: Farrar's Company Law, 240; *Shearman*, GmbHR 1992, 149, 152. Vgl. ausführlich zur Möglichkeit der Beschränkung der Anteilsübertragung im Gesellschaftsvertrag unten S. 74 ff.

[195] *Röhricht*, FS Kellermann, 361, 371; *Hueck/Fastrich*, in: Baumbach/Hueck, § 15, Rn. 36; *Kellner*, 1; *Reichert/M. Winter*, FS 100 Jahre GmbHG, 209, 211 f.; MünchHdb. GesR III-*Grziwotz*, § 1, Rn. 31; nach einer Untersuchung von *Kornblum*, GmbHR 1994, 505, 515, sahen etwa 90 % der untersuchten GmbH eine Vinkulierung vor; nach der Untersuchung von *Limbach*, 70, aus dem Jahre 1966 war bei 94,2 % von 486 untersuchten GmbH die Übertragbarkeit der Anteile eingeschränkt.

Gesellschafter, sondern (nur) von der Genehmigung der Gesellschaft abhängig gemacht wird.[196] Zudem ist bei der GmbH (wie bei AG) die Zustimmung der Mitgesellschafter zur Anteilsübertragung für solche Gesellschaften gesetzlich vorgeschrieben, die nach ihrem gesetzlichen Leitbild sehr stark von der jeweiligen Zusammensetzung der Anteilseigner abhängen (Sozietäten von Steuerberatern und Wirtschaftsprüfern).[197]

Gemeinsam ist der GmbH, der *private company* und der SARL also, dass sie in ihrer gesetzlichen Regelung zwischen den Personengesellschaften und den Kapitalgesellschaften mit Zugang zum öffentlichen Kapitalmarkt angesiedelt sind. Bei ihnen handelt es sich zwar auch um Kapitalgesellschaften, so dass bei ihnen z. B. spezielle gesetzliche Regelungen zur Erhaltung des Gesellschaftskapitals greifen. Vor allem wegen der fehlenden Zugangsmöglichkeit zur Börse handelt es sich bei ihnen aber praktisch nie um große Publikumsgesellschaften. Diese Gesellschaften weisen vielmehr oftmals nur eine niedrige Mitgliederzahl auf, basieren auf dem persönlichen Miteinander der Gesellschafter und sind häufig nur deshalb nicht in Form einer Personengesellschaft organisiert, weil die Gesellschafter in den Genuss der bei diesen Gesellschaftsformen bestehenden Beschränkung der persönlichen Haftung kommen möchten. Diese Art von Gesellschaft wird oft als personalistische Kapitalgesellschaft bezeichnet.[198] Auch wenn sich in der Rechtswirklichkeit hinsichtlich der Beschränkung der Anteilsübertragung bei den Kapitalgesellschaften ohne Zugang zum öffentlichen Kapitalmarkt keine großen Unterschiede ergeben – die Gesellschaften sind durch eine Beschränkung der Übertragung oft personalistisch ausgestaltet – so ist doch festzustellen, dass die gesetzliche Grundregelung unterschiedlich ist: Während in Deutschland und England die Anteile grundsätzlich frei übertragbar sind, bestehen bei der SARL die geschilderten Einschränkungen. Festgehalten werden kann deshalb als gemeinsames Prinzip nur, dass die gesetzliche Ausgestaltung der Anteilsübertragung bei diesen Gesellschaften von der Ausprägung des *intuitus personae* abhängt:

Die Übertragung von Anteilen an Kapitalgesellschaften, denen der Zugang zum öffentlichen Kapitalmarkt verwehrt ist, ist je nach der Bedeutung des *intuitus personae* in der Gesellschaft entweder frei möglich oder an die Zustimmung der Gesellschafter gebunden.

---

[196] Eine Übersicht über typische Klauseln gibt: *Reichert*, 62 ff. Bei der Untersuchung von *Limbach*, 72, aus dem Jahre 1966 hatten sich von 486 untersuchten Gesellschaften 447 auf diese Weise geschützt.

[197] § 50 Abs. 5 S. 3 StBerG, § 28 Abs. 5 S. 3 WiPO.

[198] So der Titel der Habilitationsschrift von *Immenga*; vgl. auch *Boucourechliev/Huet*, in: Études à la mémoire d'Alain Sayag, 177, 177 f.; *Hélot*, D. 1991, chron., 143.

§ 4 Möglichkeiten und Grenzen gesellschaftsvertraglicher Gestaltung

Im Folgenden soll der Frage nachgegangen werden, inwieweit durch Bestimmungen im Gesellschaftsvertrag der Einfluss der Gesellschafter bei der Anteilsübertragung abweichend von den eben dargestellten gesetzlichen Grundsätzen vertraglich geregelt werden darf. Dabei wird zunächst untersucht, ob grundsätzlich eine Abweichung von der Gesetzeslage möglich ist, bevor auf einige typischerweise wählbare Möglichkeiten der Einschränkung der Übertragbarkeit der Anteile eingegangen wird.

A. Grundsatz

Unterschieden wird an dieser Stelle zwischen der Rechtslage bei Personen- und Kapitalgesellschaften.

I. Personengesellschaften

1. Veränderung der Übertragbarkeit

Bei den Personengesellschaften herrscht in allen drei untersuchten Ländern hinsichtlich der Gestaltung der Anteilsübertragung eine große Gestaltungsfreiheit. An Stelle der gesetzlich vorgesehenen Zustimmung aller Mitgesellschafter können auch andere Zustimmungsmodelle vereinbart oder die Übertragung von Anteilen sogar von jeglicher Beschränkung befreit werden. Dies gilt uneingeschränkt für die deutschen und englischen Personengesellschaften.[199]

Bei der SC kann zwar auch in weitem Umfang von der gesetzlichen Grundregel der Zustimmung aller Gesellschafter abgewichen werden. Allerdings sind die Fälle, in denen das Zustimmungsverfahren modifiziert werden kann, gesetzlich genau bestimmt.[200] So kann in den Statuten für die Zustimmung zur Anteilsübertragung eine andere als die gesetzlich vorgesehene einstimmige Mehrheit in der Gesellschafterversammlung vorgesehen oder die Übertragung von der Zustimmung durch die Geschäftsführung der Gesellschaft abhängig gemacht werden.[201] Übertragungen auf Mitgesellschafter und Ehepartner können vom Zustimmungserfordernis befreit werden und Über-

---

[199] **Deutsche Personengesellschaften:** Beck Hdb. Personengesellschaften-*Sauter*, § 7, Rn. 49; **Partnership und limited partnership:** *Morse*, Partnership Law, 163; *Schmitthoff*, Die Nachfolge im englischen Recht, 38.

[200] Dies ergibt sich aus art. 1861 al. 2 C. civ. Dabei handelt es sich um eine zwingende Bestimmung, obwohl dieser *article* in art. 1183 C. civ. nicht ausdrücklich als zwingend gekennzeichnet ist. Vgl. *Bougnoux*, JCl. des Sociétés, Fasc. 48-70, Rn. 64.

[201] Art. 1861 al. 2 C. civ.

tragungen auf Verwandte in auf- oder absteigender Linie sind schon gesetzlich keinem Zustimmungsvorbehalt unterworfen.[202] Da auf diese Weise das Gesetz auch für die SC die wesentlichen praktizierten Vertragsgestaltungen für zulässig erklärt, entspricht die Rechtslage bei der SC im Ergebnis nahezu der bei den deutschen und englischen Personengesellschaften.

Abweichend stellt sich hingegen die Rechtslage bei den französischen Personenhandelsgesellschaften SNC und SCS dar. Bei der SNC darf von der gesetzlichen Grundregel, dass es zur Übertragung von Anteilen der Zustimmung aller Gesellschafter bedarf, nicht abgewichen werden.[203] Dies ist eine Folge der strengen Ausrichtung der Gesellschafter *intuitu personae*. Jeder Gesellschafter kann nur auf Grund des Vertrauens, das er bei allen anderen Gesellschaftern genießt, aufgenommen werden. Dieses besonderen Schutzes dürfen sich die Gesellschafter auch durch eine einstimmige Änderung der Statuten nicht begeben.[204] Bei der SCS besteht hinsichtlich des Zustimmungserfordernisses zur Anteilsübertragung vor allem im Hinblick auf die Kommanditanteile ein wenig mehr Gestaltungsfreiheit:[205] In den Statuten kann bei der SCS zum einen vorgesehen werden, dass die Anteile des *commanditaire*, des nur beschränkt haftenden Gesellschafters, zwischen den Gesellschaftern frei übertragbar sind.[206] Zum anderen kann die Übertragbarkeit der Anteile des *commanditaire* auf Dritte im Gesellschaftsvertrag unter der Voraussetzung zugelassen werden, dass alle unbeschränkt haftenden Gesellschafter (*commandités*) und die nach Köpfen und Kapitalanteilen zu bemessende Mehrheit der *commanditaires* zustimmt.[207] Auch die Übertragung von Teilen des Anteils eines *commandité* auf Dritte oder auf einen *commanditaire* kann durch die Satzung unter den gleichen Voraussetzungen zugelassen werden.[208]

Diese strenge Regelung bei der SNC und SCS ist jedoch in den untersuchten Rechtsordnungen einmalig. Sie widerspricht auch dem im französischen Gesellschaftsrecht geltenden Grundsatz, dass die Kapitalgesellschaften auf Grund der beschränkten Haftung der Gesellschafter und zum Schutz der

---

202 Art. 1861 al. 2 C. civ.

203 Dies ergibt sich eindeutig aus dem Wortlaut des art. L. 221-13 al. 2 C. com.: „Toute Clause contraire est réputée non écrite." Vgl.: *Guyon*, Aménagements statutaires, Rn. 52; *Mercadal/Janin*, Mémento Soc. com., Rn. 4339.

204 *Guyon*, Droit des affaires, Rn. 257; *Bastian/Germain*, in: Jura Europae II, 30.30, Rn. 18 u. 9. Die Gesellschafter können lediglich im Voraus in den Statuten ihre Zustimmung zur Übertragung von Anteilen auf eine bestimmte Person erteilen. Vgl. *Germain*, Ripert/Roblot I-2, Rn. 1184.

205 *Dereu*, JCl. des Sociétés, Fasc. 59-20, Rn. 103.

206 Art. L. 222-8 al. 2 n° 1 C. com.

207 Art. L. 222-8 al. 2 n° 2 C. com.

208 Art. L. 222-8 al. 2 n° 3 C. com.

Gläubiger in weitem Umfang zwingenden Bestimmungen unterliegen, während bei den Personengesellschaften, bei denen die Gesellschafter Dritten gegenüber persönlich für die Gesellschaftsschulden haften, eine größere Gestaltungsfreiheit besteht.[209] In Frankreich selbst wird deshalb gegen diese Regelungen auch eingewandt, dass sie nicht den Erfordernissen des Geschäftslebens genügten.[210] Auf Grund der in Frankreich bestehenden Kritik an diesen Regelungen und wegen der geringen praktischen Bedeutung der SNC und SCS – nicht einmal 3% aller Gesellschaften sind als SNC oder SCS organisiert – wird diesen abweichenden Regelungen für die Prinzipienbildung nur ein geringes Gewicht beigemessen. Sie stehen folgendem den drei untersuchten Rechtsordnungen gemeinsamen Prinzip nicht entgegen:[211]

Bei Personengesellschaften kann durch den Gesellschaftsvertrag die Beschränkung der Anteilsübertragung beliebig verändert werden.

2. Mehrheitserfordernis für die Veränderung der Übertragbarkeit

Die nachträgliche Änderung des Gesellschaftsvertrags, durch die die Anteilsübertragung auch ohne Zustimmung aller Gesellschafter ermöglicht wird, bedarf bei den deutschen und englischen Personengesellschaften sowie bei der SC der Zustimmung sämtlicher Gesellschafter.[212] Dies gilt im Grundsatz auch für die wenigen Fälle, in denen auch bei der SCS das Zustimmungsverfahren abweichend vom Gesetz gestaltet werden darf.[213] Diese Regelung ist sehr gut nachvollziehbar. Der Schutz gegen das unerwünschte Eindringen Dritter, den das Gesetz dadurch gewährt, dass prinzipiell eine Anteilsübertragung nur möglich ist, wenn alle Personengesellschafter mit ihr einverstanden sind, soll dem einzelnen Gesellschafter nicht dadurch genommen werden können, dass eine Mehrheit von Gesellschaftern diese gesetzliche Regelung

---

209 *Guyon*, in: Lutter/Wiedemann, Gestaltungsfreiheit, 297, 300; *D. Schmidt*, in: Lutter/Wiedemann, Gestaltungsfreiheit, 291, 296; für das deutsche Recht: *A. Teichmann*, Gestaltungsfreiheit, 250.

210 *Merle*, Rn. 155.

211 Ebenso: *Guyon*, in: Lutter/Wiedemann, Gestaltungsfreiheit, 297.

212 **Deutsche Personengesellschaften:** § 709 Abs. 1 BGB (für Geschäftsführungsmaßnahmen), § 119 Abs. 1 HGB. Vgl. *Grunewald*, GesR, 1. A., Rn. 82; 1. B., Rn. 30; **Partnership und limited partnership:** s. 19 PA 1890; **SC:** Art. 1836 al. 1, 1852 C. civ. Vgl.: *Bézard*, Rn. 1046; *Mercadal/Janin*, Société Civile, Rn. 386: *Taithe/Walet*, Rn. 113.

213 Werden bei der SCS innerhalb der gesetzlichen Grenzen (art. L. 222-8 al. 2 C. com.) die Statuten so verändert, dass eine erleichterte Übertragung möglich ist, dann bedarf es zu dieser Entscheidung der Zustimmung aller Komplementäre und der Mehrheit der Kommanditisten nach Köpfen und Kapitalanteilen (art. 222-9 al. 2 C. com.). Vgl. *Mercadal/Janin*, Mémento Soc. com., Rn. 4831.

mittels einer Änderung des Gesellschaftsvertrags abbedingen kann. Vielmehr soll sich jeder Gesellschafter dieses Schutzes nur selbst begeben können. Deshalb bedarf es zu einer derartigen Änderung des Gesellschaftsvertrags der Zustimmung aller Gesellschafter. Es gilt das folgende gemeinsame Prinzip:

Die Aufnahme einer Bestimmung in den Gesellschaftsvertrag, durch die die Übertragung der Gesellschaftsanteile auch ohne die Zustimmung aller Gesellschafter ermöglicht wird, bedarf der Zustimmung sämtlicher Gesellschafter.

II. Kapitalgesellschaften

1. Veränderung der Übertragbarkeit

Die Übertragbarkeit von Anteilen kann bei Kapitalgesellschaften grundsätzlich beliebig eingeschränkt werden. So ist für die GmbH gesetzlich vorgesehen, dass die Abtretung von Anteilen durch die Satzung an bestimmte Voraussetzungen, insbesondere an die Genehmigung der Gesellschaft, geknüpft werden kann (§ 15 Abs. 5 GmbHG, sogenannter vinkulierter Geschäftsanteil). Bei der AG bestimmt § 68 Abs. 2 S. 1 AktG, dass die Übertragung an die Zustimmung der Gesellschaft gebunden werden kann. Dem Grundsatz *a majore ad minus* folgend ist allgemein anerkannt, dass damit die Satzung der Vinkulierung auch einen geringeren als den gesetzlich möglichen Umfang geben kann.[214] Auch bei der *private* und der *public company* kann die Übertragung der Anteile im Gesellschaftsvertrag an bestimmte Voraussetzungen geknüpft werden.[215] Für die SA gilt dieser Grundsatz ebenfalls,[216] allerdings mit der Ausnahme, dass Anteilsübertragungen auf Verwandte in auf- und absteigender Linie, Ehegatten und Mitgesellschafter nicht durch die Statuten an die Zustimmung der anderen Gesellschafter gebunden werden dürfen.[217] Diese Ausnahmeregelung soll der Bildung eines gemeinsamen Prinzips jedoch

---

[214] *Hüffer*, AktG, § 68, Rn. 14; MünchKommAktG-*Bayer*, § 68, Rn. 39 u. 57; *Hefermehl/Bungeroth*, in: Geßler/Hefermehl, AktG, § 68, Rn. 102; *Lutter*, in: Kölner Komm. AktG, § 68, Rn. 27; MünchHdb. GesR IV-*Wiesner*, § 14, Rn. 23.

[215] *Morse*, Charlesworth & Morse, 194; *Hannigan*, in: Farrar's Company Law, 240.

[216] *Mercadal/Janin*, Mémento Soc. com., Rn. 18430.

[217] Art. L. 228-23 al. 1 C. com. Nach Ansicht der h. M. schließt der Wortlaut der Norm („*cession à un tiers*") die Anwendung von Vinkulierungsklauseln auf die Übertragung an Mitgesellschafter aus. Vgl.: Cass. com., 10 mars 1976, Rev. soc. 1976, 332, 333 (Anm. *Hémard*); *Mercadal/Janin*, Mémento Soc. com., Rn. 18447; kritisch: *Guyon*, Droit des affaires, Rn. 744; *ders.*, JCl. des Sociétés, Fasc. 97 B, Rn. 27 ff.

nicht entgegenstehen, weil sie nur einen sehr eingeschränkten und überschaubaren Personenkreis betrifft.

Abweichend stellt sich hingegen die Rechtslage bei der SARL dar. Dort ist die Anteilsübertragung auf einen Dritten nur mit Zustimmung einer Dreiviertelmehrheit der Gesellschafter zulässig, die sowohl nach Köpfen als auch nach Kapitalanteilen vorliegen muss.[218] Da diese Regelung zwingend ausgestaltet ist,[219] kann in den Statuten keine andere Art der Vinkulierung (wie z. B. die Übertragung der Zustimmungsbefugnis auf die Geschäftsführung) vorgesehen werden.[220] Lediglich die Übertragung auf Ehepartner, Verwandte in auf- oder absteigender Linie und Mitgesellschafter, die gesetzlich frei möglich ist, kann von der Zustimmung der Gesellschafter abhängig gemacht werden.[221] Für diese Fälle kann in den Statuten auch eine geringere als die gesetzlich vorgesehene Dreiviertelmehrheit vereinbart werden.[222] Diese äußerst starre Regelung, die den Gesellschaftern keinen Gestaltungsspielraum lässt, ist charakteristisch für das französische Kapitalgesellschaftsrecht. Diese Regelungsschärfe des französischen Kapitalgesellschaftsrechts ist im Allgemeinen starker Kritik aus der Praxis ausgesetzt. So wird angeführt, die Regelungsschärfe stehe den Bedürfnissen der Unternehmen entgegen und schrecke sogar ausländische Investoren vor einem Engagement in Gesellschaften ab, die dem französischen Recht unterliegen.[223] Nach *Guyon* droht gar die Gefahr, dass das französische Gesellschaftsrechtssystem durch Überreglementierung erstickt.[224] Eine Reaktion auf diese Strenge der Regelungen war die Einführung der vereinfachten Aktiengesellschaft (*société par actions simplifiée*, SAS) 1994, bei der eine große Gestaltungsfreiheit der Gesellschafter mit der begrenzten Haftung der Gesellschafter verbunden wurde.[225]

Eine flexible Ausgestaltung des Kapitalgesellschaftsrechts im Bereich der Einschränkbarkeit der Anteilsübertragung scheint auch die angemessene Lösung zu sein. Die Ausgestaltung der Kapitalgesellschaften, vor allem derer ohne Zugang zum öffentlichen Kapitalmarkt, ist in der Praxis sehr unter-

---

[218] Vgl. hierzu schon oben S. 61.

[219] Art. L. 223-14 al. 7 C. com.

[220] *Artz*, Encyclopédie Dalloz Sociétés, Rn. 295.

[221] Art. L. 223-13 al. 2 C. com.; art. L. 223-16 al. 2 C. com.

[222] Art. L. 223-13 al. 2 C. com.; art. L. 223-16 al. 2 C. com. Eine größere Mehrheit darf nicht vorgesehen werden. Vgl.: *Mercadal/Janin*, Mémento Soc. com., Rn. 6151; *M. Storck*, JCl. des Sociétés, Fasc. 73-20, Rn. 33.

[223] *Bissara*, Rev. soc. 1990, 553, 554 f.; *Guyon*, in: Lutter/Wiedemann, Gestaltungsfreiheit, 297, 298.

[224] *Guyon*, in: Lutter/Wiedemann, Gestaltungsfreiheit, 297, 299 u. 309.

[225] *Paillusseau*, D. 1999, chron., 333, 334; *Guyon*, in: Lutter/Wiedemann, Gestaltungsfreiheit, 297, 298 f., *ders.*, ZGR 1994, 551,551 f.

schiedlich. Es gibt einerseits viele Gesellschaften mit nur geringer Mitgliederzahl, andererseits aber auch Gesellschaften mit einer Vielzahl von Mitgliedern. Den individuellen Bedürfnissen der wirtschaftlich Tätigen wird man aber nur gerecht, wenn man diesen ermöglicht, ihre Gesellschaft so auszugestalten, dass entweder dem *intuitus personae* eine größere Bedeutung eingeräumt wird oder aber dem *intuitus pecuniae*. Ein prägendes Element dieser mehr oder weniger personalistischen Ausgestaltung ist dabei die Einschränkung der Übertragbarkeit der Anteile.[226] Es spricht also vieles dafür, den Gesellschaftern in diesem Bereich eine möglichst große Gestaltungsfreiheit zu belassen.[227] Daraus ergibt sich, dass die für die SARL bestehende Regelung nicht als Vorbild für eine moderne europäische Regelung herangezogen werden kann. Die abweichende Rechtslage bei der SARL soll deshalb dem folgenden gemeinsamen Prinzip nicht entgegenstehen.

> Die Übertragbarkeit der Anteile kann bei Kapitalgesellschaften durch die Satzung grundsätzlich beliebig eingeschränkt werden.

Die Rechtslage bei den Kapitalgesellschaften ist damit im Vergleich zur Rechtslage bei den Personengesellschaften spiegelbildlich verkehrt. Kapitalgesellschaftsanteile sind grundsätzlich frei veräußerlich, aber die Übertragung kann durch die Satzung an weitere Voraussetzungen geknüpft werden. Die Beteiligung an einer Personengesellschaft hingegen ist im Grundsatz vinkuliert, kann aber durch den Gesellschaftsvertrag frei verfügbar gestellt werden.

2. Mehrheitserfordernis für die Veränderung der Übertragbarkeit

Eine nachträgliche Änderung der Satzung, durch die die Übertragbarkeit der Anteile eingeschränkt wird, bedarf bei allen untersuchten Kapitalgesellschaften wenigstens der Zustimmung einer qualifizierten Mehrheit der Gesellschafter. Bei den deutschen Kapitalgesellschaften GmbH[228] und AG[229] bedarf

---

[226] So auch *Hélot*, D. 1991, chron., 143, 144.

[227] Für einen grundsätzlichen Vorrang der Gestaltungsfreiheit im europäischen Gesellschaftsrecht auch *Hopt*, ZGR 1992, 265, 292.

[228] Herrschende Meinung, vgl.: RG, Urteil v. 4.4.1908, RGZ 68, 210, 211 f.; Scholz-*Priester*, § 53, Rn. 161; Hachenburg-*Ulmer*, § 53, Rn. 124; Hachenburg-*Zutt*, § 15, Rn. 101; *Hueck/Fastrich*, in: Baumbach/Hueck, § 15, Rn. 39; *R. Fischer*, JZ 1956, 362, 363; vgl. auch *Zöllner*, in: Baumbach/Hueck, § 53, Rn. 18. Lediglich nach einer Minderansicht soll die von § 53 Abs. 2 S. 1 GmbHG für Satzungsänderungen vorgesehene qualifizierte Mehrheit von drei Vierteln der abgegebenen Stimmen ausreichen, vgl.: *Wiedemann*, NJW 1964, 282, 284 f.; *Lutter/Timm*, NJW 1982, 409, 416. Beide wollen dann aber als Ausgleich dem überstimmten Gesellschafter ein Austrittsrecht zugestehen.

es dazu sogar der Zustimmung sämtlicher Gesellschafter. Bei der *private* und der *public company* ist für die Änderung des Gesellschaftsvertrags (der *articles*) ein außerordentlicher Beschluss (*special resolution*) der Generalversammlung (*general meeting*) notwendig,[230] dem eine Mehrheit von drei Vierteln der Gesellschafter zustimmen muss.[231] Der gleichen Mehrheit (allerdings nach Kapitalanteilen) bedarf es bei der SARL, wenn die Anteilsübertragung auf Ehepartner, Verwandte in auf- oder absteigender Linie oder Mitgesellschafter, die gesetzlich frei möglich ist, von einer Zustimmungsentscheidung abhängig gemacht werden soll.[232] Die Einfügung einer Vinkulierungsklausel in die Statuten der SA bedarf des Beschlusses einer außerordentlichen Generalversammlung (*décision de l'assemblée générale extraordinaire*),[233] dem zwei Drittel der anwesenden bzw. vertretenen Aktionäre zustimmen müssen.[234]

Diese unterschiedlichen qualifizierten Mehrheitserfordernisse haben alle die gleiche Funktion. Anders als das Erfordernis der Zustimmung aller Mitglieder der Personengesellschaften bei Lockerung der gesetzlich vorgesehenen Vinkulierung dienen diese qualifizierten Mehrheitsanforderungen nicht dem Schutz der Gesellschafter vor dem unerwünschten Eindringen Dritter. Es soll damit vielmehr der einzelne Gesellschafter davor geschützt werden, dass er durch die Einführung einer Vinkulierung der Möglichkeit des jederzeitigen Ausscheidens aus der Gesellschaft mittels einer Veräußerung seiner Anteile beraubt wird.

Insofern besteht hier ein Zusammenhang mit der Möglichkeit von Gesellschaftern, auf andere Art und Weise aus der Gesellschaft einseitig auszuscheiden als durch die Übertragung ihrer Anteile. Dies wird an der französischen Regelung deutlich. Die Tatsache, dass der Einführung einer Vinkulierung nicht alle, sondern nur zwei Drittel (bei der SA) bzw. drei Viertel (SARL) der Gesellschafter zustimmen müssen, wird damit begründet, dass jedem französischen Kapitalgesellschafter ein gesetzliches Austrittsrecht zu-

---

229 § 180 Abs. 2 AktG. Vgl.: *Lutter*, in: Kölner Komm. AktG, § 68, Rn. 25; *Hüffer*, AktG, § 180, Rn. 6; MünchHdb. GesR IV-*Wiesner*, § 14, Rn. 18.

230 S. 9 (1) CA 1985.

231 S. 378 (2) i. V. m. s. 378 (1) CA 1985.

232 Art. L. 223-30 al. 2 C. com. Vgl. *Mercadal/Janin*, Mémento Soc. com., Rn. 5803.

233 *Guyon*, JCl. des Sociétés, Fasc. 97 B, Rn. 16; *Mercadal/Janin*, Mémento Soc. com., Rn. 18454 u. 18456; *Herms*, 106.

234 Art. L. 225-96 al. 3 C. com. Die außerordentliche Generalversammlung ist aber nur beschlussfähig, wenn die anwesenden bzw. vertretenen Aktionäre mindestens die Hälfte der stimmberechtigten Aktien auf sich vereinigen (art. L. 225-96 al. 2 C. com.). Ist die Generalversammlung nicht beschlussfähig, beträgt das Quorum bei einer zweiten Einberufung ein Viertel der stimmberechtigten Aktien (art. L. 225-96 al. 2 C. com.).

steht, wenn ihm die Zustimmung zur Übertragung seiner Anteile verweigert wird.[235] Zwar besteht auch bei der GmbH[236] und nach Ansicht von Teilen der Literatur auch bei der AG[237] ein Austrittsrecht, allerdings reicht es hierfür nicht aus, einen Käufer für die Anteile zu präsentieren, sondern es bedarf des Vorliegens eines wichtigen Grundes. Gleiches gilt für die *private* und *public company*, aus denen ein Gesellschafter nur dann einseitig ausscheiden kann, wenn das Gericht eine unbillige Beeinträchtigung des Gesellschafters feststellt (nach ss. 459–461 CA 1985).[238] Ein einseitiges Ausscheiden aus der Gesellschaft ist in Frankreich im Falle der Verweigerung der Zustimmung zur Anteilsübertragung also leichter möglich als in Deutschland und England. Insofern ist es einleuchtend, dass in Frankreich nicht sämtliche Gesellschafter der Einführung einer Vinkulierungsklausel zustimmen müssen, sondern nur eine qualifizierte Mehrheit der Gesellschafter. Es gelten deshalb folgende gemeinsame Prinzipien:

Die Einfügung einer Übertragungsbeschränkung in die Satzung einer Kapitalgesellschaft ist jedenfalls mit Zustimmung sämtlicher Gesellschafter möglich. Steht den Gesellschaftern im Falle der Verweigerung der Zustimmung zur Anteilsübertragung ein gesetzliches Austrittsrecht zu, dann ist für die Einfügung einer Vinkulierungsklausel in die Satzung die Zustimmung einer qualifizierten Mehrheit der Gesellschafter ausreichend.

---

235 *Mercadal/Janin*, Mémento Soc. com., Rn. 18456. In dem Fall kann der Gesellschafter von der Gesellschaft verlangen, dass entweder die Gesellschaft selbst, Mitgesellschafter oder Dritte seine Anteile übernehmen. Vgl.: **SC:** art. 1862-1864 C. civ.; **SARL:** art. L. 223-14 al. 3 u. 4 C. com.; **SA:** art. L. 228-24 al. 2 C. com. Vgl. ausführlich zu dieser nur in Frankreich bestehenden Austrittsmöglichkeit unten S. 191 ff.

236 BGH, Urteil v. 1.4.1953, BGHZ 9, 157, 162 f. (obiter dictum); BGH, Urteil v. 16.12.1991, BGHZ 116, 359, 369; OLG Hamm, Urteil v. 28.9.1992, GmbHR 1993, 656, 657; OLG Köln, Urteil v. 21.5.1996, GmbHR 1996, 609, 610; OLG Köln, Urteil v. 26.3.1999, GmbHR 1999, 712; *Lutter/Hommelhoff*, § 34, Rn. 36; Scholz-*H. Winter*, § 15, Rn. 114 b; *Hueck/Fastrich*, in: Baumbach/Hueck, Anh. § 34, Rn. 1 u. 15; Hachenburg-*Ulmer*, Anh. § 34, Rn. 44; MünchHdb. GesR III-*Kort*, § 29, Rn. 1; *Röhricht*, FS Kellermann, 361, 366 u. 378 ff.; *Balz*, 105; *Henze*, Rn. 811; *Becker*, 5; *Wellhöfer*, GmbHR 1994, 212, 216; vgl. auch *Wiedemann*, Übertragung, 90.

237 *Wiedemann*, 400 f.; *ders.*, Übertragung, 90 ff. u. 106; *Hirte*, KapGesR, Rn. 4.83; *Raiser*, § 12, Rn. 63; *Grunewald*, FS Boujong, 175, 177 u. 199; *dies.*, FS Claussen, 103, 111 f.; *Decher*, in: Lutter, UmwG, § 207, Fn. 3; *Roitzsch*, 90 f.; *Becker*, 21 f.; *Schindler*, 87; *A. Teichmann*, Gestaltungsfreiheit, 247.

238 Vgl. ausführlich zur Möglichkeit des Austritts aus deutschen und englischen Kapitalgesellschaften unten S. 162 ff.

3. Sonderregeln für Gesellschaften mit Zugang zum öffentlichen Kapitalmarkt

a) Keine Übertragungsbeschränkung für Inhaberanteilsscheine

Bei den Gesellschaften mit Zugang zum öffentlichen Kapitalmarkt (AG, *public company* und SA) kann nur die Übertragung von Namensaktien (*registered shares, actions nominatives*) eingeschränkt werden. Die Übertragbarkeit von Inhaberanteilsscheinen (Inhaberaktien, *share warrants*) darf hingegen keinen Beschränkungen unterworfen werden.[239] Dass Inhaberanteilsscheine keinerlei, d. h. weder gesetzlichen noch gesellschaftsvertraglichen, Übertragungsbeschränkungen unterworfen sein dürfen, erklärt sich daraus, dass diese gerade zu dem Zweck ausgegeben werden, eine schnelle Übertragung der Mitgliedschaft ohne eine Beteiligung der Gesellschaft zu ermöglichen. Eine Einschränkung der Übertragbarkeit liefe diesem Zweck aber zuwider.[240] Es gilt folgendes gemeinsames Prinzip:

> Bei den Kapitalgesellschaften, denen der Zugang zum öffentlichen Kapitalmarkt offen steht, darf nur die Übertragbarkeit von Namensaktien und nicht die von Inhaberanteilsscheinen eingeschränkt werden.

b) Kein völliger Ausschluss der Übertragbarkeit

Bei allen Gesellschaften mit Zugang zum öffentlichen Kapitalmarkt darf die Übertragbarkeit der Anteile nur bis zu einer bestimmten Grenze eingeschränkt werden. Bei der AG bestimmt § 68 Abs. 2 S. 1 AktG, dass die Übertragung an die Zustimmung der Gesellschaft gebunden werden kann. Daraus ergibt sich, dass eine darüber hinaus gehende Beschränkung der Übertragbarkeit (z. B. ein völliger Ausschluss) nicht zulässig ist.[241] Auch für die *public company* gilt, dass die Gesellschaft durch einen völligen Ausschluss der Übertragbarkeit von Anteilen nicht zu einer Art korporierter Personengesellschaft umgewandelt werden darf.[242] Der CA 1985 setzt vielmehr voraus, dass Anteile jedenfalls zu einem gewissen Grad übertragbar bleiben müssen

---

[239] **AG:** § 68 Abs. 2 S. 1 AktG. Vgl.: RG, Urteil v. 31.3.1931, RGZ 132, 149, 157; *Lutter*, in: Kölner Komm. AktG, § 68, Rn. 28; MünchHdb. GesR IV-*Wiesner*, § 14, Rn. 21; *Hirte*, KapGesR, Rn. 4.64; *Hüffer*, AktG, § 68, Rn. 11. Besonders weit verbreitet sind vinkulierte Namensaktien in der Versicherungswirtschaft und in der Zuckerindustrie. Vgl. *Wirth*, DB 1992, 617; **Public company:** *Pennington*, Company Law, 404; **SA:** art. L. 228-23 al. 2 C. com.

[240] *Pennington*, Company Law, 404 (im Hinblick auf die *companies*).

[241] *Hüffer*, AktG, § 68, Rn. 14; *Lutter*, in: Kölner Komm. AktG, § 68, Rn. 23; MünchHdb. GesR IV-*Wiesner*, § 14, Rn. 23.

[242] *Pennington*, Company Law, 402.

(s. 182 (1) (b) CA 1985). Auch die Übertragbarkeit der SA-Anteile darf durch die Statuten weder direkt noch indirekt völlig aufgehoben werden.[243] Die starke kapitalistische Prägung dieser Art von Gesellschaften, die sich auch in dem bei allen diesen Gesellschaften geltenden Grundsatz der freien Übertragbarkeit der Anteile ausdrückt, ist der Grund dafür, dass hier folgendes gemeinsames Prinzip gilt:

Bei den Kapitalgesellschaften, denen der Zugang zum öffentlichen Kapitalmarkt offen steht, darf die Einschränkung der Übertragbarkeit nicht so weit gehen, dass die Anteilsübertragung völlig ausgeschlossen wird.

4. Sonderregeln für börsennotierte Gesellschaften

Die Frage, ob an der Börse notierte Gesellschaftsanteile Übertragungsbeschränkungen unterworfen sein dürfen, wird in Deutschland, England und Frankreich nicht völlig einheitlich beantwortet. In Frankreich darf die Übertragbarkeit der Anteile von börsennotierten Gesellschaften überhaupt keinen Einschränkungen unterworfen sein. Bei börsennotierten Anteilen muss es sich vielmehr zwingend um Inhaberaktien handeln,[244] die keinen Übertragungsbeschränkungen unterworfen sein dürfen.[245] Auch für Deutschland und England gilt, dass grundsätzlich die Übertragbarkeit von börsennotierten Anteilen keinen Einschränkungen unterworfen sein darf.[246] Allerdings können in beiden Ländern ausnahmsweise auch vinkulierte Namensaktien zum Börsenhandel zugelassen werden, wenn das Zustimmungserfordernis nicht zu einer Störung des Börsenhandels führt. Dies ergibt sich für Deutschland aus § 5 Abs. 2 Nr. 2 BörsenZulVO[247] und für England aus r. 3.15 der *London Stock Exchange Listing Rules*.[248] In Deutschland wird deshalb die Zulassung vinkulierter Namensaktien zum amtlichen Handel an deutschen Wertpapierbörsen in der Regel davon abhängig gemacht, dass die Aktiengesellschaft in einer

243 *Guyon*, Droit des affaires, Rn. 739; *Bastian/Germain*, in: Jura Europae II, 30.10, Rn. 40.

244 Art. 5 al. 2 Décret n° 83-359 du 2 mai 1983. Vgl. *Mercadal/Janin*, Mémento Soc. com., Rn. 17151.

245 *Cozian/Viandier/Deboissy*, Rn. 889; *Mercadal/Janin*, Mémento Soc. com., Rn. 18480. Vgl. auch Art. N.3.1.8 règlement SBF für den ersten und zweiten Markt und art. 3-1-6 règlement SNM für den Neuen Markt, wonach in den Statuten von börsennotierten Gesellschaften auch keine Vorkaufsklauseln enthalten sein dürfen. Vgl. *Mercadal/Janin*, Mémento Soc. com., Rn. 18492.

246 Für England ergibt sich dies ausdrücklich aus r. 3.15 London Stock Exchange Listing Rules.

247 *Hefermehl/Bungeroth*, in: Geßler/Hefermehl, AktG, § 68, Rn. 161; *Immenga*, AG 1992, 79, 83.

248 *Birds*, in: Gore-Brown on Companies, § 16.2; *Hannigan*, in: Farrar's Company Law, 240; *Morse*, Charlesworth & Morse, 195; *Michalsky*, DStR 1991, 1660, 1661.

Erklärung gegenüber der Zulassungsstelle die Verpflichtung übernimmt, von der Möglichkeit der Zustimmungsverweigerung nur unter bestimmten engen Voraussetzungen Gebrauch zu machen.[249] Diese Erklärung gegenüber der Zulassungsstelle bindet die AG zwar nicht gegenüber den an der Veräußerung Beteiligten.[250] Dies bedeutet aber nicht, dass diese von den Zulassungsstellen geübte Praxis wirkungslos ist. In der Regel werden sich die Gesellschaften vielmehr an die abgegebenen Erklärungen halten, da als Sanktionen gegen Verstöße der Entzug der Zulassung und als milderes Mittel die Aussetzung der Kursnotiz drohen.[251]

Dass die Übertragbarkeit von börsennotierten Anteilen möglichst gar keinen Beschränkungen unterworfen sein darf, erscheint auch logisch. Es geht dabei wie bei den Inhaberanteilsscheinen um den Verkehrsschutz und um die Sicherung der Umlauffähigkeit der Aktien:[252] Jeder, der an der Börse Aktien erwirbt, möchte sicher sein, dass ihm nicht noch nach Abschluss des eigentlichen Erwerbsvorgangs durch die Gesellschaft die Anerkennung als Gesellschafter versagt wird. Dies liegt besonders dann in seinem Interesse, wenn er die Aktien möglichst schnell wieder veräußern möchte. Es gilt demnach folgendes gemeinsame Prinzip:

Die Übertragung von an der Börse gehandelten Gesellschaftsanteilen darf keinen Einschränkungen unterworfen sein, die zu einer Störung des Börsenhandels führen würden.

B. Gesellschaftsvertragliche Übertragungsbeschränkungen im Einzelnen

I. Zustimmung der Gesellschafterversammlung

Die Übertragung kann bei allen untersuchten Gesellschaftsformen außer bei den französischen Gesellschaftsformen SNC, SCS und SARL im Gesellschaftsvertrag davon abhängig gemacht werden, dass in der Gesellschafterversammlung die (einfache) Mehrheit der Gesellschafter der Übertragung zustimmt.[253]

---

249 MünchHdb. GesR IV-*Wiesner*, § 14, Rn. 35; *Hefermehl/Bungeroth*, in: Geßler/Hefermehl, AktG, § 68, Rn. 161; *Wiedemann*, Übertragung, 109; *Immenga*, AG 1992, 79, 83.

250 Die Beteiligten haben also in der Regel keinen Anspruch gegen die AG auf Zustimmung. Vgl. *Hefermehl/Bungeroth*, in: Geßler/Hefermehl, AktG, § 68, Rn. 161.

251 *Hefermehl/Bungeroth*, in: Geßler/Hefermehl, AktG, § 68, Rn. 164.

252 So auch *Morse*, Charlesworth & Morse, 195, Fn. 11.

253 **Deutsche Personengesellschaften:** Eine Zustimmung durch Mehrheitsentscheid der Gesellschafterversammlung kann im Gesellschaftsvertrag aber nur durch eine eindeutige auf den Mitgliederwechsel bezogene Regelung zugelassen werden (Bestimmtheitsgrundsatz). Die allgemeine

Für die SNC und SCS gilt dieser Grundsatz nicht, weil die strikte Regelung des art. L. 221-13 C. com. bestimmt, dass der Anteilsübertragung zwingend sämtliche Gesellschafter zustimmen müssen.[254] Bei der SARL ist die Anteilsübertragung zwingend an die Zustimmung einer Dreiviertelmehrheit der Gesellschafter (nach Kapitalanteilen) gebunden.[255] Diese Ausnahmen im französischen Recht sollen der Bildung eines gemeinsamen Prinzip jedoch wiederum nicht im Wege stehen; die Regelung bei SNC und SCS deswegen nicht, weil ihre wirtschaftliche Bedeutung sehr gering ist,[256] und die Regelung bei der SARL nicht, weil deren starres Regelungskorsett auch der Kritik im eigenen Lande ausgesetzt ist und insofern als Modell für ein gemeinsames Prinzip nicht tauglich ist.[257] Demnach ergibt sich folgendes gemeinsames Prinzip:

Die Anteilsübertragung kann im Gesellschaftsvertrag auch von einer Mehrheitsentscheidung in der Gesellschafterversammlung abhängig gemacht werden.

II. Zustimmung durch das Geschäftsführungsorgan

1. Grundsatz

Die Anteilsübertragung kann bei folgenden Gesellschaften von einer Entscheidung des zur Geschäftsführung berufenen Organs abhängig gemacht werden: Bei den deutschen Personengesellschaften kann die Anteilsübertra-

---

Bestimmung, dass Gesellschafterbeschlüsse mit einfacher Mehrheit gefasst werden, ist nicht ausreichend; vgl. BGH, Urteil v. 14.11.1960, WM 1961, 303, 304; Schlegelberger-*K. Schmidt*, § 105, Rn. 194; *K. Schmidt*, GesR, § 45 III 2 b; *Baumbach/Hopt*, § 105, Rn. 70; MünchKomm-*Ulmer*, § 719, Rn. 28; *Ulmer*, in: Großkomm. HGB, § 105, Rn. 307; **GmbH:** BGH, Urteil v. 29.5.1967, BGHZ 48, 163, 167; *Hueck/Fastrich*, in: Baumbach/Hueck, § 15, Rn. 42; Scholz-*H. Winter*, § 15, Rn. 92 b; *K. Schmidt*, FS Beusch, 759, 766; *Wiedemann*, Übertragung, 98; **AG:** §§ 68 Abs. 2 S. 3, 133 Abs. 1 AktG; MünchKommAktG-*Bayer*, § 68, Rn. 69; *Hefermehl/Bungeroth*, in: Geßler/Hefermehl, AktG, § 68, Rn. 121; **Partnership und limited partnership:** *Schmitthoff*, Die Nachfolge im englischen Recht, 38; **Private und public company:** *Morse*, Charlesworth & Morse, 195; *Sealy*, 478; *Hannigan*, in: Farrar's Company Law, 240; *Pennington*, in: Jura Europae IV, 90.20, Rn. 2; **SC:** art. 1861 al. 2 C. civ.; *Bougnoux*, JCl. des Sociétés, Fasc. 48-70, Rn. 49; **SA:** CA Paris, 22 octobre 1999, Dr. soc. 2000, n° 22 (Anm. *Bonneau*); *Mercadal/Janin*, Mémento Soc. com., Rn. 18463.

[254] *Dereu*, JCl. des Sociétés, Fasc. 59-20, Rn. 100; *Hémard/Terré/Mabilat*, t. 1, Rn. 250; etwas anderes galt aber vor In-Kraft-Treten dieser Regelung im Jahre 1966; vgl. *Hémard/Terré/Mabilat*, t. 1, Rn. 250; *Dereu*, JCl. des Sociétés, Fasc. 59-20, Rn. 100.

[255] Art. L. 223-14 al. 1, al. 7 C. com.; *Artz*, Encyclopédie Dalloz Sociétés, Rn. 295.

[256] Vgl. oben S. 66.

[257] Vgl. oben S. 68.

gung von einer Entscheidung der geschäftsführenden Gesellschafter[258], bei der GmbH von einer Entscheidung der Geschäftsführung[259] und bei der AG von einer Entscheidung des Vorstands[260] abhängig gemacht werden. Bei der *partnership* und der *limited partnership* kann diese Entscheidungsbefugnis auf die Manager (*manager*) übertragen werden[261] und bei der *private* und der *public company* auf die Direktoren (*directors*)[262]. Bei der SC kann der Gesellschaftsvertrag bestimmen, dass die Geschäftsführer (*gérants*) der Anteilsübertragung zustimmen müssen,[263] bei der SA kann der Verwaltungsrat (*conseil d'administration*) mit dieser Aufgabe betraut werden oder – wenn ein solcher existiert – auch der Aufsichtsrat (*conseil de surveillance*)[264]. Bei der *private* und der *public company* wird im Gesellschaftsvertrag allerdings oft die Anteilsübertragung nicht von der Zustimmung der Direktoren abhängig gemacht, sondern den Direktoren wird umgekehrt das Recht eingeräumt, die Übertragung der Anteile innerhalb eines angemessenen Zeitraums abzulehnen.[265]

Lediglich bei den französischen Gesellschaftsformen SNC, SCS und SARL kann die Anteilsübertragung nicht von einer Entscheidung des Geschäftsführungsorgans der Gesellschaft abhängig gemacht werden, weil dort – wie bereits erläutert – die gesetzlichen Regelungen zwingend ein anderes Verfahren vorschreiben. Diese Ausnahmen im französischen Recht stehen einem gemeinsamen Prinzip jedoch wiederum aus den bereits erläuterten Gründen nicht im Wege.[266]

---

258 Schlegelberger-*K. Schmidt*, § 105, Rn. 194; *Ulmer*, in: Großkomm. HGB, § 105, Rn. 307.

259 BGH, Urteil v. 14.3.1988, NJW 1988, 2241, 2242; *Lutter/Hommelhoff*, § 15, Rn. 27; *Hueck/Fastrich*, in: Baumbach/Hueck, § 15, Rn. 41; Scholz-*H. Winter*, § 15, Rn. 92; *K. Schmidt*, FS Beusch, 759, 762: Bei der GmbH ist die Zuständigkeit der Geschäftsführung auch begründet, wenn die Anteilsübertragung – wie in § 15 Abs. 5 GmbHG ausdrücklich vorgesehen – von der Zustimmung der Gesellschaft abhängig gemacht wird.

260 § 68 Abs. 2 S. 2 AktG.

261 *Morse*, Partnership Law, 163.

262 *Morse*, Charlesworth & Morse, 198.

263 Art. 1861 al. 2 C. civ.; *Cozian/Viandier/Deboissy*, Rn. 1507.

264 *Cozian/Viandier/Deboissy*, Rn. 892; *Mercadal/Janin*, Mémento Soc. com., Rn. 18463.

265 Als maximaler angemessener Zeitraum sind inzwischen gesetzlich zwei Monate festgelegt worden (s. 183 (5) CA 1985). Vgl.: *Harman LJ*, in: Re Swaledale Cleaners Ltd. [1968] 1 WLR 1710,1715, CA: "Four months' delay is a unreasonable delay."; *Sir Turner LJ*, in: Re Joint Stock Discount Company (Shepherd's Case) (1866) L.R. 2 Ch. App. 16, 18; *Sealy*, 480; *Davies*, Gower's Principles, 347. Wenn die Direktoren innerhalb der zulässigen Zweimonatsfrist keine Entscheidung fällen, dann können sie die Übertragung der Anteile nicht mehr ablehnen und die Gesellschaft kann durch eine gerichtliche Anordnung zur Eintragung gezwungen werden. Vgl.: *Morse*, Charlesworth & Morse, 199; *Pennington*, Company Law, 403; *ders.*, in: Jura Europae IV, 90.20, Rn. 3.

266 Vgl. oben S. 68 u. 75.

Besonders häufig wird bei den Kapitalgesellschaften dem Geschäftsführungsorgan die Entscheidungsbefugnis über die Zustimmung zur Anteilsübertragung zugewiesen.[267] Damit folgt man einem praktischen Bedürfnis. Gerade bei Kapitalgesellschaften mit einer großen Anzahl von Mitgliedern, die auf einen regelmäßigen Wechsel der Gesellschafter angelegt sind, ist es praktikabler, die Geschäftsführung über die Zustimmung zur Übertragung entscheiden zu lassen, als jedes Mal zu diesem Zweck eine Gesellschafterversammlung einzuberufen. Selbstverständlich kann ein solches praktisches Bedürfnis aber auch bei Personengesellschaften bestehen, die aus einer großen Mitgliederanzahl bestehen, weshalb – wie eben dargelegt – auch bei Personengesellschaften die Anteilsübertragung von einer Entscheidung der Geschäftsführung abhängig gemacht werden kann. Deutlich wurde dies auch im Gesetzgebungsverfahren für die entsprechenden Regelungen bei der SC. Dort wurde die in das Gesetz eingefügte Möglichkeit der Übertragung der Zustimmungsbefugnis auf die Geschäftsführer (*gérants*) kritisiert, weil dadurch die Natur der SC verändert und der *intuitus personae* ganz unterdrückt werde. Dies sei vor allem der Fall, wenn die Zustimmungsbefugnis auf den einzig vorhandenen Geschäftsführer übertragen und damit möglicherweise einem Nichtgesellschafter ein essentielles Kontrollrecht übertragen werde. Ausschlaggebend für die heute gültige Gesetzesfassung war dann aber, dass gerade bei einer SC mit vielen Gesellschaftern ein praktisches Bedürfnis an der Übertragung der Zustimmungsbefugnis auf die Geschäftsführung bestehe.[268]

Es gilt folgendes gemeinsames Prinzip:

Die Anteilsübertragung kann durch eine Bestimmung im Gesellschaftsvertrag auch von der Zustimmung der Geschäftsführung der Gesellschaft abhängig gemacht werden.

2. Notwendige Mehrheit innerhalb des Geschäftsführungsorgans

Ist die Entscheidungsbefugnis über die Zustimmung zur Anteilsübertragung der Geschäftsführung zugewiesen und besteht diese aus mehreren Personen, dann stellt sich die Frage, mit welcher Mehrheit innerhalb des Geschäftsführungsorgans zu entscheiden ist. Bei den deutschen und englischen Personengesellschaften und bei der SC müssen die Geschäftsführer nach der gesetzli-

[267] **GmbH:** MünchHdb. GesR III-*U. Jasper*, § 24, Rn. 182; **AG:** § 68 Abs. 2 S. 2 AktG sieht die Zustimmung durch den Vorstand als Grundfall der Vinkulierung an; **Private und public company:** *Morse*, Charlesworth & Morse, 198; **SA:** *Cozian/Viandier/Deboissy*, Rn. 892; *Mercadal/Janin*, Mémento Soc. com., Rn. 18463.

[268] *Bougnoux*, JCl. des Sociétés, Fasc. 48-70, Rn. 49.

chen Regel über die Zustimmung zur Anteilsübertragung einstimmig entscheiden.[269] Bei der GmbH, der *private* und der *public company* sowie der SA ist hingegen ein Mehrheitsbeschluss der Geschäftsführer ausreichend.[270] Bei der AG ist gesetzlich zwar auch ein einstimmiger Beschluss des Vorstandes vorgesehen,[271] es wird aber in aller Regel in der Satzung vereinbart, dass eine Mehrheitsentscheidung des Vorstands ausreichend ist.[272] Berücksichtigt man diese Tatsache aus der Rechtspraxis bei der Prinzipienbildung, dann ergibt sich, dass hier zwischen Personen- und Kapitalgesellschaften differenziert werden kann. Es ergibt sich deshalb folgendes Prinzip:

Ist die Zustimmung der Geschäftsführung zur Anteilsübertragung notwendig, dann entscheidet diese bei den Personengesellschaften hierüber mit allen und bei den Kapitalgesellschaften mit der Mehrheit ihrer Mitglieder.

3. Notwendigkeit eines zusätzlichen Beschlusses der Gesellschafterversammlung

Wird das Geschäftsführungsorgan der Gesellschaft mit der Entscheidung über die Zustimmung zur Anteilsübertragung betraut, dann muss dieses Organ nicht intern eine Entschließung der Gesellschafterversammlung herbeiführen.[273] Dieser Grundsatz gilt für alle Gesellschaften, bei denen das Geschäfts-

[269] **Deutsche Personengesellschaften:** § 709 Abs. 1 BGB; **Partnership und limited partnership:** s. 24 (8), (7), (5) PA 1890; vgl. *Morse*, Partnership Law, 154; **SC:** *Bougnoux*, JCl. des Sociétés, Fasc. 48-70, Rn. 49. Bei diesen Gesellschaften kann aber im Gesellschaftsvertrag bestimmt werden, dass für die Beschlussfassung eine Mehrheitsentscheidung ausreicht: **Deutsche Personengesellschaften:** § 709 Abs. 2 BGB; **Partnership und limited partnership:** s. 24 S. 1 PA 1890; **SC:** *Bougnoux*, JCl. des Sociétés, Fasc. 48-70, Rn. 49.

[270] **GmbH:** BGH, Urteil v. 14.3.1988, NJW 1988, 2241, 2242; BGH, Urteil v. 9.6.1954, BGHZ 14, 25, 31 (zum gleichen Problem bei § 17 Abs. 1 GmbHG); *Lutter/Hommelhoff*, § 15, Rn. 27; *Hueck/Fastrich*, in: Baumbach/Hueck, § 15, Rn. 41; Scholz-*H. Winter*, § 15, Rn. 92; *K. Schmidt*, FS Beusch, 759, 762; a. A.: *Wiedemann*, Übertragung, 103 f., der bei kleinen Gesellschaften, die auf die Persönlichkeit der Mitglieder zugeschnitten sind, auf die Zustimmung der Gesellschafter abstellt; **Private und public company:** *Morse*, Charlesworth & Morse, 199. Im Fall Re Hackney Pavilion Ltd. [1924] 1 Ch. 276 kam auf Grund von Stimmengleichheit im Vorstand kein Beschluss zustande, mit der Folge, dass der Gesellschaftsanteil übertragen werden konnte und der neue Anteilsinhaber ein Recht auf Eintragung hatte; **SA:** *Mercadal/Janin*, Mémento Soc. com., Rn. 18463.

[271] §§ 77 Abs. 1 S. 1, 78 Abs. 2 S. 1 AktG. In der Satzung kann aber Abweichendes bestimmt werden (§§ 77 Abs. 1 S. 2, 78 Abs. 2 S. 1 AktG).

[272] *Hüffer*, AktG, § 77, Rn. 9; *Hefermehl*, in: Geßler/Hefermehl, AktG, § 77, Rn. 3. Vgl. die Bestimmungen in folgenden Typenverträgen: Hopt-*Volhard*, Vertrags- und Formularbuch, Form II. D. 8, § 5 Abs. 3; *Hölters*, in: Heidenhain/Meister, MünchVertr. Hdb. I, V. 36 § 5 Abs. 2.

[273] **Deutsche Personengesellschaften:** Schlegelberger-*K. Schmidt*, § 105, Rn. 194; *Ulmer*, in: Großkomm. HGB, § 105, Rn. 307; **Partnership und limited partnership:** *Morse*, Partnership

führungsorgan über die Zustimmung zur Anteilsübertragung entscheiden kann,[274] mit Ausnahme der GmbH. Dort ist von den Geschäftsführern eine Entschließung der Gesellschafter herbeizuführen, die aber nur im Innenverhältnis wirkt.[275] Durch diese Regelung wird die im Vergleich zur AG stärkere personalistische Ausrichtung der GmbH deutlich. Die Geschäftsführer sollen zwar im Sinne des Verkehrsschutzes grundsätzlich gegenüber Dritten zustimmungsbefugt sein, im Innenverhältnis ist die Entscheidung der Geschäftsführer aber von der Zustimmung der Gesellschafter abhängig. Gleichwohl kann an dieser Stelle folgendes gemeinsames Prinzip festgehalten werden:

Wird die Zustimmung durch die Geschäftsführung erteilt, dann ist die Wirksamkeit der Zustimmung und damit die Wirksamkeit der Anteilsübertragung nicht von einer zusätzlichen Entscheidung der Gesellschafterversammlung abhängig.

III. Vorerwerbsrechte der Mitgesellschafter

Das unerwünschte Eindringen Dritter in die Gesellschaft kann nicht nur durch Zustimmungsklauseln verhindert werden, sondern auch durch die Einräumung eines Vorerwerbsrechts der Gesellschafter im Gesellschaftsvertrag. Ein solches Vorerwerbsrecht kann eine Zustimmungsklausel entweder ersetzen oder aber auch ergänzen. In der Praxis spielen Vorerwerbsrechte vor allem eine Rolle bei den Kapitalgesellschaften und nicht so sehr bei den Personengesellschaften. Dies liegt daran, dass die Personengesellschafter im Gegensatz zu den Kapitalgesellschaftern im Normalfall durch die gesetzlich vorgesehene Zustimmung aller Gesellschafter zur Anteilsübertragung ausreichend geschützt sind.

Law, 163; **SC:** *Bougnoux*, JCl. des Sociétés, Fasc. 48-70, Rn. 49; **AG:** *Hefermehl/Bungeroth*, in: Geßler/Hefermehl, AktG, § 68, Rn. 116; *Lutter*, in: Kölner Komm. AktG, § 68, Rn. 26; **Private und public company:** *Pennington*, in: Jura Europae IV, 90.20, Rn. 3; **SA:** *Mercadal/Janin*, Mémento Soc. com., Rn. 18463.

[274] Der Grundsatz gilt also nicht für die SNC und SCS sowie die SARL.

[275] Etwas anderes gilt nur, wenn die Regeln über den Missbrauch der Vertretungsmacht eingreifen: Der Erklärungsempfänger muss sich den Missbrauch entgegenhalten lassen, wenn er weiß oder es sich ihm aufdrängen muss, dass der Geschäftsführer ohne den vorgeschriebenen Gesellschafterbeschluss gehandelt hat; vgl. BGH, Urteil v. 14.3.1988, NJW 1988, 2241, 2242 f.; OLG Hamburg, Beschluss v. 5.6.1992, GmbHR 1992, 609, 610; *Hueck/Fastrich*, in: Baumbach/Hueck, § 15, Rn. 41; Scholz-*H. Winter*, § 15, Rn. 92; *Lutter/Hommelhoff*, § 15, Rn. 27; *K. Schmidt*, FS Beusch, 759, 764. Ist der Erklärungsempfänger ein (veräußernder oder erwerbender) Gesellschafter, wird dies aber regelmäßig der Fall sein. Vgl. *Roth/Altmeppen*, § 15, Rn. 99.

Bei allen untersuchten Gesellschaften mit Ausnahme der AG darf den Gesellschaftern im Gesellschaftsvertrag deshalb auch ein Vorerwerbsrecht auf die Anteile ihrer Mitgesellschafter eingeräumt werden.[276] Das Verbot von Vorerwerbsklauseln wird bei der AG mit dem dort geltenden Prinzip der Satzungsstrenge begründet, nach dem die Satzung von den Vorschriften des Aktiengesetzes nur abweichen kann, wenn dies ausdrücklich vorgesehen ist (§ 23 Abs. 5 AktG).[277] § 23 Abs. 5 AktG führt dazu, dass das Recht der AG im Gegensatz z. B. zum englischen *Company Law* im wesentlichen zwingend ausgestaltet ist und der Gestaltungsfreiheit der Gesellschafter nur begrenzter Raum eingeräumt wird. Die strenge Konzeption des § 23 Abs. 5 AktG ist aber auch in Deutschland nicht unumstritten.[278] So charakterisiert *Hirte* beispielsweise die Norm bildlich als eine in die Stangen ihres Korsetts gezwängte alte Dame.[279] Auf Grund der in Deutschland bestehenden Kritik am Prinzip der Satzungsstrenge, das dem Verbot der Einräumung von Vorerwerbsrechten zu Grunde liegt, soll die abweichende Rechtslage bei der AG der Bildung des folgenden gemeinsamen Prinzips nicht entgegenstehen.

---

[276] **Deutsche Personengesellschaften:** *Ulmer*, in: Großkomm. HGB, § 105, Rn. 307; *Reichert*, 73; **GmbH:** BayObLG, Beschluss v. 24.11.1988, WM 1989, 138, 142 i. Ggs. zur AG; *Hueck/Fastrich*, in: Baumbach/Hueck, § 15, Rn. 37; § 3, Rn. 42; *Reichert*, BB 1985, 1496, 1500; *Reichert/Winter*, FS 100 Jahre GmbH-Gesetz, 209, 213 f.; **Private und public company:** *Hannigan*, in: Farrar's Company Law, 240; *Morse*, Charlesworth & Morse, 195 f.; *Pennington*, in: Jura Europae IV, 90.20, Rn. 4; *Fox*, S. J. 1986, 130 (40), 718, 720; vgl. Delavenne v. Broadhurst [1931] 1 Ch. 234; **Partnership und limited partnership:** *Sterry*, in: Halsbury's Laws of England, Rn. 114; **SC, SNC und SCS:** *Artz*, Encyclopédie Dalloz Sociétés, Rn. 40; **SARL:** *Artz*, Encyclopédie Dalloz Sociétés, Rn. 315; *M. Storck*, JCl. des Sociétés, Fasc. 73-20, Rn. 34; **SA:** *Guyon*, JCl. des Sociétés, Fasc. 97 B, Rn. 71; *Moury, Jacques*, RTD com. 1989, 187, 195; *Daigre*, JCP, cahiers dr. entr., 1994/2, n° 26, 13, 14; *Artz*, Encyclopédie Dalloz Sociétés, Rn. 40; *Mercadal/Janin*, Mémento Soc. com., Rn. 18491.

[277] Das Erwerbsrecht eines anderen Aktionärs oder eines Dritten sei eine zusätzliche Pflicht des betroffenen Aktionärs, die durch die §§ 54, 55 AktG ausgeschlossen sei. Vgl.: BayObLG, Beschluss v. 24.11.1988, WM 1989, 138, 141 f.; *Hefermehl/Bungeroth*, in: Geßler/Hefermehl, AktG, § 54, Rn. 21; MünchHdb. GesR IV-*Wiesner*, § 14, Rn. 18; nicht ganz eindeutig *Lutter*, in: Kölner Komm. AktG, § 237, Rn. 10 einerseits und Rn. 130 andererseits; a. A.: *Grunewald*, Ausschluss, 199.

Ergänzende Bestimmungen der Satzung sind allerdings zulässig, wenn das Aktiengesetz keine abschließende Regelung enthält (§ 23 Abs. 5 S. 2 AktG).

[278] *Mertens*, ZGR 1994, 426, 427 u. 440 f.; *Hüffer*, AktG, § 23, Rn. 1; *Hommelhoff*, ZHR 153 (1989), 181, 212 f.; *ders.*, in: Roth, System der Kapitalgesellschaften, 26, 46 ff.; *Barz*, in: Großkomm. AktG, 3. Aufl. 1973, § 23, Rn. 18: Absage an das Prinzip der Vertragsfreiheit. Vertiefend zur möglichen Rechtfertigung dieser Regelung: *Hirte*, in: Lutter/Wiedemann, Gestaltungsfreiheit, 61 ff.

[279] *Hirte*, in: Lutter/Wiedemann, Gestaltungsfreiheit, 61, 69.

Für den Fall, dass ein Gesellschafter seine Anteile an der Gesellschaft übertragen möchte, darf den Mitgesellschaftern im Gesellschaftsvertrag ein Vorerwerbsrecht eingeräumt werden.

§ 5 Pflicht zur Zustimmung bei bestehendem Zustimmungsvorbehalt

Wenn sich aus dem Gesetz oder aus dem Gesellschaftsvertrag ergibt, dass eine Anteilsübertragung nur erfolgen kann, wenn ihr die Gesellschafter (mehrheitlich oder einstimmig) oder die Geschäftsführer für die Gesellschaft zustimmen, dann stellt sich die Frage, ob diese Personen in bestimmten Konstellationen zur Zustimmung verpflichtet sind. Eine Zustimmungspflicht zur Anteilsübertragung ergibt sich bei fast allen untersuchten Gesellschaften aus gesellschaftlichen Treuepflichten, allerdings in unterschiedlicher Intensität.

Bei den deutschen und englischen Personengesellschaften besteht in Ausnahmefällen eine Pflicht der Gesellschafter, der Anteilsübertragung zuzustimmen, wenn die Verweigerung gegen die gesellschaftliche Treupflicht bzw. gegen *fiduciary duties* verstößt.[280]

Bei den deutschen Kapitalgesellschaften AG und GmbH[281] steht die Erteilung oder Verweigerung der Zustimmung im pflichtgemäßen Ermessen der Gesellschaft.[282] Dies bedeutet, dass im Falle der pflichtwidrigen Ausübung des Ermessens eine Zustimmungspflicht besteht. Die Ausübung des Ermessens hat sich dabei in erster Linie am Wohl der Gesellschaft zu orientieren, aber auch die Interessen des betroffenen Gesellschafters dürfen nicht außer Acht gelassen werden.[283]

[280] **Deutsche Personengesellschaften:** BGH, Urteil v. 20.10.1986, JZ 1987, 95, 96 f. mit zust. Anm. *H. P. Westermann*; Schlegelberger-*K. Schmidt*, § 105, Rn. 192; *Wiedemann*, GesR, § 3 III 1 a; MünchHdb. GesR I-*Piehler*, § 66, Rn. 10; **Partnership und limited partnership:** *Morse*, Partnership Law, 155. Vgl. dazu auch *Law Commission*, LCCP No. 159, Rn. 14.9 ff.

[281] Die folgenden Ausführungen beziehen sich nicht nur auf die AG, sondern sind gleichermaßen auch für die GmbH gültig; vgl. *Reichert/M. Winter*, FS 100 Jahre GmbHG, 209, 221; *Grunewald*, GesR, 2. F., Rn. 164; *Lessmann*, GmbHR 1985, 179, 186; *Happ*, 216; ähnlich *Lutter/Hommelhoff*, § 15 Rn 29; a. A. (gegen eine Übertragung der Grundsätze auf die GmbH): Scholz-*H. Winter*, § 15, Rn. 94.

[282] BGH, Urteil v. 1.12.1986, NJW 1987, 1019, 1020 („Familien-AG-Entscheidung"); LG Aachen, Urteil v. 19.5.1992, ZIP 1992, 924, 928 ff. („AMB/AGF"); *Hirte*, KapGesR, Rn. 4.67; *Hueck/Fastrich*, in: Baumbach/Hueck, § 15, Rn. 45; MünchHdb. GesR IV-*Wiesner*, § 14, Rn. 27; *Grunewald*, GesR, 2. F., Rn. 163 f.; *Wiedemann*, Übertragung, 106 f.; *Immenga*, AG 1992, 79, 82; *Hüffer*, AktG, § 68, Rn. 15; *Lutter*, AG 1992, 369, 370 f.; anders noch RG, Urteil v. 20.6.1916, RGZ 88, 319, 325 (bezüglich vinkulierter GmbH-Anteile).

[283] BGH, Urteil v. 1.12.1986, NJW 1987, 1019, 1020; *Lutter*, AG 1992, 369, 373; *Immenga*, AG 1992, 79, 82; ähnlich *Kropff*, in: Semmler/Hommelhoff/Doralt/Druey, Reformbedarf, 3, 7.

Ist den Direktoren einer *private* oder *public company* durch den Gesellschaftsvertrag das Recht eingeräumt, ihre Zustimmung zur Übertragung von Anteilen zu verweigern, dann liegt es im Ermessen der Direktoren, die Übertragung abzulehnen.[284] Ihr Ermessen ist allerdings ähnlich wie bei den deutschen Kapitalgesellschaften durch den Grundsatz beschränkt, das sie ihre Befugnis zur Ablehnung der Eintragung nicht zur Erreichung sachfremder Zwecke, sondern nur nach Treu und Glauben (*good faith*) und zum Wohle der Gesellschaft (*for the benefit of the company as a whole*) ausüben dürfen.[285] Überprüft wird dabei von den Gerichten nicht, ob die Ablehnung der Übertragung objektiv im Interesse der Gesellschaft lag, sondern nur, ob die Direktoren nach ihrer redlichen (aber subjektiven) Meinung im Interesse der Gesellschaft gehandelt haben.[286] Beispielsweise können die Gerichte die Eintragung der Übertragung anordnen, wenn das Ablehnungsrecht durch den Vorstand ausgeübt wird, um dem Veräußerer eine Veräußerungsmöglichkeit für seine Anteile überhaupt zu nehmen oder weil das Verhältnis des Vorstands zu dem Veräußerer von Feindschaft bestimmt ist.[287]

Wie jede Entscheidung der Gesellschafter und Geschäftsführer kann auch die Verweigerung der Zustimmung zur Anteilsübertragung bei den französischen Gesellschaften SC, SARL und SA missbräuchlich und damit nichtig sein (*abus de droit*), wenn sie den Gesellschaftszweck (*intérêt social*) gefährdet.[288] Allerdings hat die Rechtsprechung eine rechtsmissbräuchliche Zustimmungsverweigerung zur Übertragung von Anteilen nur in ganz seltenen Fällen angenommen.[289] Ein solcher Fall liegt in der Regel nur bei einem

---

[284] *Birds*, in: Gore-Brown on Companies, § 16.2.1; *Hannigan*, in: Farrar's Company Law, 240; *Davies*, Gower's Principles, 347; *Pennington*, in: Jura Europae IV, 90.20, Rn. 3.

[285] *Lord Green MR*, in: Re Smith and Fawcett Ltd. [1942] 1 All ER 542, 543, CA; *Laddie J.*, in: Popely v. Planarrive Ltd. [1997] 1 BCLC 8, 15; *Davies*, Gower's Principles, 346; *Hannigan*, in: Farrar's Company Law, 243; *Morse*, Charlesworth & Morse, 198; *Lazarides*, ICCLR 1994, 252, 255; bestätigt durch *Company Law Review Steering Group*, Final Report I, Rn. 7.42.

[286] *Lord Green MR*, in: Re Smith and Fawcett Ltd. [1942] 1 All ER 542, 543, CA: "The directors must exercise their discretion bona fide in what they consider – not what a court may consider – is in the interests of the *company.*" Vgl. auch: *Hannigan*, in: Farrar's Company Law, 243; *Davies*, Gower's Principles, 346.

[287] *Chitty J.*, in: Re Ceylon Land and Produce Co. Ltd. Ex parte Anderson [1891] 7 TLR 692, 693; *Birds*, in: Gore-Brown on Companies, § 16.2.1; *Pennington*, in: Jura Europae IV, 90.20, Rn. 3.

[288] **SC und SARL:** CA Paris, 23 avril 1998, Bull. Joly 1998, 959, 960 (mit zustimmender Anm. *Daigre*); CA Paris, 7 avril 1995, Rev. soc. 1995, 771 (Anm. *Guyon*); *Bougnoux*, JCl. des Sociétés, Fasc. 48-70, Rn. 52; kritisch dazu: *Guyon*, Anm. zu CA Paris, 7 avril 1995, Rev. soc. 1995, 771; *Merle*, Sociétés commerciales, Rn. 324, Fn. 2; weiterführend: *Kreß*, 71 ff. u. 151 f.; **SA:** *Cozian/Viandier/Deboissy*, Rn. 894.

[289] Abgelehnt in der Grundsatzentscheidung „Cassegrain-Saupiquet“: Cass. com., 21 janvier 1970, Rev. soc. 1970, 292; ebenso: Cass. com., 24 février 1975, Rev. soc. 1976, 92, 95 f. (Anm.

ausgesprochenen Mehrheitsmissbrauch vor, insbesondere dann, wenn der umstrittene Beschluss der Mehrheit der Verfolgung von gesellschaftsfremden Partikularinteressen dient.[290]

Lediglich bei den französischen Personenhandelsgesellschaften SNC und SCS steht es in dem unbeschränkten Ermessen der einzelnen Gesellschafter, einer Anteilsübertragung zuzustimmen oder sie zu verweigern.[291] Auch in diesem Zusammenhang erklärt sich diese Sonderstellung der SNC und SCS vor dem Hintergrund der strengen Regelung des art. L. 221-13 C. com., durch die der *intuitus personae* bei diesen Gesellschaftsformen besonders stark ausgeprägt ist. Auch an dieser Stelle ist aber darauf zu verweisen, dass die Regelung der SNC und SCS wegen der geringen wirtschaftlichen Bedeutung dieser Gesellschaftsformen der Bildung eines gemeinsamen Prinzip nicht entgegensteht.

Sieht man von der SNC und SCS ab, kann sich im Einzelfall bei allen Gesellschaften eine Zustimmungspflicht ergeben, wenn eine Ablehnung der Anteilsübertragung treuwidrig wäre, d. h., wenn sich eine solche Pflicht aus der gesellschaftlichen Treuepflicht, aus *fiduciary duties*, aus dem *intérêt social* oder aus der Doktrin vom *abus de droit* ergibt. Eine besonders starke Inhaltskontrolle wird dabei bei den deutschen Kapitalgesellschaften, aber auch bei den englischen *companies* ausgeübt, während in Frankreich eine Zustimmungspflicht nur in wirklichen Ausnahmefällen besteht. Dies steht wiederum[292] damit in Zusammenhang, dass bei den französischen Gesellschaften (mit Ausnahme der SNC und SCS) dem übertragungswilligen Gesellschafter – anders als in Deutschland oder England – bei Ablehnung der Zustimmung zur Anteilsübertragung ein gesetzliches Austrittsrecht zusteht.[293] Insofern besteht bei den französischen Gesellschaften nicht ein so großes Bedürfnis an einer Missbrauchskontrolle der Ablehnung der Zustimmung zur Anteilsübertragung. Auf diese Zusammenhänge wird bei den Erörterungen zur Möglichkeit des Austritts aus der Gesellschaft ausführlich eingegangen, so dass an

Oppetit); vgl. aber folgenden Fall, in dem ein Rechtsmissbrauch angenommen wurde: CA Paris, 23 avril 1998, Bull. Joly 1998, 959, 960 (Anm. *Daigre*).

[290] Vgl. *Daigre*, Anm. zu: CA Paris, 23 avril 1998, Bull. Joly 1998, 961; *M. Storck*, JCl. des Sociétés, Fasc. 73-20, Rn. 24; weiterführend dazu auch unter rechtsvergleichenden Aspekten: *Kreß*, 71 ff. u. 151 f.

[291] Begründet wird dies damit, dass eine Ablehnung sich aus sich selbst rechtfertige und deshalb niemals rechtsmissbräuchlich sein könne. Die Sympathie und das Vertrauen, das einem vorgeschlagen neuen Gesellschafter entgegengebracht werde, seien Gefühle, die aus ihrer Natur heraus sich jeder moralischen, rationalen oder juristischen Diskussion entziehen würden. Vgl. *Dereu*, JCl. des Sociétés, Fasc. 59-20, Rn. 79.

[292] Ein ähnlicher Zusammenhang besteht auch bei der Frage des Mehrheitserfordernisses für die Veränderung der Übertragbarkeit von Kapitalgesellschaftsanteilen. Vgl. oben S. 70 f.

[293] Vgl. die Nachweise in Fn. 235.

dieser Stelle darauf verwiesen wird.[294] Als gemeinsames Prinzip bleibt zunächst nur Folgendes festzuhalten:[295]

> Ist eine Zustimmung der Gesellschafter oder Geschäftsführer zur Anteilsübertragung erforderlich, dann sind diese ausnahmsweise zur Zustimmung verpflichtet, wenn eine Ablehnung der Anteilsübertragung treuwidrig wäre.

§ 6 Austrittsrecht bei Verweigerung der erforderlichen Zustimmung zur Anteilsübertragung

Während bei den deutschen und englischen Gesellschaften die Verweigerung der erforderlichen Zustimmung zur Anteilsübertragung dazu führt, dass die Übertragung der Anteile nicht erfolgen kann, besteht bei den französischen Gesellschaften mit Ausnahme von SNC und SCS[296] – wie bereits mehrfach angesprochen – ein gesetzliches Austrittsrecht.[297] Deshalb wird diese Frage im Folgenden ausführlich bei Erörterung der den Gesellschaftern zustehenden Austrittsrechte behandelt, so dass an dieser Stelle darauf verwiesen wird.[298]

Dritter Abschnitt: Rechtsfolgen der Anteilsübertragung

§ 7 Übergang der Mitgliedschaft

Für alle untersuchten Gesellschaften gelten hinsichtlich des Übergangs der Mitgliedschaft folgende gemeinsame Prinzipien:

> Mit der vollzogenen Anteilsübertragung wird der Erwerber an Stelle des Veräußerers Mitglied der Gesellschaft. Die Mitgliedschaft geht grundsätzlich vollständig mit dem Inhalt auf den Erwerber über, den diese bei dem Veräußerer hatte, also mit allen Rechten und Pflichten des bisherigen Gesellschaf-

[294] Vgl. unten S. 191 ff.

[295] Für eine genauere Analyse der von der Rechtsprechung entschiedenen Fälle zur missbräuchlichen Verweigerung der Zustimmung zur Anteilsübertragung sei verwiesen auf die Untersuchung von *Kreß*, 125 ff.

[296] Der Gesellschafter einer SNC oder einer SCS ist vielmehr „Gefangener seiner Beteiligung" („*prisonnier de ses titres*"). Vgl. *Mercadal/Janin*, Mémento Soc. com., Rn. 4343; *Artz*, Encyclopédie Dalloz Sociétés, Rn. 265 („*solution brutale*").

[297] **SC:** art. 1862, 1863 C. civ.; **SARL:** art. L. 223-14 al. 3 u. 6 C. com. Bei der SARL besteht diese Verpflichtung nur, wenn der Gesellschafter die Anteile schon mindestens zwei Jahre in Besitz hatte (art. L. 223-14 al. 6 C. com.); **SA:** art. L. 228-24 al. 2 C. com.

[298] Vgl. unten S. 191 ff.

ters aus dem Gesellschaftsvertrag.[299] Etwas anderes gilt jedoch, wenn bestimmte Rechte und Pflichten nur den alten Gesellschafter betreffen (höchstpersönliche Rechte und Pflichten). Diese gehen nicht auf den Erwerber über, sondern erlöschen mit der Übertragung der Gesellschaftsanteile.[300]

Diese Grundsätze gelten nicht für Verträge, die ein Altgesellschafter als Dritter und nicht in der Rolle des Gesellschafters mit der Gesellschaft geschlossen hat, so dass folgendes zusätzliches Prinzip formuliert werden kann:

Ansprüche und Pflichten aus schuldrechtlichen Verträgen zwischen dem Veräußerer und der Gesellschaft (z. B. Darlehen, Miete, Dienstverträge), die ihre Grundlage nicht im Gesetz oder im Gesellschaftsvertrag haben, gehen nicht mit der Übertragung des Anteils auf den Erwerber über.[301]

§ 8 Wirkung der Anteilsübertragung im Verhältnis zur Gesellschaft

Mit In-Kraft-Treten des Übertragungsvertrags zwischen Veräußerer und Erwerber ist nicht immer automatisch verbunden, dass die Anteilsübertragung

---

299 **Deutsche Personengesellschaften:** BGH, Urteil v. 15.12.1980, BGHZ 79, 374, 378 (GbR); BGH, Urteil v. 29.6.1981, BGHZ 81, 82, 89 (KG); *Baumbach/Hopt*, § 105, Rn. 72; **Partnership und limited partnership:** *Schmitthoff*, Die Nachfolge im englischen Recht, 38; *Blackett-Ord*, Rn. 9.6; **GmbH:** BGH, Urteil v. 8.12.1997, NJW 1998, 1314; Scholz-*H. Winter*, § 15, Rn. 6; *Hueck/Fastrich*, in: Baumbach/Hueck, § 15, Rn. 27; § 29, Rn. 59; *Lutter/Hommelhoff*, § 15, Rn. 8; **AG:** MünchHdb. GesR IV-*Wiesner*, § 17, Rn. 2; **Private und public company:** *Birds*, in: Gore-Brown on Companies, § 16.1; *Pennington*, Company Law, 424; *Morse*, Charlesworth & Morse, 188; **Französische Gesellschaften:** *Artz*, Encyclopédie Dalloz Sociétés, Rn. 127; *Bougnoux*, JCl. des Sociétés, Fasc. 48-60, Rn. 41 (für die SC); *Dereu*, JCl. des Sociétés, Fasc. 59-20, Rn. 179 (für die SNC und SCS).

300 So ist für die deutschen Personengesellschaften und die GmbH anerkannt, dass die Geschäftsführungs- oder Vertretungsmacht, die einem Altgesellschafter nur wegen einer besonderer Befähigung übertragen worden war, mit Übertragung der Anteile erlischt. Vgl: *Baumbach/Hopt*, § 105, Rn. 72; MünchKomm-*Ulmer*, § 719, Rn. 41; *Ulmer* in Großkomm. HGB, § 105, Rn. 317; *Wiedemann*, Übertragung, 74 f.; *Scholz/Winter*, § 15, Rn. 6; § 14, Rn. 14; *Hueck/Fastrich* in Baumbach/Hueck, § 3, Rn. 50; § 14, Rn. 19; Hachenburg-*Raiser*, § 14, Rn. 22.

In ähnlicher Weise wird für die französischen Personengesellschaften darauf hingewiesen, dass bei einer Übertragung von Todes wegen die Erben grundsätzlich nicht in die Stellung des Verstorbenen als Geschäftsführer eintreten. Dies muss genauso auch für die Übertragung unter Lebenden gelten. Vgl.: *Mercadal/Janin*, Mémento SC, Rn. 3801; *dies.*, Mémento Soc. com., Rn. 4378.

301 **GmbH:** *Lutter/Hommelhoff*, § 15, Rn. 8; Beck Hdb. GmbH-*Schacht*, § 12, Rn. 68; *Geck*, DStR 1996, 627, 628; **Französische Gesellschaften:** *Artz*, Encyclopédie Dalloz Sociétés, Rn. 67 u. 129; *Dereu*, JCl. des Sociétés, Fasc. 59-20, Rn. 50 (für die SNC/SCS); *M. Storck*, JCl. des Sociétés, Fasc. 73-20, Rn. 99 (für die SARL). Dieser Grundsatz ist auch auf die deutschen Personengesellschaften, die AG, die *partnerships* und die *companies* übertragbar.

auch im Verhältnis zur Gesellschaft Wirkung entfaltet. Vielmehr bedarf es dazu bei einigen Gesellschaften einer Benachrichtigung der Gesellschaft über den Anteilserwerber und zum Teil auch der Eintragung in ein von der Gesellschaft geführtes Mitgliederregister. Unterschieden wird an dieser Stelle zwischen der grundsätzlichen Rechtslage auf der einen und der Rechtslage im Hinblick auf Inhaberanteilsscheine auf der anderen Seite.

A. Grundsatz

I. Mitteilung an die Gesellschaft oder Eintragung in einem Mitgliederregister erforderlich

Bei allen untersuchten Kapitalgesellschaften sowie den französischen Personengesellschaften erlangt die Anteilsübertragung im Verhältnis zur Gesellschaft erst Wirkung, wenn dieser die Übertragung mitgeteilt oder in einem von der Gesellschaft geführten Mitgliederregister eingetragen wird. Während bei der GmbH und den französischen Gesellschaften SC, SNC, SCS und SARL eine Mitteilung an die Gesellschaft vorgeschrieben ist,[302] bedarf es für die Übertragung von Namensaktien der AG und für die Übertragung von Anteilen an einer *private* oder *public company* sowie der SA der Eintragung des Erwerbers in ein von der Gesellschaft geführtes Mitgliederregister.[303] Dieses heißt bei der AG Aktienregister (§ 67 Abs. 2 AktG), bei *private* und *public company* heißt es *register of members* (s. 22 (2) CA 1985) und bei der SA handelt es sich um die *livres de la société* (*journal général* oder *registre des mouvements*)[304]. Bei der SC kann im Gesellschaftsvertrag zudem bestimmt werden, dass die Übertragung im Verhältnis zur Gesellschaft nicht schon mit der Benachrichtigung der Gesellschaft Wirkung entfaltet, sondern erst mit Eintragung in ein von der Gesellschaft zu errichtendes Gesellschafterregister

---

[302] **GmbH:** § 16 Abs. 1 GmbHG; **SC:** art. 1865 al. 1; *Cozian/Viandier/Deboissy*, Rn. 1508; *Bougnoux*, JCl. des Sociétés, Fasc. 48-70, Rn. 36; **SNC:** art. L. 221-14 al. 1 C. com.; *Mercadal/Janin*, Mémento Soc. com., Rn. 4331; **SCS:** art. L. 221-14 al. 1 i. V. m. art. 222-2 C. com.; **SARL:** art. L. 223-17 i. V. m. 221-14 C. com.; *Mercadal/Janin*, Mémento Soc. com., Rn. 6132; *M. Storck*, JCl. des Sociétés, Fasc. 73-20, Rn. 100.

[303] **AG:** *Lutter*, in: Kölner Komm. AktG, § 67, Rn. 16; MünchKommAktG-*Bayer*, § 67, Rn. 36; *Hefermehl/Bungeroth*, in: Geßler/Hefermehl, AktG, § 67, Rn. 22 f. u. 37; *Maul*, NZG 2001, 585, 587; **Private und public company:** s. 22 (2) CA 1985; vgl. *Lord Prosser*, in: Dempsey v. Celtic Football and Athletic Co. Ltd. [1993] BCC 514, 517; *Hannigan*, in: Farrar's Company Law, 239; *Pennington*, Company Law, 416; *Birds*, in: Gore-Brown on Companies, § 16.4.1; *Morse*, Charlesworth & Morse, 189; *Davies*, Gower's Principles, 348; **SA:** art. 2 Décret n° 83-359 du 2 mai 1983. Vgl.: *Guyon*, Droit des affaires, Rn. 733; *Mercadal/Janin*, Mémento Soc. com., Rn. 17156.

[304] *Mercadal/Janin*, Mémento Soc. com., Rn. 17156.

(*registres de la société*).[305] Sind die Aktien einer SA börsennotiert, dann wird die Übertragung im Verhältnis zur SA bereits mit der Eintragung der Aktien auf dem Konto des Erwerbers bei der zentralen französischen Wertpapiersammelbank SICOVAM wirksam.[306]

Sowohl die Anmeldung bei der Gesellschaft als auch die Eintragung in dem von der Gesellschaft geführten Mitgliederregister ist allerdings keine Wirksamkeitsvoraussetzung für die Veräußerung des Geschäftsanteils, sondern dient allein der Legitimation des Erwerbers gegenüber der Gesellschaft.[307]

Die Anmeldung bzw. der Antrag auf Eintragung in das Mitgliederregister ist an die Gesellschaft in Gestalt des Geschäftsführungsorgans unter dem Nachweis des Übergangs der Mitgliedschaft zu richten:[308] bei der GmbH an den Geschäftsführer, bei der AG an den Vorstand, bei den *companies* an das *board of directors* und bei den französischen Gesellschaften an den *gérant* bzw. bei der SA an den *conseil d'administration* oder das *directoire*[309]. Während diese Benachrichtigung der Gesellschaft bei der GmbH und AG formlos erfolgen kann,[310] muss bei der *private* und der *public company* der Erwerber den Anteilsschein (*share certificate*)[311] und die vom Veräußerer unterzeichnete Übertragungsvereinbarung vorlegen.[312] Bei den französischen Gesellschaften mit Ausnahme der SA muss die Übertragung grundsätzlich der Gesellschaft sogar förmlich mittels Zustellung durch einen Gerichtsvollzieher angezeigt oder alternativ von der Gesellschaft in einer öffentlichen Urkunde

---

305 Art. 1865 al. 1 C. civ. Vgl. *Bougnoux*, JCl. des Sociétés, Fasc. 48-70, Rn. 38.

306 *Artz*, Encyclopédie Dalloz Sociétés, Rn. 340; *Mercadal/Janin*, Mémento Soc. com., Rn. 17152.

307 Vgl.: *Hueck/Fastrich*, in: Baumbach/Hueck, § 16, Rn. 3 (für die GmbH); MünchKommAktG-*Bayer*, § 67, Rn. 36 (für die AG); art. 1583 C. civ. (für die SC, SNC, SCS und SARL).

308 **GmbH:** §§ 35 Abs. 2 S. 3; 16 Abs. 1 GmbHG; **AG:** § 67 Abs. 3 AktG; **Private und public company:** s. 183 (4) CA 1985; **SC:** *Bougnoux*, JCl. des Sociétés, Fasc. 48-70, Rn. 37; **SNC/SCS:** *Mercadal/Janin*, Mémento Soc. com., Rn. 4331; **SARL:** *Mercadal/Janin*, Mémento Soc. com., Rn. 4331, 6124; **SA:** *Mercadal/Janin*, Mémento Soc. com., Rn. 17155.

Für die französischen Gesellschaften ist explizit entschieden worden, dass die Übertragung der Gesellschaft gegenüber nicht schon dadurch wirksam wird, dass die Gesellschafter von der Übertragung Kenntnis erlangen; vgl.: Cass. ass. plén., 1er mars 1950, Rev. soc. 1950, 263; *Bougnoux*, JCl. des Sociétés, Fasc. 48-70, Rn. 37; *Mercadal/Janin*, Mémento Soc. com., Rn. 4331, 6124.

309 Die Anmeldung hat gegenüber dem *conseil d'administration* zu erfolgen, wenn die SA das monistische Modell gewählt hat. Dagegen hat die Anmeldung gegenüber dem *directoire* zu erfolgen, wenn die SA das dualistische Modell gewählt hat. In der Praxis dominiert nach wie vor das monistische System. Vgl. *Mercadal/Janin*, Mémento Soc. com., Rn. 9467.

310 **GmbH:** § 16 Abs. 1 GmbHG; **AG:** *Hüffer*, AktG, § 68, Rn. 17.

311 Bloße Beweisurkunde, kein Wertpapier, vgl. s. 186 CA 1985.

312 S. 183 (4) CA 1985.

bestätigt werden.[313] Für die Handelsgesellschaften SNC, SCS und SARL besteht zusätzlich seit 1988 die Möglichkeit, die Zustellung durch einen Gerichtsvollzieher dadurch zu ersetzen, dass ein Original der Abtretungsurkunde am Gesellschaftssitz hinterlegt und darüber von der Geschäftsführung eine Bescheinigung ausgestellt wird.[314] In der Praxis wird diese Variante vorgezogen, weil sie einfacher und kostengünstiger ist als die Zustellung durch einen Gerichtsvollzieher.[315] Bei der SA bedarf es der Einreichung einer vom Veräußerer unterschriebenen Überweisung (*ordre de mouvement*).[316]

II. Mitteilung an die Gesellschaft oder Eintragung in einem Mitgliederregister nicht erforderlich

Anders als bei den Kapitalgesellschaften und den französischen Personengesellschaften entfaltet die Anteilsübertragung bei den deutschen und englischen Personengesellschaften (GbR, OHG, KG, *partnership* und *limited partnership*) auch im Verhältnis zur Gesellschaft bereits Wirkung im Zeitpunkt des Wirksamwerdens des Vertrages[317] zwischen Veräußerer und Erwerber. Einer gesonderten Anmeldung bei der Gesellschaft oder der Eintragung in einem Mitgliederregister bedarf es dazu nicht.[318] Allerdings kann der Übertragungsvertrag aufschiebend bedingt durch ein bestimmtes Datum oder bei den deutschen Personenhandelsgesellschaften aufschiebend bedingt durch die Eintragung im Handelsregister geschlossen werden.[319]

---

[313] **SC:** art. 1865 al. 1; *Cozian/Viandier/Deboissy*, Rn. 1508; *Bougnoux*, JCl. des Sociétés, Fasc. 48-70, Rn. 36; **SNC:** art. L. 221-14 al. 1 C. com.; *Mercadal/Janin*, Mémento Soc. com., Rn. 4331; **SCS:** art. L. 221-14 al. 1 i. V. m. art. 222-2 C. com.; **SARL:** art. 223-17 i. V. m. art. 221-14 C. com.; *Mercadal/Janin*, Mémento Soc. com., Rn. 6132; *M. Storck*, JCl. des Sociétés, Fasc. 73-20, Rn. 100.

[314] **SNC:** art. L. 221-14 al. 1 C. com.; **SCS:** art. L. 221-14 al. 1 i. V. m. art. 222-2 C. com.; **SARL:** art. 223-17 i. V. m. art. L. 221-14 al. 1 C. com.; vgl. auch: *Bougnoux*, JCl. des Sociétés, Fasc. 48-70, Rn. 36; vgl. für die **SNC/SCS:** *Mercadal/Janin*, Mémento Soc. com., Rn. 4331; falsch insofern *Cozian/Viandier/Deboissy*, Rn. 1508.

[315] *M. Storck*, JCl. des Sociétés, Fasc. 73-20, Rn. 91; *Maul*, RIW 1999, 675, 678.

[316] *Mercadal/Janin*, Mémento Soc. com., Rn. 17155.

[317] Bei den deutschen Personengesellschaften kommt es für die Wirksamkeit gegenüber der Gesellschaft auf die Wirksamkeit des dinglichen Vertrags zwischen Veräußerer und Erwerber an.

[318] § 16 GmbHG gilt für die deutschen Personengesellschaften nicht analog; vgl. *Ulmer*, in: Großkomm. HGB, § 105, Rn. 313.

[319] *Strohn*, in: Ebenroth/Boujong/Joost, § 173, Rn. 10. So ist es z. B. vorgesehen für die Verfügung über einen Kommanditanteil in folgendem Typenvertrag: *Riegger*, in: Heidenhain/Meister, MünchVertr. Hdb. I, III. 19, § 1 Abs. 2 S. 1.

Um zu verstehen, warum im einen Fall (bei den Kapitalgesellschaften und den französischen Personengesellschaften) die Anteilsübertragung im Verhältnis zur Gesellschaft erst durch eine Anmeldung bzw. Eintragung in einem Mitgliederregister der Gesellschaft wirksam wird und im anderen Fall (bei deutschen und englischen Personengesellschaften) auf das Erfordernis einer Anmeldung oder Eintragung der Anteilsübertragung verzichtet wird, bedarf es eines Blickes auf die Funktion dieser Anmelde- bzw. Eintragungspflicht. Zum einen dient sie dazu, den Erwerber gegenüber der Gesellschaft zu legitimieren und Rechtssicherheit zu schaffen. Zum anderen soll die Gesellschaft auf diesem Wege vor Schäden geschützt werden, die sich aus Ungewissheit über die Mitgliedschaft ergeben können.[320] Vorteil der Anmeldepflicht ist es, dass die Gesellschaft ohne Rücksicht auf die materielle Rechtslage den Eingetragenen auf Erfüllung mitgliedschaftlicher Pflichten (z. B. Leistung von Einlagen, Erfüllung etwaiger Nebenleistungen etc.) in Anspruch nehmen kann. Die Legitimation dient aber auch den Interessen der Gesellschafter. Die Gesellschaft ist berechtigt und verpflichtet, dem Eingetragenen ohne Rücksicht auf die tatsächliche Rechtslage alle mit der Mitgliedschaft verbundenen Rechte (z. B. Stimmrecht, Auskunftsrecht, Gewinnbezugsrecht, Bezugsrecht, Anfechtungsrecht) zu gewähren.[321]

Der Schaffung von Rechtssicherheit in Bezug auf die Frage, wer gegenüber der Gesellschaft zur Ausübung der Mitgliedschaftsrechte berechtigt und zur Erfüllung mitgliedschaftlicher Pflichten verpflichtet ist, bedarf es aber vor allem bei Gesellschaften mit großer Mitgliederzahl. Insofern besteht bei Personengesellschaften, die idealtypischerweise auf dem persönlichen Miteinander der Gesellschafter basieren (bei denen der *intuitus personae* also stark ausgeprägt ist) und die deshalb eher auf einen kleinen Mitgliederkreis zugeschnitten sind, grundsätzlich nicht ein so großes Bedürfnis für eine formelle Anmeldepflicht. Hinzu kommt, dass nach der gesetzlichen Ausgangslage die Anteilsübertragung bei den Personengesellschaften nur mit Zustimmung aller Gesellschafter möglich ist. Wenn aber alle Gesellschafter zu-

---

320 **Zur Funktion der Anmeldung bei der GmbH:** BGH, Urteil v. 21.10.1968, NJW 1969, 133; BGH, Urteil v. 10.5.1982, BGHZ 84, 47, 49; BGH, Urteil v. 9.7.1990, BGHZ 112, 103, 113; *Hueck/Fastrich*, in: Baumbach/Hueck, § 16, Rn. 1; MünchHdb. GesR III-*U. Jasper*, § 24, Rn. 225; **zur Funktion des Aktienregisters bei der AG:** MünchKommAktG-*Bayer*, § 67, Rn. 1; *Hefermehl/Bungeroth*, in: Geßler/Hefermehl, AktG, § 67, Rn. 5; MünchHdb. GesR IV-*Wiesner*, § 14, Rn. 36.

321 So ausdrücklich für die AG: MünchHdb. GesR IV-*Wiesner*, § 14, Rn. 44.

stimmen müssen, sind auch alle Gesellschafter über den Mitgliederwechsel informiert, so dass eine formelle Anmeldepflicht entbehrlich ist.[322]

Im Gegensatz zu den Personengesellschaften besteht bei den Kapitalgesellschaften grundsätzlich ein größeres Bedürfnis, Rechtsklarheit in Bezug auf den Mitgliederbestand durch förmliche Anmeldung bzw. Registrierung zu schaffen. Bei ihnen steht von der gesetzlichen Ausrichtung her die Kapitalbeteiligung im Vordergrund (der *intuitus pecuniae*). Damit geht einher, dass diese Gesellschaften oft aus einer großen Anzahl von Mitgliedern bestehen, bei denen ein regelmäßiger Mitgliederwechsel stattfindet. In diesem Fall ist es schon aus Gründen der Praktikabilität sinnvoll, im Verhältnis zur Gesellschaft nur denjenigen den Mitgliederstatus zuzubilligen, die auch bei der Gesellschaft angemeldet bzw. im Mitgliederregister eingetragen sind.

Allerdings können auch bei den Personengesellschaften durch eine Bestimmung im Gesellschaftsvertrag die Anteile für frei übertragbar erklärt werden.[323] Ist dies der Fall und besteht die Personengesellschaft aus einer großen Anzahl von Mitgliedern (wie in Deutschland im Falle der Publikums-KG), dann besteht die gleiche Interessenlage wie bei den Kapitalgesellschaften, so dass in dem Fall eine Anmeldepflicht zur Schaffung von Rechtssicherheit für das Verhältnis des Anteilserwerbers zur Gesellschaft sinnvoll wäre. Dieser Gedanke liegt offenbar auch der Regelung bei der SC, der SNC und der SCS zu Grunde, bei der es ebenso wie bei allen anderen untersuchten französischen Gesellschaften einer Benachrichtigung der Gesellschaft über den Mitgliederwechsel bedarf, um die Anteilsübertragung auch im Verhältnis zu ihr Wirksamkeit erlangen zu lassen. Es stellt sich jedoch die Frage, warum nur bei den französischen und nicht auch bei den englischen und deutschen Personengesellschaften eine Anmeldepflicht vorgesehen ist.

Die abweichende Rechtslage bei den französischen Personengesellschaften dürfte damit in Zusammenhang stehen, dass in Frankreich das Gesetz auch die Personengesellschaften SC, SNC und SCS ausdrücklich mit eigener Rechtspersönlichkeit ausstattet.[324] Dagegen ist der *partnership* und der *limited partnership* vom Gesetz bisher keine eigene Rechtspersönlichkeit zuerkannt,[325] und auch in Deutschland stattet das Gesetz weder die GbR noch die

---

[322] Damit sind alle Gesellschafter und damit die Gesellschaft zwar darüber informiert, dass ein Mitgliederwechsel erfolgt, keine Rechtssicherheit wird dadurch allerdings im Hinblick darauf erreicht, zu welchem Zeitpunkt der Mitgliederwechsel vollzogen wird. Dies kann aber sehr bedeutsam sein, z. B., wenn es darum geht, an wen die Gesellschaft die Gewinne ausschütten soll.

[323] Vgl. oben S. 64 ff.

[324] Weiterführend zur Frage der eigenen Rechtspersönlichkeit von Personengesellschaften aus rechtsvergleichender Sicht: *Heenen*, in: Encyclopedia of Comparative Law XIII-1, Rn. 6 ff.

[325] Vgl. s. (1) PA 1890. Die *Law Commissions* haben aber vorgeschlagen, sie zukünftig mit eigener Rechtspersönlichkeit auszustatten (*Law Commission*, LCCP No. 159, Rn. 3.11.).

OHG und KG – anders als die GmbH und AG[326] – ausdrücklich mit eigener Rechtspersönlichkeit aus.[327] Daran hat sich auch nichts dadurch geändert, dass der Bundesgerichtshof[328] die Rechtsfähigkeit der GbR inzwischen ausdrücklich anerkannt hat.[329] Wenn der französische Gesetzgeber aber davon ausgeht, dass es sich auch bei Personengesellschaften nicht bloß um einen losen Zusammenschluss von Mitgliedern handelt, sondern diese über eine von den Mitgliedern zu unterscheidende eigene Rechtspersönlichkeit verfügen, dann geht damit einher, dass diese auch aus einer Vielzahl von Personen bestehen können und es deshalb sinnvoll ist, aus Gründen der Praktikabilität und Rechtssicherheit eine Anmeldepflicht von neuen Gesellschaftern vorzusehen.

Am modernsten scheint aber eine Mittellösung zu sein, die wie bei den deutschen und englischen Personengesellschaften zwar keine Anmelde- oder Eintragungspflicht (in ein Mitgliederregister) für die Anteilsübertragung vorsieht, die diesen Gesellschaften aber ausdrücklich die Möglichkeit einräumt (für den Fall einer großen Gesellschafteranzahl), durch eine Bestimmung im Gesellschaftsvertrag die Übertragung von Anteilen von der Anmeldung bei der Gesellschaft oder von der Eintragung in einem Mitgliederregister der Gesellschaft abhängig zu machen. Ähnlich stellt sich heute schon die Rechtslage für die SC dar, bei der im Gesellschaftsvertrag bestimmt werden kann, dass die Anteilsübertragung im Verhältnis zur Gesellschaft statt mit einer bloßen Anmeldung erst mit Eintragung in ein von der Gesellschaft zu errichtendes Mitgliederregister Wirkung entfaltet.[330]

Unterschieden werden kann in dieser Frage also zwischen Gesellschaften mit und ohne eigener Rechtspersönlichkeit, so dass sich folgende gemeinsame Prinzipien ergeben:

> (1) Bei den Gesellschaften, die nicht über eine eigene Rechtspersönlichkeit verfügen, ist die Anteilsübertragung im Verhältnis zur Gesellschaft wirksam, sobald der Übertragungsvertrag zwischen Veräußerer und Erwerber Wirkung entfaltet.

[326] Vgl. § 1 Abs. 1 S. 1 AktG, § 13 Abs. 1 GmbHG.

[327] In § 11 InsO wird zwischen „juristischen Personen“ und „Gesellschaften ohne Rechtspersönlichkeit“ unterschieden. § 14 BGB spricht von „juristischen Personen“ und „rechtsfähigen Personengesellschaften“. Zum Ganzen vgl. *Ulmer*, ZIP 2001, 585, 588 f.

[328] BGH, Urteil v. 29.1.2001, BGHZ 146, 341.

[329] Ebenso *Ulmer*, ZIP 2001, 585, 599.

[330] Art. 1865 al. 1 C. civ. Vgl. *Bougnoux*, JCl. des Sociétés, Fasc. 48-70, Rn. 38.

(2) Bei den Gesellschaften, die über eine eigene Rechtspersönlichkeit verfügen, wird die Anteilsübertragung im Verhältnis zur Gesellschaft grundsätzlich erst in dem Zeitpunkt wirksam, in dem dieser die Übertragung angezeigt bzw. in dem von der Gesellschaft geführten Mitgliederregister eingetragen wird. Die Anmeldung bzw. der Antrag auf Eintragung ist an das Geschäftsführungsorgan der Gesellschaft unter dem Nachweis des Übergangs der Mitgliedschaft zu richten.

B. Inhaberanteilsscheine

Inhaberanteilsscheine können von den untersuchten Gesellschaftsformen nur bei der AG in Form von Inhaberaktien und bei der *private* und der *public company* in Form von *share warrants* ausgeben werden. Es liegt in der Natur dieser Inhaberpapiere, dass die Gesellschaft nicht über den Namen des jeweiligen Inhabers informiert zu werden braucht, damit die Übertragung von diesen Anteilen auch gegenüber der Gesellschaft Wirkung entfaltet. Vielmehr ist immer derjenige der Gesellschaft gegenüber legitimiert, der Inhaber der Anteilsscheine ist.[331]

Deutsche Aktiengesellschaften führen häufig zwar auch Aufzeichnungen über die Inhaberaktien, die gelegentlich auch als Aktienregister bezeichnet werden. Bei diesen handelt es sich aber nicht um ein Aktienregister im Sinne des § 67 AktG und diese Aufzeichnungen haben insbesondere auch nicht die Legitimationswirkung, wie sie die Eintragung im Aktienregister nach § 67 Abs. 2 AktG hat.[332] Bei den *companies* ist im *register of members* lediglich das Datum der Ausgabe des *warrant* zu vermerken sowie die Anzahl der Anteile, welche durch den *warrant* ersetzt werden (s. 355 (1) CA 1985).[333]

Es gilt folgendes gemeinsames Prinzip:

Zur Übertragung von Inhaberanteilsscheinen bedarf es weder der Anmeldung bei der Gesellschaft noch der Eintragung in einem Mitgliederregister.

§ 9 Mitgliedschaftliche Vermögensrechte

Bei der Übertragung von Gesellschaftsanteilen stellt sich die Frage, ab welchem Zeitpunkt die aus dem Gesellschaftsvertrag erwachsenden Vermögens-

---

331 **AG:** *Hüffer*, AktG, § 123, Rn. 5; *Werner*, in: Großkomm. AktG, § 123, Rn. 26; **Private und public company:** s. 188 (2) CA 1985. Vgl.: *Pennington*, Company Law, 403; *Birds*, in: Gore-Brown on Companies, § 16.9; *Morse*, Charlesworth & Morse, 210.

332 MünchHdb. GesR IV-*Wiesner*, § 14, Rn. 38.

333 *Birds*, in: Gore-Brown on Companies, § 16.9; *Davies*, Gower's Principles, 329.

rechte gegenüber der Gesellschaft (mitgliedschaftliche Vermögensrechte, z. B. das Gewinnbezugsrecht) nicht mehr dem Anteilsveräußerer, sondern dem Anteilserwerber zustehen.

Für alle untersuchten Gesellschaften gilt der Grundsatz, dass der Anteilserwerber Inhaber aller mitgliedschaftlicher Vermögensrechte wird, die nach dem Zeitpunkt entstehen, in dem die Anteilsübertragung der Gesellschaft gegenüber wirksam wird. Dem Anteilsveräußerer stehen dagegen (im Verhältnis zur Gesellschaft) alle mitgliedschaftlichen Vermögensrechte zu, die vor diesem Zeitpunkt entstanden sind.[334] Die Vermögensrechte entstehen bei allen untersuchten Gesellschaften in dem Zeitpunkt, in dem eine bestimmte Vermögensausschüttung an die Gesellschafter von der Gesellschafterversammlung beschlossen wird.[335] Die Wirksamkeit gegenüber der Gesellschaft tritt – wie eben erläutert – je nachdem um welche Gesellschaftsform es sich handelt, entweder mit Wirksamkeit des Übertragungsvertrags oder aber mit Anmeldung der Anteilsübertragung bei der Gesellschaft bzw. mit Eintragung des Anteilserwerbers in ein von der Gesellschaft geführtes Mitgliederregister ein.[336]

Bei der *partnership* und der *limited partnership* existiert – soweit ersichtlich – keine Rechtsregel zu der Frage, welche Vermögensrechte im Einzelnen auf den Anteilserwerber übergehen. In einschlägigen Typenverträgen wird für diese aber – entgegen dem eben statuierten Grundsatz – empfohlen,

---

[334] **Deutsche Personengesellschaften:** BGH, Urteil v. 25.4.1966, BGHZ 45, 221, 223; BGH, Urteil v. 5.5.1986, WM 1986, 1314, 1315; MünchKomm-*Ulmer*, § 719, Rn. 43; *Ulmer*, in: Großkomm. HGB, § 105, Rn. 319; MünchHdb. GesR I-*Piehler*, § 13, Rn. 69; § 66, Rn. 20; **GmbH:** BGH, Urteil v. 8.12.1997, NJW 1998, 1314; vgl. auch BGH, Urteil v. 14.9.1998, BGHZ 139, 299, 302 f.; *Hueck/Fastrich*, in: Baumbach/Hueck, § 29, Rn. 59; Scholz-*Emmerich*, § 29, Rn. 26; Scholz-*H. Winter*, § 16, Rn. 35; *K. J. Müller*, 64; **AG:** MünchHdb. GesR IV-*Wiesner*, § 17, Rn. 1; **Private und public company:** *Morse*, Charlesworth & Morse, 188; **Französische Gesellschaften (allgemein):** *Artz*, Encyclopédie Dalloz Sociétés, Rn. 128; **SC:** *Bougnoux*, JCl. des Sociétés, Fasc. 48-60, Rn. 37; **SNC/SCS:** *Dereu*, JCl. des Sociétés, Fasc. 59-20, Rn. 180; **SARL:** *M. Storck*, JCl. des Sociétés, Fasc. 73-20, Rn. 102; **SA:** Cass. com., 23 octobre 1990, D. 1991, jurispr., 173 (Anm. *Reinhard*); *Mercadal/Janin*, Mémento Soc. com., Rn. 25190; a. A. (Aufteilung der Gewinne nach Zeitraum der Zugehörigkeit zur Gesellschaft): Cass. civ, 21 octobre 1931, D. 1933, 1, 100 (Anm. *Cordonnier*).

[335] **Deutsche Personengesellschaften:** MünchKomm-*Ulmer*, § 721, Rn. 11 (Bilanzfeststellungsbeschluss als Feststellungsvertrag zwischen den Gesellschaftern); **GmbH:** BGH, Urteil v. 8.12.1997, NJW 1998, 1314; *Hueck/Fastrich*, in: Baumbach/Hueck, § 29, Rn. 59; Scholz-*Emmerich*, § 29, Rn. 26; Scholz-*H. Winter*, § 16, Rn. 35; **AG:** MünchHdb. GesR IV-*Wiesner*, § 17, Rn. 1; **Private und public company:** *Morse*, Charlesworth & Morse, 188; **Französische Gesellschaften (allgemein):** Cass. com. 23 octobre 1990, D. 1991, 173 (Anm. *Reinhard*); CA Paris, 29 nov. 1996, Dr. soc. 1997, n° 49 (Anm. *Vidal*); *Artz*, Encyclopédie Dalloz Sociétés, Rn. 128; **SC:** *Bougnoux*, JCl. des Sociétés, Fasc. 48-60, Rn. 41; **SNC/SCS:** *Dereu*, JCl. des Sociétés, Fasc. 59-20, Rn. 184; **SA:** *Mercadal/Janin*, Mémento Soc. com., Rn. 25190.

[336] Vgl. oben S. 86 ff.

im Gesellschaftsvertrag zu vereinbaren, dass der ausscheidende Gesellschafter Anspruch auf alle Gewinne hat, die bis zu dem Tag seines Ausscheidens erwirtschaftet wurden.[337] Auf den Zeitpunkt des Beschlusses über eine Gewinnausschüttung käme es danach also nicht an. Gleichwohl steht diese Tatsache einem gemeinsamen Prinzip der drei Rechtsordnungen nicht entgegen, weil es sich hierbei nicht um eine gefestigte Rechtsregel handelt, sondern lediglich um einen Gestaltungsvorschlag verschiedener Typenverträge.

Hinsichtlich des Anspruchs auf Auszahlung der Dividende bei der AG ist zu beachten, dass diese regelmäßig in einem besonderen Gewinnanteilsschein verkörpert ist und damit einer gesonderten von § 67 Abs. 2 AktG unabhängigen Legitimation unterliegt.[338] Wird die Mitgliedschaft übertragen, so sind von der Anteilsübertragung die Gewinnanteilsscheine nicht erfasst. Sie sind Inhaberpapiere und werden gesondert nach §§ 929 ff. BGB übertragen.[339] Auf Grund des der Übertragung der Mitgliedschaft zu Grunde liegenden Kausalgeschäfts ergibt sich für den neuen Aktionär im Zweifel aber ein Anspruch auf Übertragung der Gewinnanteilscheine, auf die eine Dividendenzahlung noch nicht fällig ist.[340] Damit ergibt sich trotz der besonderen Behandlung der Gewinnanteilsscheine keine Abweichung von dem gemeinsamen Prinzip, dass vor Eintritt der Wirksamkeit der Anteilsübertragung im Verhältnis zur Gesellschaft entstandene mitgliedschaftliche Vermögensrechte dem Anteilsveräußerer zustehen und nach diesem Zeitpunkt entstandene Vermögensrechte dem Anteilserwerber.

Die Parteien des Übertragungsvertrags sind bei allen untersuchten Gesellschaften aber frei, im Verhältnis zueinander eine andere Aufteilung der mitgliedschaftlichen Vermögensrechte zu vereinbaren.[341] So wird bei *companies* in der Praxis bei Übertragungsverträgen in zeitlicher Nähe zu Dividen-

---

[337] Vgl. die Bestimmungen in folgenden Typenverträgen: *Byrne/Gowar/Moberly*, Form 1, Clause 22.3 (Rn. 183), Form 2, Clause 20.2 (Rn. 212); *Sacker*, Precedent 1, Clause T 1.4 (S. 57).

[338] MünchHdb. GesR IV-*Wiesner*, § 14, Rn. 44.

[339] RG, Urteil v. 9.10.1911, RGZ 77, 333, 335; MünchKommAktG-*Bayer*, § 58, Rn. 128 f.; *Hefermehl/Bungeroth*, in: Geßler/Hefermehl, AktG, § 58, Rn. 153 f.; *Lutter*, in: Kölner Komm. AktG, § 58, Rn. 117; MünchHdb. GesR IV-*Wiesner*, § 12, Rn. 29.

[340] *Lutter*, in: Kölner Komm. AktG, § 58, Rn. 117; MünchKommAktG-*Bayer*, § 58, Rn. 129; *Hefermehl/Bungeroth*, in: Geßler/Hefermehl, AktG, § 58, Rn. 156.

[341] **Deutsche Personengesellschaften:** MünchHdb. GesR I-*Piehler*, § 13, Rn. 69, § 66, Rn. 20; MünchKomm-*Ulmer*, § 719, Rn. 43; *Ulmer*, in: Großkomm. HGB, § 105, Rn. 319; **GmbH:** BGH, Urteil v. 30.1.1995, NJW 1995, 1027, 1028 f.; BGH, Urteil v. 8.12.1997, NJW 1998, 1314; *Hueck/Fastrich*, in: Baumbach/Hueck, § 29, Rn. 59; Scholz-*Emmerich*, § 29, Rn. 26; **Private und public company:** *Birds*, in: Gore-Brown on Companies, § 16.4.1; *Morse*, Charlesworth & Morse, 188; *Pennington*, Company Law, 460; **Französische Gesellschaften (allgemein):** *Artz*, Encyclopédie Dalloz Sociétés, Rn. 128; **SC:** *Bougnoux*, JCl. des Sociétés, Fasc. 48-70, Rn. 41; **SNC/SCS:** *Dereu*, JCl. des Sociétés, Fasc. 59-20, Rn. 183.

denausschüttungen in der Regel vereinbart, ob der Preis „ex div." oder „cum div." verstanden werden soll.

Es ergeben sich folgende gemeinsame Prinzipien:

(1) Es stehen dem Anteilserwerber alle aus dem Gesellschaftsvertrag erwachsenden Vermögensrechte (mitgliedschaftliche Vermögensrechte) zu, die nach dem Zeitpunkt entstanden sind, in dem die Anteilsübertragung gegenüber der Gesellschaft wirksam geworden ist. Dagegen verbleiben die vor diesem Zeitpunkt entstandenen Vermögensrechte beim Anteilsveräußerer. Die mitgliedschaftlichen Vermögensrechte entstehen in dem Zeitpunkt, in dem eine bestimmte Vermögensausschüttung an die Gesellschafter von der Gesellschafterversammlung beschlossen wird.

(2) Die Parteien des Übertragungsvertrags haben die Möglichkeit, im Verhältnis zueinander eine andere Aufteilung der mitgliedschaftlichen Vermögensrechte zu vereinbaren.

§ 10 Mitgliedschaftliche Vermögenspflichten

Auch hinsichtlich der gegenüber der Gesellschaft bestehenden Verbindlichkeiten, die auf dem Gesellschaftsvertrag beruhen (mitgliedschaftliche Verbindlichkeiten), stellt sich die Frage, in welchem Maße hierfür der Anteilsveräußerer und der Anteilserwerber verantwortlich sind. Dabei kann zunächst danach unterschieden werden, ob die mitgliedschaftlichen Verbindlichkeiten erst nach der Anteilsübertragung entstanden sind oder ob sie zum Zeitpunkt der Anteilsübertragung schon bestanden haben. Bei den mitgliedschaftlichen Verbindlichkeiten handelt es sich in erster Linie um rückständige Einlagen.[342]

A. Nach der Anteilsübertragung entstandene mitgliedschaftliche Verbindlichkeiten

Entstehen mitgliedschaftliche Verbindlichkeiten erst nach der Anteilsübertragung, dann haftet der Anteilserwerber als neuer Gesellschafter bei allen untersuchten Gesellschaften allein.[343] Dies ist im Grunde selbstverständlich, weil der alte Gesellschafter nicht für Verbindlichkeiten haftbar gemacht wer-

[342] *Ulmer*, in: Großkomm. HGB, § 105, Rn. 321 (im Hinblick auf die OHG und KG); *Geck*, DStR 1996, 627, 629; Scholz-*H. Winter*, § 16, Rn. 40 (im Hinblick auf die GmbH).

[343] Explizit für die GmbH: BGH, Urteil v. 4.3.1996, BGHZ 132, 133, 137; Scholz-*H. Winter*, § 16, Rn. 42; *Hueck/Fastrich*, in: Baumbach/Hueck, § 16, Rn. 12; für die SNC/SCS: *Dereu*, JCl. des Sociétés, Fasc. 59-20, Rn. 192.

den darf, die zu einem Zeitpunkt entstanden sind, in dem er gar nicht mehr Mitglied der Gesellschaft war.

B. Vor der Anteilsübertragung entstandene mitgliedschaftliche Verbindlichkeiten

Weniger selbstverständlich ist die Haftungslage im Hinblick auf die bei Vollzug der Anteilsübertragung bestehenden mitgliedschaftlichen Verbindlichkeiten. Hier existieren bei den untersuchten Gesellschaftsformen aus Deutschland, England und Frankreich zwei unterschiedliche Regelungsmodelle. Entweder der Anteilserwerber haftet der Gesellschaft zusammen mit dem Anteilsveräußerer gesamtschuldnerisch für diese Verbindlichkeiten oder aber der Anteilserwerber haftet für diese Verbindlichkeiten allein.

I. Gesamtschuldnerische Haftung von Anteilsveräußerer und Anteilserwerber

Eine gesamtschuldnerische Haftung von Anteilsveräußerer und Anteilserwerber für die bestehenden mitgliedschaftlichen Verbindlichkeiten besteht bei der GmbH[344], der SC[345], SNC und SCS[346] und nach der herrschenden Meinung in Deutschland auch bei den deutschen Personengesellschaften[347]. Auch bei der SA haften der säumige Gesellschafter, alle vorherigen Gesellschafter (*les cessionnaires successifs*) sowie die Person, die ursprünglich die Anteile gezeichnet hat, gesamtschuldnerisch (*solidaire*) für die noch nicht geleisteten Einlagen (art. L. 228-28 al. 1 C. com.).[348] Allerdings endet die Haftung der Altgesellschafter der SA zwei Jahre nach ihrem Ausscheiden aus der Gesellschaft (art. L. 228-28 al. 3 C. com.).

---

[344] § 16 Abs. 3 GmbHG; vgl. BGH, Urteil v. 14.3.1977, BGHZ 68, 191, 197; BGH, Urteil v. 26.9.1994, ZIP 1994, 1855; BGH, Urteil v. 4.3.1996, BGHZ 132, 133, 137; Scholz-*H. Winter*, § 16, Rn. 42; *Hueck/Fastrich*, in: Baumbach/Hueck, § 16, Rn. 12; *Lutter/Hommelhoff*, § 16, Rn. 17; *Geck*, DStR 1996, 627, 630 f.

[345] Jeder Gesellschafter einer SC, der einmal versprochen hat, eine bestimmte Einlage zu erbringen (und im Gegenzug mit Gesellschafterrechten ausgestattet wurde), bleibt für die Erbringung der Einlage verantwortlich. Vgl. *Bézard*, Rn. 1153; *Taithe/Walet*, Rn. 163.

[346] *Dereu*, JCl. des Sociétés, Fasc. 59-20, Rn. 192.

[347] MünchKomm-*Ulmer*, § 719, Rn. 45; *Ulmer*, in: Großkomm. HGB, § 105, Rn. 321; Soergel-*Hadding*, § 719, Rn. 18; *Baumbach/Hopt*, § 105, Rn. 72; MünchHdb. GesR I-*Piehler*, § 13, Rn. 70; a. A. (alleinige Haftung des Altgesellschafters): *Grunewald*, GesR, 1. A., Rn. 145; in diesem Sinne wohl auch: *A. Teichmann*, NJW 1966, 2336, 2339 f.

[348] *Artz*, Encyclopédie Dalloz Sociétés, Rn. 222.

Die Haftung des Altgesellschafters für die auf den Gesellschaftsanteil rückständigen Einlagen begründet sich damit, dass es sich hierbei um eine gegenüber der Gesellschaft bestehende Verbindlichkeit handelt und dass deshalb die Gesellschaft als Gläubigerin der Forderung einer Schuldübernahme durch den Anteilserwerber zustimmen müsste.[349] Anderer Ansicht ist im Hinblick auf die deutschen Personengesellschaften der Bundesgerichtshof, der es für zulässig hält, dass der Veräußerer und der Erwerber frei festlegen, in welchem Umfang die der Gesellschaft gegenüber bestehenden Verbindlichkeiten beim Veräußerer verbleiben oder vom Erwerber übernommen werden.[350] Diese Ansicht ist in der deutschen Literatur auf Kritik gestoßen, die einwendet, dass es sich bei einer solchen Vereinbarung um eine befreiende Schuldübernahme handele und es deshalb nach § 415 BGB der Genehmigung durch die Gesellschaft bedürfe.[351]

II. Alleinige Haftung des Anteilserwerbers

Eine gemeinsame Haftung für die auf den Anteil noch zu erbringenden Leistungen besteht nicht bei der AG, bei der *partnership* und der *limited partnership*, bei der *private* und der *public company* und bei der SARL: Bei der AG gilt der Grundsatz, dass die Einlagepflichten mit der Veräußerung der Aktie auf den neuen Aktionär übergehen und die Vormänner des neuen Aktionärs nicht haften.[352] Bei der *private* und der *public company* haftet der Anteilserwerber der Gesellschaft für rückständige Leistungen auf den noch nicht voll einbezahlten Gesellschaftsanteil ab dem Zeitpunkt seiner Eintragung im

---

[349] **GmbH:** BGH, Urteil v. 14.3.1977, BGHZ 68, 191, 197 f.; *Geck*, DStR 1996, 627, 632; Scholz-*H. Winter*, § 16, Rn. 42; *Hueck/Fastrich*, in: Baumbach/Hueck, § 16, Rn. 17, Hachenburg-*Zutt*, § 16, Rn. 51; **SNC/SCS:** Cass. civ., 16 mars 1942, JCP 1942, II, 1854 (Anm. *Bastian*); *Dereu*, JCl. des Sociétés, Fasc. 59-20, Rn. 191; ebenso die Literatur im Hinblick auf die **deutschen Personengesellschaften**: *A. Teichmann*, NJW 1966, 2336, 2339 f.; MünchKomm-*Ulmer*, § 719, Rn. 44; *Ulmer*, in: Großkomm. HGB, § 105, Rn. 321; Soergel-*Hadding*, § 719, Rn. 18; *Baumbach/Hopt*, § 105, Rn. 72.

[350] BGH, Urteil v. 25.4.1966, BGHZ 45, 221, 222; BGH, Urteil v. 4.4.1968, WM 1968, 892, 892 f.

[351] Eine solche Genehmigung liege aber nicht in der generellen Zulassung der Übertragung im Gesellschaftsvertrag: *A. Teichmann*, NJW 1966, 2336, 2339 f.; MünchKomm-*Ulmer*, § 719, Rn. 44; *Ulmer*, in: Großkomm. HGB, § 105, Rn. 321; Soergel-*Hadding*, § 719, Rn. 18; *Baumbach/Hopt*, § 105, Rn. 72.

[352] MünchKommAktG-*Bayer*, § 65, Rn. 12; *Hefermehl/Bungeroth*, in: Geßler/Hefermehl, AktG, § 65, Rn. 6.

Mitgliederregister allein[353] und auch bei der SARL gibt es keine Haftung des Altgesellschafters für noch ausstehende Einlagen.[354]

III. Rechtsvergleichende Analyse und Bildung gemeinsamer Prinzipien

Insgesamt ergibt sich auf den ersten Blick kein einheitliches Bild. Während bei der Mehrzahl der Gesellschaften (GbR, OHG, KG, GmbH, SNC, SCS und SA) sowohl der Alt- als auch der Neugesellschafter für auf den übertragenen Anteil noch ausstehende Einlagen haften, ist dies bei einigen anderen Gesellschaften nicht der Fall (AG, *partnership* und *limited partnership*, *private* und *public company* und SARL). Wie erklären sich aber diese unterschiedlichen Regelungen?

Einfach zu finden ist die Erklärung für die SARL. Bei ihr mussten bis zum Jahr 2001[355] – anders als bei allen anderen untersuchten französischen Gesellschaften – die Einlagen auf die Anteile bereits bei Gründung der Gesellschaft vollständig geleistet werden (art. L. 223-7 al. 1 C. com. a. F.). Somit stellte sich hier bis vor kurzem gar nicht die Frage, ob der Anteilsveräußerer auch noch nach seinem Ausscheiden aus der Gesellschaft für noch ausstehende Einlagen haftet, weil Einlagen gar nicht mehr ausstehen konnten.[356] Dass bei der SARL nunmehr nur noch ein Fünftel der Einlagen bei der Gründung erbracht werden muss (art. L. 223-7 al. 1 C. com. n. F.),[357] hat den Gesetzgeber in Frankreich aber bisher offenbar nicht dazu veranlasst, auch im Hinblick auf die Haftung des ausgeschiedenen Gesellschafters für die Erbringung solcher Einlagen eine Änderung herbeizuführen.[358]

Ähnliches gilt für die *partnership* und *limited partnership*. Dort ist es üblich, im Gesellschaftsvertrag vorzusehen, dass jeder Gesellschafter seine Einlage voll und mit Eintritt in die Gesellschaft sofort zu erbringen hat,[359] so

---

353 *Morse*, Charlesworth & Morse, 188.

354 Für die korrekte Bewertung von Sacheinlagen allerdings haften alle Personen, die zum Zeitpunkt der Bewertung Gesellschafter waren, gemeinsam fünf Jahre lang und somit auch Personen, die ihre Gesellschaftsanteile schon übertragen haben. Bei dieser Haftung handelt es sich aber nicht um eine Haftung gegenüber der Gesellschaft, sondern die Gesellschafter haften gegenüber dritten Personen direkt; vgl. *M. Storck*, JCl. des Sociétés, Fasc. 73-20, Rn. 103.

355 Art. L. 223-7 al. 1 C. com. wurde durch das *loi sur les nouvelles régulations économique* (NRE) vom 15. Mai 2001 geändert. Vgl. dazu: *Guyon*, Rev. soc. 2001, 503.

356 *M. Storck*, JCl. des Sociétés, Fasc. 73-20, Rn. 103.

357 *Germain*, Ripert/Roblot I-2, Rn. 1279; *Storp*, RIW 2002, 409, 420.

358 Vgl. *Le Cannu*, Rev. soc. 2001, 633, 634 ff.

359 Vgl. die Bestimmungen in folgenden Typenverträgen: *Byrne/Gowar/Moberly*, Form 1, Clause 10.6 (Rn. 172); *Blackett-Ord*, Precedent 1, Clause G (a), Precedent 2, Clause G (a).

dass sich aus diesem Grund das Problem der Haftung für nicht erbrachte Einlagen in der Praxis in der Regel nicht stellt.

Bei der AG ist zu beachten, dass der Altgesellschafter zwar grundsätzlich nicht für noch auf den Anteil ausstehende Einlagen haftet. Allerdings haftet dieser ausnahmsweise doch, wenn der (aktuelle) Aktionär mit der Einlageleistung säumig ist und deshalb aus der AG ausgeschlossen wurde (§ 65 Abs. 1 S. 1 AktG).[360] Mit anderen Worten: Der Vormann des aktuellen Aktionärs haftet doch für noch ausstehende Einlagen, allerdings nicht gesamtschuldnerisch mit dem derzeitigen Aktionär, sondern nur subsidiär, d. h. nur, wenn die AG gegen den derzeitigen Aktionär erfolglos vorgegangen ist und diesen deshalb aus der Gesellschaft ausgeschlossen (kaduziert) hat.[361] Da Aktien nur als Namensaktien und nicht als Inhaberaktien ausgegeben werden, solange die Einlage nicht vollständig geleistet wurde (§ 10 Abs. 2 S. 1 AktG),[362] ist auch sichergestellt, dass der AG die Vormänner eines säumigen Aktionärs bekannt sind.[363]

Bei der *private* und der *public company* besteht hingegen tatsächlich nie eine Haftung der ehemaligen Anteilsinhaber. Was ist dort aber dann das funktionale Äquivalent zur gesamtschuldnerischen Haftung von Alt- und Neugesellschaftern bei den anderen untersuchten Gesellschaften? Wie wird dort das besondere Interesse der Gesellschaft als Gläubigerin der noch ausstehenden Einlagen geschützt? Dies geschieht bei der *private* und der *public company* auf folgende Art und Weise: Dem Leitungsorgan der Gesellschaft, dem *board of directors,* ist gesetzlich die Möglichkeit eingeräumt, bei nicht voll eingezahlten Anteilen die Übertragung von Anteilen zu verhindern (art. 24 Table A). Dadurch besteht für die Direktoren die Möglichkeit, das Übergehen der Schuld auf einen ihr nicht genehmen, weil möglicherweise nicht solventen, Schuldner zu verhindern. Die Direktoren der Gesellschaft haben zwei Monate Zeit, ihr Veto gegen die Übertragung von nicht voll eingezahlten Anteilen einzulegen.[364]

---

[360] RG, Urteil v. 11.6.1915, RGZ 86, 419, 420; Vgl. auch Öst. OGH, Entscheidung v. 26.1.1999, NZG 1999, 552 (beide Urteile zur Kaduzierung bei der GmbH, aber übertragbar); *Lutter*, in: Kölner Komm. AktG, § 65, Rn. 7; MünchKommAktG-*Bayer*, § 65, Rn. 12; *Hefermehl/Bungeroth*, in: Geßler/Hefermehl, AktG, § 65, Rn. 8; *Hüffer*, AktG, § 65, Rn. 3.

[361] Zur Ausschließung von Gesellschaftern auf Grund der Nichtleistung von Einlagen vgl. im Einzelnen unten S. 234 ff.

[362] *Kraft*, in: Kölner Komm. AktG, § 10, Rn. 19; MünchHdb. GesR IV-*Wiesner*, § 12, Rn. 7.

[363] *Hüffer*, AktG, § 11, Rn. 6; *Kraft*, in: Kölner Komm. AktG, § 10, Rn. 20.

[364] Wird die Anteilsübertragung nicht innerhalb von zwei Monaten verweigert, dann gilt die Zustimmung zur Anteilsübertragung (und damit die Zustimmung zur Schuldübernahme) als erteilt (art. 25 Table A).

Bei allen untersuchten Gesellschaftsformen aus Deutschland, England und Frankreich, wird das Interesse der Gesellschaft an der Einbringung von ausstehenden Gesellschaftereinlagen also auf besondere Art und Weise geschützt. Hierbei existieren im wesentlichen zwei unterschiedliche Modelle, diese Interessen zu schützen. Bei den meisten untersuchten Gesellschaftsformen haftet für ausstehende Einlagen nicht nur der aktuelle Gesellschafter allein, sondern gesamtschuldnerisch mit dem Anteilsveräußerer. Bei den englischen *companies* besteht hingegen keine Haftung ehemaliger Anteilsinhaber. Das Interesse der Gesellschaft wird dadurch geschützt, dass der *board of directors* die Übertragung von nicht voll eingezahlten Anteilen verhindern kann, wenn ihm der neue Gesellschafter nicht solvent genug erscheint. Es besteht also ein gemeinsames Ziel aller untersuchten Rechtsordnungen – das der realen Kapitalaufbringung – das auf unterschiedlichen Wegen erreicht wird. Es gelten folgende gemeinsame Prinzipien:

(1) Das besondere Interesse der Gesellschaft an der Einbringung ausstehender Gesellschaftereinlagen wird entweder dadurch geschützt, dass Anteilserwerber und Anteilsveräußerer der Gesellschaft gesamtschuldnerisch hierfür haften oder dadurch, dass das Geschäftsführungsorgan der Gesellschaft das Recht hat, die Übertragung von nicht voll eingezahlten Gesellschaftsanteilen zu verhindern.

(2) Besteht eine Haftung des Altgesellschafters für mitgliedschaftliche Verbindlichkeiten, dann kann der Altgesellschafter aus dieser Haftung nur mit Zustimmung der Gesellschaft entlassen werden.

§ 11 Haftung des ausscheidenden Gesellschafters für Verbindlichkeiten der Gesellschaft

Das Problem der Haftung des ausscheidenden Gesellschafters stellt sich ausschließlich bei den Personengesellschaften, weil es gerade das Charakteristikum aller Kapitalgesellschaften ist, dass die persönliche Haftung der Gesellschafter beschränkt ist.[365] Bei der Haftung des ausscheidenden Gesellschafters ist zwischen der Haftung für Gesellschaftsschulden, die vor seinem Ausscheiden entstanden sind (Altverbindlichkeiten), und der Haftung für Gesellschaftsschulden, die nach seinem Ausscheiden entstanden sind (Neuverbindlichkeiten), zu unterscheiden.

[365] **GmbH:** § 13 Abs. 2 GmbHG; **AG:** § 1 Abs. 1 S. 2 AktG; **Private und public company (limited by shares):** *Lord Halsbury*, in: Salomon v. Saloman & Co., [1897] AC 22, 30; *Lord Parker of Waddington*, in: Daimler Co. Ltd. v. Continental Tyre and Rubber Co. (Great Britain) Ltd. [1916] 2 AC 307, 338; **SARL:** art. L. 223-1 al. 1 C. com.; **SA:** art. L. 225-1 C. com.

A. Haftung für Altverbindlichkeiten der Gesellschaft

I. Grundsatz

Grundsätzlich haftet der Gesellschafter einer Personengesellschaft auch nach seinem Ausscheiden für die vor seinem Ausscheiden entstandenen Gesellschaftsverbindlichkeiten. Dies ergibt sich sowohl für die deutschen Personengesellschaften[366] als auch für die *partnership* und *limited partnership*[367] sowie die SC, SNC und SCS[368] aus dem Gesetz. Dass die Haftung für gesellschaftliche Altverbindlichkeiten auch mit dem Ausscheiden aus der Gesellschaft nicht einfach entfällt, ist einleuchtend, denn diese fortdauernde Haftung dient dem Schutz der Gläubiger der Gesellschaft.

II. Ausschluss der Haftung durch Vereinbarung

Insofern ist es auch konsequent, dass bei allen untersuchten Personengesellschaften die Nachhaftung des ausgeschiedenen Gesellschafters (mit Außenwirkung) nur vertraglich abbedungen werden kann, wenn der betroffene Gläubiger einer solchen Vereinbarung zustimmt. Gleiches gilt für eine Schuldübernahme durch den neuen Gesellschafter; auch diese ist nur unter Zustimmung der betroffenen Gläubiger möglich. Alt- und Neugesellschafter sind allerdings frei, intern hiervon abweichende Regelungen zu treffen.[369]

---

[366] **OHG/KG:** § 160 Abs. 1 S. 1 HGB; **GbR:** § 736 Abs. 2 BGB i. V. m. § 160 Abs. 1 S. 1 HGB; MünchKomm-*Ulmer*, § 736, Rn. 26.

[367] S. 17 (2) PA 1890: Diese Norm bezieht sich zwar nur auf „a partner who retires from a firm...", aber der Begriff "retires" wird weit ausgelegt, so dass diese Norm nicht nur austretende, sondern jeden ausscheidenden Gesellschafter erfasst. Die *Law Commission* hat vorgeschlagen, dass zur Klarstellung ausdrücklich vorgesehen werden soll, dass die Grundsätze aus s. 17 (2) und (3) PA 1890 auf jeden ausscheidenden Gesellschafter anzuwenden sind (*Law Commission*, LCCP No. 159, Rn. 10-44). Vgl. auch: *Blackett-Ord*, Rn. 16.86 (vor allem Fn. 1); *Kelly/Holmes/Hayward*, 303; *Morse*, Partnership Law, 126; *Milman/Flanagan*, 75.

[368] Dies ergibt sich aus dem Wortlaut des art. 1869 al. 1 C. civ.: „Sans prejudice des tiers, un associé peut se retirer..."; vgl. Cass. com., 4 février 1997, RTD civ., 1997, 690 (Anm. *Gautier*); *Viandier*, JCl. des Sociétés, Fasc. 50, Rn. 35; *Mercadal/Janin*, Mémento Soc. com., Rn. 2922; *Cozian/Viandier/Deboissy*, Rn. 1509 u. 1468; *Bougnoux*, JCl. des Sociétés, Fasc. 48-60, Rn. 56; *Guyon*, Droit des affaires, Rn. 252; *Bézard*, Rn. 1143; *Saintourens*, Encyclopédie Dalloz Sociétés, Rn. 148.

[369] **Deutsche Personengesellschaften:** *K. Schmidt*, GesR, § 51 II 2 e; *Baumbach/Hopt*, § 160, Rn. 8; *Reichold*, NJW 1994, 1617, 1619; a. A.: *Habersack*, in: Großkomm. HGB, § 160, Rn. 7; **Partnership und limited partnership:** s. 17 (3) PA 1890; *Morse*, Partnership Law, 128; *Blackett-Ord*, Rn. 16.89; *Law Commission*, LCCP No. 159, Rn. 2.41; **SC, SNC und SCS:** *Cozian/Viandier/Deboissy*, Rn. 1509 u. 1467; *Bougnoux*, JCl. des Sociétés, Fasc. 48-60, Rn. 56; *Dereu*, JCl. des Sociétés, Fasc. 59-20, Rn. 195.

Es ergeben sich folgende gemeinsame Prinzipien:

Gesellschafter von Personengesellschaften haften auch nach ihrem Ausscheiden für die vor ihrem Ausscheiden entstandenen Gesellschaftsverbindlichkeiten. Aus dieser Haftung können die ausgeschiedenen Gesellschafter nur mit Zustimmung der betroffenen Gläubiger entlassen werden.

III. Dauer der Haftung für Altverbindlichkeiten

In Deutschland besteht für die Geltendmachung der Altverbindlichkeiten gegenüber dem ausgeschiedenen Personengesellschafter eine fünfjährige Ausschlussfrist. Der ausgeschiedene Gesellschafter haftet für die Altverbindlichkeiten der Gesellschaft nur, wenn diese Verbindlichkeiten vor dem Ablauf von fünf Jahren nach dem Ausscheiden fällig und daraus Ansprüche gerichtlich geltend gemacht worden sind (§ 160 Abs. 1 S. 1 HGB[370]).[371]

Im Gegensatz dazu unterliegt die Haftung des ausgeschiedenen Personengesellschafters in England und Frankreich keiner besonderen gesellschaftsrechtlichen Ausschluss- oder Verjährungsfrist.[372] Die *Law Commissions* haben die fehlende Ausschlussfrist für das Ausscheiden eines *limited partners* jedoch als Problem erkannt und in ihrem *Consultation Paper* von 2001 die Frage aufgeworfen, ob nicht eine solche Ausschlussfrist auch in das *Partnership Law* aufgenommen werden sollte.[373]

Hinsichtlich der Dauer der Haftung des ausgeschiedenen Gesellschafters für Altverbindlichkeiten der Gesellschaft kann auf Grund der unterschiedlichen Rechtslage in den untersuchten Rechtsordnungen kein gemeinsames Prinzip der drei untersuchten Rechtsordnungen gebildet werden.

---

370 § 160 Abs. 1 S. 1 HGB gilt wegen § 736 Abs. 2 BGB auch für GbR.

371 Zur Problematik bei Dauerschuldverhältnissen sowie im Einzelnen zur Rechtslage, wie sie bis 1994 bestand, vgl.: *Baumbach/Hopt*, § 160, Rn. 3; *Klasen*, 386 ff.; *Reichold*, NJW 1994, 1617, 1619.

372 **Partnership und limited partnership:** *Morse*, Partnership Law, 126; *Banks*, Lindley & Banks, Rn. 13-79 ff. u. 30-20; aus rechtsvergleichender Sicht: *Hohloch*, in: Hohloch, EU-Handbuch, Rn. 89; *Güthoff*, 12; **Französische Personengesellsschaften:** vgl. für die SC: art. 1857 al. 1 C. civ.; aus rechtsvergleichender Sicht: *Sonnenberger*, Rn. III 139; *Tillmanns*, in: Hohloch, EU-Handbuch, Rn. 77.

373 *Law Commission*, LCCP No. 161, 4.49. Verwiesen wird dabei auf das Recht von Jersey, wo eine Ausschlussfrist von sechs Monaten besteht, auf das Recht von Guernsey, wo eine Ausschlussfrist von zwölf Monaten besteht, und auf das Recht von Delaware, wo eine dreijährige Ausschlussfrist besteht.

B. Haftung für Neuverbindlichkeiten der Gesellschaft

I. Grundsatz

Grundsätzlich gilt für die Haftung des ausscheidenden Gesellschafters für Neuverbindlichkeiten der Gesellschaft folgendes gemeinsames Prinzip:

Gesellschafter, die aus einer Personengesellschaft ausgeschieden sind, haften für Verbindlichkeiten, die nach ihrem Ausscheiden entstanden sind, grundsätzlich nicht mehr.[374]

II. Haftung auf Grund Rechtsscheins

Bei allen untersuchten Personengesellschaften haftet ein aus der Gesellschaft ausgeschiedener Gesellschafter aber ausnahmsweise doch für nach seinem Ausscheiden entstandene Gesellschaftsverbindlichkeiten, wenn gegenüber einem Dritten der Eindruck erweckt wurde, der betreffende Gesellschafter sei noch Mitglied der Gesellschaft. Hinsichtlich dieser Rechtsscheinhaftung des ausgeschiedenen Gesellschafters für Neuverbindlichkeiten der Gesellschaft ist zwischen denjenigen Personengesellschaften, die in einem öffentlichen Register geführt werden, und denjenigen, bei denen das nicht der Fall ist, zu unterscheiden.

1. In einem öffentlichen Register geführte Gesellschaften

In einem öffentlichen Register werden die deutschen Personenhandelsgesellschaften OHG und KG, die französischen Personengesellschaften SC, SNC und SCS sowie die *limited partnership* geführt.[375]

a) Haftung nach der ordnungsgemäßen Veröffentlichung des Ausscheidens

Bei allen diesen Gesellschaften haftet der ausgeschiedene Gesellschafter jedenfalls ab dem Zeitpunkt nicht mehr für Gesellschaftsverbindlichkeiten, in

---

[374] **OHG/KG:** § 160 Abs. 1 S. 1 HS. 1 HGB: „...haftet er für ihre bis dahin [bis zum Ausscheiden] begründeten Verbindlichkeiten...“; vgl. Heymann-*Sonnenschein/Weitemeyer*, § 160, Rn. 7; **GbR:** § 736 Abs. 2 BGB i. V. m. § 160 Abs. 1 S. 1 HS. 1 HGB; Staudinger-*Keßler*, § 736, Rn. 16; **Partnership:** PA 1890 s. 17 (2): „...a partner does not thereby cease to be liable for partnerships debts or obligations incurred before his retirement.“; **Limited Partnership:** LCCP No. 161, 4.42; **SC:** *Bougnoux*, JCl. des Sociétés, Fasc. 48-60, Rn. 57; **SNC/SCS:** *Merle*, Rn. 151; *Guyon*, Droit des affaires, Rn. 252.

[375] **OHG/KG:** § 123 Abs. 1 HGB; **SC, SNC und SCS:** art. 48 Décret n° 84-406 du 30 mai 1984; **Limited Partnership:** s. 5 LPA 1907.

dem sein Ausscheiden ordnungsgemäß im öffentlichen Register eingetragen und in den vorgeschriebenen Amtsblättern veröffentlicht wurde. Bei der OHG und KG muss das Ausscheiden von Gesellschaftern im Handelsregister eingetragen und durch den Bundesanzeiger und mindestens ein anderes Blatt bekannt gemacht werden (§ 10 Abs. 1 S. 1 HGB).[376] Bei der SC, SNC und SCS müssen zum einen die Voraussetzungen für die Wirksamkeit der Anteilsübertragung gegenüber der Gesellschaft (Benachrichtigung der Gesellschaft durch einen Gerichtsvollzieher oder von der Gesellschaft bestätigte Hinterlegung der Abtretungsurkunde bei der Gesellschaft)[377] erfüllt sein und zum anderen muss das Ausscheiden dem Handels- und Gesellschaftsregister angezeigt[378] und auch dort eingetragen[379] sowie in einem lokalen[380] und einem nationalen[381] Amtsblatt veröffentlicht werden. Das Ausscheiden eines *limited partners* muss beim *Registrar of Companies*, wo ein öffentliches Register für *limited partnerships* geführt wird, eingetragen und in der *London Gazette*, dem zweimal wöchentlich erscheinenden Amtsblatt, veröffentlicht werden.[382]

b) Haftung bis zur ordnungsgemäßen Veröffentlichung des Ausscheidens

Für den Zeitraum zwischen dem Ausscheiden und der ordnungsgemäßen Registereintragung und Bekanntmachung des Ausscheidens sind die Voraussetzungen für die Haftung jedoch unterschiedlich. Bei den deutschen Personenhandelsgesellschaften OHG und KG haftet der Altgesellschafter für Gesellschaftsverbindlichkeiten nur, wenn der entsprechende Gläubiger gutgläubig ist, d. h., wenn dieser nicht anderweitig Kenntnis vom Ausscheiden des Ge-

---

376 *K. Schmidt*, Handelsrecht, § 13 II 2 a.

377 Vgl. oben S. 88.

378 **SC:** art. 1865 al. 2 C. civ.; *Bougnoux*, JCl. des Sociétés, Fasc. 48-60, Rn. 40; *Bézard*, Rn. 1144; **SNC:** art. L. 221-14 al. 2 C. com.; *Mercadal/Janin*, Mémento Soc. com., Rn. 4332; *Dereu*, JCl. des Sociétés, Fasc. 59-20, Rn. 132; *Guyon*, Droit des affaires, Rn. 252; **SCS:** art. 222-2 C. com. i. V. m. art. L. 221-14 al. 2 C. com.; *Bougnoux*, JCl. des Sociétés, Fasc. 62-10, Rn. 86.

Hierzu müssen dem Register zwei beglaubigte (notarielle) Abschriften der Übertragungsurkunde oder, wenn die Übertragung nicht notariell beglaubigt wurde, die zwei privatschriftlichen Originale der Übertragungsurkunde eingereicht werden. Vgl.: **SC:** art. 52 Décret n° 78-704 du 3 juillet 1978; **SNC/SCS:** art. 14 D. 67-236; **SARL:** art. 31 i. V. m. art. 14 D. 67-236.

379 Art. 22 Décret n° 84-406 du 30 mai 1984.

380 Art. 287 D. 67-236.

381 Bei dem nationalen Amtsblatt handelt es sich um das *Bulletin des annonces civiles et commerciales* – BODACC. Vgl.: *Mercadal/Janin*, Mémento Soc. com., Rn. 4331; *Dereu*, JCl. des Sociétés, Fasc. 59-20, Rn. 144 ff.

382 S. 9 (1) (d), 10 LPA 1907; *Blackett-Ord*, Rn. 20.10; *Morse*, Partnership Law, 65 f.; *Law Commission*, LCCP No. 161, Rn. 5-22.

sellschafters hat (§ 15 Abs. 1 HGB).[383] Bei den französischen Personengesellschaften und bei der Übertragung von Anteilen eines *limited partners* kommt es auf eine Gutgläubigkeit der Gläubiger hingegen nicht an. Der Altgesellschafter haftet bis zum Zeitpunkt der Registereintragung und Bekanntmachung seines Ausscheidens weiter für alle bis dahin entstehenden Gesellschaftsverbindlichkeiten. Dies gilt selbst dann, wenn der entsprechende Gläubiger auf anderem Wege bereits positive Kenntnis vom Ausscheiden des Gesellschafters erhalten hat.[384] Die Übertragung des Anteils eines *limited partners* kann den Gläubigern ebenfalls nur entgegen gehalten werden, wenn die Übertragung eingetragen und ordnungsgemäß veröffentlicht worden ist.[385]

Will man die unterschiedlichen Regelungen bewerten, dann erscheint die deutsche Regelung gerechter, weil hier der Dritte nur geschützt wird, wenn er auch schutzwürdig ist, d. h., wenn er nicht weiß oder nicht wissen kann (durch Eintragung im Register), dass der Gesellschafter schon ausgeschieden ist. Die französische Regelung (und die Regelung bei der *limited partnership*) hat dafür aber den großen Vorteil, dass sie schwierige Beweiserhebungen über die Frage, ob ein Dritter gutgläubig war oder nicht, entbehrlich macht. Ausschlaggebend ist dort allein der Zeitpunkt der Eintragung des Ausscheidens des Gesellschafters im Handels- und Gesellschaftsregister. Dies dient der für den Handelsverkehr so wichtigen Rechtssicherheit und hilft, unnötige Prozesse zu vermeiden. Festgehalten werden kann trotz dieses Unterschiedes das folgende gemeinsame Prinzip:

> Bei Personengesellschaften, die in einem öffentlichen Register geführt werden, haften ausgeschiedene Gesellschafter jedenfalls ab dem Zeitpunkt der ordnungsgemäßen Registereintragung und Bekanntmachung ihres Ausscheidens in einem Amtsblatt nicht mehr für die Verbindlichkeiten der Gesellschaft.

---

383 Schlegelberger-*K. Schmidt*, § 138, Rn. 28; Heymann-*Sonnenschein/Weitemeyer*, § 160, Rn. 9; *H. P. Westermann*, Handbuch, Rn. I 812; Beck Hdb. Personengesellschaften-*Sauter*, § 7, Rn. 230.

384 **SC:** art. 1865 C. al. 2 C. civ.; *Bougnoux*, JCl. des Sociétés, Fasc. 48-60, Rn. 57; *Guyon*, Droit des affaires, Rn. 231; **SNC/SCS:** Cass. com., 10 février 1970, Rev. soc. 1970, 458, 459 (mit zustimmender Anm. *Honorat*); CA Paris, 22 septembre 1995, Rev. soc. 1995, somm. 771; *Guyon*, Droit des affaires, Rn. 257; *Dereu*, JCl. des Sociétés, Fasc. 59-20, Rn. 146; *Mercadal/Janin*, Mémento Soc. com., Rn. 4334; *Artz*, Encyclopédie Dalloz Sociétés, Rn. 260.

385 S. 10 (1) LPA 1907; *Blackett-Ord*, Rn. 20.10; *Morse*, Partnership Law, 65 f.; *Law Commission*, LCCP No. 161, Rn. 5-22.

2. Nicht in einem öffentlichen Register geführte Gesellschaften

Bei den Gesellschaften, die nicht in einem öffentlichen Register geführt werden, (GbR und *partnership*) kommt als eindeutiger Zeitpunkt, an dem die Haftung des Altgesellschafters für Gesellschaftsverbindlichkeiten endet, die Eintragung in einem Register nicht in Betracht. Gleichwohl gibt es auch bei diesen Gesellschaften einen Gutglaubensschutz. So kann sowohl bei der GbR als auch bei der *partnership* der ausgeschiedene Gesellschafter Dritten gegenüber unter bestimmten Voraussetzungen weiter für die Gesellschaftsverbindlichkeiten haften, die bezüglich der Gesellschafterstellung des ausgeschiedenen Gesellschafters gutgläubig sind.

Bei der GbR ergibt sich dies aus den Grundsätzen zur Anscheins- und Duldungsvollmacht.[386] Voraussetzung sowohl der Duldungs- als auch der Anscheinsvollmacht ist, dass ein Gesellschafter (als Vertreter) mit einer gewissen Dauer und Häufigkeit im Namen der Gesellschaft, wie sie mit dem ausgeschiedenen Gesellschafter bestanden hat, (dem Geschäftsherrn) auftritt und der ausgeschiedene Gesellschafter dieses Verhalten kennt und duldet. Außerdem muss der Geschäftsgegner gutgläubig sein, d. h., er muss davon ausgehen, dass der in Wahrheit schon ausgeschiedene Gesellschafter noch Mitglied der Gesellschaft ist.[387] Für eine Anscheinsvollmacht müssen die gleichen Voraussetzungen wie bei der Duldungsvollmacht vorliegen, jedoch muss der ausgeschiedene Gesellschafter nicht von der unbefugten Vertretung durch ein noch in der Gesellschaft verbliebenes Mitglied wissen. Es reicht aus, dass er sie hätte erkennen und verhindern können.[388]

Für die *partnership* ergibt sich aus s. 36 (1) – (3) PA 1890 der Grundsatz, dass ein Dritter, der mit der neuen *partnership* nach dem Wechsel im Gesellschafterbestand Geschäfte macht, alle „*apparent members*“ der alten *partnership* weiterhin als Gesellschafter behandeln darf, sofern er gutgläubig ist, d. h. nicht Kenntnis von ihrem Ausscheiden hat.[389] Dies gilt uneingeschränkt für das Verhältnis zu Gläubigern, mit denen schon eine Geschäftsverbindung bestand und die auch von der Gesellschaftereigenschaft des Ausgeschiedenen wussten (s. 36 (1) PA 1890).[390] Wie der gute Glaube von Dritten zerstört wird, liegt in der Hand der Gesellschaft bzw. des ausscheidenden Gesellschafters. Im Zweifel obliegt dem ausscheidenden Gesellschafter der

---

386 *H. P. Westermann*, Handbuch, Rn. I 901; MünchHdb. GesR I-*Gummert*, § 12, Rn. 36.

387 Palandt-*Heinrichs*, § 173, Rn. 11; *Larenz*, Allgemeiner Teil, § 48, Rn. 21; *Medicus*, Bürgerliches Recht, Rn. 98.

388 Palandt-*Heinrichs*, § 173, Rn. 14; *Larenz*, Allgemeiner Teil, § 48, Rn. 25; *Medicus*, Bürgerliches Recht, Rn. 99.

389 *Banks*, Lindley & Banks, Rn. 13-40.

390 *Kelly/Holmes/Hayward*, 303; *Blackett-Ord*, Rn. 16.95.

Beweis der positiven Kenntnis des Dritten.[391] Allerdings besteht zu Gunsten des ausscheidenden Gesellschafters eine Beweiserleichterung. Ist erwiesen, dass der Geschäftspartner eine Zeitung (nicht notwendig die *London Gazette*) abonniert hat, in der eine Anzeige über den Wechsel im Gesellschafterbestand erschienen ist, gilt die unwiderlegbare Vermutung, dass er nicht nur die Zeitung, sondern auch die Anzeige gelesen hat.[392] Abschließende Sicherheit für den Ausschluss seiner Haftung nach seinem Ausscheiden ist für den ausscheidenden Gesellschafter jedoch nur durch eine direkte Benachrichtigung aller Geschäftspartner der *partnership* gewährleistet.[393]

Gegenüber Gläubigern, die vor dem Ausscheiden nicht mit der Gesellschaft in geschäftlicher Beziehung standen, gilt das Ausscheiden als bekannt gemacht, sobald es in der *London Gazette* veröffentlicht ist (s. 36 (2) PA 1890).[394] Der Ausscheidende haftet also allein durch die Veröffentlichung der Anzeige gegenüber neuen Geschäftspartnern nicht mehr, unabhängig von deren tatsächlicher Kenntnisnahme.[395]

Zusätzlich gelten für die *partnership* die allgemeinen Rechtsscheinshaftungsgrundsätze des „*holding out*“. Danach haftet jeder, der ausdrücklich oder durch schlüssiges Verhalten vorspiegelt, Gesellschafter zu sein oder es wissentlich duldet, dass seine angebliche Eigenschaft als Gesellschafter vorgespiegelt wird, so, als wäre er tatsächlich Gesellschafter, gegenüber jedermann, der im Vertrauen auf diese Gesellschaftereigenschaft der Gesellschaft Kredite gewährt hat (s. 14 (1) PA 1890).[396]

Damit weist die Haftung auf Grund des „*holding out*“ die gleichen Voraussetzungen auf wie die Duldungsvollmacht bei der GbR. In England ist es für die Haftung des ausgeschiedenen Gesellschafters allerdings notwendig, dass dieser von der fortgesetzten Vertretung weiß. Er haftet deshalb – anders als bei der in der Deutschland anerkannten Anscheinsvollmacht – nicht, wenn er die unbefugte Vertretung bloß hätte erkennen und verhindern können. Deutlich wird dieser Unterschied auch an zwei gleichgelagerten Fällen aus

---

391 *Banks*, Lindley & Banks, Rn. 13-76; *Morse*, Partnership Law, 130.

392 Jenkins v. Blizard (1817-1818) 18 RR 792; *Banks*, Lindley & Banks, Rn. 13-76; *Thole*, 87.

393 *Banks*, Lindley & Banks, Rn. 13-76 f.

394 *Blackett-Ord*, Rn. 16.93; *Morse*, Partnership Law, 131.

395 *Banks*, Lindley & Banks, Rn. 13-75; *Schmitthoff*, Die Nachfolge im englischen Recht, 40. Da einem Gläubiger die Gesellschaftereigenschaft bekannt gewesen sein muss („*apparent member*“), damit der ausgeschiedene Gesellschafter auch für Neuverbindlichkeiten haftet (s. 36 (3) PA 1890), reicht es nicht aus, dass der Gläubiger erst nach dem Ausscheiden von der (ehemaligen) Gesellschafterstellung Kenntnis erlangt hat und daraufhin irrtümlich glaubt, eine bestimmte Person sei immer noch Gesellschafter. Vgl.: *Lynskey J*, in: Tower Cabinet Co. v. Ingram [1949] 1 All. ER 1033, 1037 f.; *Morse*, Partnership Law, 132.

396 *Banks*, Lindley & Banks, Rn. 13-64.

der deutschen und englischen Rechtsprechung, die unterschiedlich entschieden wurden. In beiden Fällen ging es um Frage, ob ein aus der Gesellschaft ausgeschiedener Gesellschafter persönlich für nach seinem Ausscheiden entstandene Gesellschaftsverbindlichkeiten haftet, weil dieser es nicht verhindert hatte, dass von den verbleibenden Gesellschaftern Briefpapier weiter benutzt wurde, auf dem noch sein Name verzeichnet war.[397] Der ausgeschiedene Gesellschafter wusste zwar in beiden Fällen nicht von der Weiterbenutzung des Briefpapiers. Da es aber in Deutschland (nach den Grundsätzen der Anscheinsvollmacht) ausreicht, dass der ausgeschiedene Gesellschafter dies hätte erkennen und verhindern können, hat das deutsche im Gegensatz zum englischen Gericht eine Haftung des ausgeschiedenen Gesellschafters bejaht.[398]

Die Gemeinsamkeiten lassen sich demnach in folgendem Prinzip zusammenfassen:

> Bei Personengesellschaften, die nicht in einem öffentlichen Register geführt werden, haften ausgeschiedene Gesellschafter für nach ihrem Ausscheiden entstandene Gesellschaftsverbindlichkeiten, wenn von den verbleibenden Gesellschaftern mit Wissen des ausgeschiedenen Gesellschafters der Anschein erweckt wird, dass sich der Gesellschafterbestand nicht verändert hat und dritte Personen im Vertrauen hierauf mit der Gesellschaft einen Vertrag geschlossen haben.

C. Sonderregeln für die Haftung von beschränkt haftenden Personengesellschaftern

Für die Personengesellschafter, die nur beschränkt in Höhe ihrer Einlage haften, also die Kommanditisten bei der KG, die *limited partner* bei der *limited partnership* und die *associés commanditaires* bei der SCS[399] gelten folgende gemeinsame Prinzipien:

> Die Prinzipien zur Haftung des ausscheidenden Gesellschafters für Gesellschaftsverbindlichkeiten gelten grundsätzlich auch für nur beschränkt haften-

[397] **GbR:** BGH, Urteil v. 24.1.1991, NJW 1991, 1225; **Partnership:** *Tower Cabinet Co. v. Ingram* [1949] 1 All. ER 1033. Bei dem BGH-Fall kam allerdings noch hinzu, dass an der Hauswand noch das Praxisschild hing, auf dem der Name des ausscheidenden Gesellschafters verzeichnet war.

[398] **GbR:** BGH, Urteil v. 24.1.1991, NJW 1991, 1225; **Partnership:** *Lynskey J*, in: Tower Cabinet Co. v. Ingram [1949] 1 All. ER 1033, 1036. Vgl. zum letztern Fall auch: *Kelly/Holmes/Hayward*, 304; *Pennington*, in: Jura Europae IV, 90.30, Rn. 10.

[399] **KG:** § 171 Abs. 1 HGB; **Limited partnership:** s. 4 (2) LPA 1907; **SCS:** art. L. 222-1al. 2 C. com.

de Personengesellschafter. Allerdings haften diese nicht, soweit sie die von ihnen zu erbringende Einlage zum Zeitpunkt ihres Ausscheidens vollständig geleistet hatten und es im Rahmen ihres Ausscheidens nicht zu einer Rückzahlung der Einlage gekommen ist.[400]

§ 12 Haftung des eintretenden Gesellschafters für Verbindlichkeiten der Gesellschaft

Auch im Hinblick auf die Haftung des eintretenden Personengesellschafters für Gesellschaftsverbindlichkeiten ist zwischen Alt- und Neuverbindlichkeiten zu unterscheiden.

A. Haftung für Altverbindlichkeiten der Gesellschaft

I. Keine Haftung des eintretenden Gesellschafters

Bei der SC[401], der *partnership*[402] und der *limited partnership*[403] haftet ein neu in die Gesellschaft eingetretener Gesellschafter kraft ausdrücklicher gesetzlicher Anordnung nicht für die vor seinem Eintritt entstandenen Verbindlichkeiten der Gesellschaft.

Bei der *partnership* und der *limited partnership* wird die Tatsache, dass eintretende Gesellschafter nicht für Altverbindlichkeiten der Gesellschaften haften, damit begründet, dass gesetzlich ein Wechsel im Mitgliederbestand die Auflösung der Gesellschaft zur Folge hat. Haben die Gesellschafter die Fortsetzung der Gesellschaft vereinbart, dann liegt nach englischem Verständnis rechtstechnisch gleichwohl eine Auflösung der Gesellschaft vor (*technical dissolution*), d. h. die alte Gesellschaft ist aufgelöst und wird er-

---

400 **KG:** § 172 Abs. 4 HGB. Vgl. *Grunewald*, GesR, 1. C., Rn. 55 u. 58; **Limited partnership:** s. 4 (3) LPA 1907. Vgl. *Banks*, Lindley & Banks, Rn. 31-10; **SCS:** art. L. 222-1 al. 2 C. com. Vgl. Cass. com., 4 février 1997, RTD com. 1997, 281 (Anm. *Champaud/Danet*); *Derrida*, SCS, in: Encyclopedie Dalloz, Rn. 51; *Cozian/Viandier/Deboissy*, Rn. 1486; *Germain*, Ripert/Roblot I-2, Rn. 1228.

401 Art. 1857 C. civ.; *Chartier*, Rev. soc. 1980, 1, 9 f.; *Bougnoux*, JCl. des Sociétés, Fasc. 48-60, Rn. 56; a. A.: *Bézard*, Rn. 1145.

402 S. 17 PA 1890; vgl.: *Twomey*, Rn. 11.24, 11.27 ff.; *Blackett-Ord*, Rn. 16.82; Abgrenzungsschwierigkeiten können sich ergeben, wenn Verbindlichkeiten aus einem vor Ausscheiden eines Gesellschafters geschlossenen Vertrags erst nach dem Ausscheiden entstehen. Es ist dann danach zu unterscheiden, ob es sich um ein Dauerschuldverhältnis (dann haftet der Gesellschafter) oder um eine Reihe verschiedener Verträge handelt (dann haftet der Altgesellschafter für Einzelverträge, die erst nach seinem Ausscheiden erfüllt wurden, nicht); vgl. hierzu m. w. N.: *Morse*, Partnership Law, 127.

403 S. 7 LPA 1907 i. V. m. s. 17 (1) PA 1890; *Morse*, Partnership Law, 65 f.

setzt durch eine Gesellschaft zwischen den neuen Mitgliedern.[404] Insofern handelt es sich (rechtstechnisch) nach dem Eintritt eines Gesellschafters um eine neue *partnership*, deren Mitglieder für die Verbindlichkeiten der alten Gesellschaft nicht einzustehen haben.[405]

Abgemildert wird diese Rechtslage jedoch dadurch, dass ein neuer Gesellschafter ausnahmsweise doch für die Altverbindlichkeiten der Gesellschaft haftet, wenn ein Schuldbeitritt vorliegt.[406] Dieser kann auch konkludent erfolgen. Allerdings muss der neue Gesellschafter hierfür jedenfalls Kenntnis von der Altverbindlichkeit haben.[407]

II. Haftung des eintretenden Gesellschafters

Der in eine GbR, OHG, KG, SNC oder SCS eintretende persönlich haftende Gesellschafter haftet genauso wie die Altgesellschafter auch für die vor seinem Eintritt begründeten Verbindlichkeiten.[408]

Für die GbR war die Frage der Haftung eintretender Gesellschafter für Altverbindlichkeiten der Gesellschaft lange Zeit umstritten. Die Rechtsprechung lehnte es sehr lange Zeit ab, den für die Personenhandelsgesellschaften geltenden § 130 HGB, der eine Haftung des eintretenden Gesellschafters für Altverbindlichkeiten vorsieht, analog auf die GbR anzuwenden. Begründet wurde dies damit, dass die GbR in vielen unterschiedlichen Erscheinungsformen auftrete, für die die unterschiedslose Strenge der handelsrechtlichen

---

[404] *Eichelbaum C.J.* in Hadlee v. Commissioner of Inland Revenue [1989] 2 NZLR 447, 455; *Twomey*, Rn. 23.07 ff.; 26.03; *Banks*, Lindley & Banks, Rn. 10-39, 24-02; zum Teil wird auch der Begriff der *partial dissolution* verwandt, vgl. *Morse*, Partnership Law, 216.

[405] *Twomey*, Rn. 11.28.

[406] **Partnership:** *Blackett-Ord*, Rn. 16.84; *Morse*, Partnership Law, 128; **SC:** *Chartier*, Rev. soc. 1980, 1, 9 f.; **Limited Partnership:** In diesem Fall haftet der *limited partner* nur in Höhe der im Register eingetragenen Haftsumme; für die **GbR** nach alter Rechtslage (keine Haftung für Altverbindlichkeiten): BGH, Urteil v. 30.4.1979, BGHZ 74, 240, 242; BGH, Urteil v. 14.10.1991, WM 1992, 490, 493; MünchHdb. GesR I-*Gummert*, § 12, Rn. 37.

[407] **Partnership und limited partnership:** *Blackett-Ord*, Rn. 16.84; *Morse*, Partnership Law, 128; für die **GbR** nach alter Rechtslage: BGH, Urteil v. 30.4.1979, BGHZ 74, 240, 244; BGH, Urteil v. 14.10.1991, WM 1992, 490, 493 (Gesellschafter muss sich im Einzelfall die Gesellschaftsschuld gegenüber den Gläubigern „zu eigen machen".).

[408] **GbR:** § 130 HGB analog; BGH, Urteil v. 07.04.2003, NJW 2003, 1803; **OHG:** §§ 130, 128 HGB; *Baumbach/Hopt*, § 130, Rn. 1; *K. Schmidt*, GesR, § 49 IV 1 a; **KG:** §§ 130, 128 i. V. m. § 161 Abs. 2 HGB; **SNC/SCS:** Cass. req., 12 mars 1928, S. 1928, 226, 227; *Guyon*, Droit des affaires, Rn. 252; *Merle*, Rn. 151; *Germain*, Ripert/Roblot I-2, Rn. 1183; *Dereu*, JCl. des Sociétés, Fasc. 59-20, Rn. 199; *Mercadal/Janin*, Mémento Soc. com., Rn. 4233; *Cozian/Viandier/Deboissy*, Rn. 1509 u. 1465.

Haftungsbestimmungen ungeeignet sei.[409] Erst in einer Entscheidung aus dem Jahr 2003 änderte der Bundesgerichtshof seine Rechtsprechung und bejahte die analoge Anwendung des § 130 HGB auf die GbR.[410] Diese Rechtsprechung war eine logische Folge der vom Bundesgerichtshof kurz zuvor anerkannten akzessorischen Haftung der GbR-Gesellschafter für Gesellschaftsverbindlichkeiten analog der für die OHG geltenden Regelungen (§ 128 f. HGB).[411] Weite Teile der Literatur hatten schon immer eine Haftung des eintretenden GbR-Gesellschafters für Altverbindlichkeiten mit der Begründung bejaht, dass dieser grundsätzlich immer wie die Gesellschaft hafte, ohne dass es dazu einer besonderen rechtsgeschäftlichen Verpflichtung bedürfe.[412]

Etwas anderes gilt bei den französischen Personenhandelsgesellschaften SNC und SCS nur, wenn eine Klausel in den Statuten vorsieht, dass neu eintretende Gesellschafter nicht für die Altverbindlichkeiten der Gesellschafter haften und diese Klausel ordnungsgemäß im Handels- und Gesellschaftsregister veröffentlicht wurde.[413] Allerdings ist die Wirkung einer solchen Klausel begrenzt, weil sie im Fall der Insolvenz (*faillite*) der Gesellschaft nicht zur Anwendung kommt.[414]

III. Rechtsvergleichende Analyse

Die Haftung des eintretenden Gesellschafters für die gesellschaftlichen Altverbindlichkeiten ist bei den untersuchten Personengesellschaften unterschiedlich geregelt. Während auf der einen Seite bei allen deutschen Personengesellschaften die Haftung eintretender Gesellschafter für gesellschaftli-

---

[409] Damalige Leitentscheidung: BGH, Urteil v. 30.4.1979, BGHZ 74, 240, 242; bestätigt durch BGH, Urteil v. 14.10.1991, WM 1992, 490, 493; zustimmend: MünchHdb. GesR I-*Gummert*, § 12, Rn. 37; *Baumann/Rößler*, NZG 2002, 793, 794 ff.; a. A.: *K. Schmidt*, GesR, § 60 III 2 d; *Flume*, Die Personengesellschaft, § 16 IV 7 (S. 344 f.); *K.-S. Scholz*, NZG 2002, 414, 415; *Wiedemann*, JZ 1980, 195, 196 f.; *ders.*, WM-Sonderbeilage Nr. 4/1994, 17 u. 19.

[410] BGH, Urteil v. 07.04.2003, NJW 2003, 1803; vgl. dazu: *K. Schmidt*, NJW 2003, 1897; *Boehme*, NZG 2003, 764.

[411] BGH, Urteil v. 29.1.2001, BGHZ 146, 341, 345 u. 358. Diese Entwicklung wurde von der Literatur teilweise vorhergesehen, vgl.: *Ulmer*, ZIP 2001, 585, 598; ebenso *K. Schmidt*, NJW 2001, 993, 999; ähnlich auch *H. P. Westermann*, Handbuch, Rn. I 893.

[412] *Flume*, Die Personengesellschaft, § 16 IV 7 (S. 344 f.); *K. Schmidt*, GesR, § 60 III 2 d; *Ulmer*, ZIP 2001, 585, 598; *K.-S. Scholz*, NZG 2002, 414, 415; *Wiedemann*, WM-Sonderbeilage Nr. 4/1994, 17 u. 19. Letzterer verweist zur Begründung der Haftung für Altverbindlichkeiten fälschlicherweise auf art. 1857 C. civ., der – wie dargestellt – jedoch gerade keine Haftung des in eine SC eintretenden Gesellschafters für Altverbindlichkeiten statuiert.

[413] Cass. req., 12 mars 1928, S. 1928, 226, 227; *Germain*, Ripert/Roblot I-2, Rn. 1183; *Mercadal/Janin*, Mémento Soc. com., Rn. 4233.

[414] *Mercadal/Janin*, Mémento Soc. com., Rn. 4233.

che Altverbindlichkeiten bejaht und auf der anderen Seite bei allen englischen Personengesellschaften verneint wird, ist die Rechtslage in Frankreich uneinheitlich. Während Neugesellschafter bei der SC für Altverbindlichkeiten haften, ist dies bei der SNC und SCS nicht der Fall.

Damit lässt sich in dieser Frage keine einheitliche Linie ausmachen. Insbesondere ist hier auch nicht zwischen Zivilgesellschaften und förmlich ausgestalteten Handelsgesellschaften zu unterscheiden. Dem Bundesgerichtshof ist zuzustimmen, wenn er in der Altschuldenhaftung „das wohlbegründete Ergebnis einer Abwägung der legitimen Interessen der Gläubiger und des Neueingetretenen“ und das Resultat „einer im Verkehrsschutzinteresse zu Ende gedachten Akzessorietät der Haftung“ sieht.[415] Diese Abwägung zwischen den Gläubigerinteressen – und damit dem Verkehrsschutzinteresse – auf der einen Seite und dem Interesse des Neueingetretenen auf der anderen Seite führt in den drei untersuchten Rechtsordnungen jedoch zu unterschiedlichen Ergebnissen.

Einerseits scheint es gerecht zu sein, dass jeder Gesellschafter nur persönlich für die Gesellschaftsverbindlichkeiten haften muss, die zu einem Zeitpunkt entstanden sind, in dem er selbst Mitglied der Gesellschaft war und insofern grundsätzlich Einfluss auf die Führung der Geschäfte nehmen konnte. Unter diesem Gesichtspunkt erscheint es konsequent, dass ein Gesellschafter nicht für Verbindlichkeiten haftet, die ohne sein Zutun vor seinem Eintritt entstanden sind. Für diese Lösung spricht auch folgende Kontrollüberlegung: Wenn der ausscheidende Gesellschafter einwenden darf, dass ihn Neuverbindlichkeiten nichts mehr angehen, dann erscheint es auf der anderen Seite logisch, dass der eintretende Gesellschafter einwenden darf, dass ihn Altverbindlichkeiten noch nichts angehen.

Andererseits spricht für eine Haftung des eintretenden Gesellschafters für die Altverbindlichkeiten der Gesellschaft, dass auf diese Weise in der Praxis häufig auftretende Abgrenzungsprobleme zwischen Alt- und Neuverbindlichkeiten beim Eintritt von Gesellschaftern vermieden werden.[416]

---

415 BGH, Urteil v. 07.04.2003, NJW 2003, 1803, 1804; zustimmend: *K. Schmidt*, NJW 2003, 1897, 1901.

416 BGH, Urteil v. 07.04.2003, NJW 2003, 1803, 1804 f. Vgl. auch die Begründung zum Preußischen HGB-Entwurf von 1857, auf den § 130 HGB zurückgeht: „Die Ausscheidung gewisser Forderungen oder Schulden rücksichtlich einzelner Gesellschafter ist mit der Auffassung des Gesellschaftsvermögens als eines für sich bestehenden Rechtsganzen unverträglich und müsste auch praktisch zu ganz unlösbaren Verwicklungen führen.“

Dagegen lässt sich allerdings wiederum einwenden, dass diese in tatsächlicher Hinsicht schwierigen Fragen beim Ausscheiden eines Gesellschafters als unvermeidlich in Kauf genommen werden. Vgl. oben S. 100 ff.

Aus den dargestellten Gründen lässt sich zur Frage der Haftung des eintretenden Gesellschafters für Altverbindlichkeiten kein gemeinsames Prinzip bilden.

B. Haftung für Neuverbindlichkeiten der Gesellschaft

Hinsichtlich der Neuverbindlichkeiten der Gesellschaft gilt folgendes gemeinsames Prinzip:

> Der in eine Personengesellschaft eintretende Gesellschafter haftet für alle nach dem Zeitpunkt seines Eintritts entstandenen Gesellschaftsverbindlichkeiten.[417]

C. Sonderregeln für die Haftung von beschränkt haftenden Personengesellschaftern

Hinsichtlich der Haftung des in eine KG, *limited partnership* oder SCS eintretenden beschränkt haftenden Gesellschafters (Kommanditist, *associé commanditaire*) für Gesellschaftsverbindlichkeiten lässt sich folgendes gemeinsames Prinzip formulieren:

> Die Prinzipien zur Haftung des eintretenden Gesellschafters für Gesellschaftsverbindlichkeiten gelten grundsätzlich auch für nur beschränkt haftende Personengesellschafter, allerdings mit der Einschränkung, dass diese nur in Höhe der von ihnen noch nicht erbrachten Einlage haften.[418] Bei der Anteilsübertragung kommt dem Anteilserwerber die Einlageleistung des Anteilsveräußerers zugute.[419]

[417] **GbR:** *Grunewald*, GesR, 1. A., Rn. 106 m. w. N.; **OHG:** § 128 HGB; **Partnership:** s. 9 PA 1890; **SC:** art. 1857 C. civ. **SNC:** art. L. 221-1 al. 1 C. com.

[418] **KG:** §§ 173, 171 Abs. 1 HGB. Vgl. *K. Schmidt*, GesR, § 53 IV 3 b; **Limited partnership:** s. 4 (2) LPA 1907; **SCS:** art. L. 222-1 al. 2 C. com. Vgl. *Bougnoux*, JCl. des Sociétés, Fasc. 62-10, Rn. 86.

[419] Explizit für die KG: BGH, Urteil v. 29.06.1981, BGHZ 81, 82, 87 f.; *Grunewald*, GesR, 1. C., Rn. 59; Heymann-*Horn*, § 172, Rn. 20. Dieses Prinzip gilt auch für die *limited partnership* und die SCS. Es ergibt sich schon aus dem oben dargestellten Grundsatz, dass die Mitgliedschaft auf den neuen (beschränkt haftenden Gesellschafter) mit allen Rechten und Pflichten des bisherigen Gesellschafters aus dem Gesellschaftsvertrag übergeht. Vgl. oben S. 84 f.

§ 13 Auswirkungen auf den Namen der Gesellschaft

A. Beständigkeit des Namens der Gesellschaft

Hinsichtlich der Frage, welche Auswirkungen die Übertragung eines Gesellschaftsanteils auf den Namen der Gesellschaft hat, gilt für alle untersuchten Gesellschaften das folgende gemeinsame Prinzip:

Beim Ausscheiden und Eintritt eines Gesellschafters bleibt der Name der Gesellschaft grundsätzlich unverändert bestehen.[420]

B. Fortführung des Namens des ausgeschiedenen Gesellschafters als Teil des Namens der Gesellschaft

Ist der Name des ausgeschiedenen Gesellschafters Teil des Namens der Gesellschaft, dann stellt sich die Frage, ob der Gesellschaftsname auch ohne Einwilligung des ausgeschiedenen Gesellschafters weitergeführt werden darf. Bei der GmbH[421], der AG[422], der *partnership*, der *limited partnership*[423], der *private* und der *public company*[424] und allen untersuchten französischen Gesellschaften[425] bedarf es zur Fortführung eines Gesellschaftsnamens, der den Namen eines ausgeschiedenen Gesellschafters enthält, nicht der Zustimmung des ausgeschiedenen Gesellschafters. Anders stellt sich aber die Rechtslage für die deutschen Personengesellschaften dar. Für diese ist gesetzlich be-

---

[420] **GbR:** § 24 Abs. 1 HGB analog; vgl. OLG Nürnberg, Urteil v. 4.2.1999, BB 1999, 652; Erman-*H. P. Westermann*, § 705, Rn. 67; *H. P. Westermann*, Handbuch, Rn. I 233, **OHG/KG:** § 24 Abs. 1 HGB; vgl. *Hüffer*, in: Großkomm. HGB, § 24, Rn. 7; **GmbH:** *Hueck/Fastrich*, in: Baumbach/Hueck, § 4, Rn. 3; Scholz-*Emmerich*, § 4, Rn. 39; MünchKommHGB-*Bokelmann*, § 24, Rn. 2; **AG:** § 4 AktG; *Hüffer*, AktG, § 4, Rn. 6; **Partnership und limited partnership:** *Banks*, Lindley & Banks, Rn. 3-31; **Private und public company:** *Pennington*, Company Law, 7; **Französische Gesellschaften:** *Mercadal/Janin*, Mémento Soc. com., Rn. 1451 u. 1462.

Allerdings ergibt sich in England aus dem BNA 1985 eine Pflicht zur Offenlegung der Namen aller aktueller Gesellschafter (s. 4 (1), (2) BNA 1985). Ein Verstoß gegen diese Offenlegungspflicht hat eine Geldstrafe zur Folge (s. 4 (6), 7 BNA 1985). Vgl. dazu: *Blackett-Ord*, Rn. 8.62 ff.

[421] BGH, Urteil v. 20.4.1972, BGHZ 58, 322, 324; *Hueck/Fastrich*, in: Baumbach/Hueck, § 4, Rn. 3; Scholz-*Emmerich*, § 4, Rn. 39; *Ulmer*, NJW 1983, 1697; *Baumbach/Hopt*, § 24, Rn. 12; MünchKommHGB-*Bokelmann*, § 24, Rn. 2 u. 9; *K. Schmidt*, Handelsrecht, § 12 III 2 b cc.

[422] MünchKommHGB-*Bokelmann*, § 24, Rn. 2.

[423] *Cotton LJ*, in: Gray v. Smith (1889) 43 Ch. D. 208, 220 f., CA; *Banks*, Lindley & Banks, Rn. 10-203.

[424] *Pennington*, Company Law, 7.

[425] Cass. com., 12 mars 1985, JCP 1985.II.20400 (Anm. *Bonet*); *Mercadal/Janin*, Mémento Soc. com., Rn. 1462.

stimmt (§ 24 Abs. 2 HGB), dass der Unternehmensname, der den Namen des ausgeschiedenen Gesellschafters enthält, nur mit Zustimmung des ausgeschiedenen Gesellschafters weitergeführt werden darf.[426] Insofern steht die Rechtslage bei den deutschen Personengesellschaften einem gemeinsamen Prinzip der drei untersuchten Rechtsordnungen eigentlich entgegen. Es stellt sich in diesem Zusammenhang die Frage, wie diese besondere Rechtsregel in Deutschland gerechtfertigt wird.

Im Grunde genommen geht es bei der Frage der Zustimmungspflicht des ausscheidenden Gesellschafters um die Frage, ob die ursprünglich von dem Gesellschafter erteilte Zustimmung zur Aufnahme seines Namens in den Unternehmensnamen endgültig oder nur auflösend bedingt – d. h. bis zu seinem Ausscheiden aus der Gesellschaft – erteilt wurde. § 24 Abs. 2 HGB wird deshalb als Auslegungsregel verstanden, nach der die ursprüngliche Erlaubnis zur Namensführung im Zweifel nicht endgültig ist.[427] Die Zustimmung kann also auch schon bei Abschluss des Gesellschaftsvertrags endgültig – und nicht nur auflösend bedingt – erteilt werden.[428]

§ 24 Abs. 2 HGB wird jedoch aus folgenden Gründen in Deutschland vermehrt als rechtspolitisch verfehlt angesehen: Die Vorschrift des § 24 Abs. 2 HGB wird von der ganz herrschenden Meinung schon seit langem nicht auf die GmbH und AG angewendet, obwohl diese vom Wortlaut eigentlich erfasst sind.[429] Zur Begründung dieser teleologischen Reduktion der Vorschrift wurde vor allem auf die für Personen- und Kapitalgesellschaften unterschiedlichen Folgen des Ausscheidens von Gesellschaftern einerseits und auf den bei Personengesellschaften bestehenden Namensüberlassungszwang andererseits abgestellt.[430] Da aber nach der Handelsrechtsreform von 1998 auch bei der OHG und KG das Ausscheiden eines Gesellschafters nicht mehr gesetzlich zur Auflösung der Gesellschaft führt (§ 131 Abs. 3 HGB n. F.) und es seitdem auch nicht mehr verpflichtend ist, wenigstens den Namen des persönlich haftenden Gesellschafters in die Firma der OHG und KG aufzunehmen (§ 19 Abs. 1 u. 2 HGB n. F.), ist die Grundlage für diese differen-

[426] **OHG/KG:** § 24 Abs. 2 HGB; *Hüffer*, in: Großkomm. HGB, § 24, Rn. 9, 17; MünchHdb. GesR I-*Piehler*, § 66, Rn. 22; **GbR:** § 24 Abs. 2 HGB gilt zwar ausdrücklich nur für die OHG und KG, die Bestimmung wird aber analog auch auf die GbR angewandt. Vgl. *H. P. Westermann*, Handbuch, Rn. I 233.

[427] *Canaris*, § 10, Rn. 44.

[428] RG, Urteil v. 14.09.1938, RGZ 158, 226, 232; *Baumbach/Hopt*, § 24, Rn. 11.

[429] In § 24 HGB ist von „Handelsgesellschaften" die Rede.

[430] BGH, Urteil. v. 20.04.1972, BGHZ 58, 322, 324 ff.; BGH, Urteil v. 24.10.1991, NJW-RR 1992, 367, 368; *Baumbach/Hopt*, § 24, Rn. 12; MünchKommHGB-*Bokelmann*, § 24, Rn. 2; *Lutter/Hommelhoff*, § 4, Rn. 20.

zierte Betrachtungsweise entfallen.[431] Konsequent wäre es danach, § 24 Abs. 2 HGB unterschiedslos auf – wie der Wortlaut es bestimmt – alle Handelsgesellschaften, also auch auf die GmbH und AG, anzuwenden. Da zumindest aber die Anwendung auf GmbH und AG als juristische Personen allgemein mit der Begründung abgelehnt wird, dass ein Wechsel von Mitgliedern im Wesen der Kapitalgesellschaften als juristische Personen liege und deshalb keinen Einfluss auf die Firmenbildung haben könne,[432] fordern gewichtige Literaturstimmen die ersatzlose Streichung des § 24 Abs. 2 HGB.[433] Für eine Gleichbehandlung mit den juristischen Personen spreche auch, dass die Personenhandelsgesellschaften zumindest teilrechtsfähig seien und auch die Rechtsfähigkeit der GbR durch die Rechtsprechung[434] inzwischen anerkannt sei.[435] Die Gesellschaft sei deshalb Trägerin des Unternehmensnamens, was eine nachträgliche Zustimmungspflicht des ausscheidenden Gesellschafters systemwidrig erscheinen lasse. Genauso wird auch bei den untersuchten französischen Gesellschaften argumentiert,[436] wobei allerdings zu beachten ist, dass für diese anerkannt ist, dass sie über eine eigene Rechtspersönlichkeit verfügen.

Vor diesem Hintergrund erscheint es gerechtfertigt, trotz der noch in Deutschland bei den Personengesellschaften bestehenden abweichenden Rechtslage von folgendem gemeinsamen Prinzip der drei Rechtsordnungen zu sprechen:

Beim Ausscheiden eines Gesellschafters, dessen Name im Namen der Gesellschaft enthalten ist, bedarf es zur Fortführung des Gesellschaftsnamens nicht der Zustimmung des ausscheidenden Gesellschafters.

431 *Felsner*, NJW 1998, 3255, 3256; *Canaris*, § 10, Rn. 45.

432 BGH, Urteil v. 20.4.1972, BGHZ 58, 322, 324; *Hueck/Fastrich*, in: Baumbach/Hueck, § 4, Rn. 3; Scholz-*Emmerich*, § 4, Rn. 39; *Ulmer*, NJW 1983, 1697; MünchKommHGB-*Bokelmann*, § 24, Rn. 2.

433 *Canaris*, § 10, Rn. 45; *K. Schmidt*, Handelsrecht, § 12 I 3 c; *Steinbeck*, NZG 1999, 133, 137 f.; *Felsner*, NJW 1998, 3255, 3257; *Kern*, BB 1999, 1717, 1719.

434 BGH, Urteil v. 29.1.2001, BGHZ 146, 341.

435 *Canaris*, § 10, Rn. 45; *Steinbeck*, NZG 1999, 133, 137 f.; *Felsner*, NJW 1998, 3255, 3257; *Kern*, BB 1999, 1717, 1719.

436 *Mercadal/Janin*, Mémento Soc. com., Rn. 1462.

Vierter Abschnitt: Sonderfragen

§ 14 Handelbarkeit von Anteilen an der Börse

A. Personengesellschaften

Allen untersuchten Personengesellschaften ist es gesetzlich verwehrt, ihre Anteile an der Börse handeln zu lassen. So werden an den deutschen Börsen nur Wertpapiere zum Handel zugelassen[437] und die deutschen Personengesellschaften dürfen ihre Anteile nicht als Wertpapiere verbriefen.[438] *Partnership* und *limited partnership* ist es gesetzlich verboten, einen Antrag auf Zulassung zum Börsenhandel zu stellen.[439] Den französischen Personengesellschaften SC[440], SNC[441] und SCS[442] ist es verboten, öffentlich zur Zeichnung von Anteilen aufzurufen oder handelbare Anteile auszugeben.[443]

Hinzu kommt bei allen Personengesellschaften, dass ein freier Handel mit ihren Anteilen schon deshalb nach der gesetzlichen Ausgangslage nicht möglich ist, weil es – wie oben dargelegt – bei diesen Gesellschaften zur Übertragung von Anteilen grundsätzlich der Zustimmung sämtlicher Mitgesellschafter bedarf.[444]

Es gilt folgendes gemeinsames Prinzip:

Die Anteile von Personengesellschaften dürfen nicht an der Börse gehandelt werden.

---

437 §§ 36 ff. BörsG lässt nur Wertpapiere zu. Vgl. *Schwark*, BörsG, § 36, Rn. 6 ff.; *Hirte*, KapGesR, Rn. 1.11 f.

438 Vgl. *Kecker*, 175.

439 S. 75 (3) FSAMA 2000 (vormals s. 143 (3) FSA 1986). In Ausführung von s. 75 (3) FSAMA 2000 kann das Finanzministerium (*Treasury*) bestimmen, welche Art von Gesellschaften keinen Antrag auf Notierung an der Börse stellen dürfen. Jedenfalls werden dazu auch die *partnership* und *limited partnership* sowie die *private company* gehören. Vgl. *Mayson/French/Ryan*, 7.4.3.1.; *Davies*, Gower's Principles, 426.

440 *Bougnoux*, JCl. des Sociétés, Fasc. 48-70, Rn. 5.

441 Für die SNC ist in art. 221-13 al. 1 C. com. ausdrücklich bestimmt, dass ihre Anteile in keinem Fall durch handelbare Anteilsscheine repräsentiert werden dürfen; vgl. auch *Mercadal/Janin*, Mémento Soc. com., Rn. 4280.

442 *Mercadal/Janin*, Mémento Soc. com., Rn. 4920.

443 Rechtstechnisch ist dies so gelöst, dass dieser Grundsatz für alle Gesellschaften gilt, außer denen, die gesetzlich autorisiert sind, öffentlich zur Zeichnung von Anteilen aufzurufen und handelbare Anteile auszugeben (art. 1841 C. civ.). Gesetzlich hierzu autorisiert ist nur die SA (art. L. 224-2 al. 1 C. com.). Wird gegen dieses Verbot verstoßen, dann sind geschlossene Verträge bzw. ausgegebene Anteile ungültig (art. 1841 C. civ.).

444 Ebenso: *Hommelhoff*, ZHR 153 (1989), 181, 183 (Fn. 4).

B. Kapitalgesellschaften

Bei den Kapitalgesellschaften ist zwischen denjenigen Gesellschaften, deren Anteile an der Börse gehandelt werden können, und denjenigen, denen der Zugang zur Börse verwehrt ist, zu unterscheiden.

Zur ersteren Gruppe gehören die AG, die *public company* und die SA. Der Handel mit ihren Anteilen an der Börse ist keinen Restriktionen unterworfen, sondern frei möglich.[445] Bei der SA hat die Tatsache, dass sie öffentlich zur Zeichnung von Anteilen aufruft, allerdings zur Folge, dass ihr Gesellschaftskapital nicht nur mindestens 37.000 €, sondern 225.000 € betragen muss (art. L. 224-2 al. 1 C. com.).[446]

Anders stellt sich die Rechtslage hingegen bei der GmbH, der *private company* und der SARL dar. Da GmbH-Anteile ebenso wie die Anteile an den deutschen Personengesellschaften nicht als Wertpapiere verbrieft werden dürfen,[447] ist der GmbH die Zulassung zur Börse gesetzlich verwehrt.[448] Sie kann zwar Anteilsscheine ausgeben, bei diesen handelt es sich aber nicht um Wertpapiere, sondern nur um bloße Beweisurkunden.[449] Auch der *private company* ist es gesetzlich verboten, einen Antrag auf Zulassung zum Börsenhandel zu stellen.[450] Zudem ist es strafbar, als *private company* Wertpapiere, die nicht börsennotiert sind,[451] der Öffentlichkeit zum Kauf anzubieten[452]. Der SARL ist es wie den französischen Personengesellschaften verboten, öffentlich zur Zeichnung von Anteilen aufzurufen oder handelbare Anteile auszugeben.[453]

Zusätzlich ist bei der GmbH die Anteilsübertragung dadurch erschwert, dass sowohl der dingliche Abtretungsvertrag als auch der schuldrechtliche Kausalvertrag zwingend der notariellen Beurkundung[454] bedürfen (§ 15

---

445 **AG:** *Grunewald*, GesR, 2. C., Rn. 3; **Public company:** *Davies*, Gower's Principles, 426; **SA:** *Cozian/Viandier/Deboissy*, Rn. 886.

446 Die Umrechnung in Euro ergibt sich aus art. 4 Ordonnance n° 2000-916 du 19 septembre 2000.

447 Vgl. *Kecker*, 175.

448 §§ 36 ff. BörsG lässt nur Wertpapiere zu. Vgl. *Schwark*, BörsG, § 36, Rn. 6 ff.

449 *Lutter/Hommelhoff*, § 14, Rn. 32; Hachenburg-*Raiser*, § 14, Rn. 12; *Albertz*, 57.

450 Vgl. die Nachweise oben in Fn. 439.

451 Vom Straftatbestand des s. 81 CA 1985 sind nunmehr nur noch nicht börsennotierte Wertpapiere erfasst; vgl. *Davies*, Gower's Principles, 426.

452 S. 81 CA 1985; vgl. *Boyle & Birds*, 6.3; *Hannigan*, in: Farrar's Company Law, 538.

453 Vgl. oben Fn. 443. Für die SARL ist in art. 223-12 C. com. zudem ausdrücklich bestimmt, dass ihre Anteile in keinem Fall durch handelbare Anteilsscheine repräsentiert werden dürfen. Vgl. *Vidal*, in Roth, System der Kapitalgesellschaften, 84, 87.

454 Unter der notariellen Beurkundung versteht man die Anfertigung einer förmlichen Niederschrift über die Abgabe der Willenserklärungen der Parteien durch den Notar und deren Unter-

Abs. 3, 4 GmbHG).[455] Dieses Formerfordernis hat in erster Linie den Zweck, den leichten und spekulativen Handel mit Gesellschaftsanteilen an Börse oder grauem Markt zu verhindern.[456] Die Formvorschrift zielt also nicht – wie § 313 BGB, der für die Veräußerung von Grundstücken die notarielle Beurkundung vorschreibt – darauf ab, den Verkäufer vor der leichtfertigen Veräußerung von Geschäftsanteilen zu schützen (sogenannte Warnfunktion).[457]

Auch bei der *private* und der *public company* sowie bei den französischen Gesellschaften SC, SNC, SCS und SARL muss die Anteilsübertragung zwar schriftlich[458] bzw. schriftlich oder in notarieller Form[459] erfolgen. Allerdings dienen diese besonderen Formerfordernisse in England und Frankreich – anders als das Erfordernis der notariellen Beurkundung bei der GmbH – nicht dazu, den spekulativen Handel mit Anteilen zu verhindern. Ihre Funktion ist es vielmehr lediglich, die Wirksamkeit der Anteilsübertragung im Ver-

---

zeichnung durch die Beteiligten (§§ 6 ff. BeurkG). Der Formzwang bezieht sich auf den Vertrag, also auf die Abgabe der Abtretungserklärung und ihre Annahme. Vgl.: *Hueck/Fastrich*, in: Baumbach/Hueck, § 15, Rn. 21; Scholz-*H. Winter*, § 15, Rn. 38; detailliert hierzu *Loritz*, DNotZ 2000, 90, 99 ff.

[455] Scholz-*H. Winter*, § 15, Rn. 37 und 51; *Hueck/Fastrich*, in: Baumbach/Hueck, § 15, Rn. 20.

[456] RG, Urteil v. 19.5.1908, RGZ 68, 394, 396 f.; RG, Urteil v. 26.1.1932, RGZ 135, 70, 71 (unter Hinweis auf die Motive zum GmbHG von 1892, S. 31); RG, Urteil v. 22.6.1940, RGZ 164, 162, 170; BGH, Urteil v. 24.3.1954, BGHZ 13, 49, 51 f.; BGH, Urteil v. 5.11.1979, BGHZ 75, 352, 353; BGH, Urteil v. 21.9.1994, BGHZ 127, 129, 135 f.; BGH, Urteil v. 17.11.1955, NJW 1956, 58; BGH, Urteil v. 25.9.1996, NJW 1996, 3338, 3339; Scholz-*H. Winter*, § 15, Rn. 1, 37 und 51; *Lutter/Hommelhoff*, § 15, Rn. 12; *Hueck/Fastrich*, in: Baumbach/Hueck, § 15, Rn. 20; *Loritz*, DNotZ 2000, 90, 94; MünchHdb. GesR III-*U. Jasper*, § 24, Rn. 125; *Henze*, Rn. 638; *Bürklin*, 26; *Hirte*, KapGesR, Rn. 4.55; *Albertz*, 2.

Daneben soll die notarielle Form auch den Beweis über die Veräußerung erleichtern. Vgl.: RG, Urteil v. 22.6.1940, RGZ 164, 162, 170; BGH, Urteil v. 24.3.1954, BGHZ 13, 49, 51; BGH, Urteil v. 25.9.1996, NJW 1996, 3338, 3339; *Lutter/Hommelhoff*, § 15, Rn. 12.

[457] BGH, Urteil v. 25.9.1996, NJW 1996, 3338, 3339; Scholz-*H. Winter*, § 15, Rn. 37; *Schlüter*, FS Bartholomeyczik, 359, 360 f.

[458] **Private und public company:** S. 183 (1) CA 1985: „proper instrument of transfer". Vgl.: *Morse*, Charlesworth & Morse, 185; *Davies*, Gower's Principles, 336; *Pennington*, Company Law, 426; *Birds*, in: Gore-Brown on Companies, § 16.3.1. Alternativ kommt im Falle von voll eingezahlten Anteilen auch eine sogenannte vereinfachte Übertragung nach dem Stock Transfer Act 1963 in Betracht: Wenn das in Anhang 1 des Stock Transfer Act 1963 abgedruckte Formular benutzt wird, bedarf es zur Übertragung des Anteils lediglich der Unterschrift des Veräußerers (s. 1 (1) Stock Transfer Act 1963). Vgl. *Birds*, in: Gore-Brown on Companies, § 16.3.2; *Morse*, Charlesworth & Morse, 185.

[459] **SC:** art. 1865 C. civ.; *Bougnoux*, JCl. des Sociétés, Fasc. 48-70, Rn. 33; **SNC:** art. L. 221-14 al. 1 C. com.; *Mercadal/Janin*, Mémento Soc. com., Rn. 4331; **SCS:** art. L. 221-14 al. 1 C. com. i. V. m. art. 222-2 C. com.; *Bougnoux*, JCl. des Sociétés, Fasc. 62-10, Rn. 86; **SARL:** art. L. 223-17 i. V. m art. L. 221-14 al. 1 C. com.; *Mercadal/Janin*, Mémento Soc. com., Rn. 6122.

hältnis zur Gesellschaft herbeizuführen.[460] Nur durch Einreichung einer schriftlichen (oder notariellen) Übertragungsurkunde wird der Mitgliederwechsel in diesen Fällen auch gegenüber der Gesellschaft wirksam.[461] Die gleiche Funktion erfüllt im GmbH-Recht nicht das Erfordernis der notariellen Beurkundung, sondern das Anmeldeerfordernis des § 16 Abs. 1 GmbHG mit dem Unterschied, dass bei der GmbH die Anmeldung bei der Gesellschaft nicht zwingend schriftlich erfolgen muss, sondern auch mündlich möglich ist.[462]

Daraus ergibt sich, dass in Deutschland der Handel mit GmbH-Anteilen anders als in England und Frankreich bei der *private company* und der SARL nicht nur durch das Verbot des Börsenzugangs verhindert werden soll, sondern zusätzlich durch das Erfordernis der notariellen Beurkundung der Anteilsübertragung. Damit nimmt die deutsche GmbH in dieser Frage nicht nur im Vergleich zu England und Frankreich, sondern auch im sonstigen europäischen Vergleich eine Ausnahmestellung ein.[463] Es stellt sich deshalb die Frage, ob das Erfordernis der notariellen Beurkundung der Anteilsübertragung bei der GmbH nicht überholt und überflüssig ist.[464] Die notarielle Beurkundung verteuert und verzögert die Anteilsübertragung.[465] Wirtschaftlich betrachtet erweist sie sich damit als Standortnachteil, weil die wirtschaftlich in

---

[460] Zur Frage der Wirksamkeit der Anteilsübertragung im Verhältnis zur Gesellschaft vgl. schon oben S. 85 ff.

[461] **Private und public company:** *Pennington*, Company Law, 416 f.; vgl. auch *Morse*, Charlesworth & Morse, 187 f.; **SC, SNC, SCS und SARL:** *Dereu*, JCl. des Sociétés, Fasc. 59-20, Rn. 127; *M. Storck*, JCl. des Sociétés, Fasc. 73-20, Rn. 83; *Mercadal/Janin*, Mémento Soc. com., Rn. 2884; *Cozian/Viandier/Deboissy*, Rn. 1508 u. 1359.

[462] OLG Hamm, Urteil v. 14.6.1995, BB 1995, 1815, 1816; *Lutter/Hommelhoff*, § 16, Rn. 5; Scholz-*H. Winter*, § 16, Rn. 15.

[463] In den meisten EU-Ländern ist die Anteilsübertragung nicht von einer notariellen Beurkundung abhängig. Neben England und Frankreich ist sie unbekannt in Italien, Belgien, Dänemark und Luxemburg (*Albertz*, 213 u. 225). Die notarielle Beurkundung ist dagegen ebenso wie bei der deutschen GmbH vorgesehen in: Österreich, Spanien, Portugal, Griechenland und den Niederlanden (*Albertz*, 209 f., 220 u. 225).

[464] Das Bundesland Niedersachsen hatte 1985 einen Antrag auf Änderung des § 15 Abs. 3 GmbHG in den Bundesrat eingebracht, der aber keine Mehrheit fand. Statt notarieller Form sollte die Schriftform für die Übertragung von GmbH-Anteilen zugelassen werden (BR-Drucksache Nr. 315/85 v. 19.06.1985). Für eine ersatzlose Streichung des Erfordernisses der notariellen Beurkundung: *Claussen*, ZHR 153 (1989), 216, 277; *Lutter*, in: Centrale für GmbH, Probleme der GmbH-Reform, 63, 84 f.; *Kecker*, 177; kritisch auch *Helms*, Europäische Privatgesellschaft, 258; *Loritz*, DNotZ 2000, 90, 108 f.

[465] In der Praxis wird versucht, in bestimmten Fallkonstellationen Geschäftsanteile auf Mitgesellschafter auch ohne notarielle Beurkundung dadurch zu „übertragen", dass der „zu übertragende" Geschäftsanteil eingezogen wird und nachfolgend die Geschäftsanteile neu geordnet werden. Ziel dieses Konstrukts ist es, die zum Teil erheblichen Kosten der Beurkundung zu sparen; vgl. *Mutter/Schwörer*, GmbHR 2000, 1144 ff.

Deutschland Tätigen mit höheren Kosten und einem größerem Zeitaufwand bei der Anteilsübertragung belastet werden als die wirtschaftlich tätigen Personen in den meisten europäischen Nachbarländern. Aus dem Vergleich der Regelungen zeigt sich, dass Börsengängigkeit und spekulativer Anteilshandel auch durch ein Verbot der Verbriefung der Gesellschaftsanteile als Wertpapier und/oder durch ein Verbot des öffentlichen Handels mit Gesellschaftsanteilen wirksam ausgeschlossen werden kann.[466] Da also dasselbe Ziel auch mit für die wirtschaftlich Tätigen weniger aufwändigen Mitteln erreicht werden kann (gesetzliche Verbote statt Erfordernis der notariellen Beurkundung), erweist sich das Erfordernis der notariellen Beurkundung der Anteilsübertragung bei der GmbH nicht als Vorbild für eine zukünftige einheitliche europäische Regelung.

Alle untersuchten Rechtsordnungen unterscheiden zwischen Kapitalgesellschaften mit und ohne Börsenzugang, weil dieser Unterscheidung eine gemeinsame Ratio zu Grunde liegt. Für Gesellschaften, deren Anteile frei und schnell handelbar sind, müssen zwingende gesetzliche Regelungen gelten, die die Haftung der Mitglieder begrenzen und die Anleger vor einem Kapitalverlust schützen.[467] Denn für die Mitglieder dieser Gesellschaften besteht in der Regel nicht die Möglichkeit, vor Erwerb der Anteile im Einzelnen die Gesellschaftsverträge der entsprechenden Gesellschaften zu studieren. So wird dem Anleger, der Anteile an der Börse erwirbt, ein gewisser Standard von Regeln zur Seite gestellt, von denen er sicher sein kann, dass er sich auf sie berufen kann.[468]

Bei Gesellschaften ohne frei handelbare Anteile hat der neue Gesellschafter, bevor er in die Gesellschaft eintritt, hingegen die Möglichkeit, die Bestimmungen des Gesellschaftsvertrags zu prüfen und so festzustellen, welche Rechtsstellung er erwirbt. Dies rechtfertigt es, der Gestaltungsfreiheit bei diesen Gesellschaften einen relativ großen Raum einzuräumen.

Es gilt folgendes gemeinsames Prinzip:

Zwei Formen von Kapitalgesellschaften können unterschieden werden: Die eine Gesellschaftsform darf ihre Anteile an der Börse handeln lassen. Für sie gelten deshalb zwingende gesetzliche Regelungen zum Schutz der Anleger vor einem Kapitalverlust. Im Gegensatz dazu ist der anderen Gesellschafts-

[466] Zu diesem Ergebnis kommt auch: *Helms*, Europäische Privatgesellschaft, 260; kritisch auch *Loritz*, DNotZ 2000, 90, 108 f., der davon spricht, dass das Erfordernis der notariellen Form, soweit die Handelbarkeit von GmbH-Anteilen erschwert werden soll, überholt sei.

[467] Dies trifft auch für die kommende Europäische Aktiengesellschaft zu, für die der aus dem deutschen Recht (§ 23 Abs. 5 AktG) bekannte Grundsatz der Satzungsstrenge in Art. 9 Abs. 1 lit. b SEVO festgelegt ist. Vgl. dazu weiterführend *Hommelhoff*, AG 2001, 279, 287.

[468] Vgl. *Hirte*, KapGesR, Rn. 4.55 u. 2.51; ähnlich: *Grunewald*, GesR, 2. C., Rn. 15, 3., Rn. 11.

form der Zugang zur Börse verwehrt. Ihren Mitgliedern ist dafür eine relativ hohe Gestaltungsfreiheit eingeräumt.

§ 15 Gutgläubiger Anteilserwerb vom Nichtberechtigten

A. Übertragung unverkörperter Mitgliedschaften

Sind die Mitgliedschaften nicht in Urkunden verkörpert, durch deren Übergabe die Inhaberschaft an den Gesellschaftsanteilen übertragen werden kann, ist auch ein gutgläubiger Erwerb dieser Anteile von einer nichtberechtigten Person nicht möglich:

So können Anteile an deutschen Personengesellschaften und GmbH-Geschäftsanteile nicht gutgläubig erworben werden. Der Erwerber kann den Gesellschaftsanteil also nur so erhalten, wie er besteht. Er wird nur dann Gesellschafter, wenn der übertragene Gesellschaftsanteil entstanden und der Veräußerer zur Verfügung berechtigt ist oder der Berechtigte die Verfügung genehmigt.[469] Auch die Übergabe eines Anteilsscheins bei der GmbH ermöglicht keinen gutgläubigen Erwerb, weil es sich bei diesem nur um eine schlichte Beweisurkunde handelt.[470] Ein gutgläubiger Erwerb von Anteilen an der AG ist dann nicht möglich, wenn die Mitgliedschaft nicht in einer Aktienurkunde (oder Sammelurkunde) verkörpert ist.[471]

Auch die Anteile von *private* und *public companies* können grundsätzlich nicht gutgläubig vom Nichtberechtigten erworben werden.[472] Wird beispielsweise eine Person aufgrund einer Täuschung in die Mitgliederliste eingetragen und überträgt dann ihren Anteil formgerecht auf einen gutgläubigen Dritten, dann erwirbt dieser Dritte nicht die Mitgliedschaft und das wahre Mitglied kann den gutgläubigen Dritten wieder von der Mitgliederliste entfernen und sich selbst eintragen lassen.[473] Möglich ist allerdings ein gutgläu-

[469] Dies liegt rechtstechnisch daran, dass die Schutzvorschriften in §§ 932, 936 BGB, § 366 HGB nur für bewegliche Sachen gelten, zu denen Gesellschaftsanteile nicht gehören. Vgl. für die GmbH: Scholz-*H. Winter*, § 15, Rn. 108; *Lutter/Hommelhoff*, § 15, Rn. 11; *Hueck/Fastrich*, in: Baumbach/Hueck, § 15, Rn. 27; Hachenburg-*Zutt*, § 15, Rn. 136; MünchHdb. GesR III-*U. Jasper*, § 24, Rn. 223.

[470] MünchHdb. GesR III-*D. Jasper*, § 23, Rn. 4.

[471] *Lutter*, in: Kölner Komm. AktG, Anh. § 68, Rn. 3; *Brändel*, in: Großkomm. AktG, § 10, Rn. 11; MünchHdb. GesR IV-*Wiesner*, § 14, Rn. 2.

[472] *Pennington*, in: Jura Europae IV, 90.10, Rn. 44 f.

[473] *Davies*, Gower's Principles, 350.

biger Erwerb nur der Vermögensbestandteile eines Anteils (*equitable interest*).[474]

Auch bei den französischen Gesellschaften, deren Mitgliedschaften sogar bei der SA immer unverkörpert sind, ist ein gutgläubiger Erwerb von Gesellschaftsanteilen grundsätzlich nicht möglich.[475]

B. Übertragung verkörperter Mitgliedschaften

Im Gegensatz dazu ist ein gutgläubiger Erwerb immer dann möglich, wenn die Mitgliedschaft durch die Übergabe einer Anteilsurkunde übertragen werden kann.

So ist ein gutgläubiger Erwerb von Inhaberaktien der AG nach §§ 932 ff. BGB, 366 HGB möglich und zwar auch bei abhanden gekommenen Papieren (wegen § 935 Abs. 2 BGB).[476] Werden Namensaktien der AG durch Indossament übertragen, dann ist ein gutgläubiger Erwerb nach Art. 16 Abs. 2 WG i. V. m. § 68 Abs. 1 S. 2 AktG möglich, wenn die Namensaktie „einem früheren Inhaber irgendwie abhanden gekommen ist".[477]

Bei den *companies* ist ein gutgläubiger Erwerb von Anteilen nur in dem sehr seltenen Fall möglich, dass die Mitgliedschaft in Inhaberanteilsscheinen (*share warrants*) verkörpert ist. Auch im Falle von gestohlenen oder abhanden gekommenen Anteilsscheinen kann jeder, der für den Inhaberanteils-

[474] Hält beispielsweise X als angemeldeter Anteilsinhaber die Anteile treuhänderisch für Y und überträgt in Verletzung seiner Verpflichtung aus dem Vertrag mit Y die Anteile auf Z, dann erwirbt dieser die Anteile, wenn er selbst gutgläubig ist und die Gesellschaft in Unkenntnis von dem bestehenden *trust* (Treuhandverhältnis) – also gutgläubig – Z als neuen Eigentümer einträgt. Y verliert in diesem Fall seinen Anteil (allerdings nur den Vermögensanteil der Mitgliedschaft, den sogenannten equitable interest); vgl.: MCC Proceeds Inc. v. Lehman Brothers Int. (Europe) [1998] 2 BCLC 659, 660, CA; *Morse*, Charlesworth & Morse, 190; *Davies*, Gower's Principles, 349.

[475] *Mercadal/Janin*, Mémento Soc. com., Rn. 2896. Allerdings hat in einem Fall das Pariser Appellationsgericht die Übertragung des Anteils eines Nichtberechtigten auf einen gutgläubigen Dritten für gültig erklärt und dies – so scheint es – mit dem guten Glauben des Erwerbers an die Berechtigung des Veräußerers begründet. Vgl.: CA Paris, 21 avril 1989, Bull. Joly 1989.610 (Anm. *Streiff*); *Dereu*, JCl. des Sociétés, Fasc. 59-20, Rn. 131.

[476] Zu beachten ist, dass bei dem Erwerb von abhanden gekommenen Inhaberaktien durch Banken ihr böser Glaube unter den Voraussetzungen des § 367 Abs. 1 S. 1 HGB (Veröffentlichung des Papierverlust im Bundesanzeiger vor mindestens einem Jahr) fingiert wird.

[477] Der Begriff des Abhandenkommens umfasst dabei nicht nur den unfreiwilligen Besitzverlust wie bei § 935 BGB, sondern auch Tatbestände, durch die die Urkunde ohne rechtswirksame Übereignung in fremde Hände gelangt ist; vgl. MünchHdb. GesR IV-*Wiesner*, § 14, Rn. 11; *Hüffer*, AktG, § 68, Rn. 4.

schein eine Gegenleistung erbringt und gutgläubig ist, den Gesellschaftsanteil erwerben.[478]

C. Rechtsvergleichende Analyse und Bildung gemeinsamer Prinzipien

Während ein gutgläubiger Erwerb von Gesellschaftsanteilen also möglich ist, wenn die Mitgliedschaft in einem Anteilsschein verkörpert ist, durch dessen einvernehmliche Übergabe der Gesellschaftsanteil übertragen werden kann, ist ein gutgläubiger Erwerb in allen anderen Fällen ausgeschlossen. Welcher gemeinsame Grundgedanke liegt aber dieser Unterscheidung zu Grunde? Bei der Frage, ob ein gutgläubiger Erwerb vom Nichtberechtigten und damit zu Lasten des Berechtigten zuzulassen ist oder nicht, geht es um die Abwägung zwischen dem Eigentumsschutz auf der einen und dem Verkehrsschutz auf der anderen Seite.[479] Können von einer Gesellschaft in Urkunden verkörperte Mitgliedschaften ausgegeben werden, dann dient dies dazu, dass die Mitgliedschaft durch eine Übergabe der Urkunde einfach und schnell übertragen werden kann. Dieser Funktion würde es aber widersprechen, wenn der (gutgläubige) Erwerber einer solchen Urkunde nicht sicher sein kann, dass er durch den Erwerb der Urkunde die Gesellschafterstellung unwiderruflich erlangt hat. Dies ist der Grund, warum in diesen Fällen in den untersuchten Rechtsordnungen dem Verkehrsschutz gegenüber dem Eigentumsschutz der Vorrang eingeräumt wird. In allen anderen Fällen wird dem Schutz der Position des (berechtigten) Gesellschafters der Vorrang gegenüber den Verkehrsinteressen eingeräumt. Das Problem des gutgläubigen Erwerbs verkörperter Mitgliedschaften dürfte aber in Zukunft an Bedeutung verlieren, da die Verkörperung in Anteilscheinen bei den untersuchten Gesellschaftsformen inzwischen eher die Ausnahme und nur noch bei der deutschen AG und der *private* und der *public company* möglich ist. Vor dem Hintergrund der fortschreitenden technischen Entwicklung und den Kosten, die für die Verwahrung von papierenen Urkunden anfallen, dürften in Urkunden verkörperte Mitgliedschaften schon bald der Vergangenheit angehören.

Es ergibt sich als gemeinsames Prinzip:

> Der gutgläubige Erwerb der Gesellschafterstellung von einem Nichtberechtigten ist nur möglich, wenn die Mitgliedschaft in einer Urkunde verkörpert ist, durch deren Übergabe die Gesellschafterstellung übertragen wird.

---

478 Vgl. Webb Hale & Co. v. Alexandria Water Co. Ltd. (1905) 21 TLR 572; *Pennington*, Company Law, 413 u. 431; *Morse*, Charlesworth & Morse, 210.

479 Vgl. für den gutgläubigen Erwerb im deutschen Recht: Staudinger-*Wiegand*, Vor § 932 ff., Rn. 2 ff.; MünchKomm-*Quack*, § 932, Rn. 1.

§ 16 Gesonderte Abtretung von Mitgliedschaftsrechten

A. Gesonderte Abtretung von Verwaltungsrechten

Die aus dem Gesellschaftsanteil resultierenden Verwaltungsrechte (z. B. das Stimmrecht in der Gesellschafterversammlung) können bei allen untersuchten Gesellschaftsformen nicht unabhängig vom Gesellschaftsanteil abgetreten werden. Sie sind vielmehr mit dem Gesellschaftsanteil verbundene unselbstständige Bestandteile der Mitgliedschaft.[480]

Dies gilt im Ergebnis auch für die englischen Kapitalgesellschaften. Allerdings ist dies nicht auf den ersten Blick erkennbar, weil bei der *private* und der *public company* sprachlich zwischen dem sogenannten *legal* und *equitable owner* eines Gesellschaftsanteils unterschieden wird.[481] Dabei stehen dem *equitable owner* (im Verhältnis zum *legal owner*) grundsätzlich die Vermögensrechte aus dem Anteil zu, während der *legal owner* im Verhältnis zur Gesellschaft als (vollwertiges) Mitglied der Gesellschaft angesehen wird. Er wird in die Mitgliederliste eingetragen und nur er kann gegenüber der Gesellschaft die mit dem Gesellschaftsanteil verbundenen Verwaltungsrechte ausüben (vor allem das Stimmrecht). Dieser Unterscheidung liegt die Rechtsfigur des *„trust"* zu Grunde. Die *legal ownership* ist also die Mitgliedschaft im kontinentaleuropäischen Sinne, die – wie in Deutschland und Frankreich – zwingend mit der Ausübung der Verwaltungsrechte der Gesellschaft verbunden ist. Es gilt also folgendes gemeinsames Prinzip:

> Die aus dem Gesellschaftsanteil resultierenden Verwaltungsrechte können nicht unabhängig vom Gesellschaftsanteil abgetreten werden. Sie sind vielmehr mit dem Anteil verbundene unselbstständige Bestandteile der Mitgliedschaft.

---

[480] **Deutsche Personengesellschaften:** § 717 S. 1 BGB (sogenanntes Abspaltungsverbot); BGH, Urteil v. 10.11.1951, BGHZ 3, 354, 360; BGH, Urteil v. 14.5.1956, BGHZ 20, 363, 364; BGH, Urteil v. 25.2.1965, BGHZ 43, 261, 267; Schlegelberger-*K. Schmidt*, § 105, Rn. 168, *Wiedemann*, Übertragung, 276 ff.; **GmbH:** BGH, Urteil v. 25.2.1965, BGHZ 43, 261, 267; Scholz-*H. Winter*, § 15, Rn. 7; *Wiedemann*, Übertragung, 276 ff.; *Hueck/Fastrich*, in: Baumbach/Hueck, § 14, Rn. 19; Hachenburg-*Raiser*, § 14, Rn. 32 f.; **AG:** *Hüffer*, AktG, § 8, Rn. 30; MünchHdb. GesR IV-*Wiesner*, § 17, Rn. 9 f.; **Partnership und limited partnership:** *Lord Jauncey of Tullichettle*, in: Hadlee v. Commissioner of Inland Revenue [1993] AC 524, 532; *Blackett-Ord*, Rn. 9.4; **SC:** *Bougnoux*, JCl. des Sociétés, Fasc. 48-60, Rn. 3; **SNC/SCS:** Cass. com., 17 juin 1974, Bull. civ. IV, n° 194; *Dereu*, JCl. des Sociétés, Fasc. 59-20, Rn. 180; **SARL:** *M. Storck*, JCl. des Sociétés, Fasc. 73-20, Rn. 100; **SA:** *Mercadal/Janin*, Mémento Soc. com., Rn. 18155.

[481] *Davies*, Gower's Principles, 302.

Anders stellt sich hingegen die Rechtslage hinsichtlich der mitgliedschaftlichen Vermögensrechte dar. Bei den untersuchten deutschen Gesellschaftsformen können die aus der Mitgliedschaft fließenden einzelnen Vermögensrechte unabhängig von der Übertragung der Mitgliedschaft abgetreten werden.[482] Hierzu zählt beispielsweise der Anspruch auf den Jahresgewinn oder auf eine Abfindung beim Ausscheiden.[483] Nicht gesondert abtretbar ist aber das sogenannte Vermögensstammrecht, das alle dem Gesellschafter auf Grund des Gesellschaftsvertrags zustehenden Vermögensrechte umfasst.[484]

Bei der *partnership* und der *limited partnership* ist eine gesonderte Abtretung der aus dem Gesellschaftsanteil fließenden Vermögensrechte im Gesetz ausdrücklich vorgesehen (s. 31 PA 1890: *assignment*), so dass an der Möglichkeit der gesonderten Abtretung dieser Rechte keine Zweifel bestehen.[485]

Wie eben erläutert, kann bei der *private* und der *public company* der *equitable owner*, dem die Vermögensrechte aus dem Anteil zustehen, personenverschieden vom *legal owner* sein, so dass auch hier die Vermögensrechte aus dem Gesellschaftsanteil abspaltbar sind.[486]

Da auch bei den französischen Gesellschaftsformen die sich aus dem Gesellschaftsanteil ergebenden Vermögensrechte gesondert abgetreten werden können,[487] lässt sich folgendes gemeinsames Prinzip bilden:

Gesondert abgetreten werden können die mit dem Gesellschaftsanteil verbundenen Vermögensrechte.

---

[482] **Deutsche Personengesellschaften:** § 717 S. 2 BGB; Schlegelberger-*K. Schmidt*, § 105, Rn. 168; MünchKomm-*Ulmer*, § 717, Rn. 14, § 705, Rn. 188; *H. P. Westermann*, Handbuch, Rn. I 653; **GmbH:** BGH, Urteil v. 19.9.1983, BGHZ 88, 205, 208; Scholz-*H. Winter*, § 14, Rn. 14; § 15, Rn. 8; *Lutter/Hommelhoff*, § 15, Rn. 1; *Hueck/Fastrich*, in: Baumbach/Hueck, § 14, Rn. 19; *Wiedemann*, Übertragung, 296 ff.; MünchHdb. GesR III-*Schiessl*, § 31, Rn. 31; **AG:** *Hüffer*, AktG, § 8, Rn. 30; MünchHdb. GesR IV-*Wiesner*, § 17, Rn. 9.

[483] Vgl. BGH, Urteil v. 19.9.1983, BGHZ 88, 205, 208; *Lutter/Hommelhoff*, § 15, Rn. 1 (für die GmbH, ist aber übertragbar).

[484] Begründet wird dies damit, dass das Gewinnstammrecht als wesentlicher Bestandteil der Mitgliedschaft anzusehen und in der Hand eines Nichtgesellschafters nicht vorstellbar sei, weil bei ihm die mitgliedschaftlichen Einwirkungsmöglichkeiten, aber auch die Verantwortlichkeit für die Gewinnerwirtschaftung und Gewinnermittlung nicht gegeben seien. Vgl. dazu: *H. P. Westermann*, Handbuch, Rn. I 653; MünchKomm-*Ulmer*, § 717, Rn. 14; *Wiedemann*, Übertragung, 400 f.

[485] Vgl. hierzu schon oben S. 52.

[486] Vgl. oben S. 125.

[487] *Dereu*, JCl. des Sociétés, Fasc. 59-20, Rn. 51. Vgl. auch *Mercadal/Janin*, Mémento Soc. com., Rn. 2854.

§ 17 Vereinigung aller Anteile in der Hand eines Gesellschafters

Kommt es durch eine Anteilsübertragung zu einer Vereinigung aller Anteile in der Hand eines Gesellschafters (entsteht dadurch also eine Einpersonengesellschaft), dann stellt sich die Frage, ob dies die Auflösung der Gesellschaft oder andere Rechtsfolgen nach sich zieht.

A. Automatische Auflösung der Gesellschaft

Hintergrund dieser Frage ist die Idee, dass jede Gesellschaft auf einem Vertragsverhältnis basiert und ein Vertragsschluss grundsätzlich mindestens zwei Vertragspartner erfordert. Diese Idee spiegelt sich noch heute in der Rechtslage bei den deutschen und englischen Personengesellschaften wider, bei denen das Ausscheiden des Mitglieds einer Zweipersonengesellschaft zur Auflösung der Gesellschaft führt.[488] Im Gegensatz dazu führt die Vereinigung aller Anteile in der Hand eines Gesellschafters bei den französischen Personengesellschaften sowie bei allen untersuchten Kapitalgesellschaften nicht zur automatischen Auflösung der Gesellschaft.[489] Das gilt auch für die *private* und *public company*, die französischen Personengesellschaften und die SA, obwohl für diese grundsätzlich eine Mindestzahl von zwei bzw. bei der SA von sieben Mitgliedern vorgeschrieben ist.[490] Für die Kapitalgesellschaften, denen der Zugang zum öffentlichen Kapitalmarkt verwehrt ist, (GmbH, *private company* und SARL) ergibt sich die Nichtauflösung der Gesellschaft im Fall der Vereinigung aller Anteile in der Hand eines Gesellschafters zwingend aus Art. 2 Abs. 1 der Zwölften gesellschaftsrechtlichen

---

[488] **Deutsche Personengesellschaften:** Ständige Rechtsprechung, vgl.: BGH, Urteil v. 10.5.1978, BGHZ 71, 296, 300; BGH, Urteil v. 12.7.1999, NJW 1999, 3557, 3557; BGH, Urteil v. 16.12.1999, NZG 2000, 474; MünchKomm-*Ulmer*, § 718, Rn. 13; *Baumbach/Hopt*, § 105, Rn. 18, § 131, Rn. 35, § 140, Rn. 25; *K. Schmidt*, GesR, § 8 IV 2 b; § 11 V 3 a aa; **Partnership und limited partnership:** Sturgeon Bros. v. Salmon (1906) 22 TLR 584; *Sterry*, in: Halsbury's Laws of England, Rn. 115; *Blackett-Ord*, Rn. 9.4; *Prime/Scanlan*, 179.

Das Gesellschaftsvermögen geht in diesem Fall auf den allein verbleibenden „Gesellschafter" über. Vgl. für die deutschen Personengesellschaften: BGH, Urteil v. 12.7.1999, NJW 1999, 3557.

[489] **GmbH:** Hachenburg-*Ulmer*, Anh. § 34, Rn. 60; vgl. auch *K. Schmidt*, GesR, § 8 IV 2 b, § 11 V 3 a, § 44 II 2; **AG:** vgl. § 2 AktG; **Private company:** s. 1 (3A) CA 1985; vgl. *Pennington*, Company Law, 4; **Public company:** s. 24 CA 1985; vgl. *Hannigan*, in: Farrar's Company Law, 58; **Französische Gesellschaften außer der SARL:** art. 1844-5 C. civ.; **SARL:** art. 223-4 C. com.; vgl. *M. Storck*, JCl. des Sociétés, Fasc. 73-20, Rn. 33.

[490] **Private und public company:** s. 1 (1) CA 1985. Vgl.: *Pennington*, Company Law, 4; *Hannigan*, in: Farrar's Company Law, 58; **SC, SNC und SCS:** Art. 1832 al. 1 C. civ.; **SA:** Art. L. 225-1 C. com.

EG-Richtlinie (Einpersonen-GmbH-Richtlinie), die bestimmt, dass diese Gesellschaften auch als Einpersonengesellschaften fortbestehen müssen.[491]

Dass es bei den deutschen und englischen Personengesellschaften im Gegensatz zu allen anderen Gesellschaften zur automatischen Auflösung der Gesellschaft kommt, steht damit in Zusammenhang, dass diese im Gegensatz zu allen anderen Gesellschaften über keine eigene Rechtspersönlichkeit verfügen. Sieht man die Gesellschaft nur als einen vertraglichen Verbund ihrer Mitglieder an, so erscheint es logisch, dass bei Vereinigung aller Anteile in der Hand eines Gesellschafters die Gesellschaft endet. Erkennt man hingegen an, dass es sich bei einer Gesellschaft um eine von den Mitgliedern zu unterscheidende eigene Einheit handelt, dann ist damit verbunden, dass die Gesellschaft auch als Einpersonengesellschaft bestehen kann. Diese höhere Stabilität der Gesellschaften mit eigener Rechtspersönlichkeit zeigt sich auch daran, dass diese nicht schon durch den Abschluss eines Gesellschaftsvertrags entstehen, sondern erst durch staatlichen Publizitätsakt, die Eintragung in ein öffentliches Register. In Deutschland wird aus diesem Grund bei den Gesellschaften mit eigener Rechtspersönlichkeit, den Kapitalgesellschaften, auch nicht vom Gesellschaftsvertrag gesprochen, sondern von der Satzung, in England von *memorandum* bzw. *articles* (im Gegensatz zum *partnership agreement* bei den Personengesellschaften) und in Frankreich von Statuten (*statuts*). Es gelten folgende gemeinsame Prinzipien:

> Kommt es durch eine Übertragung von Anteilen auf einen Mitgesellschafter zur Vereinigung aller Anteile in der Hand eines Gesellschafters, dann führt dies bei den Gesellschaften, die nicht über eine eigene Rechtspersönlichkeit verfügen, zur Auflösung der Gesellschaft. Bei den Gesellschaften, die über eine eigene Rechtspersönlichkeit verfügen, führt die Vereinigung aller Anteile in der Hand eines Gesellschafters jedenfalls nicht zur automatischen Auflösung der Gesellschaft.

B. Keine automatische Auflösung der Gesellschaft

GmbH, *private company* und SARL können auf Grund der Einpersonen-GmbH-Richtlinie[492] auch als Einpersonengesellschaft bestehen. Dies gilt (seit 1994) auch für die AG.[493]

---

[491] Zwölfte gesellschaftsrechtliche Richtlinie vom 21.12.1989 (89/667/EWG), abgedruckt bei *Lutter*, Europäisches Unternehmensrecht, 274, und *Schwarz*, EuGesR – Textsammlung, Nr. 12.

[492] Zur Einpersonen-GmbH-Richtlinie vgl. die Nachweis in Fn. 491.

[493] **GmbH:** § 1 GmbHG; **Private company:** s. 1 (3A) CA 1985; vgl. *Pennington*, Company Law, 4; **SARL:** art. 223-4 C. com.; vgl. *M. Storck*, JCl. des Sociétés, Fasc. 73-20, Rn. 33; **AG:** § 2 AktG. Dieser Paragraf wurde entsprechend verändert durch das Gesetz für kleine Aktiengesell-

Die anderen Gesellschaften mit eigener Rechtspersönlichkeit – die *public company*, die französischen Personengesellschaften sowie die SA – dürfen hingegen nicht dauerhaft als Einpersonengesellschaft bestehen. Aus diesem Grund ist für die französischen Personengesellschaften und die SA vorgesehen, dass nach Ablauf eines Jahres (nach Vereinigung aller Anteile in einer Hand) jeder Interessierte vor Gericht die Auflösung der Gesellschaft verlangen kann.[494] Bei der *public company* hat aus dem gleichen Grund die Fortführung der Gesellschaft mit einer Person nach sechs Monaten die unbeschränkte Haftung des alleinigen Gesellschafters für die Gesellschaftsverbindlichkeiten zur Folge.[495]

Somit lässt sich an dieser Stelle nur hinsichtlich der Kapitalgesellschaften, denen der Zugang zum öffentlichen Kapitalmarkt verwehrt ist, folgendes gemeinsame Prinzip formulieren:

Jedenfalls bei den Kapitalgesellschaften, denen der Zugang zum öffentlichen Kapitalmarkt nicht offen steht, führt die Vereinigung aller Anteile in der Hand eines Gesellschafters auch später nicht zu rechtlichen Konsequenzen.

schaften und zur Deregulierung des Aktienrechts vom 02.08.1994 (BGBl. I, 1961). Vorher waren zur Gründung einer AG mindestens fünf Personen notwendig. Vgl. MünchKommAktG-*Heider*, § 2, Rn. 6.

494 **SC, SNC und SCS:** art. 1844-5 C. civ. vor; **SA:** art. L. 225-247 al 1 C. com.

495 S. 24 CA 1985. Vgl. *Hannigan*, in: Farrar's Company Law, 58.

Zweiter Teil: Eintritt von Gesellschaftern

Vom Eintritt eines Gesellschafters spricht man, wenn eine Person einen Gesellschaftsanteil nicht – wie bei der Anteilsübertragung – durch Rechtsgeschäft mit einem Gesellschafter erwirbt (derivativer Erwerb), sondern es sich um den originären Erwerb eines Gesellschaftsanteils durch Rechtsgeschäft mit der Gesellschaft (bzw. allen Gesellschaftern) handelt.[496] Im Gegensatz zur Übernahme von Anteilen bei der Gründung der Gesellschaft handelt es sich beim Eintritt eines Gesellschafters um einen nachträglichen Erwerb der Mitgliedschaft. Es ist beim Eintritt von Gesellschaftern zwischen Personen- und Kapitalgesellschaften zu unterscheiden.

Erster Abschnitt: Personengesellschaften

§ 18 Voraussetzungen

A. Gesetzliche Regelung

Die Frage, ob es zum Eintritt eines neuen Gesellschafters in eine Personengesellschaft der Zustimmung der Gesellschafter bedarf, ist genauso zu beantworten wie die oben behandelte Frage der Möglichkeit der Mitgesellschafter, auf die Übertragung von Anteilen Einfluss zu nehmen.[497] Dies liegt daran, dass hier die gleiche Interessenlage vorliegt wie bei der Aufnahme neuer Mitglieder durch die Übertragung von Anteilen. Das Funktionieren der Personengesellschaften hängt ihrer Grundkonzeption nach von den Persönlichkeiten der einzelnen Gesellschafter ab, so dass jedem Mitglied das Recht eingeräumt wird, das Eindringen von unerwünschten dritten Personen in die Gesellschaft zu verhindern.[498] Es gilt deshalb folgendes gemeinsames Prinzip:

Für den Eintritt in eine Personengesellschaft bedarf es der Zustimmung aller Gesellschafter.[499]

---

[496] Ebenso: *K. Schmidt*, GesR, § 19 II 1 b.

[497] Es kann insofern auf die diesbezüglichen Ausführungen verwiesen werden. Vgl. oben S. 58 ff.

[498] **Deutsche Personengesellschaften:** *K. Schmidt*, GesR, § 45 II 3 a; **Partnership und limited partnership:** *Morse*, Partnership Law, 163 (unter Verweis darauf, dass die Zustimmung aller Gesellschafter zum Eintritt eines neuen Gesellschafters auch schon im römischen Recht vorgesehen war); **SC, SNC und SCS:** *Alfandari/Jeantin*, Anm. zu CA Paris, 19 mars 1982, RTD com. 1982, 258; *Bougnoux*, JCl. des Sociétés, Fasc. 48-70, Rn. 46.

[499] **Deutsche Personengesellschaften:** RG, Urteil v. 4.3.1930, RGZ 128, 172, 176; BGH, Urteil v. 6.2.1958, BGHZ 26, 330, 333; BGH, Urteil v. 3.11.1997, NJW 1998, 1225, 1226; *Koller*, in: Koller/Roth/Morck, § 105, Rn. 46; *K. Schmidt*, GesR, § 45 II 3 a; *Grunewald*, GesR, 1. A.,

B. Vertragliche Abwandlungen und ihre Grenzen

Auch für die Frage, ob bei den Personengesellschaften in den drei untersuchten Rechtsordnungen im Gesellschaftsvertrag vereinbart werden kann, dass ein einstimmiger Beschluss der Gesellschafter für den Eintritt eines neuen Gesellschafters nicht notwendig ist, gelten die gleichen Erwägungen, wie sie oben zur Gestaltung der Anteilsvinkulierung angestellt wurden,[500] so dass auch an dieser Stelle hierauf verwiesen wird.[501] Es gilt folgendes gemeinsames Prinzip:

> Bei den Personengesellschaften kann durch den Gesellschaftsvertrag von dem Erfordernis der Zustimmung aller Gesellschafter bei Eintritt eines neuen Gesellschafters beliebig abgewichen werden. Eine Änderung des Gesellschaftsvertrags, durch die der Eintritt einer neuen Person in die Gesellschaft auch ohne die Zustimmung aller Gesellschafter ermöglicht wird, bedarf der Zustimmung sämtlicher Gesellschafter.

§ 19 Rechtsfolgen

A. Änderung der Beteiligungsverhältnisse

Hinsichtlich der Frage, wie groß der Gesellschaftsanteil des eintretenden Gesellschafters ist und wie sich dementsprechend die Beteiligungsverhältnisse der Altgesellschafter verändern, besteht Vertragsfreiheit.[502] Es gilt deshalb folgendes gemeinsames Prinzip:

Rn. 129, 1. B., Rn. 59 u. 1. C., Rn. 53; MünchKomm-*Ulmer*, § 719, Rn. 17, *Kübler*, § 6 IV 4 a; *Hüffer*, GesR, § 20 1; **Partnership und limited partnership:** s. 24 (7) PA 1890; vgl. *McGee/Williams*, 18 f.; *Sterry*, in: Halsbury's Laws of England, Volume 35, Rn. 99; **SC:** art. 1861 C. civ. analog; CA Paris, 19 mars 1982, RTD com. 1982, 258 (Anm. *Alfandari/Jeantin*); *Bougnoux*, JCl. des Sociétés, Fasc. 48-70, Rn. 46; a. A.: *Bézard*, Rn. 1215; **SNC/SCS:** Für diese ist dies explizit vorgesehen in folgendem Typenvertrag: *Lesguillier*, JCl. Sociétés Formulaire, Fasc. G-25, Art. 9 al. 2.

[500] **Deutsche Personengesellschaften:** MünchHdb. GesR I-*Piehler*, § 65, Rn. 4; Beck Hdb. Personengesellschaften-*Sauter*, § 2, Rn. 201; *Baumbach/Hopt*, § 105, Rn. 67; **Partnership und limited partnership:** vgl. s. 24 PA 1890; *Morse*, Partnership Law, 163; *Blackett-Ord*, Rn. 7.22; **SC, SNC und SCS:** Bei diesen gilt das Gleiche wie bei der Anteilsübertragung, also gilt bei der SC art. 1861 al. 2 C. civ. (analog) und bei der SNC/SCS art. L. 221-13 C. com (analog).

[501] Vgl. oben S. 64 ff.

[502] Bei den deutschen Personengesellschaften spricht man in diesem Zusammenhang von „Anwachsung", d. h. der neue Gesellschafter erwirbt mit dem Tag des Eintritts automatisch eine Beteiligung an der Gesamthand, während bei den anderen Gesellschaftern „Abwachsung" eintritt. Vgl. MünchKomm-*Ulmer*, § 718, Rn. 8; *K. Schmidt*, GesR, § 45 II 5, § 8 IV 2 a.

Durch den Eintritt eines Gesellschafters in eine Personengesellschaft erwirbt der neue Gesellschafter eine Beteiligung an der Gesellschaft in dem im Aufnahmevertrag bestimmten Umfang. Ebenso ändern sich die Beteiligungsverhältnisse der Altgesellschafter in dem Maße, wie es im Aufnahmevertrag bestimmt ist.

B. Haftung des eintretenden Gesellschafters für Altverbindlichkeiten der Gesellschaft

Hinsichtlich der persönlichen Haftung des eintretenden Gesellschafters für die Gesellschaftsverbindlichkeiten gilt das Gleiche wie beim Eintritt eines Gesellschafters durch den Erwerb von Gesellschaftsanteilen.[503]

C. Auswirkungen auf den Namen der Gesellschaft

Auch hinsichtlich der Auswirkungen auf den Namen der Gesellschaft gilt das Gleiche wie beim Eintritt eines Gesellschafters durch die Übertragung von Gesellschaftsanteilen.[504]

Zweiter Abschnitt: Kapitalgesellschaften

§ 20 Eintritt durch Übernahme neuer Anteile bei einer Kapitalerhöhung

Für die Kapitalgesellschaften ist weder in Deutschland noch in England und Frankreich ein spezielles Eintrittsverfahren für neue Gesellschafter vorgesehen.[505] Dies hängt mit der mangelnden Flexibilität des Kapitalgesellschaftsrechts zusammen, das von einer grundsätzlich unveränderbaren Anzahl von Gesellschaftsanteilen ausgeht. Eine flexible vertragliche Bestimmung der Größe der von den jeweiligen Mitgliedern gehaltenen Anteile, durch die im Recht der Personengesellschaften das Ausscheiden und der Eintritt von neuen Gesellschaftern problemlos ermöglicht wird, ist dem Kapitalgesellschaftsrecht fremd. Gleichwohl bietet bei allen untersuchten Kapitalgesellschaften eine Kapitalerhöhung die Möglichkeit, in die Gesellschaft einzutreten, so dass folgendes gemeinsames Prinzip gilt:

---

503 Vgl. oben S. 109 ff.

504 Vgl. oben S. 114 ff.

505 Für das deutsche Recht ausdrücklich: *K. Schmidt*, GesR, § 28 I 1 b.

In eine Kapitalgesellschaft kann eine Person dadurch eintreten, dass sie bei einer Kapitalerhöhung neue Gesellschaftsanteile übernimmt.[506]

§ 21 Voraussetzungen

A. Satzungsändernder Kapitalerhöhungsbeschluss

Jede Kapitalerhöhung setzt voraus, dass die Gesellschafterversammlung durch eine Änderung der Satzung eine Erhöhung des (in der Satzung festgelegten) Gesellschaftskapitals beschließt. Für die AG, SA und die *public company* ergibt sich dies zwingend aus Art. 25 Abs. 1 der Zweiten gesellschaftsrechtlichen EG-Richtlinie (Kapitalrichtlinie)[507].[508]

Für diesen satzungsändernden Beschluss der Gesellschafterversammlung ist bei den deutschen und französischen Kapitalgesellschaften eine qualifizierte Mehrheit vorgeschrieben. Bei der AG bedarf es einer Mehrheit von mindestens drei Vierteln des bei der Beschlussfassung vertretenen Grundkapitals[509] und einer einfachen Mehrheit der Stimmen,[510] bei der GmbH ist eine Mehrheit von drei Vierteln der abgegebenen Stimmen erforderlich,[511] bei der SA bedarf es einer Stimmenmehrheit von zwei Dritteln der anwesenden bzw.

---

[506] **GmbH:** § 55 GmbHG; **AG:** § 185 AktG; **Private und public company:** s. 121 CA 1985; **SARL:** *Mercadal/Janin*, Mémento Soc. com., Rn. 5821; **SA:** art. L. 225-127 ff. C. com.

Sowohl bei den deutschen als auch bei den französischen Kapitalgesellschaften kennt man nicht nur die reguläre Kapitalerhöhung, die durch die Zuführung neuer Mittel realisiert wird (Kapitalerhöhung gegen Einlagen), sondern auch eine Kapitalerhöhung, die nur aus Gesellschaftsmitteln erfolgt (nominelle Kapitalerhöhung). Der nominellen Kapitalerhöhung entspricht im *company law* die Ausgabe von *bonus shares*. Sowohl bei der Kapitalerhöhung aus Gesellschaftsmitteln als auch bei der Ausgabe von *bonus shares* stehen die neu ausgegebenen Anteile jedoch zwingend den Altgesellschaftern zu (AG: § 212 AktG, GmbH: § 57 j GmbHG; SA: *Mercadal/Janin*, Mémento Soc. com., Rn. 12006; Companies: art. 110 Table A; *Hannigan*, in: Farrar's Company Law, 167), so dass auf diese Art und Weise nicht der Eintritt eines neuen Gesellschafters erreicht werden kann. Aus diesem Grund ist diese Art der Kapitalerhöhung nicht Gegenstand dieser Untersuchung.

[507] Zweite gesellschaftsrechtliche Richtlinie vom 13. Dezember 1976 (Kapitalrichtlinie) (77/91/EWG), abgedruckt bei *Lutter*, Europäisches Unternehmensrecht, 114, und bei *Schwarz*, EuGesR - Textsammlung, Nr. 2.

[508] EuGH, Rs. C-19/90 und C-20/90 (Karella und Karellas), Slg. 1991-I, 2691, 2710; EuGH, Rs. C-381/89 (Evangeliki Ekklesia), Slg. 1992-I, 2111, 2134; EuGH, Rs. C-134/91 und C-135/91 (Kerafina), Slg. 1992-I, 5699, 5713; *Hirte*, KapGesR, Rn. 6.15.

[509] § 182 Abs. 1 S. 1 AktG.

[510] *Lutter*, in: Kölner Komm. AktG, § 182, Rn. 5; MünchHdb. GesR IV-*Krieger*, § 56, Rn. 13; *Wiedemann*, in: Großkomm. AktG, § 182, Rn. 39; *Hüffer*, AktG, § 182, Rn. 7.

[511] § 3 Abs. 1 Nr. 3 i. V. m. § 53 Abs. 2 GmbHG. Vgl. *Lutter/Hommelhoff*, § 55, Rn. 12.

vertretenen Aktionäre[512] und bei der SARL bedarf es einer Kapitalmehrheit von mindestens drei Vierteln des Kapitals[513] sowie nach wohl herrschender Meinung zusätzlich einer Mehrheit nach Köpfen (soweit die neuen Anteile von außenstehenden Personen übernommen werden)[514].

Bei der *private* und der *public company* setzt eine Kapitalerhöhung durch die Ausgabe neuer Anteile eine Ermächtigung durch die Generalversammlung in zweifacher Hinsicht voraus. Zum einen muss das durch mehrheitlichen Beschluss der Generalversammlung (*general meeting*)[515] in der Gründungsurkunde (dem *memorandum*) festgelegte Nominalkapital (*authorised share capital*) einen weitergehenden Finanzierungsspielraum erlauben.[516] Zum anderen setzt die (konkrete) Ausgabe neuer Anteile durch die Direktoren eine Ermächtigung durch einen Mehrheitsbeschluss der Gesellschafterversammlung oder durch eine Bestimmung in den *articles* voraus.[517]

Auf Grund der unterschiedlichen Mehrheitsanforderungen an den Beschluss über die Kapitalerhöhung kann nur folgende Gemeinsamkeit festgehalten werden:

Jede Kapitalerhöhung muss von der Gesellschafterversammlung beschlossen werden.

[512] Art. L. 225-129 C. com. i. V. m. art. L. 225-96 al. 3 C. com (Beschluss einer außerordentlichen Generalversammlung). Die außerordentliche Generalversammlung ist beschlussfähig, wenn die anwesenden bzw. vertretenen Aktionäre mindestens die Hälfte der stimmberechtigten Aktien auf sich vereinigen (art. L. 225-96 al. 2 C. com.). Ist die Generalversammlung nicht beschlussfähig, beträgt das Quorum bei einer zweiten Einberufung ein Viertel der stimmberechtigten Aktien (art. L. 225-96 al. 2 C. com.).

[513] Art. L. 223-30 al. 2 C. com. Vgl. *Mercadal/Janin*, Mémento Soc. com., Rn. 5820.

[514] Art. L. 223-14 al. 1 C. com. analog. Für dieses zusätzliche Erfordernis: *Mercadal/Janin*, Mémento Soc. com., Rn. 5821; *Germain*, Ripert/Roblot 1-2, Rn. 1336; a. A.: *Naffah*, JCl. des Sociétés, Fasc. 78-20, Rn. 7; *Hémard/Terré/Mabilat*, t. 1, Rn. 540.

[515] S. 121 (4) CA 1985. Vgl. MacConnell v. E. Prill & Co. Ltd. [1916] 2 Ch. 57; *Morse*, in: Palmer's Company Law, 4.204.

[516] *Morse*, in: Palmer's Company Law, 4.002. Es bedarf zusätzlich einer in den *articles* enthaltenen Ermächtigung zur Änderung des *memorandum* (s. 121 (1), CA 1985). Da eine solche Ermächtigung aber Bestandteil der Mustersatzung von Table A ist (art. 32 (a) Table A), bedarf es grundsätzlich nicht der Einfügung einer solchen Ermächtigungsklausel. Vgl. *Morse*, in: Palmer's Company Law, 4.203.

[517] S. 80 (1) CA 1985. Vgl. *Morse*, in: Palmer's Company Law, 4.203; *Boyle & Birds*, 191. Allerdings hat die *Company Law Review Steering Group* des DTI nunmehr vorgeschlagen, dass s. 80 CA 1985 in Zukunft auf die *private company* keine Anwendung mehr finden soll, mit der Folge, dass dann Kapitalerhöhungen bei der *private company* von den Direktoren durchgeführt werden könnten. Vgl. *Company Law Review Steering Group*, Final Report I, Rn. 4.5.

B. Ermächtigung des Geschäftsführungsorgans zur Durchführung der Kapitalerhöhung

In allen drei untersuchten Rechtsordnungen spielen in der Praxis vor allem Kapitalerhöhungen eine Rolle, zu deren Vornahme das Geschäftsführungsorgan der Gesellschaft von der Gesellschafterversammlung im Voraus ermächtigt wurde. In Deutschland spricht man in diesem Zusammenhang von genehmigtem Kapital.[518] Hierdurch erreichen vor allem große Gesellschaften eine höhere Flexibilität im Hinblick auf die Entscheidung über den günstigsten Zeitpunkt der Kapitalerhöhung, da es bei einer Vorausermächtigung nicht einer (aufwändigen) Einberufung einer Gesellschafterversammlung bedarf, sondern ein Beschluss des Geschäftsführungsorgans ausreichend ist.[519] Das Geschäftsführungsorgan kann bei der AG, bei der SA[520] und bei der *public company* jedoch, so bestimmt es Art. 25 Abs. 2 S. 3 der europäischen Kapitalrichtlinie,[521] nur für maximal fünf Jahre im Voraus zur Durchführung einer Kapitalerhöhung ermächtigt werden.[522] Bei der GmbH und der SARL hingegen ist eine Vorausermächtigung der Geschäftsführung zur Durchführung einer Kapitalerhöhung vom Gesetz nicht vorgesehen.[523]

Anders als das Recht der AG und der SA unterscheidet das englische *company law* nicht zwischen zwei verschiedenen Arten von Kapitalerhöhung, d. h. einer Kapitalerhöhung durch das Geschäftsführungsorgan auf Grund einer Ermächtigung durch die Gesellschafterversammlung auf der einen Seite

---

518 Das genehmigte Kapital (*authorised capital*) war ursprünglich nur eine Einrichtung des anglo-amerikanischen Rechts und wurde 1937 in das deutsche AktG übernommen. Vgl. dazu *Henn*, Rn. 1268.

519 So für das Recht der französischen SA: *Mercadal/Janin*, Mémento Soc. com., Rn. 11609.

520 Bei einer SA, deren Anteile an einem geregelten Markt (*premier* oder *second marché*, *nouveau marché*) gehandelt werden, kann der Aufsichtsrat bzw. der Vorstand die Befugnis zur Durchführung der Kapitalerhöhung sogar auf den Präsidenten der Gesellschaft (*Président-directeur générale, PDG*) allein übertragen (art. L. 180-V al. 1 C. com.).

521 Zur Kapitalrichtlinie vgl. die Nachweise in Fn. 507.

522 **AG:** § 202 Abs. 1, 2 AktG (sogenanntes genehmigtes Kapital); **Private und public company:** s. 80 (4) CA 1985; **SA:** art. L. 225-130 al. 1 C. com. Bei der SA stellt diese Bestimmung eine Ausnahme von dem Grundsatz dar, dass die Entscheidung über die Kapitalerhöhung nicht von der Generalversammlung auf das Geschäftsführungsorgan (den *conseil d'administration* bzw. das *directoire*) delegiert werden darf (art. L. 225-129-I u VI. C. com.). Vgl. dazu *Saintourens*, Rev. soc. 1994, 625, 630 f.; *Mercadal/Janin*, Mémento Soc. com., Rn. 11609.

523 Ausdrücklich für die GmbH: *Raiser*, § 39, Rn. 1. Allerdings ist zumindest bei der GmbH eine Kapitalerhöhung, die dem genehmigten Kapital bei der AG vergleichbar ist, denkbar. So kann die Kapitalerhöhung bei der GmbH bis zu einem Höchstbetrag und unter der Bedingung erfolgen, dass sie nur soweit durchgeführt werden soll, wie entsprechende Übernahmeverträge geschlossen werden. Vgl.: RG, Urteil v. 26.6.1914, RGZ 85, 205, 207; *Lutter/Hommelhoff*, § 55, Rn. 16; Scholz-*Priester*, § 55, Rn. 20; Hachenburg-*Ulmer*, § 55, Rn. 13; *Zöllner*, in: Baumbach/Hueck, § 55, Rn. 6; *Raiser*, § 39, Rn. 3; *Grunewald*, GesR, 2. F., Rn. 125; *Hirte*, KapGesR, Rn. 6.40.

und einer Kapitalerhöhung durch Beschluss der Gesellschafterversammlung auf der anderen Seite. Vielmehr entscheiden dort nach dem gesetzlichen Regelfall immer die Direktoren der Gesellschaft auf der Grundlage einer Ermächtigung der Generalversammlung über die Durchführung der Kapitalerhöhung. Die Direktoren können das Kapital der Gesellschaft (selbstständig) bis zur Höhe des Nominalkapitals (*nominal capital*, *registered capital* oder *authorised share capital* genannt) heraufsetzen, dessen Höhe (auf Grund eines Beschlusses der Generalversammlung) in der Gründungsurkunde (dem *memorandum*) festgelegt ist (s. 2 (5) (a) CA 1985). Eines (zusätzlichen) Beschlusses der Generalversammlung bedarf es deshalb nur, wenn durch die Kapitalerhöhung der durch das Nominalkapital vorgegebene Rahmen überschritten werden würde.[524] Die ordentliche Kapitalerhöhung und das genehmigte Kapital gehen also nach englischem Recht ineinander über, da die Ausgabe neuer Aktien in beiden Fällen als eine – von einer unterschiedlich weit reichenden Ermächtigung der Gesellschafterversammlung abhängige – Maßnahme der Geschäftsführung angesehen wird.[525]

Die Ermächtigung des Geschäftsführungsorgans zur Durchführung einer Kapitalerhöhung ist nur bei den Kapitalgesellschaften vorgesehen, denen der Zugang zum öffentlichen Kapitalmarkt offen steht, weil es sich bei diesen idealtypischerweise um Publikumsgesellschaften handelt, bei denen die Einberufung einer Gesellschafterversammlung mit größerem Aufwand verbunden ist. Insofern besteht bei dieser Art von Gesellschaften das größte Bedürfnis, der Gesellschaft durch eine Ermächtigung der Geschäftsführung im Hinblick auf den Zeitpunkt der Durchführung einer Kapitalerhöhung die nötige Flexibilität zu erhalten. Es gilt folgendes gemeinsames Prinzip:

> Bei den Kapitalgesellschaften, denen der Zugang zum öffentlichen Kapitalmarkt offen steht, kann das Geschäftsführungsorgan der Gesellschaft durch Beschluss der Gesellschafterversammlung für einen Zeitraum von maximal fünf Jahren im Voraus zur Durchführung einer Kapitalerhöhung ermächtigt werden.

C. Übernahmevertrag

Für alle untersuchten Kapitalgesellschaften gilt übereinstimmend:

---

524 *Mayson/French/Ryan*, 6.1.11.; *Morse*, in: Palmer's Company Law, 4.003; *Boyle & Birds*, 192.

525 In diesem Sinne *Wiedemann*, in: Großkomm. AktG, § 182, Rn. 24; ähnlich *Triebel/Hodgson/Kellenter/Müller*, Rn. 634.

Die Übernahme der durch eine Kapitalerhöhung entstandenen neuen Gesellschaftsanteile erfolgt durch Vertragsschluss zwischen der Gesellschaft und dem eintretenden Gesellschafter.[526]

Bei den Publikumsgesellschaften wird in der Praxis heute fast stets ein Bankenkonsortium eingeschaltet, das entweder alle Aktien zur anschließenden Weitergabe übernimmt oder aber zumindest eine Garantie für die Unterbringung der Emission übernimmt (sogenanntes *underwriting*).[527]

D. Leistung der Einlage

Bei allen Kapitalgesellschaften sind besondere Bestimmungen zu beachten, die gewährleisten sollen, dass die Einlagen auf die übernommenen Gesellschaftsanteile bei Übernahme der Anteile auch tatsächlich in dem vorgeschriebenen Umfang erbracht werden.[528] Hierbei gelten ähnliche oder sogar die gleichen Vorschriften wie für die Kapitalaufbringung bei Gründung der Gesellschaft.[529] So müssen beispielsweise bei der AG, der *public company* und der SA bei Bareinlagen mindestens ein Viertel des Nennbetrags einbezahlt sein.[530] Es gilt demnach folgendes gemeinsames Prinzip:

Hinsichtlich der Leistung von Einlagen auf die im Rahmen einer Kapitalerhöhung übernommenen Anteile müssen wie bei der Gründung der Gesellschaft besondere Bestimmungen zur Kapitalaufbringung beachtet werden.

---

[526] **AG:** § 185 Abs. 1 AktG. Vgl.: *Lutter*, in: Kölner Komm. AktG, § 185, Rn. 5; *Wiedemann*, in: Großkomm. AktG, § 185, Rn. 38; MünchHdb. GesR IV-*Krieger*, § 56, Rn. 100; **GmbH:** *Raiser*, § 39, Rn. 8; *Grunewald*, GesR, 2. F., Rn. 124; **Private und public company:** *Morse*, Charlesworth & Morse, 113; *Boyle & Birds*, 197.

[527] **AG:** *Raiser*, § 20, Rn. 4; im Gesetz ist dieses Verfahren durch § 186 Abs. 5 AktG indirekt anerkannt; **Public company:** *Pennington*, Company Law, 357; *Morse*, Charlesworth & Morse, 109.

[528] **AG:** §§ 183, 188 Abs. 2 S. 1, 36 Abs. 2, 36a AktG; **GmbH:** §§ 56 ff. GmbHG; **Public company:** *Pennington*, Company Law, 187; *Morse*, Charlesworth & Morse, 120 f; *Boyle & Birds*, 200; **Private company:** Re Wragg Ltd. [1897] 1 Ch. 796; Park Business Interiors Ltd. v. Park [1992] BCLC 1034; *Morse*, Charlesworth & Morse, 122; **SA:** vgl.: art. L. 225-128 C. com.; *Bastian/Germain*, in: Jura Europae II, 30.10, Rn. 141; **SARL:** *Mercadal/Janin*, Mémento Soc. com., Rn. 5824 ff.

[529] **AG:** vgl. den Verweis in § 188 Abs. 2 S. 1 AktG; **SARL:** *Mercadal/Janin*, Mémento Soc. com., Rn. 5828; **SA:** *Bastian/Germain*, in: Jura Europae II, 30.10, Rn. 141.

[530] Dies ergibt sich aus Art. 9 Abs. 1 der europäischen Kapitalrichtlinie, die in folgenden Bestimmungen umgesetzt wurde: **AG:** § 188 Abs. 2 S. 1 i. V. m. § 36a AktG; **Public company:** s. 101 CA 1985; **SA:** art. L. 225-144 C. com.

§ 22 Bezugsrecht der Altgesellschafter

A. Gesetzliche Regelung

Unter dem Bezugsrecht versteht man das Recht der Altgesellschafter, neue Aktien aus einer Kapitalerhöhung selbst in dem Umfang zu übernehmen, wie die Gesellschafter zuvor bereits an der Gesellschaft beteiligt waren.[531] Das Bezugsrecht erfüllt dabei vor allem zwei Funktionen. Zum einen dient es dazu, die Herrschaftsbefugnisse der Altgesellschafter zu sichern. Denn durch die Ausgabe neuer Anteile wird der Umfang der Beteiligungsrechte (relativ) geringer.[532] Zum anderen dient es dazu, die Altgesellschafter vor finanziellen Nachteilen zu bewahren.[533] Dies steht damit in Zusammenhang, dass der prozentuale Anteil am Gesellschaftsvermögen den Gesellschaftern entsprechende Ansprüche auf die jährliche Gewinnausschüttung gibt. Werden neue Anteile ausgegeben, dann verteilt sich der auszuschüttende Gewinn insgesamt auf eine größere Anzahl von Anteilen und die Auszahlung pro Anteil vermindert sich entsprechend. Darüber hinaus kann der Gesellschafter auch einen realen Vermögensverlust erleiden, wenn die neuen Anteile, um einen größeren Kaufanreiz zu schaffen, zu einem Preis ausgegeben werden, der unter dem Marktpreis liegt.[534] Erhält der Gesellschafter hingegen die Möglichkeit, durch den Bezug neuer Anteile seine Quote aufrechtzuerhalten, so ändert sich für ihn *de facto* nichts.[535]

I. Bezugsrecht bei Barkapitalerhöhungen

Art. 29 der europäischen Kapitalrichtlinie[536] sieht vor, dass den Mitgliedern aller Kapitalgesellschaften, denen der Zugang zum öffentlichen Kapitalmarkt offen steht, also der AG, der *public company* und der SA, im Falle einer Ka-

---

531 Zur Definition des Bezugsrechts vgl. Art. 29 Abs. 1 der europäischen Kapitalrichtlinie sowie: *Hirte*, KapGesR, Rn. 6.23; *Boyle & Birds*, 193.

532 *Hirte*, DStR 2001, 577; *Lutter*, in: Kölner Komm. AktG, § 186, Rn. 6; *Hefermehl/Bungeroth*, in: Geßler/Hefermehl, AktG, § 186, Rn. 1; *Hannigan*, in: Farrar's Company Law, 167; *Guyon*, Droit des affaires, Rn. 431; *Mercadal/Janin*, Mémento Soc. com., Rn. 11710.

533 *Davies*, Gower's Principles, 306; *Mercadal/Janin*, Mémento Soc. com., Rn. 11710; *Hirte*, DStR 2001, 577; *K. Schmidt*, GesR, § 29 III 2 d; *Wilhelm*, Rn. 588.

534 *Lutter*, in: Kölner Komm. AktG, § 186, Rn. 6; *Davies*, Gower's Principles, 306; *Hannigan*, in: Farrar's Company Law, 167.

535 *Lutter*, in: Kölner Komm. AktG, § 186, Rn. 6; *Wiedemann*, in: Großkomm. AktG, § 186, Rn. 13; *Wymeersch*, AG 1998, 382, 383.

536 Zur Kapitalrichtlinie vgl. die Nachweise in Fn. 507.

pitalerhöhung gegen Bareinlagen ein gesetzliches Bezugsrecht zusteht.[537] Während bei der AG[538] und der SA (*droit préférentiel de souscription*)[539] auch schon vor In-Kraft-Treten der Kapitalrichtlinie ein gesetzliches Bezugsrecht bestand,[540] wurde ein solches bei der *public company* erst in Umsetzung der Richtlinie im Companies Act 1980[541] als sogenanntes *pre-emption right* neu eingeführt.[542] Daneben existiert ein gesetzliches Bezugsrecht auch bei der GmbH[543] und seit der Einführung des Bezugsrechts bei der *public company* auch bei der *private company.*[544]

Während von der ganz herrschenden Ansicht in der deutschen Literatur das für die AG im Gesetz festgeschriebene Bezugsrecht wegen der Vergleichbarkeit der Interessenlagen auf die GmbH übertragen wird, obwohl es dort an einer ausdrücklichen gesetzlichen Regelung des Bezugsrechts fehlt,[545] hat die französische Rechtsprechung denselben Schritt im Hinblick auf die gleiche Rechtslage bei der SARL abgelehnt. Deshalb fehlt es bei der SARL als einziger untersuchter Kapitalgesellschaftsform an einem gesetzlichen Be-

---

537 Einen rechtsvergleichenden Überblick über das Bezugsrecht bei Kapitalerhöhungen auch in anderen Ländern als Deutschland, England und Frankreich bietet: *Couret*, Rev. soc. 1979, 505 ff.

538 § 186 Abs. 1 AktG. Vgl. *Hirte*, KapGesR, Rn. 6.23; *Lutter*, in: Kölner Komm. AktG, § 186, Rn. 1 ff.; *Wiedemann*, in: Großkomm. AktG, § 186, Rn. 1 ff.

539 Art. L. 225-132 C. com. Vgl.: *Merle*, Rn. 556; *Guyon*, Droit des affaires, Rn. 431; *Germain*, Ripert/Roblot I-2, Rn. 1934; *Mercadal/Janin*, Mémento Soc. com., Rn. 11710.

540 Es existieren in allen drei untersuchten Rechtsordnungen auch Ausnahmen, auf deren nähere Erörterung hier aber verzichtet wird. So besteht in Deutschland z. B kein Bezugsrecht bei der bedingten Kapitalerhöhung (§ 192 AktG): Diese dient ganz bestimmten Zwecken (z. B. der Gewährung von Bezugsrechten an Arbeitnehmer), mit denen eine Verteilung der neuen Aktien unter die Aktionäre nicht vereinbar wäre (vgl. *Grunewald*, GesR, 2. C., Rn. 163). Bei den *companies* z. B. besteht generell kein Bezugsrecht, wenn Anteile an Arbeitnehmer ausgeben werden (s. 89 (4) CA 1985).

541 Das Bezugsrecht ergibt sich heute aus s. 89 CA 1985. Vgl.: *Davies*, Gower's Principles, 305 ff.; *Pennington*, Company Law, 288 f.; *Hannigan*, in: Farrar's Company Law, 167 f.

542 *Hannigan*, in: Farrar's Company Law, 167 f.; *Boyle & Birds*, 192 f.

543 Scholz-*Priester*, § 55, Rn. 41; *Lutter/Hommelhoff*, § 55, Rn. 20; *Zöllner, in:* Baumbach/Hueck, § 55, Rn. 13; *Raiser*, § 39, Rn. 6; *Grunewald*, GesR, 2. F., Rn. 123; *Hirte*, KapGesR, Rn. 6.26; *ders.*, DStR 2001, 577; *Heitsch*, 170; ähnlich: Hachenburg-*Ulmer*, § 55, Rn.39; a. A. *Zimmermann*, in: Rowedder/Schmidt-Leithoff, § 55, Rn. 29.

544 Für die *private company* gilt das Gleiche wie für die *public company*, da s. 89 CA 1985 auf alle *companies* Anwendung findet (vgl. deshalb die Nachweise in Fn. 541). Die *Company Law Review Steering Group* des DTI hat ausdrücklich empfohlen, das gesetzliche Bezugsrecht auch für die *private company* beizubehalten. Vgl. *Company Law Review Steering Group*, Final Report I, Rn. 7.31.

545 Scholz-*Priester*, § 55, Rn. 41; *Lutter/Hommelhoff*, § 55, Rn. 20; *Zöllner, in:* Baumbach/Hueck, § 55, Rn. 13; *Raiser*, § 39, Rn. 6; *Grunewald*, GesR, 2. F., Rn. 123; *Hirte*, KapGesR, Rn. 6.26; ähnlich: Hachenburg-*Ulmer*, § 55, Rn. 39; a. A. *Zimmermann, in:* Rowedder/Schmidt-Leithoff, § 55, Rn. 29.

zugsrecht.[546] Dieses Fehlen wird von der Literatur in Frankreich jedoch im Hinblick darauf bedauert, dass bei der SARL hinsichtlich des Bezugsrechts die gleiche Interessenlage wie bei der SA besteht.[547] Auch bei der SARL kann aber durch das Einfügen einer entsprechenden Bestimmung in die Satzung ein Bezugsrecht der Altgesellschafter begründet werden.[548] Da auch in Frankreich die Vergleichbarkeit der Interessenlagen bei der Kapitalerhöhung bei der SA und der SARL anerkannt ist und auch dort ein Bezugsrecht bei der SARL *de lege ferenda* wünschenswert erscheint, ist es vertretbar, folgendes gemeinsames Prinzip zu bilden:

Wird bei einer Kapitalgesellschaft eine Kapitalerhöhung gegen Bareinlagen durchgeführt, dann steht den Altgesellschaftern das Recht zu, die neuen Anteile aus der Kapitalerhöhung in dem Umfang selbst zu übernehmen, wie sie zuvor bereits an der Gesellschaft beteiligt waren (Bezugsrecht).

Bei der französischen SA besteht anders als bei den deutschen und englischen Kapitalgesellschaften[549] neben dem eben dargestellten gesetzlichen Bezugsrecht (*droit de souscription à titre irréductible*) zusätzlich noch ein sogenanntes nachrangiges Bezugsrecht der Altaktionäre (*droit de souscription à titre réductible*). Auf Grundlage eines Beschlusses einer außerordentlichen Generalversammlung werden Aktien, die im Rahmen des gesetzlichen Bezugsrechts nicht gezeichnet wurden, erneut den vorhandenen Aktionären im Verhältnis ihrer Beteiligungsquoten angeboten, sofern die Aktionäre Aktien über den Umfang ihres Bezugsrechts hinaus gezeichnet hatten.[550]

II. Bezugsrecht bei Sachkapitalerhöhungen

Ein gesetzliches Bezugsrecht im Falle einer Kapitalerhöhung gegen Sacheinlagen existiert nur bei den deutschen Kapitalgesellschaften[551], nicht aber in England[552] und Frankreich[553]. In Deutschland kann das Bezugsrecht im Falle

[546] Cass. com., 18 avril 2000, Bull. Joly 2000, 920, 921 (mit zustimmender Anm. *Daigre*); CA Aix-en-Provence, 9 avril 1992, Rev. soc. 1992, 382 f.; *Guyon*, Aménagements statutaires, Rn. 120; *Germain*, Ripert/Roblot I-2, Rn. 1336; *Cozian/Viandier/Deboissy*, Rn. 1382; *Mercadal/Janin*, Mémento Soc. com., Rn. 5823.

[547] *Guyon*, Aménagements statutaires, Rn. 120.

[548] CA Aix-en-Provence, 9 avril 1992, Rev. soc. 1992, 382 f.; *Guyon*, Aménagements statutaires, Rn. 120; *Germain*, Ripert/Roblot I-2, Rn. 1336; *Cozian/Viandier/Deboissy*, Rn. 1382.

[549] So auch *Wiedemann*, in: Großkomm. AktG, § 186, Rn. 33.

[550] Art. L. 225-133 C. com. Vgl. *Mercadal/Janin*, Mémento Soc. com., Rn. 11716.

[551] § 186 Abs. 1 AktG.

[552] S. 89 (4) CA 1985. Vgl. *Davies*, Gower's Principles, 308; *Boyle & Birds*, 194.

einer Kapitalerhöhung gegen Sacheinlagen allerdings grundsätzlich problemlos ausgeschlossen werden, soweit der Erwerb von Gegenständen oder Unternehmen für die Gesellschaft vorteilhaft ist.[554] Die Begründung dafür, dass in England und Frankreich kein gesetzliches Bezugsrecht bei der Sachkapitalerhöhung besteht, sowie dafür, dass das Bezugsrecht in Deutschland im Falle von Sacheinlagen grundsätzlich problemlos ausgeschlossen werden kann und dass sich die europäische Kapitalrichtlinie darauf beschränkt, ein gesetzliches Bezugsrecht nur für Barkapitalerhöhungen vorzuschreiben, ist in allen diesen Fällen gleich. Es wird grundsätzlich davon ausgegangen, dass die Einbringung einer bestimmten Sache in das Gesellschaftsvermögen nur beschlossen wird, wenn die Einbringung der Sache, z. B. ein bestimmtes Unternehmen, für die Gesellschaft nützlich ist. In dem Fall liegt es aber in der Natur der Sacheinlage, dass diese nur von einer Person, nämlich derjenigen, der die Sache besitzt, eingebracht werden kann, und dass deshalb die Realisierung der Sacheinlage voraussetzt, dass kein Bezugsrecht der anderen Gesellschafter besteht.[555] Es gilt folgendes gemeinsames Prinzip:

Bei einer Kapitalerhöhung gegen Sacheinlagen muss das Interesse der einzelnen Gesellschafter an dem Erhalt ihrer quotalen Beteiligung sowie an der Vermeidung finanzieller Nachteile gegenüber dem Interesse der Gesellschaft an der Gewinnung einer bestimmten Sacheinlage grundsätzlich zurücktreten. Deshalb besteht in diesem Fall entweder gar kein Bezugsrecht oder bei bestehendem Bezugsrecht ist der Ausschluss desselben grundsätzlich zulässig.

III. Verkauf des Bezugsrechts

Für alle Kapitalgesellschaften, bei denen ein Bezugsrecht existiert, gilt zudem:

Die Altgesellschafter sind zur Übernahme neuer Anteile nicht verpflichtet,[556] sondern können das Bezugsrecht verkaufen, wenn sie es nicht ausüben wollen.[557]

---

553 Art. 225-132 al. 2 C. com. Vgl. *Guyon*, Droit des affaires, Rn. 431.

554 *Wiedemann*, in: Großkomm. AktG, § 186, Rn. 167; *Lutter*, in: Kölner Komm. AktG, § 186, Rn. 51; vgl. hierzu unten S. 143 ff.

555 *Bagel*, 319.

556 **AG:** *Hirte*, KapGesR, Rn. 6.25 (unter Verweis auf § 54 AktG); **GmbH:** *Grunewald*, GesR, 2. F., Rn. 124; **SA:** *Mercadal/Janin*, Mémento Soc. com., Rn. 11716.

557 **GmbH u. AG:** *Grunewald*, GesR, 2. C., Rn. 163; **Private und public company:** *Davies*, Gower's Principles, 306; **SA:** *Mercadal/Janin*, Mémento Soc. com., Rn. 11716.

B. Ausschluss des Bezugsrechts[558]

Der Ausschluss des Bezugsrechts stellt angesichts der oben aufgezeigten Funktionen des Bezugsrechts[559] einen schwerwiegenden Eingriff in die Mitgliedschaftsrechte jedes Gesellschafters dar. Er berührt die Interessen jedes einzelnen Gesellschafters und verändert die Beteiligungsquote an der Gesellschaft insgesamt. Da die Beteiligungsquote der von der Teilnahme an der Kapitalerhöhung ausgeschlossenen Gesellschafter sinkt, kommt der Bezugsrechtsausschluss in seiner Wirkung einem teilweisen Ausschluss der betroffenen Gesellschafter nahe.[560] Auf der anderen Seite kann in bestimmten Fällen das Gesellschaftsinteresse einen Ausschluss des Bezugsrechts gebieten. Eine solche Situation kann beispielsweise vorliegen, wenn mit Hilfe neuer Aktien eine wichtige Kooperation mit einem anderen Unternehmen realisiert werden soll oder aber wenn eine Einführung der Aktien an der Börse angestrebt wird. Würde die Gesellschaft in solchen Fällen gezwungen, das Bezugsrecht beizubehalten, würde die Durchführung solcher Vorhaben erheblich erschwert, wenn nicht sogar unmöglich gemacht werden. Das ist der Grund, warum ein Bezugsrechtsausschluss bei allen untersuchten Kapitalgesellschaften, bei denen ein gesetzliches Bezugsrecht besteht,[561] zwar grundsätzlich zulässig ist,[562] jedoch nur unter bestimmten formellen und materiellen Voraussetzungen erfolgen darf.

I. Formelle Voraussetzungen

Die formellen Voraussetzungen für einen Bezugsrechtsausschluss sind für die AG, die *public company* und die SA im wesentlichen durch Art. 29 Abs. 4 der europäischen Kapitalrichtlinie vorgegeben. Da die Voraussetzungen für den Bezugsrechtsausschluss bei der GmbH mit denen bei der AG übereinstimmen[563] und auch in England für die *private* und *public company* beim Bezugsrechtsausschluss überwiegend dieselben Regelungen Anwendung fin-

---

[558] Vgl. ausführlich zur Möglichkeit des Ausschlusses des Bezugsrechts in acht europäischen Ländern: *Bagel*, Der Ausschluss des Bezugsrechts in Europa.

[559] Vgl. oben S. 139.

[560] *Hirte*, Bezugsrechtsausschluss, 31; *Hefermehl/Bungeroth*, in: Geßler/Hefermehl, AktG, § 186, Rn. 84.

[561] Kein gesetzliches Bezugsrecht existiert von den untersuchten Kapitalgesellschaften nur bei der SARL. Vgl. oben S. 140.

[562] **AG:** § 186 Abs. 3 S. 1 AktG; **GmbH:** *Lutter/Hommelhoff*, § 55, Rn. 23; Hachenburg-*Ulmer*, § 55, Rn.43; *Grunewald*, GesR, 2. F., Rn. 123; **Private und public company:** s. 95 CA 1985; vgl. *Boyle & Birds*, 194 f.; **SA:** art. L. 225-135 C. com.

[563] *Lutter/Hommelhoff*, § 55, Rn. 23; Hachenburg-*Ulmer*, § 55, Rn.43; *Grunewald*, GesR, 2. F., Rn. 123.

den,[564] gelten die Vorgaben der Kapitalrichtlinie *de facto* für alle untersuchten Kapitalgesellschaften.

1. Beschluss der Gesellschafterversammlung

Art. 29 Abs. 4 der europäischen Kapitalrichtlinie schreibt vor, dass das Bezugsrecht nur durch einen Beschluss der Hauptversammlung mit qualifizierter Mehrheit von nicht weniger als zwei Dritteln der Stimmen der vertretenen Wertpapiere oder des vertretenen gezeichneten Kapitals ausgeschlossen werden kann.[565] Entsprechend dieser Vorgabe ist bei der GmbH und AG zum Ausschluss des Bezugsrechts ein Beschluss der Hauptversammlung (bzw. Gesellschafterversammlung) mit einer Dreiviertelmehrheit des vertretenen Grundkapitals notwendig,[566] bei der *private* und der *public company* bedarf es einer Dreiviertelmehrheit der in der Generalversammlung abgegebenen Stimmen,[567] und bei der SA muss einem Bezugsrechtsausschluss eine Mehrheit von zwei Dritteln der anwesenden bzw. vertretenen Aktionäre zustimmen.[568] Hinsichtlich der Mehrheitserfordernisse sind demnach keine über die Vorgaben der Kapitalrichtlinie hinausgehenden Gemeinsamkeiten festzustellen.

Darüber hinaus bestehen auch gewisse Unterschiede. Während in Deutschland[569] und Frankreich[570] das Bezugsrecht nur im Einzelfall, d. h. nur im Hinblick auf eine ganz bestimmte Kapitalerhöhung, ausgeschlossen werden darf, ist es bei der *private* und der *public company* möglich, im Fall, dass die Ermächtigung der Direktoren zur Durchführung einer Kapitalerhöhung für einen bestimmten Zeitraum (von maximal fünf Jahren) erteilt worden ist,

[564] S. 95 CA 1985.

[565] Dies ergibt sich aus Art. 29 Abs. 4 S. 2 u. 4 i. V. m. Art. 40 Abs. 1 der europäischen Kapitalrichtlinie.

[566] § 186 Abs. 3 S. 2 AktG.

[567] Notwendig ist ein außerordentlicher Beschluss (*special resolution*) der Generalversammlung (s. 95 (1) i. V. m. s. 378 CA 1985).

[568] Es bedarf einer außerordentlichen Entscheidung der Generalversammlung (*assemblée générale extraordinaire*) (Art. L. 225-129-I i. V. m. art. L. 225-96 al. 3 C. com.). Zur Erreichung des erforderlichen Quorums für die Beschlussfähigkeit muss bei der ersten Einberufung die Hälfte des stimmberechtigten Kapitals anwesend bzw. vertreten sein, während bei einer zweiten Einberufung ein Viertel des Kapitals ausreichend ist (art. L. 225-96 al. 2 C. com.).

[569] § 186 Abs. 3 S. 1 AktG. Vgl.: *Lutter*, in: Kölner Komm. AktG, § 186, Rn. 46; *Wiedemann*, in: Großkomm. AktG, § 186, Rn. 108.

[570] Art. L. 225-135 C. com. Vgl. *Germain*, Ripert/Roblot I-2, Rn. 1937.

das Bezugsrecht für diesen Zeitraum generell auszuschließen.[571] Bei der *private company* kann das Bezugsrecht[572] durch eine Bestimmung im Gesellschaftsvertrag (in den *articles* oder im *memorandum*) sogar generell für eine beliebig lange Zeit ausgeschlossen werden (s. 91 CA 1985).[573]

Als gemeinsame Prinzipien verbleibt es also bei den Regelungen, die durch die europäische Kapitalrichtlinie vorgegeben werden:

Zum Ausschluss des Bezugsrechts der Altgesellschafter bedarf es eines Beschlusses der Gesellschafterversammlung mit qualifizierter Mehrheit von nicht weniger als zwei Dritteln der Stimmen der vertretenen Wertpapiere oder des vertretenen gezeichneten Kapitals.

2. Schriftlicher Bericht des Vorstandes

In Übereinstimmung mit Art. 29 Abs. 4 S. 3 der europäischen Kapitalrichtlinie[574] ist sowohl für die AG und GmbH als auch für die *private* und *public company* und für die SA vorgeschrieben, dass das Leitungsorgan der Gesellschaft der Gesellschafterversammlung schriftlich über den Grund für den Ausschluss des Bezugsrechts und über die Höhe des vorgeschlagenen Ausgabebetrags berichten muss.[575] Sinn und Zweck dieser Vorschrift ist es, der Gesellschafterversammlung eine sachgerechte Entscheidung zu ermöglichen.[576] Für die SA ist darüber hinaus vorgeschrieben, dass ein Wirtschaftsprüfer (*commissaire aux comptes*) einen Bericht darüber vorzulegen hat, ob die vom Geschäftsführungsorgan in seinem Bericht gemachten Angaben korrekt (*exact et sincère*) sind.[577] Es gilt folgendes gemeinsames Prinzip:

---

[571] S. 95 (1) CA 1985. Die Generalversammlung der *companies* kann aber selbstverständlich diese Entscheidung jederzeit widerrufen (s. 95 (3) CA 1985). Vgl. *Davies*, Gower's Principles, 309; *Boyle & Birds*, 194 f.

[572] Genauer: die Anwendbarkeit von s. 89 CA 1985.

[573] *Morse*, Charlesworth & Morse, 112; *Hannigan*, in: Farrar's Company Law, 169. Eine solche Ausschlussklausel wird von den Gerichten im Zweifel aber restriktiv ausgelegt. Vgl. *Re Thundercrest Ltd.* [1995] 1 BCLC, 117; *Morse*, Charlesworth & Morse, 112.

In der Literatur wird die insofern unterschiedliche Behandlung von *private* und *public companies* vor dem Hintergrund kritisiert, dass ein Bezugsrecht gerade in kleinen personalistisch geprägten *private companies*, den sogenannten *quasi-partnerships*, zum Schutz der Minderheit besonders notwendig sei. Vgl. *Davies*, Gower's Principles, 309.

[574] Vgl. hierzu *Hirte*, DStR 2001, 577, 579 ff.

[575] **AG und GmbH:** § 186 Abs. 4 S. 2 AktG; **Private und public company:** s. 95 (5) (a-c) CA 1985; vgl. *Boyle & Birds*, 195; **SA:** art. L. 225-139 C. com. i. V. m. art. 155 D. 67-236.

[576] *Hirte*, DStR 2001, 577; *Habersack*, EuGesR, Rn. 621.

[577] Art. L. 225-135 C. com. Vgl.: *Guyon*, Droit des affaires, Rn. 432; *Mercadal/Janin*, Mémento Soc. com., Rn. 11607; *Germain*, Ripert/Roblot I-2, Rn. 1937.

Das Geschäftsführungsorgan der Gesellschaft hat der Gesellschafterversammlung einen schriftlichen Bericht über die Gründe für eine Beschränkung oder einen Ausschluss des Bezugsrechts zu erstatten und den vorgeschlagenen Ausgabekurs zu begründen.

II. Materielle Voraussetzungen

Die europäische Kapitalrichtlinie schreibt keine materiellen Voraussetzungen für den Bezugsrechtsausschluss vor. Es besteht jedoch Einigkeit darüber, dass deswegen in den nationalen Rechtsordnungen bestehende materielle Grenzen des Bezugsrechtsausschlusses gleichwohl zulässig sind.[578] Obwohl materielle Voraussetzungen für den Bezugsrechtsausschluss in keinem Gesetz der drei untersuchten Rechtsordnungen ausdrücklich vorgesehen sind,[579] wird durch die Rechtsprechung in allen drei Ländern eine materielle Kontrolle des Bezugsrechtsausschlusses (Inhaltskontrolle) ausgeübt. Diese Kontrolle ist jedoch nicht überall von gleicher Intensität.

In Deutschland wird durch die Gerichte die wohl stärkste Kontrolle ausgeübt. Ein Bezugsrechtsausschluss wird von deutschen Gerichten nur als rechtmäßig angesehen, wenn er durch einen im Gesellschaftsinteresse liegenden sachlichen Grund gerechtfertigt ist, d. h. er muss verhältnismäßig und angemessen sein.[580] Das Interesse der Gesellschaft an der Erreichung des mit dem Bezugsrechtsausschluss angestrebten Ziels muss gewichtiger sein als das Interesse des Aktionärs am Erhalt seiner quotalen Beteiligung sowie an der Vermeidung von finanziellen Nachteilen.[581]

In England und Frankreich ist der Bezugsrechtsausschluss hingegen lediglich an allgemeinen Missbrauchsschranken zu messen. Wie jeder andere

---

578 EuGH, Urteil v. 19.11.1996, Slg. 1996-I, 6017, 6034 f. (Nold/Siemens). Der Fall betraf allerdings eine Sachkapitalerhöhung. Vgl. auch: *Schwarz*, EuGesR, Rn. 622; *Habersack*, EuGesR, Rn. 200; *Drinkuth*, 245 ff.; *Bagel*, 336 ff.

579 Allerdings erkennt das deutsche Recht durch den 1978 in das AktG eingefügten § 186 Abs. 4 S. 2 AktG mittelbar an, dass ein sachlicher Grund für den Bezugsrechtsausschluss erforderlich ist.

580 Für börsennotierte Gesellschaften sieht das AktG seit 1994 zudem einen vereinfachten Bezugsrechtsausschluss vor: Im Fall, dass die Kapitalerhöhung 10 % des Grundkapitals nicht übersteigt und der Ausgabebetrag den Börsenpreis nicht wesentlich unterschreitet, kann das Bezugsrecht ohne weitere sachliche Rechtfertigung ausgeschlossen werden (§ 186 Abs. 3 S. 4 AktG). Vgl. zur Kritik an dieser neuen Vorschrift: *Hüffer*, AktG, § 186, Rn. 39 b m. w. N.

581 BGH, Urteil v. 13.3.1978, BGHZ 71, 40, 44 ff. („Kali und Salz"); BGH, Urteil v. 19.4.1982, BGHZ 83, 319, 320 ff.; BGH, Urteil v. 9.11.1992, BGHZ 120, 141, 145 f.; BGH, Urteil v. 7.3.1994, ZIP 1994, 529, 530 f.; *Lutter*, in: Kölner Komm. AktG, § 186, Rn. 60 ff.; *Raiser*, § 20, Rn. 18 f.; *Hirte*, KapGesR, Rn. 6.30; *Martens*, ZIP 1992, 1677, 1692 f.; *Grunewald*, GesR, 2. C., Rn. 165. Diese Grundsätze gelten ebenso für die GmbH: vgl.: *Raiser*, § 39, Rn. 7; *Hirte*, KapGesR, Rn. 632; *Zöllner, in:* Baumbach/Hueck, § 55, Rn. 15.

Beschluss der Generalversammlung unterliegt in Frankreich auch der Bezugsrechtsausschluss dem Institut des *abus de majorité* (Missbrauch der Mehrheitsmacht).[582] Nach ständiger Rechtsprechung liegt ein *abus de majorité* nur dann vor, wenn zwei Voraussetzungen kumulativ erfüllt sind. Zum einen muss ein Widerspruch zum Gesellschaftsinteresse vorliegen und zum anderen muss ein Handeln der Mehrheit mit dem Ziel vorliegen, sich auf Kosten der Minderheit zu bereichern.[583] Der Bezugsrechtsausschluss bei einer Kapitalerhöhung wird aber häufig im Interesse der Gesellschaft liegen. Zudem wird eine Abwägung der widerstreitenden Interessen in Frankreich nur sehr zurückhaltend vorgenommen. Bei der Gegenüberstellung der unterschiedlichen Interessen müssen die Interessen der Gesellschafter in der Regel hinter den Interessen der Gesellschaft zurücktreten, wenn ein gewisser Kapitalbedarf festgestellt werden kann.[584]

In England muss zum einen beachtet werden, dass die Gesellschafter und die Direktoren verpflichtet sind, im Interesse der Gesellschaft zu handeln, („*to act bona fide for the interests / for the benefit of the company*").[585] Hieraus dürften sich in der Praxis jedoch selten Einschränkungen des Bezugsrechtsausschlusses ergeben, weil eine Kapitalerhöhung meist im Interesse der Gesellschaft liegt, um eine langfristige und profitable Entwicklung der Gesellschaft zu gewährleisten.[586] Zudem ist dieser *bona fide*-Test rein subjektiver Natur, d. h. es reicht aus, dass die Direktoren gutgläubig davon ausgegangen sind, zum Wohle der Gesellschaft zu handeln.[587] Zum anderen müs-

582 Hauptsächlich wurde das Institut des *abus de majorité* im Falle von Gewinnverwendungsbeschlüssen angewendet und nur vereinzelt in Zusammenhang mit Beschlüssen zum Bezugsrechtsausschluss. Es ist aber grundsätzlich auf alle Beschlüsse anwendbar. Vertiefend hierzu: *Bagel*, 170 ff.

583 Cass., 18 avril 1961, D. 1961, jur., 661, 662; Cass. com., 24 janvier 1995, Rev. soc. 1995, 46, 47: „...contrairement à l'intérêt général de la société et dans l'unique dessein de favoriser les membres de la majorité au détriment de ceux de la minorité." Vgl. auch: *Mercadal/Janin*, Mémento Soc. com., Rn. 10671; *Kreß*, 47, Fn. 54.

584 Vgl. CA Paris, 19 mars 1981, D. 1981, jur., 405, 408 f.

585 *Lord Green MR*, in: Re Smith and Fawcett Ltd. [1942] 1 All ER 542, 543, CA; *Pettet*, 177; *Hannigan*, in: Farrar's Company Law, 378; *Pennington*, Company Law, 7190.

586 *Morse*, in: Palmer's Company Law, 5.802; *Bagel*, 120. Insofern ist eine Kapitalerhöhung nur dann nicht interessengerecht, wenn für eine Zuführung frischen Eigenkapitals von Seiten der Gesellschaft kein Bedarf besteht, was in den seltensten Fällen der Fall sein dürfte.

587 *Davies*, Gower's Principles, 605. Es wurden von den Gerichten Kapitalerhöhungen als missbräuchlich eingestuft und für ungültig erklärt, mit denen das Ziel verfolgt wurde, eine Änderung der Mehrheitsverhältnisse innerhalb der Gesellschaft herbeizuführen, sowie Kapitalerhöhungen, die dem Eigeninteresse der Direktoren dienten. Vgl.: *Burne J*, in: Punt v. Symons & Co. Ltd. [1903] 2 Ch. 506, 515 (unter Bezugnahme auf Fraser v. Whalley, (1864) 2 Hem. & M. 10); Howard Smith Ltd. v. Ampol Petroleum Ltd. (1974) 1 All ER 1127, PC; vgl. auch Ngutli Ltd. v. McCann (1953) 90 CLR 425 (High Court of Australia); *Morse*, in: Palmer's Company Law, 5.802.

sen die Direktoren, wenn sie mit der Zuteilung der neuen Anteile beauftragt sind, die Ermächtigung zu dem Zweck ausüben, zu dem sie erteilt wurde (*proper-purpose*-Doktrin).[588] Hierbei wird anders als beim *bona fide*-Test darauf abgestellt, welcher Zweck objektiv verfolgt wird.[589] So ist beispielsweise entschieden worden, dass mit einer Kapitalerhöhung auch andere Zwecke als die Zuführung neuen Kapitals verfolgt werden dürfen, die Zuführung neuen Kapitals aber den Hauptzweck bilden müsse.[590] In der Praxis ist die Grenzziehung zwischen einem erlaubten und einem unerlaubten Zweck jedoch sehr schwierig.[591] Insofern stellt sich die Missbrauchskontrolle in England grundsätzlich ähnlich zurückhaltend dar wie in Frankreich. Mit Einführung des Minderheitsrechtsbehelfs in s. 459 CA 1985 ist die Missbrauchkontrolle jedoch nun insofern ausgeweitet worden,[592] als von den Gerichten auf dieser Grundlage ähnlich wie in Deutschland eine Abwägung der widerstreitenden Interessen vorgenommen wird.[593] Aus s. 459 CA 1985 ergibt sich, dass jeder Gesellschafter gegen Maßnahmen der Gesellschaft gerichtlich vorgehen kann, die ihn unzumutbar beeinträchtigen (das heißt *unfairly prejudicial* ist). Ob sich ein Gesellschafter gegen eine Aktienzuteilung wehren kann, die *unfairly prejudicial* ist, hängt also davon ab, ob die Beeinträchtigung, die die Aktienzuteilung auf Seiten der Minderheit verursacht, schwerer wiegt als die Vorteile, die die Zuteilung für die Gesellschaft mit sich bringen.[594]

Zusammenfassend lässt sich damit sagen, dass in Frankreich im Vergleich zu Deutschland und England eine zurückhaltendere Kontrolle stattfindet, die sich auf Fälle beschränkt, in denen der Missbrauch deutlich zu Tage tritt.[595] Insofern könnte man den Schluss ziehen, der Ausschluss des Bezugsrechts sei wegen der mangelhaften Kontrolle in Frankreich vergleichsweise

---

588 *Mayson/French/Ryan*, 16.4.10.

589 *Lord Wilberforce*, in: Howard Smith Ltd. v. Ampol Petroleum Ltd. (1974) 1 All ER 1127, 1131, PC; *Davies*, Gower's Principles, 607.

590 *Lord Wilberforce*, in: Howard Smith Ltd. v. Ampol Petroleum Ltd. (1974) 1 All ER 1127, 1131, PC.

591 *Davies*, Gower's Principles, 607.

592 *Hannigan* [1988] LMCLQ 60, 80; *Mayson/French/Ryan*, 14.9.5.

593 *Lutter*, ZGR 1998, 191, 199; *Bagel*, 302 u. 304.

594 *Hannigan* [1988] LMCLQ 60, 74; *Bagel*, 143. So war in einem Fall, in dem im Rahmen einer Kapitalerhöhung die neuen Anteile unter Beibehaltung des Bezugsrechts der Anteilsinhaber *pro rata* zugeteilt wurden, ein Gesellschafter mit einer Klage nach s. 459 CA 1985 erfolgreich. Begründet wurde dies damit, dass in dem Fall zwar formal alle Anteilseigner gleich behandelt wurden, dass aber der Mehrheit bekannt war, dass der klagende Gesellschafter aus finanziellen Gründen das Angebot nicht annehmen konnte und die Mehrheit die Kapitalerhöhung aus genau diesem Grund durchführen wollte (*Harmann J*, in: Re a Company (No. 002612 of 1984) [1985] BCLC 80, 82).

595 *Kindler*, ZHR 158 (1994), 339, 348; *Bagel*, 305.

einfach möglich und die Minderheit nicht ausreichend geschützt. Ein solcher Schluss wäre aber voreilig. Denn es ist zu beachten, dass in Frankreich im Vergleich zu Deutschland und England zusätzliche formelle Voraussetzungen für den Bezugsrechtsausschluss bestehen, die einen Ausgleich für den lückenhaften materiellen Schutz darstellen.[596] So ist es – wie bereits oben erläutert – für die SA zwingend vorgeschrieben, dass der Generalversammlung vor der Beschlussfassung über den Bezugsrechtsausschluss nicht nur ein Bericht des Aufsichtsrats oder des Direktoriums vorgelegt werden muss, sondern dass zusätzlich – anders als in Deutschland und England – ein Wirtschaftsprüfer (*commissaire aux comptes*) einen Bericht zu erstellen hat.[597] Dieser Bericht kann vor allem für die Berechnung des Ausgabekurses eine gewichtige Rolle spielen, weil er – erstellt durch einen sachkundigen Dritten – für die Gesellschafter eine gewisse Garantie für die Richtigkeit der Angaben in dem Bericht des Verwaltungsorgans bedeutet. Die Unabhängigkeit des Wirtschaftsprüfers wird dabei dadurch sichergestellt, dass falsche oder unzureichende Angaben desselben mit strafrechtlichen Sanktionen belegt sind.[598] Zudem muss darauf hingewiesen werden, dass sich in Frankreich in der Praxis ein besonderer Schutz der Aktionäre von börsennotierten Gesellschaften entwickelt hat. Die Börsenkommission COB, der die Börsenaufsicht obliegt, schreibt börsennotierten Gesellschaften, die eine Kapitalerhöhung mit Bezugsrechtsausschluss durchführen, vor, dass sie ihren Aktionären ein sogenanntes *droit de priorité* (Vorabbezugsrecht) einräumen müssen:[599] Das Vorabbezugsrecht gewährt genau wie das Bezugsrecht den Aktionären die Möglichkeit, eine ihrem verhältnismäßigen Anteil am Gesellschaftskapital entsprechende Anzahl von neuen Aktien zu zeichnen. Im Gegensatz zum Bezugsrecht ist das Vorabbezugsrecht aber nicht handelbar und stellt insofern keinen vollwertigen Ersatz für das Bezugsrecht dar.[600]

Der Schutz der Altaktionäre im Falle eines Ausschluss des Bezugsrechts wird also auf unterschiedlichen Wegen gewährleistet. Während in Deutschland und England von den Gerichten eine Abwägung zwischen den Interessen der Altgesellschafter und der Gesellschaft vorgenommen wird, erfolgt in Frankreich lediglich eine gerichtliche Missbrauchskontrolle. Zusätzlich wer-

---

[596] *Wymeersch*, AG 1998, 382, 385; *Bagel*, 190 u. 305.

[597] Art. L. 225-135 C. com. Vgl. *Mercadal/Janin*, Mémento Soc. com., Rn. 11607.

[598] Es drohen in dem Fall zwei Jahre Gefängnis und eine Geldstrafe in Höhe von 18.000 € (art. 242-20 C. com.).

[599] COB, rapport n° 23 (1990), 167; *Germain*, Ripert/Roblot I-2, Rn. 1852 u. 1937; *Mercadal/Janin*, Mémento Soc. com., Rn. 11762; *Cozian/Viandier/Deboissy*, Rn. 995; vgl. auch *Guyon*, Droit des affaires, Rn. 431.

[600] COB, rapport n° 23 (1990), 167; *Germain*, Ripert/Roblot I-2, Rn. 1852; *Cozian/Viandier/Deboissy*, Rn. 995.

den in Frankreich die Altgesellschafter jedoch durch den vorgeschriebenen Bericht des Wirtschaftsprüfers und die Aktionäre von börsennotierten Gesellschaften durch die Gewährung des Vorabbezugsrechts geschützt. Insgesamt dürfte sich damit ein ähnlich hoher Schutz für die Altgesellschafter ergeben wie in Deutschland und England. Als Gemeinsamkeit lässt sich gleichwohl nur Folgendes festhalten:

Der Ausschluss des Bezugsrechts der Altgesellschafter darf jedenfalls nicht rechtsmissbräuchlich erfolgen.

Dritter Teil: Austritt von Gesellschaftern

Der Austritt ist die einem Gesellschafter eingeräumte Möglichkeit, bei Vorliegen bestimmter Voraussetzungen die Gesellschaft zu verlassen, ohne dass der Fortbestand der übrigen Mitgliedschaftsverhältnisse dadurch berührt wird. Der ausscheidende Gesellschafter hat in dem Fall das Recht, von der Gesellschaft, seinen Mitgesellschaftern oder einem Dritten für die Aufgabe seines Gesellschaftsanteils angemessen abgefunden zu werden.[601] Wird der Fortbestand der anderen Mitgliedschaftsverhältnisse hingegen berührt, dann handelt es sich nicht um ein Austrittsrecht, sondern um ein Recht zur Auflösung der Gesellschaft. Dieses ist aber nicht Gegenstand dieser Untersuchung.

Allen untersuchten Rechtsordnungen liegt der generell für Dauerschuldverhältnisse geltende allgemeine Rechtsgedanke zu Grunde, dass es mit der persönlichen Freiheit von Vertragspartnern unvereinbar ist, persönliche oder wirtschaftliche Bedingungen ohne zeitliche Begrenzung und ohne Kündigungsmöglichkeit einzugehen.[602] In Frankreich spricht man in diesem Zusammenhang anschaulich davon, dass ein Gesellschafter grundsätzlich nicht Gefangener seiner Beteiligung (*prisonnier de son titre*) werden darf.[603] Jeder Vertragspartner verpflichtet sich bei Schluss des Gesellschaftsvertrags zwar, zum Wohle der Gesellschaft seinen Beitrag zu leisten, aber er verpflichtet sich nicht dazu, dies zeitlich unbegrenzt zu tun.[604] Daraus folgt, dass jedem Gesellschafter in Deutschland, England und Frankreich in bestimmten Situationen ein Recht zum Austritt aus der Gesellschaft eingeräumt ist.

Hier wird nur der Frage nachgegangen, unter welchen Voraussetzungen und mit welchen Rechtsfolgen ein allgemeines Austrittsrecht aus Gesellschaften gewährt wird. Andere Austrittsrechte, die in besonderen Situationen gewährt werden – z. B. in Deutschland im Falle des Abschlusses eines Unternehmensvertrags (§ 305 AktG), bei der Verschmelzung (§ 29 UmwG), der Spaltung (§ 125 i.V.m. § 29 UmwG) und beim Formwechsel (§ 207 UmwG) – bleiben bei den nachfolgenden Ausführungen hingegen außer Betracht.

---

[601] So auch: *Guyon*, Aménagements statutaires, Rn. 53; *K. Schmidt*, GesR, § 19 II 2 b; ähnlich *Schindler*, 6.

[602] BGH, Urteil v. 14.11.1953, NJW 1954, 106; BGH, Urteil v. 13.6.1994, BGHZ 126, 226, 231; *Röhricht*, FS Kellermann, 361, 387 f.; *Wiedemann*, in: Lutter/Wiedemann, Gestaltungsfreiheit, 5, 9; *ders.*, WM-Sonderbeilage Nr. 7/1992, 52.

[603] *Lapoyade-Deschamps*, D. 1978, 123.

[604] Im französischen Recht ist dieser Grundgedanke für das französische Gesellschaftsrecht aus art. 1780 C. civ. abgeleitet worden, der ebendies im Hinblick auf den Arbeitsvertrag bestimmt. Vgl. *Lapoyade-Deschamps*, D. 1978, 123.

Untersucht wird zuerst das Recht zum Austritt ohne besonderen Grund, dann das Austrittsrecht aus besonderem Grund und zum Schluss die Möglichkeit des Austritts bei Verweigerung der erforderlichen Zustimmung zur Anteilsübertragung.

Erster Abschnitt: Austritt ohne besonderen Grund

Bei einigen der untersuchten Gesellschaften kann ein Gesellschafter kraft Gesetzes ohne besonderen Grund aus der Gesellschaft ausscheiden (ordentliche Austrittsmöglichkeit).

Erster Unterabschnitt: Voraussetzungen

§ 23 Grundsatz

A. Überblick

Die Möglichkeit des einseitigen Ausscheidens aus der Gesellschaft ohne besonderen Grund besteht bei den deutschen Personengesellschaften, bei der *partnership*, bei der *limited partnership* und bei den französischen Gesellschaften mit variablem Kapital unabhängig von ihrer Rechtsform.

So kann die auf unbestimmte Zeit eingegangene GbR jederzeit fristlos und ohne dass es des Vorliegens eines besonderen Grundes bedarf, gekündigt werden (§ 723 Abs. 1 S. 1 BGB). Auch der Gesellschafter einer OHG oder KG kann, wenn die Gesellschaft auf unbestimmte Zeit eingegangen wurde, ohne besonderen Grund aus der Gesellschaft durch eine Austrittskündigung ausscheiden (§ 131 Abs. 3 Nr. 3 HGB, für die KG i.V.m. § 161 Abs. 2 HGB).

Ist eine *partnership* oder *limited partnership* für unbestimmte Zeit eingegangen, dann handelt es sich um eine *partnership* auf Widerruf (*partnership at will*). Eine solche *partnership* kann jeder persönlich haftende Gesellschafter (*general partner*) von Gesetzes wegen ohne Frist jederzeit kündigen (s. 26 (1) u. s. 32 (c) PA 1890).[605] Der *limited partner* einer *limited partnership* ist hingegen gesetzlich nicht zum jederzeitigen Austritt aus der Gesellschaft berechtigt (s. 6 (5) (e) LPA 1907, vgl. auch s. 4 (3) LPA 1907).[606] Er kann nur durch die Übertragung seines Anteils, für die er auf die Zustimmung der *general partner* angewiesen ist,[607] aus der Gesellschaft ausscheiden.

---

[605] *Banks*, Lindley & Banks, Rn. 9-02.

[606] *Banks*, Lindley & Banks, Rn. 30-17.

[607] Vgl. oben S. 58.

Auch aus allen französischen Gesellschaften mit variablem Kapital (*sociétés à capital variable*) kann jedes Mitglied von Gesetzes wegen jederzeit ohne besonderen Grund austreten (art. L. 231-6 al. 1 C. com.).[608] Die Bedeutung dieses ordentlichen Austrittsrechts ist aber sehr begrenzt, weil es sich bei den Gesellschaften mit variablem Kapital in der Praxis fast ausschließlich um Genossenschaften handelt.[609] Aus diesem Grund ist das Austrittsrecht bei diesen Gesellschaften auch nicht Gegenstand weiterer Erörterungen.

Die Mitglieder der Kapitalgesellschaften GmbH, AG, *private* und *public company* und die Gesellschafter aller untersuchter französischen Gesellschaften mit festem Kapital können dagegen ohne das Vorliegen besonderer Gründe nicht aus der Gesellschaft ausscheiden.[610]

B. Fortsetzungsklausel im Gesellschaftsvertrag

Die Kündigung der Gesellschaft führt bei der GbR, der *partnership* und der *limited partnership* nur dann zum Ausscheiden des kündigenden Gesellschafters, wenn im Gesellschaftsvertrag für diesen Fall die Fortsetzung der Gesellschaft vorgesehen ist (Fortsetzungsklausel bzw. *duration clause*).[611] Nach der gesetzlichen Ausgangslage führt die Kündigung hingegen nicht zum Ausscheiden des Gesellschafters, sondern zur Auflösung der Gesellschaft (§ 736 Abs. 1 BGB bzw. s. 32 (c) PA 1890). Eine solche Fortsetzungsklausel ist aber üblicherweise im Gesellschaftsvertrag einer GbR, einer *partnership* und *limited partnership* enthalten.[612]

---

608 *Germain*, Ripert/Roblot I-2, Rn. 2051; *Lapoyade-Deschamps*, D. 1978, 123, 127.

609 *Guyon*, Aménagements statutaires, Rn. 49, 83; vgl. für die SARL à capital variable auch *Pfitzmann*, 60.

610 **GmbH:** *Lutter/Hommelhoff*, § 15, Rn. 36; Scholz-*H. Winter*, § 15, Rn. 118; *K. Schmidt*, GesR, § 35 IV 3 a; *Hueck/Fastrich*, in: Baumbach/Hueck, Anh. § 34, Rn. 1; *Röhricht*, FS Kellermann, 361, 372 u. 374 ff.; *Balz*, 111; *Becker*, 154 f.; **AG:** *Kraft* in Kölner Komm. AktG, § 1, Rn. 32; *Schindler*, 43 f.; a. A.: *A. Teichmann*, Gestaltungsfreiheit, 238 ff.; **Private und public company:** *Morse*, Charlesworth & Morse, 197.

611 Im *partnership law* spricht man von *technical dissolution*, wenn bei einem Wechsel im Mitgliederbestand die Gesellschaft nicht aufgelöst, sondern fortgeführt wird. Vgl. die Nachweis oben in Fn. 404.

612 **GbR:** Hopt-*Volhard*, Vertrags- und Formularbuch, Form II. A. 1, Anm. 20; **Partnership und limited partnership:** *Twomey*, Rn. 23.11; *Blackett-Ord*, Rn. 13.34; *Byrne/Gowar/Moberly*, Rn. 112; vgl. die Bestimmungen in folgenden Typenverträgen: *Byrne/Gowar/Moberly*, Form 1, Clause 2.1 S. 2 (Rn. 165), Form 2, Clause 2.1 S. 2 (Rn. 201); *Blackett-Ord*, Precedent 1, Clause D 2, Precedent 2, Clause D 2; *Sacker*, Precedent 1, Clause 3.5 (S. 26). Zusätzlich ist in den Gesellschaftsverträgen einer *partnership* in der Regel explizit bestimmt, dass jeder Gesellschafter das Recht hat, jederzeit die *partnership* zu verlassen. Vgl. die Bestimmungen in folgenden Typenverträgen: *Byrne/Gowar/Moberly*, Form 1, Clause 20.1 (Rn. 181), Form 2, Clause 18.1 (Rn. 210);

Auf Grund einer Gesetzesänderung im Jahre 1998[613] führt nunmehr die Kündigung des Gesellschafters einer OHG oder KG kraft Gesetzes zu seinem Ausscheiden und nicht mehr zur Auflösung der Gesellschaft (§ 131 Abs. 3 Nr. 3 HGB, für die KG i.V.m. § 161 Abs. 2 HGB).[614] Um durch eine Kündigung aus der Gesellschaft auszuscheiden, bedarf es also im Gegensatz zur Rechtslage bei der GbR und bei den *partnerships* nicht mehr einer besonderer Bestimmung im Gesellschaftsvertrag. Die *Law Commissions* haben vorgeschlagen, dass künftig gesetzlich bestimmt werden soll, dass eine *partnership* und *limited partnership* – so wie bei der deutschen OHG und KG – beim Austritt eines Gesellschafters grundsätzlich fortbesteht.[615]

C. Befristete Gesellschaften

Für die GbR, die OHG, die KG, die *partnership* und die *limited partnership*, die für eine bestimmte Dauer eingegangen worden sind (sogenannte befristete Gesellschaften),[616] besteht nicht die Möglichkeit der Kündigung ohne Angabe von Gründen vor Ablauf der vereinbarten Zeit.[617] Vielmehr tritt bei diesen Gesellschaften als Lösungsgrund an die Stelle der ordentlichen Kündigung der Zeitablauf.[618] Eine befristete Gesellschaft kann vor Ablauf der bestimmten Zeit nur gekündigt werden, wenn ein besonderer Grund vorliegt (außerordentliche Kündigung).[619]

Blackett-Ord, Precedent 1, Clause Q 3, Precedent 2, Clause Q 3; *Sacker*, Precedent 1, Clause T 4 u. T 5.1 (S. 58).

613 § 131 HGB wurde durch das Handelsrechtsreformgesetz vom 22.6.1998 (BGBl. I, 1474; in Kraft getreten am 1.7.1998) entsprechend verändert.

614 *K. Schmidt*, BB 2000, 1, 1 f.

615 *Law Commission*, LCCP No. 159, Rn. 6.19. Vgl. auch: *Sheikh*, [2001] ICCLR, 89, 96; *Morse*, Partnership Law, 44, 193 u. 196.

616 In Deutschland zählen nicht zu den befristeten Gesellschaften diejenigen Gesellschaften, welche für die Lebenszeit eines Gesellschafters abgeschlossen worden sind, und diejenigen, welche nach Ablauf der ursprünglich einmal vereinbarten Dauer stillschweigend fortgesetzt wurden (§§ 724 BGB, 134 HBG). Die Befristung muss weder kalendermäßig, also unter Angabe eines Datums, noch ausdrücklich vereinbart werden. Sie ist auch in konkludenter Weise möglich und kann z. B. aus dem Gesellschaftszweck abgeleitet werden oder sich aus dem Inhalt der Beitragsverpflichtungen der Gesellschafter ergeben. Vgl. hierzu: BGH, Urteil v. 17.6.1953, BGHZ 10, 91, 98; BGH, Urteil v. 11.7.1968, BGHZ 50, 316, 321.

617 **Deutsche Personengesellschaften:** *Grunewald*, GesR, 1. B., Rn. 60; Schlegelberger-*K. Schmidt*, § 132, Rn. 9; **Partnership and limited partnership:** s. 32 (a) PA 1890; *Banks*, Lindley & Banks, Rn. 24-92. Diese Bestimmung des *Partnership Law* wollen die *Law Commissions* auch ausdrücklich beibehalten. Vgl. *Law Commission*, LCCP No. 159, Rn. 6.17.

618 **Deutsche Personengesellschaften:** MünchKomm-*Ulmer*, § 723, Rn. 20; **Partnership und limited partnership:** s. 32 (a) PA 1890.

619 Vgl. hierzu unten S. 167.

Die Möglichkeit des Austritts ohne besonderen Grund besteht also bei den deutschen und englischen – nicht hingegen bei den französischen – Personengesellschaften, während bei den Kapitalgesellschaften durchgehend nicht die Möglichkeit besteht, die Gesellschaft ohne Angabe von Gründen zu verlassen. Diese Rechtslage steht im Zusammenhang mit der Frage der Übertragbarkeit der Gesellschaftsanteile. Bei den Kapitalgesellschaften besteht zwar nicht die Möglichkeit des Austritts ohne Angabe von Gründen, dafür sind die Anteile aber (nach der gesetzlichen Ausgangslage) ohne Zustimmung der Mitgesellschafter übertragbar.[620] Die Mitglieder einer Kapitalgesellschaft können also zwar nicht jederzeit aus der Gesellschaft ohne Angabe von Gründen ausscheiden, sie haben aber grundsätzlich die Möglichkeit, sich durch eine Übertragung ihrer Anteile von der Gesellschaft zu lösen.[621] Genau umgekehrt stellt sich die Gesetzeslage hingegen für die Mitglieder der deutschen und englischen Personengesellschaften dar. Diese können ihre Anteile nach der gesetzlichen Grundregel nur übertragen, wenn alle Mitgesellschafter zustimmen. Die Möglichkeit des (jederzeitigen) Ausscheidens ist also grundsätzlich nicht durch eine freie Übertragbarkeit der Anteile gewährleistet, sondern durch die eben beschriebene Möglichkeit des Austritts ohne besonderen Grund.

Im Ergebnis ist damit ein Ausscheiden aus den (deutschen und englischen) Personengesellschaften leichter möglich als ein Ausscheiden aus einer Kapitalgesellschaft, weil der Kapitalgesellschafter, wenn er aus der Gesellschaft ausscheiden will, zunächst einen Erwerber für seine Anteile finden muss. Dem Kapitalgesellschafter ist also – anders als den deutschen und englischen Personengesellschaftern – das Risiko der wirtschaftlichen Verwertbarkeit seiner Anteile aufgebürdet. Dieses Risiko ist umso niedriger, je kapitalistischer die Kapitalgesellschaft ausgestaltet ist, und umso höher, je personalistischer diese ausgestaltet ist. Das Risiko ist minimal, wenn die Anteile einer Gesellschaft an der Börse gehandelt werden.

Warum aber gilt dieses in sich so konsistent erscheinende gesetzliche System nicht auch für die französischen Personengesellschaften? Die jederzeitige Kündigungsmöglichkeit ohne konkreten Anlass beruht für die deutschen und englischen Personengesellschaften auf der Idee des Gesetzes, dass es sich bei diesen nur um einen lockeren Zusammenschluss der Gesellschaf-

[620] Eine Ausnahme bildet insofern die SARL. Vgl. oben S. 61 f.

[621] Vgl. *Röhricht*, FS Kellermann, 361, 374: Dem ordentlichen Kündigungsrecht bei den Personengesellschaften entspricht die grundsätzlich freie Veräußerlichkeit des Kapitalanteils bei der GmbH (§ 15 Abs. 1 GmbHG) und der AG (§§ 41 Abs. 4, 68, 180 Abs. 2 AktG); ähnlich: *Becker*, 154.

ter handelt.[622] Im Gegensatz dazu sind die französischen (anders als die deutschen und englischen) Personengesellschaften mit eigener Rechtspersönlichkeit ausgestattet.

Die Idee, dass es sich bei der Gesellschaft um eine von den Mitgliedern zu unterscheidende eigene Einheit handelt, ist aber auch mit einer größeren Stabilität der Gesellschaft und damit einem größeren Zusammenhalt zwischen den Gesellschaftern verbunden. Dieser besondere Zusammenhalt zwischen den Gesellschaftern spiegelt sich bei den französischen Personengesellschaften nicht nur darin wider, dass die Gesellschaft nicht aufgelöst wird, wenn ein Mitglied die Gesellschaft verlässt, sondern auch darin, dass ein Mitglied (auch bei fortbestehender Gesellschaft) nicht ohne besonderen Grund aus der Gesellschaft austreten darf.

Die fehlende Möglichkeit, aus der Personengesellschaft ohne besonderen Grund auszutreten, beruht also darauf, dass in Frankreich im Gegensatz zu Deutschland und England die Personengesellschaften mit eigener Rechtspersönlichkeit ausgestattet sind.

Diesem gemeinsamen Prinzip steht auch nicht entgegen, dass die *limited partner* nicht ohne besonderen Grund aus der *limited partnership* ausscheiden können, denn diese sind, wie schon oben anlässlich der notwendigen Zustimmung der Gesellschafter zur Anteilsübertragung erläutert,[623] eher einem Kapitalgesellschafter als einem Personengesellschafter vergleichbar, weil sich ihr Engagement in der Regel auf die Einbringung einer Kapitaleinlage beschränkt und sie grundsätzlich von der Führung der Geschäfte ausgeschlossen sind.[624]

Ein Recht zum Austritt ohne besonderen Grund besteht folglich nur bei den Gesellschaften, die nicht über eine eigene Rechtspersönlichkeit verfügen. Da sich gezeigt hat, dass das Recht zum Austritt ohne besonderen Grund bei diesen Gesellschaften sehr ähnlich ausgestaltet ist, lassen sich folgende gemeinsame Prinzipien bilden:

(1) Nur aus Gesellschaften, die nicht über eine eigene Rechtspersönlichkeit verfügen, kann jeder Gesellschafter ohne besonderen Grund austreten.

(2) Ein Austritt setzt voraus, dass die Gesellschaft fortbesteht. Das ist nur möglich, wenn im Gesellschaftsvertrag eine Fortsetzungsklausel enthalten oder im Gesetz die Fortsetzung der Gesellschaft bei Ausscheiden eines Mitglieds vorgesehen ist. Fehlt es an einer Fortsetzungsklausel oder an einer ent-

622 *Grunewald*, GesR, 1. A., Rn. 169 (für die GbR).

623 Vgl. oben S. 59.

624 *Morse*, Partnership Law, 68.

sprechenden gesetzlichen Bestimmung, dann kann sich jeder Gesellschafter nur dadurch einseitig von der Gesellschaft lösen, dass er die Auflösung der Gesellschaft herbeiführt.

(3) Die Möglichkeit des Austritts ohne Angabe von Gründen besteht nur bei Gesellschaften, die auf unbestimmte Zeit eingegangen worden sind. Mitglieder von Gesellschaften, die für eine bestimmte Dauer eingegangen worden sind, können diese vor Ablauf der vereinbarten Zeitspanne nicht ohne Vorliegen eines besonderen Grundes verlassen.

§ 24 Austrittsverfahren

A. Austrittserklärung

Bei allen Gesellschaften ohne eigene Rechtspersönlichkeit (GbR, OHG, KG, *partnership* und *limited partnership*) wird der Austritt grundsätzlich durch Zugang einer entsprechenden Erklärung an alle Mitgesellschafter wirksam.[625]

Für die Kündigungserklärung ist bei allen diesen Gesellschaften grundsätzlich keine besondere Form vorgeschrieben, so dass sie auch mündlich erfolgen kann.[626] In der Regel sehen aber die Gesellschaftsverträge sowohl bei den deutschen als auch bei den englischen Personengesellschaften vor, dass die Kündigungserklärung der Schriftform bedarf.[627]

B. Austrittsfrist

Während für die Austrittskündigung bei der GbR sowie bei der *partnership* und der *limited partnership* keine Kündigungsfristen im Gesetz vorgesehen

[625] **Deutsche Personengesellschaften:** MünchKomm-*Ulmer*, § 723, Rn. 11; *H. P. Westermann*, Handbuch, Rn. I 1082.; **Partnership und limited partnership:** *Russell J*, in: McLeod v. Dowling (1927) 43 TLR 655; *Twomey*, Rn. 23.21; *Banks*, Lindley & Banks, Rn. 10-105; *Blackett-Ord*, Rn. 13.37; *Morse*, Partnership Law, 44 u. 47 (für den Zugang einer Auflösungserklärung; diese Lösung ist aber bei Bestehen einer Fortsetzungsklausel im Gesellschaftsvertrag auf die Austrittserklärung übertragbar).

[626] **Deutsche Personengesellschaften:** *H. P. Westermann*, Handbuch, Rn. I 1082; **Partnership und limited partnership:** *Morse*, Partnership Law, 46. Etwas anderes gilt für die *partnerships* nur im Falle, dass die Gesellschaft durch einen *deed*, einen gesiegelten Vertrag, errichtet worden ist. Dann ist für die Kündigungserklärung die einfache Schriftform erforderlich (s. 26 (2) PA 1890).

[627] **Deutsche Personengesellschaften:** *H. P. Westermann*, Handbuch, Rn. I 1082; **Partnership und limited partnership:** Vgl. die Bestimmungen in folgenden Typenverträgen: *Byrne/Gowar/Moberly*, Form 1, Clause 20.1 (Rn. 181), Form 2, Clause 18.1 (Rn. 210); *Blackett-Ord*, Precedent 1, Clause Q 3, Precedent 2, Clause Q 3; *Sacker*, Precedent 1, Clause T 4 u. T 5.1 (S. 58).

sind,[628] bestimmt § 132 HGB für die OHG und KG,[629] dass eine Kündigung nur sechs Monate im Voraus und nur zum Schluss des Geschäftsjahres erfolgen darf.

Allerdings ist jedenfalls bei der GbR die Kündigungsmöglichkeit gesetzlich insoweit eingeschränkt als eine Kündigung zur Unzeit zwar möglich ist, aber Schadensersatzansprüche der Mitgesellschafter nach sich zieht, wenn kein wichtiger Grund vorliegt (§ 723 Abs. 2 BGB).[630] Eine Kündigung zur Unzeit liegt vor, wenn der Kündigende nach § 723 Abs. 1 BGB bzw. nach den Bestimmungen im Gesellschaftsvertrag zur Kündigung zwar berechtigt ist, er hierzu aber einen Zeitpunkt wählt, der die gemeinschaftlichen Interessen der Mitgesellschafter verletzt.[631] Zudem hält eine Mindermeinung in der Literatur das jederzeitige Kündigungsrecht bei der unternehmenstragenden GbR für grundsätzlich verfehlt und möchte deshalb auf die GbR die für die OHG und KG geltende Kündigungsfrist aus § 132 HGB analog anwenden.[632] Bei der *partnership* und der *limited partnership* ist in der Regel im Gesellschaftsvertrag vereinbart, dass die Gesellschaft nur mit einer Frist von sechs Monaten und nur zum Schluss des Geschäftsjahres gekündigt werden darf, da eine jederzeitige Kündigungsmöglichkeit zu praktischen Problemen führen kann.[633]

Es lässt sich demnach folgendes gemeinsames Prinzip bilden:

Die Austrittskündigung erfolgt durch formlose Erklärung gegenüber den anderen Gesellschaftern und kann jedenfalls mit einer Frist von sechs Monaten zum Ende eines Geschäftsjahres erfolgen.

[628] **GbR:** § 723 Abs. 1 BGB („kann sie jeder Gesellschafter jederzeit kündigen"); vgl. MünchKomm-*Ulmer*, § 723, Rn. 13; **Partnership und limited partnership:** s. 26 (1) PA 1890 ("may determine the partnership at any time").

[629] § 132 HGB gilt auch für die KG (§ 161 Abs. 2 HGB).

[630] MünchKomm-*Ulmer*, § 723, Rn. 13; MünchHdb. GesR I-*Piehler*, § 13, Rn. 2.

[631] MünchKomm-*Ulmer*, § 723, Rn. 53; Erman-*H. P. Westermann* § 723, Rn. 17; vgl. auch BGH, Urteil v. 13.01.1959, GRUR 59, 384, 388.

[632] *K. Schmidt*, GesR, § 58 V 2 a; *Strothmann/Vieregge*, FS Oppenhoff, 451, 464 ff.

[633] Vgl. die Bestimmungen in folgenden Typenverträgen: *Byrne/Gowar/Moberly*, Form 1, Clause 20.1 (Rn. 181), Form 2, Clause 18.1 (Rn. 210); *Blackett-Ord*, Precedent 1, Clause Q 3, Precedent 2, Clause Q 3; *Sacker*, Precedent 1, Clause T 4 u. T 5.1 (S. 58).

Zweiter Unterabschnitt: Rechtsfolgen

§ 25 Rechtliches Schicksal des Gesellschaftsanteils des ausscheidenden Gesellschafters

Es liegt in der Natur des Austrittsrechts, dass der austretende Gesellschafter sich durch den Austritt von seinem Gesellschaftsanteil trennt. Da bei den hier relevanten Gesellschaften ohne eigene Rechtspersönlichkeit eine Übertragung auf die Gesellschaft naturgemäß ausscheidet, geht der Anteil des austretenden Gesellschafters auf die anderen Gesellschafter über. So führt das Ausscheiden des Mitglieds einer deutschen Personengesellschaft kraft Gesetzes dazu, dass sein Gesellschaftsanteil den übrigen Gesellschaftern automatisch zuwächst (§ 738 Abs. 1 S. 1 BGB).[634] Das Ausscheiden des Gesellschafters lässt die Beteiligung der verbleibenden Gesellschafter also im Wert steigen.[635] Bei der *partnership* und der *limited partnership* fehlt es zwar bisher an einer solchen gesetzlichen Bestimmung.[636] In der Regel wird im Gesellschaftsvertrag jedoch die gleiche Rechtsfolge vereinbart wie bei den deutschen Personengesellschaften, nämlich dass der Anteil des ausscheidenden Gesellschafters mit dem Zeitpunkt des Ausscheidens automatisch auf die verbleibenden Gesellschafter im Verhältnis ihrer Ansprüche auf Gewinnbeteiligung übergeht („*automatic accruer*").[637] Die *Law Commissions* haben zudem vorgeschlagen, eine abdingbare gesetzliche Bestimmung einzufügen, nach der der Anteil des ausscheidenden Gesellschafters gesetzlich auf die verbleibenden Gesellschafter übergeht.[638] Es gilt demnach folgendes gemeinsames Prinzip:

(1) Mit dem Austritt aus der Gesellschaft verliert der Gesellschafter seine Mitgliedschaft.

[634] Eine rechtsgeschäftliche Übertragung der Gegenstände des Gesellschaftsvermögens auf die verbleibenden Gesellschafter findet also nicht statt. Vgl. BGH, Urteil v. 8.11.1955, BGHZ 18, 380, 382; RG, Urteil v. 23.5.1908, RGZ 68, 410, 413; *Baumbach/Hopt*, § 131, Rn. 39; MünchKomm-*Ulmer*, § 738, Rn. 8 f.; Schlegelberger-*K. Schmidt*, § 138, Rn. 24; *Grunewald*, GesR, 1. A., Rn. 136; *Eckardt*, NZG 2000, 449, 450.

[635] Erman-*H. P. Westermann*, § 738, Rn. 3; Schlegelberger-*K. Schmidt*, § 138, Rn. 24.

[636] *Morse*, Partnership Law, 228.

[637] *Banks*, Lindley & Banks, Rn. 10-133; vgl. die Bestimmungen in folgenden Typenverträgen: *Byrne/Gowar/Moberly*, Form 1, Clause 22.4 (Rn. 183), Form 2, Clause 20.3 (Rn. 212); *Blackett-Ord*, Precedent 1, Clause R 1, Precedent 2, Clause R 1; *Sacker*, Precedent 1, Clause T 1.3 (S. 56).

[638] *Law Commission*, LCCP No. 159, Rn. 7.17. Vgl. auch: *Sheikh*, [2001] ICCLR, 89, 96; *Morse*, Partnership Law, 228 f.

(2) Der Gesellschaftsanteil des ausscheidenden Gesellschafters wächst den verbleibenden Gesellschaftern grundsätzlich anteilig zu.

§ 26 Abfindungsanspruch des ausscheidenden Gesellschafters

A. Gesetzliche Regelung

Mit dem Ausscheiden erwirbt das Mitglied einer Personengesellschaft sowohl in Deutschland als auch in England einen gesetzlichen Anspruch auf Abfindung in Höhe des Werts des Gesellschaftsanteils.[639] Sowohl für die deutschen Gesellschaften als auch für die *partnership* und *limited partnership* gilt, dass sich die Höhe der gesetzlichen Abfindung grundsätzlich nach dem vollen wirtschaftlichen Wert des lebenden Unternehmens (Verkehrswert) einschließlich aller stillen Reserven und des Goodwills richtet.[640] Meist ist eine Schätzung notwendig,[641] die aber konkreter Unterlagen bedarf, so dass im Allgemeinen ein Sachverständigengutachten notwendig ist.[642] Es gilt folgendes gemeinsames Prinzip:

Der ausscheidende Gesellschafter hat Anspruch auf eine angemessene Abfindung für die von ihm gehaltenen Gesellschaftsanteile. Die Höhe der Abfindung ist bei Nichteinigung mit Hilfe von Sachverständigen zu ermitteln. Sie richtet sich grundsätzlich nach dem Verkehrswert des Unternehmens einschließlich des Goodwills.

---

[639] **GbR:** § 738 Abs. 1 S. 2 BGB; **OHG:** § 105 Abs. 3 HGB i. V. m. § 738 Abs. 1 S. 2 BGB; **KG:** §§ 105 Abs. 3, 161 Abs. 2 HGB i. V. m. § 738 Abs. 1 S. 2 BGB; **Partnership und limited partnership:** *Cotton LJ*, in: Gray v. Smith (1889) 43 Ch. D. 208, 220, CA; *Goff J*, in: Sobell v. Boston [1975] 1 WLR 1587, 1591; *Banks*, Lindley & Banks, Rn. 10-247; *Blackett-Ord*, Rn. 13.35 u. 15.33. Die *Law Commissions* haben jetzt angeregt, dieses Abfindungsrecht auch ausdrücklich im Gesetz zu regeln. Vgl. *Law Commission*, LCCP No. 159, Rn. 7.27.

[640] **Deutsche Gesellschaften:** Ständige Rechtsprechung: BGH, Urteil v. 21.4.1955, BGHZ 17, 130, 136 (OHG); BGH, Urteil v. 24.9.1984, NJW 1985, 192, 193 (KG); BGH, Urteil v. 16.12.1991, BGHZ 116, 359, 370 (GmbH); MünchKomm-*Ulmer*, § 738, Rn. 32 ff.; Scholz-*H. Winter*, § 15, Rn. 126; *Lutter/Hommelhoff*, § 34, Rn. 42; Hachenburg-*Ulmer*, Anh. § 34, Rn. 61; *Engel*, NJW 1986, 345; **Partnership und limited partnership:** *Goff J*, in: Sobell v. Boston [1975] 1 WLR 1587, 1591; *Lord Dunpark*, in: Clark v. Watson, 1982 SLT 450, 452, O. H.; *Banks*, Lindley & Banks, Rn. 10-172 u. 10-247; *Blackett-Ord*, Rn. 15.33.

[641] Vgl. für die deutschen Gesellschaften § 738 Abs. 2 BGB.

[642] **Deutsche Gesellschaften:** BGH, Urteil v. 21.4.1955, BGHZ 17, 130, 136 (OHG); BGH, Urteil v. 24.9.1984, NJW 1985, 192, 193 (KG); BGH, Urteil v. 16.12.1991, BGHZ 116, 359, 371 (GmbH); *Baumbach/Hopt*, § 131, Rn. 49; *Lutter/Hommelhoff*, § 34, Rn. 43; **Partnership und limited partnership:** Normalerweise wird im Gesellschaftsvertrag einer *partnership* festgelegt, dass der Wert des Anteils durch einen Wirtschaftsprüfer (*accountant*) oder einen anderen Sachverständigen ermittelt werden soll. Vgl. *Blackett-Ord*, Rn. 15.33.

B. Abfindungsklauseln

Sowohl bei den deutschen als auch bei den englischen Personengesellschaften kann die gesetzliche Abfindungshöhe durch Bestimmungen im Gesellschaftsvertrag beschränkt werden.[643] In der Praxis sind in Deutschland und England vor allem gesellschaftsvertragliche Vereinbarungen weit verbreitet, nach denen für die Ermittlung der Abfindung auf den Buchwert des Gesellschaftsanteils (*Balance sheet value*) unter Ausschluss des Goodwills abzustellen ist.[644] Bei der *partnership* und der *limited partnership* werden solche Vereinbarungen als zulässig angesehen.[645] In ihrem *Consultation Paper* stellen die *Law Commissions* sogar die Frage, ob in Zukunft für die *partnerships* gesetzlich statt der Abfindung zum Verkehrswert die Abfindung zum Buchwert vorgesehen werden soll.[646] In Deutschland hingegen war die Rechtsprechung zur Zulässigkeit von Buchwertklauseln nicht immer einheitlich.[647] Heute entspricht es aber gefestigter Rechtsprechung, dass Buchwertklauseln zwar grundsätzlich rechtswirksam vereinbart werden können, dass diese aber wegen Sittenwidrigkeit (§ 138 BGB) nichtig sind, wenn zwischen dem Buchwert und dem vollen wirtschaftlichen Wert des Gesellschaftsanteils ein erhebliches Missverhältnis besteht.[648] Eine prozentuale Mindesthöhe für den Abfindungsanspruch gemessen am wirklichen Wert, die den Einwand eines erheblichen Missverhältnisses ausschließt, hat der Bundesgerichtshof aber bisher nicht beziffert.[649] Vielmehr stellt die Rechtsprechung bei der Beurteilung, ob die Beschränkung der Abfindung noch zumutbar ist, nicht nur auf

[643] **Deutsche Personengesellschaften:** BGH, Urteil v. 2.6.1997, BGHZ 135, 387, 389; BGH, Urteil v. 16.12.1991, BGHZ 116, 359, 368 (GmbH); **Partnership und limited partnership:** *Morse*, Partnership Law, 220; *Banks*, Lindley & Banks, Rn. 10-172.

[644] **Deutsche Personengesellschaften:** *Baumbach/Hopt*, § 131, Rn. 38 u. 59. Etwa bei der Hälfte aller vereinbarten Abfindungsklauseln handelt es sich um Buchwertklauseln. Vgl. hierzu *Mecklenbrauck*, 15 f.; **Partnership und limited partnership:** *Law Commission*, LCCP No. 159, Rn. 7.38. Vgl. die Bestimmungen in folgenden Typenverträgen: *Byrne/Gowar/Moberly*, Form 1, Clause 22.7 (Rn. 183), Form 2, Clause 20.6 (Rn. 212); Entscheidung hierüber offengelassen in: *Blackett-Ord*, Precedent 1, Clause R 2, Precedent 2, Clause R 2.

[645] *Chadwick LJ*, in: Re White [2000] 3 WLR 885, 906 f., CA (betraf eine Familien-*partnership*); *Morse*, Partnership Law, 220; *Banks*, Lindley & Banks, Rn. 10-172; *Blackett-Ord*, Rn. 15.34.

[646] *Law Commission*, LCCP No. 159, Rn. 7.44.

[647] Vgl. zur Entwicklung der Rechtsprechung zu Buchwertklauseln: *Mecklenbrauck*, 27 ff.

[648] BGH, Urteil v. 24.9.1984, NJW 1985, 192, 193; BGH, Urteil v. 24.5.1993, NJW 1993, 2101, 2102; Vgl. auch: BGH, Urteil v. 2.6.1997, BGHZ 135, 387, 390; weiterführend: MünchKomm-*Ulmer*, § 738, Rn. 39 ff.; Schlegelberger-*K. Schmidt*, § 138, Rn. 70.

[649] Vgl. BGH, Urteil v. 24.5.1993, NJW 1993, 2101, 2102, in dem die Festlegung einer starren Wertgrenze, deren Unterschreitung zwangsläufig die Abfindungsregel außer Kraft setzt, ausdrücklich abgelehnt wird.

das Ausmaß des Missverhältnisses zwischen den genannten Werten ab, sondern auf die gesamten Umstände des konkreten Einzelfalls.[650]

Auch die Gerichte in England neigen dazu, bei der Auslegung von nicht eindeutigen Klauseln im Gesellschaftsvertrag im Zweifel die Abfindung zum vollen Marktwert anzuordnen.[651]

Als gemeinsames Prinzip lässt sich demnach Folgendes festhalten:

Durch den Gesellschaftsvertrag kann die Höhe der Abfindung jedenfalls auf den Buchwert beschränkt werden.

§ 27 Weitere Rechtsfolgen

Im Hinblick auf die Haftung des ausscheidenden Gesellschafters für die Verbindlichkeiten der Gesellschaft,[652] die Auswirkungen auf den Namen der Gesellschaft und den Austritt aus der Zweipersonengesellschaft gilt das Gleiche wie bei der Anteilsübertragung.[653]

Zweiter Abschnitt: Austritt aus besonderem Grund

Nach der Untersuchung der Möglichkeit des Austritts ohne besonderen Grund soll jetzt der Frage nachgegangen werden, in welchen Fällen den Gesellschaftern ein Recht zum Austritt aus besonderem Grund zusteht. In Deutschland spricht man in diesem Zusammenhang von der Möglichkeit der außerordentlichen Austrittskündigung.

---

[650] Einzubeziehen sind danach neben dem Verhältnis zwischen wirklichem Anteilswert und vereinbartem Abfindungswert der Anlass des Ausscheidens, die Dauer der Mitgliedschaft des Ausgeschiedenen in der Gesellschaft, sein Anteil am Aufbau und Erfolg des Unternehmens, die finanzielle Bedürftigkeit des ausscheidenden Gesellschafters, die finanzielle Leistungsfähigkeit der Gesellschaft und der Zahlungsmodus der Abfindung. Vgl.: BGH, Urteil v. 24.5.1993, NJW 1993, 2101, 2102; BGH, Urteil v. 20.9.1993, BGHZ 123, 281, 286; Erman-*H. P. Westermann*, § 738, Rn. 11 b; *Kort*, DStR 1995, 1961, 1963 ff.

[651] Vgl. *Lord Wrenbury*, in: Cruickshank v. Sutherland (1923) 92 L. J. Ch. 136, 139, HL; zustimmend: *Banks*, Lindley & Banks, Rn. 10-167; *Blackett-Ord*, Rn. 15.32.

[652] So ausdrücklich für die deutschen Personengesellschaften: Schlegelberger-*K. Schmidt*, § 159 a. F., Rn. 8; MünchHdb. GesR I-*Piehler*, § 66, Rn. 24; *Grunewald*, GesR, 1. A., Rn. 140; für die französischen Personengesellschaften: *Guyon*, Droit des affaires, Rn. 233.

[653] Vgl. oben S. 100 ff., 114 ff. und 127 ff.

Erster Unterabschnitt: Voraussetzungen

§ 28 Grundsatz

A. Überblick

Bei fast allen untersuchten Gesellschaften haben die Mitglieder das Recht, aus bestimmten Gründen aus der Gesellschaft auszutreten:

So besteht bei den deutschen Personengesellschaften und der GmbH ein Recht zum Austritt aus wichtigem Grund. Während dieses Recht für die Personengesellschaften im Gesetz in § 723 Abs. 1 S. 2 BGB[654] ausdrücklich vorgesehen ist, ist es für die GmbH erst von der Rechtsprechung[655] nach anfänglichem Zögern[656] aber unter Zustimmung der Literatur[657] entwickelt worden. Begründet wurde dies damit, dass ein solches Recht als Grundprinzip des Verbandsrechts zu den unverzichtbaren Mitgliedschaftsrechten gehöre.[658]

Auch aus der *partnership* und der *limited partnership* kann man bei Vorliegen besonderer Gründe ausscheiden (s. 35 PA 1890). Im englischen Kapitalgesellschaftsrecht gibt es hingegen kein ausdrücklich geregeltes gesetzliches Austrittsrecht auf Grund gesellschaftlicher Problemlagen. Allerdings kann jeder Gesellschafter einer *private* oder *public company*[659] im Falle einer unzumutbaren Beeinträchtigung (s. 459 CA, *unfair prejudice*) bei Gericht eine sogenannte Kauf- oder Verkaufsanordnung (*purchase order*) beantragen (s. 461 (2) (d) CA 1985). Im Falle des Erlasses einer *purchase order* wird vom Gericht angeordnet, dass die Anteile eines Mitglieds durch andere Mitglieder der Gesellschaft oder die Gesellschaft selbst angekauft werden müs-

---

[654] § 723 BGB gilt wegen § 105 Abs. 3 HGB auch für die OHG und wegen § 161 Abs. 2 HGB auch für die KG.

[655] BGH, Urteil v. 1.4.1953, BGHZ 9, 157, 162 f. (obiter dictum); BGH, Urteil v. 16.12.1991, BGHZ 116, 359, 369; OLG Hamm, Urteil v. 28.9.1992, GmbHR 1993, 656, 657; OLG Köln, Urteil v. 21.5.1996, GmbHR 1996, 609, 610; OLG Köln, Urteil v. 26.3.1999, GmbHR 1999, 712.

[656] Das Reichsgericht hatte noch angenommen, dass ein allgemeines außerordentliches Austrittsrecht des GmbH-Gesellschafters nicht bestehe. Eine Ausnahme wurde nur für den Fall der Lösung von einer gesellschaftsrechtlichen Nebenleistungspflicht gemacht. Vgl. RG, Urteil v. 7.2.1930, RGZ 128, 1, 15 ff.

[657] *Lutter/Hommelhoff*, § 34, Rn. 36; Scholz-*H. Winter*, § 15, Rn. 114 b; *Hueck/Fastrich*, in: Baumbach/Hueck, Anh. § 34, Rn. 1 u. 15; Hachenburg-*Ulmer*, Anh. § 34, Rn. 44; MünchHdb. GesR III-*Kort*, § 29, Rn. 1; *Röhricht*, FS Kellermann, 361, 366 u. 378 ff.; *Goette*, DStR 2001, 533; *Balz*, 105; *Henze*, Rn. 811; *Becker*, 5; *Wellhöfer*, GmbHR 1994, 212, 216; vgl. auch *Wiedemann*, Übertragung, 90.

[658] BGH, Urteil v. 16.12.1991, BGHZ 116, 359, 369.

[659] Die Vorschriften in ss. 459, 461 CA 1985 sind grundsätzlich auf *private companies* ebenso wie auf *public companies* anwendbar. Vgl. *Sealy*, 548; *Mayson/French/Ryan*, 18.6.1.

sen, so dass jeder Gesellschafter auf diesem Wege sein einseitiges Ausscheiden aus der Gesellschaft erreichen kann.[660]

In Frankreich besteht ein Austrittsrecht aus besonderen Gründen (*justes motifs*) nur bei der SC (art. 1869 al. 1 C. civ.).

Kein allgemeines Recht zum Austritt aus besonderem Grund besteht hingegen bei der deutschen AG und den französischen Handelsgesellschaften. Anders als bei der GmbH, bei der ein außerordentliches Austrittsrecht inzwischen anerkannt ist, ist die Rechtslage für die AG noch weitgehend ungeklärt. Während sich die Rechtsprechung mit dieser Frage bisher nicht befasst hat, lehnt die herrschende Ansicht in der Literatur ein Recht zum Austritt aus der AG aus wichtigem Grund ab.[661] Verwiesen wird von dieser Ansicht darauf, dass das Aktienrecht vom Grundsatz der freien Übertragbarkeit der Mitgliedschaft geprägt sei und insofern die Anerkennung eines Austrittsrechts mit dem Wesen der Aktiengesellschaft nicht in Einklang gebracht werden könne.[662] Dem widerspricht ein Teil der Literatur, der auch bei der AG ein außerordentliches Austrittsrecht von Aktionären anerkennen will. Diese Autoren leiten ein solches Recht ebenso wie bei der GmbH aus dem Grundsatz ab, dass alle Dauerrechtsverhältnisse, die eine besondere gegenseitige Interessenverflechtung mit sich bringen, vorzeitig aus wichtigem Grund kündbar sein müssten.[663] Eine Ausnahme ist aber auch für die AG allgemein anerkannt, wenn eine Nebenleistungspflicht besteht. Hier wollen auch die Gegner eines allgemeinen Austrittsrechts jedem Aktionär ein Recht zum Austritt aus wichtigem Grund zugestehen, dem es bei unerträglich gewordenen Verhältnissen unzumutbar geworden ist, länger an seiner Nebenleistungspflicht nach § 55 AktG festgehalten zu werden.[664] Da das Recht zum Austritt aus wichtigem Grund bei der AG von der Rechtsprechung bisher

---

[660] *McGee*, CfiLR 1999, 52; *H.-F. Müller*, RIW 1997, 994, 996. Auf die *purchase order* wird weiter unten bei den Rechtsfolgen des Austritts ausführlich eingegangen. Vgl. unten S. 184.

[661] *Lutter*, in: Kölner Komm. AktG, § 68, Rn. 23; *Barz*, in: Großkomm. AktG, 3. Aufl. 1973, § 68, Rn. 2 u. 9; *Flume*, Die juristische Person, 281; MünchKommAktG-*Bayer*, § 68, Rn. 34; *Hefermehl/Bungeroth*, in: Geßler/Hefermehl, AktG, § 68, Rn. 67; *Flechtheim*, in: Düringer/Hachenburg, § 222 HGB, Rn. 4; *Immenga*, AG 1992, 79, 82; *Würdinger*, 5 u. 47; *Balz*, 85 f. u. 89.

[662] *Lutter*, in: Kölner Komm. AktG, § 68, Rn. 23; *Hefermehl/Bungeroth*, in: Geßler/Hefermehl, AktG, § 68, Rn. 67; *Flechtheim*, in: Düringer/Hachenburg, § 222 HGB, Rn. 4.

[663] *Wiedemann*, Übertragung, 90 ff. u. 106; *Hirte*, KapGesR, Rn. 4.83; *Raiser*, § 12, Rn. 63; *Grunewald*, FS Boujong, 175, 177 u. 199; *dies.*, FS Claussen, 103, 111 f.; *Decher*, in: Lutter, UmwG, § 207, Fn. 3; *Roitzsch*, 90 f.; *Becker*, 21 f.; *Schindler*, 87; *A. Teichmann*, Gestaltungsfreiheit, 247.

[664] *Lutter*, in: Kölner Komm. AktG, § 55, Rn. 13; *Hefermehl/Bungeroth*, in: Geßler/Hefermehl, AktG, § 55, Rn. 43; *Barz*, in: Großkomm. AktG, 3. Aufl. 1973, § 55, Rn. 27; *Hüffer*, AktG, § 55, Rn. 9.

nicht ausdrücklich abgelehnt worden ist und weil zumindest ein Teil der Literatur auch bei der AG ein solches Austrittsrecht anerkennt, soll die nach herrschender Meinung abweichende Rechtslage bei der AG der Bildung eines gemeinsamen Prinzips jedoch nicht entgegenstehen.

Auch bei den französischen Handelsgesellschaften mit festem Kapital besteht grundsätzlich kein Recht zum Austritt aus besonderem Grund.[665] Will ein Mitglied die Gesellschaft verlassen, dann geschieht das grundsätzlich durch eine Übertragung der Anteile. Lediglich für die SNC und SCS gewährt das Gesetz dem geschäftsführenden Gesellschafter ein Recht zum Austritt aus der Gesellschaft, wenn dieser von seiner Funktion als Geschäftsführer abberufen wird.[666] Nicht abschließend geklärt ist in Frankreich, ob nach Vorbild der gesetzlichen Regelung bei der SC auch für die Handelsgesellschaften ein Austrittsrecht in den Statuten vorgesehen werden kann. Dieses erscheint zwar möglich,[667] ist aber jedenfalls nicht üblich. Damit können sich Mitglieder der französischen Handelsgesellschaften, wenn eine Übertragung ihrer Anteile aus rechtlichen oder tatsächlichen Gründen nicht möglich ist, nur durch die Erhebung einer Auflösungsklage von der Gesellschaft lösen.[668] Ihre Erfolgsaussichten und damit auch ihre Bedeutung sind jedoch sehr gering.[669]

Warum besteht aber bei den französischen Gesellschaften mit Ausnahme der SC anders als bei den deutschen und englischen Gesellschaften kein allgemeines Austrittsrecht aus besonderem Grund? Der Grund hierfür dürfte darin liegen, dass in Frankreich klassischerweise zwischen Gesellschaften mit festem und variablem Kapital unterschieden wird.[670] Die Tatsache, dass ein wesentlicher Unterschied zwischen diesen beiden Gesellschaftstypen darin besteht, dass bei den wirtschaftlich eher unbedeutenden Gesellschaften mit variablem Kapital im Gegensatz zu den Gesellschaften mit festem Kapital die Möglichkeit des freien Ein- und Austritts besteht, dürfte die Anerkennung eines Austrittsrechts als allgemeines Institut zumindest erschwert haben. Dies

---

665 *Guyon*, Aménagements statutaires, Rn. 55.

666 Art. L. 221-12 al. 1 C. com.; für die SCS i. V. m. art. L. 222-2 C. com. Vgl. *Guyon*, Aménagements statutaires, Rn. 55.

667 *Guyon*, Aménagements statutaires, Rn. 119.

668 Ein Gesellschafter kann bei Gericht die vorzeitige Auflösung der Gesellschaft beantragen, wenn besondere Gründe (*justes motifs*) vorliegen, namentlich im Fall der Nichterfüllung von Gesellschafterverbindlichkeiten oder von Unstimmigkeiten zwischen den Gesellschaftern, die die Verwirklichung des Gesellschaftszwecks lähmen (art. 1844-7 n° 5 C. civ.).

669 Das liegt daran, dass der Kläger beweisen muss, dass die Gesellschaft keinerlei Zukunftschancen mehr besitzt. Vgl.: Cass. com., 31 janvier 1989, Bull. civ. IV n° 46, CA Paris, 5 juillet 1988, Rev. soc. 1988, 599 (Anm. *Guyon*); CA Paris, 29 janvier 1993, RTD com. 1993, 666 (Anm. *Champaud/Danet*); CA Paris, 25 mars 1993, Rev. soc. 1993, 661 (Anm. *Guyon*); *Mercadal/Janin*, Mémento Soc. com., Rn. 1283.

670 Ähnlich: *Sauget*, 625; *Schindler*, 253.

wird auch daran deutlich, dass ein Austrittsrecht bei den Handelsgesellschaften mit der Begründung abgelehnt wird, dass die Möglichkeit des Austritts mit gleichzeitiger Herabsetzung des Kapitals bei den Handelsgesellschaften im Widerspruch zum Prinzip des festen Kapitals stehe.[671] Ein weiterer Aspekt ist, dass in Frankreich die Verbundenheit zwischen den Gesellschaftern, die *affectio societatis,* für personalistische Gesellschaften stets besonders betont wird.[672] Einer Betonung des Gesellschaftsinteresses widerspricht es aber grundsätzlich, dass sich ein Gesellschafter in bestimmten Situationen einseitig und gegen den Willen der anderen Gesellschafter aus der gesellschaftlichen Verbundenheit lösen kann.[673]

Im französischen Schrifttum wird allerdings unter anderem von so namhaften Autoren wie *Guyon*, *D. Schmidt* und *Le Cannu* bedauert, dass es bei den Handelsgesellschaften mit festem Kapital nicht – wie bei der SC und wie im deutschen und englischen Gesellschaftsrecht – die Möglichkeit des Austritts aus besonderem Grund (*juste motif*) gibt.[674] Es gab auch schon Bestrebungen, ein Austrittsrecht aus besonderem Grund einzuführen, die aber scheiterten. So wurde 1998 vom *Sénat* ein Gesetzentwurf verabschiedet, durch den ein Austrittsrecht in allen nicht börsennotierten Gesellschaften geschaffen werden sollte.[675] Dieser Gesetzentwurf wurde aber von der Nationalversammlung abgelehnt.[676] Er sah vor, dass ein Minderheitsgesellschafter aus der Gesellschaft austreten kann, wenn ein besonderer Grund (*juste motif*) vorliegt, der im Zusammenhang mit einem fehlerhaften und schädigenden Verhalten der Mehrheitsgesellschafter steht.[677] Auch *Marini* hat 1996 in ei-

---

[671] *Gibirila*, JCl., Art. 1832 à 1844-17, Fasc. 41, Rn. 40; *Guyon*, Aménagements statutaires, Rn. 55.

[672] Mit der Anerkennung des sogenannten institutionellen Verbandsmodells, nach dem im Gegensatz zum vertraglichen Verbandsmodell jede Gesellschaft nicht als Vertrag zwischen den Gesellschaftern, sondern als Institution kraft Gesetzes begriffen wird, steht in der französischen Rechtswissenschaft das Verbandsinteresse stärker im Vordergrund als im deutschen Recht. Vgl. *D. Schmidt*, Les droit de la la minorité, Rn. 38 ff.

[673] *Jeantin*, Rev. soc. 1985, 622, 625; *Schindler*, 253.

[674] *Guyon*, Droit des affaires, Rn. 233 u. 257; *Le Cannu*, Rev. soc. 1983, 556 (für alle Personengesellschaften und die SARL). Vgl. auch die ministerielle Antwort auf die Anfrage eines Parlamentariers: Rép. Min. 19 sept 1985, Rev. soc., 1985, 891; *J.-P. Storck*, Rev. soc. 1982, 233, 261. Bereits konkrete Vorschläge für die Ausgestaltung eines solchen Austrittsrechts macht *D. Schmidt*, Les conflits d'intérêts, Rn. 254 ff.

[675] *Daigre*, Rev. soc. 1999, 535, 545.

[676] Vgl. *Marini*, P. A. 1998, n° 132, 27, 28; *Dariosecq/Métais*, Bull. Joly 1998, 908, 909.

[677] Der Entwurf von 1998 sah vor, dass ein art. 1844-bis-I in den *Code civil* eingefügt werden sollte, dessen erster Absatz folgenden Wortlaut haben sollte: „Le ou les associés d'une société dont les titres ne sont pas admis aux négociations sur un marché réglementé, contrôlée majoritairement par une ou plusieurs personnes agissant de concert, peuvent, pour juste motifs liés au comportement fautif et dommageable de la ou des personnes contrôlant majoritairement la société,

nem Bericht für den Premierminister zur Modernisierung des französischen Gesellschaftsrechts (sogenannter *Rapport Marini*) vorgeschlagen, ein Austrittsrecht unter den eben genannten Voraussetzungen, d. h. bei Vorliegen eines *juste motif* und durch Gerichtsurteil einzuführen.[678]

Vor dem Hintergrund der auch in Frankreich selbst bestehenden Kritik an dem Fehlen eines Austrittsrechts bei den Handelsgesellschaften erscheint es gerechtfertigt, von einem Konsens der drei untersuchten Rechtsordnungen zu sprechen, wonach einem Gesellschafter in jeder Gesellschaft das Recht zum Austritt aus besonderem Grund eingeräumt werden sollte. Deshalb erscheint es – trotz der abweichenden Rechtslage bei den französischen Handelsgesellschaften – gerechtfertigt, folgendes gemeinsames Prinzip zu bilden:

> Jeder Gesellschafter hat ein Recht zum Austritt aus der Gesellschaft, wenn ein besonderer Grund vorliegt.

B. Gesellschaften ohne eigene Rechtspersönlichkeit

I. Relevanz des Austritts aus besonderem Grund

Für die Gesellschaften ohne eigene Rechtspersönlichkeit, aus denen man auch ohne besonderen Grund austreten kann, (GbR, OHG, KG, *partnership, limited partnership*)[679] wird das Recht zum Austritt aus wichtigem Grund nur relevant, wenn ein Gesellschafter bei einer befristeten Gesellschaft vor Ablauf der vereinbarten Dauer aus der Gesellschaft ausscheiden will oder bei einer vereinbarten Kündigungsfrist ohne Einhaltung dieser Frist aus der Gesellschaft ausscheiden möchte,[680] so dass folgende gemeinsame Prinzipien gelten:

> Aus Gesellschaften, die nicht über eine eigene Rechtspersönlichkeit verfügen, kann jeder Gesellschafter aus besonderem Grund auch ohne Einhaltung einer Kündigungsfrist austreten. Ist eine Gesellschaft, die nicht über eine eigene Rechtspersönlichkeit verfügt, für eine bestimmte Dauer eingegangen, dann kann jeder Gesellschafter vor Ablauf der vereinbarten Zeitspanne austreten, wenn ein besonderer Grund vorliegt.

---

demander l'achat de leurs droits sociaux par ces derniers." (zitiert nach *D. Schmidt*, Les conflits d'intérêts, Rn. 253).

[678] *Marini*, 68 f.; vgl. dazu *Süß/Hurstel*, EuZW 1997, 97.

[679] Vgl. oben S. 156 f.

[680] Vgl. § 723 Abs. 1 S. 2 BGB und § 723 Abs. 1 S. 6 BGB für die deutschen Personengesellschaften.

II. Fortsetzungsklausel im Gesellschaftsvertrag

Hinsichtlich des Erfordernisses einer gesellschaftsvertraglichen Fortsetzungsklausel bei den Gesellschaften ohne eigene Rechtspersönlichkeit gilt das Gleiche wie beim Austritt ohne besonderen Grund.[681]

§ 29 Austrittsgründe

A. Grundsatz

Allen Gesellschaften, bei denen ein Austritt aus besonderem Grund möglich ist, ist gemein, dass die besonderen Gründe, die zum Austritt aus der Gesellschaft berechtigen, nicht im Einzelnen im Gesetz aufgeführt sondern in einer Generalklausel umschrieben sind. Bei den deutschen Personengesellschaften und der GmbH muss ein wichtiger Grund vorliegen,[682] bei der *partnership* und der *limited partnership* ist ein Austritt insbesondere möglich, wenn er recht und billig (*just and equitable*) ist,[683] bei den *companies* muss eine unzumutbare Beeinträchtigung (*unfair prejudice*) des austrittswilligen Gesellschafters vorliegen[684] und bei der SC (sowie bei der für die französischen Handelsgesellschaften vorgeschlagenen, aber dann verworfenen Regelung) bedarf es des Vorliegens besonderer Gründe (*justes motifs*).[685]

Mit den Generalklauseln wird ein gemeinsames Ziel verfolgt: Es soll im Interesse der Gesellschaft und der Mitgesellschafter jedem Gesellschafter nicht ein jederzeitiges Lösungsrecht von der Gesellschaft zustehen, sondern ein Gesellschafter soll nur zum Austritt berechtigt sein, wenn dieses im Einzelfall der Gesellschaft und den anderen Gesellschaftern zumutbar ist. Im Umkehrschluss bedeutet dies, dass ein Gesellschafter immer nur dann austreten kann, wenn ihm ein Verbleib in der Gesellschaft unzumutbar geworden ist. Es geht hier um die Beachtung des Verhältnismäßigkeitsprinzips. Dies bedeutet, dass ein Austritt aus der Gesellschaft nur möglich ist, wenn eine Abwägung der Interessen der Gesellschaft und der Mitgesellschafter an einem Verbleib des austrittswilligen Gesellschafters mit den Interessen des austrittswilligen Gesellschafters an einer Loslösung von der Gesellschaft ein

[681] Vgl. oben S. 153 f.

[682] **Deutsche Personengesellschaften:** § 723 Abs. 1 S. 2 BGB; für die OHG i. V. m. § 105 Abs. 3 und für die KG i. V. m. § 161 Abs. 2 HGB; **GmbH:** vgl. die Nachweise in Fn. 655 u. 657.

[683] S. 35 (f) PA 1890.

[684] S. 459 CA 1985.

[685] Art. 1844-7 n° 5 C. civ.

Überwiegen der letzteren Interessen ergibt.[686] Es ergeben sich damit folgende gemeinsame Prinzipien:

Ein besonderer Grund zum Austritt liegt vor, wenn einem Gesellschafter eine Fortsetzung der Gesellschaft nicht zugemutet werden kann. Zur Feststellung der Unzumutbarkeit muss eine Abwägung der betroffenen Interessen vorgenommen werden: Der Austritt ist gerechtfertigt, wenn das Interesse des austrittswilligen Gesellschafters an einer Loslösung von der Gesellschaft höher zu bewerten ist als die Interessen von Mitgesellschaftern und Gesellschaft an der unveränderten Fortsetzung der Gesellschaft.

B. Relevanz eigenen vorwerfbaren Verhaltens

Für alle Gesellschaften, bei denen der Austritt aus besonderem Grund anerkannt ist, gilt, dass auch eigenes Fehlverhalten des austrittswilligen Gesellschafters bei der Frage zu berücksichtigen ist, ob ein besonderer Austrittsgrund vorliegt oder nicht.[687] Bei der *partnership* und der *limited partnership* ist ein Austritt sogar grundsätzlich ausgeschlossen, wenn der austrittswillige Gesellschafter sich selbst gesellschaftliches Fehlverhalten vorwerfen lassen muss,[688] während in Bezug auf die *private* und *public company* ausdrücklich betont wird, dass es für den Erfolg eines Antrags nach s. 459 CA 1985 nicht

[686] **Deutsche Personengesellschaften:** BGH, Urteil v. 30.11.1951, BGHZ 4, 108, 113; BGH, Urteil v. 12.7.1982, BGHZ 84, 379, 382 f.; BGH, Urteil v. 10.6.1996, ZIP 1996, 1434, 1434; BGH, Urteil v. 24.7.2000, NJW 2000, 3491, 3492; MünchHdb. GesR I-*Piehler*, § 13, Rn. 6; MünchKomm-*Ulmer*, § 723, Rn. 28; **GmbH:** BGH, Urteil v. 16.12.1991, BGHZ 116, 359, 369; Scholz-*H. Winter*, § 15, Rn. 114 b u. 118; Hachenburg-*Ulmer*, Anh. § 34, Rn. 49; *Hueck/Fastrich*, in: Baumbach/Hueck, Anh. § 34, Rn. 16; *Lutter/Hommelhoff*, § 34, Rn. 37; MünchHdb. GesR III-*Kort*, § 29, Rn. 6; *Röhricht*, FS Kellermann, 361, 378; *Balz*, 105; *Henze*, Rn. 811; *Becker*, 96; *Wellhöfer*, GmbHR 1994, 212, 216; **Private und public company:** *Neill LJ*, in: Re Saul D Harrison & Sons plc. [1995] 1 BCLC 14, 30; *Arden J*, in: Re Macro (Ipswich) Ltd [1994] 2 BCLC 354, 404; *Lowry*, (1996) 17 Co Law 67, 69; *Griffin*, (1992) 13 Co Law, 83, 88; *Smith*, 235; **SC:** *Jeantin*, Anm. zu Cass. civ., 27 février 1985, Rev. soc. 1985, 622, 625; *Alfandari/Jeantin*, RTD com. 1990, 418, 419.

[687] **Deutsche Gesellschaften:** BGH, Urteil v. 15.6.1959, BGHZ 30, 195, 202 f.; BGH, Urteil v. 24.7.2000, NZG 2000, 1167; MünchKomm *Ulmer*, § 723, Rn. 33 f.; MünchHdb. GesR I-*Piehler*, § 13, Rn. 6; Erman-*H. P. Westermann*, § 723, Rn. 19; MünchHdb. GesR III-*Kort*, § 29, Rn. 12; **Private und public company:** Re R A Noble & Sons Ltd. [1983] BCLC 273: Hier hatte sich ein Gesellschafter darüber beklagt, dass er an den Geschäftsführungsentscheidungen nicht mehr beteiligt werde. Das Gericht stellte daraufhin fest, dass er sich zunächst selbst aus der Führung der Geschäfte zurückgezogen und der Beklagte daraufhin allein die Geschäfte der Gesellschaft geführt hatte. Vgl. auch: *Hannigan*, in: Farrar's Company Law, 452; *Pennington*, in: Jura Europae IV, 90.10, Rn. 163; **Partnership und limited partnership:** *Romilly MR*, in: Harrison v. Tennant (1856) 21 Beav. 482 , 493 f.; *Blackett-Ord*, Rn. 14.16.

[688] Vgl. die Nachweise in der vorstehenden Fn.

notwendig ist, dass der Antragsteller an der beanstandeten Beeinträchtigung seiner Interessen völlig schuldlos ist (Konzept der „*clean hands*“).[689] Für die SC wird die Frage, welche Auswirkungen ein eigenes Fehlverhalten des austrittswilligen Gesellschafters hat, von der französischen Rechtsprechung und Literatur bisher zwar weder aufgeworfen noch beantwortet.[690] Die Relevanz eigenen vorwerfbaren Verhaltens ergibt sich auch für die SC im Grunde aber schon aus der Tatsache, dass ein besonderer Austrittsgrund (im Fall der SC ein *juste motif*) nur vorliegt, wenn die Interessen des einzelnen Gesellschafters gewichtiger einzuschätzen sind als die Interessen von Gesellschaft und Mitgesellschaftern.[691] Es ergibt sich folgendes gemeinsames Prinzip:

Bei der Abwägung der gegenseitigen Interessen, die für die Feststellung der Unzumutbarkeit des Verbleibs eines Gesellschafters in der Gesellschaft vorgenommen werden muss, ist auch ein etwaiges Fehlverhalten des austrittswilligen Gesellschafters zu berücksichtigen.

C. Subsidiarität des Austrittsrechts

I. Grundsatz

Bei allen Gesellschaftsformen, bei denen ein Austrittsrecht aus besonderem Grund besteht, gilt der gemeinsame Grundsatz, dass der Austritt eines Gesellschafters immer nur *ultima ratio* ist und deshalb ausscheidet, wenn zur Lösung eines bestehenden Konflikts ein milderes Mittel zur Verfügung steht.[692] Als milderes Mittel kommt vor allem die Veräußerung der Gesellschaftsanteile in Frage. So ist in allen drei Rechtsordnungen anerkannt, dass einem Gesellschafter, der sich durch eine Veräußerung seiner Anteile von der Ge-

[689] *Sealy*, 553; *Morse*, Charlesworth & Morse, 327. Dies war aber Voraussetzung nach s. 210 CA 1948.

[690] Dies dürfte damit zusammenhängen, dass zum Austritt aus der SC bisher nur verhältnismäßig wenig Rechtsprechung vorliegt. Vgl. *Alfandari/Jeantin*, RTD com. 1990, 418.

[691] Ausdrücklich für die SC: *Jeantin*, Anm. zu Cass. civ., 27 février 1985, Rev. soc. 1985, 622, 625; *Alfandari/Jeantin*, RTD com. 1990, 418, 419.

[692] **Deutsche Personengesellschaften:** *H. P. Westermann*, Handbuch, Rn. I 1104; MünchKomm-*Ulmer*, § 723, Rn. 28; **GmbH:** *Hueck/Fastrich*, in: Baumbach/Hueck, Anh. § 34, Rn. 18; MünchHdb. GesR III-*Kort*, § 29, Rn. 15; Hachenburg-*Ulmer*, Anh. § 34, Rn. 53; Scholz-*H. Winter*, § 15, Rn. 120; **SC:** Vgl. *Viandier*, JCl. des Sociétés, Fasc. 50, Rn. 3; *Le Cannu*, Anm. zu CA Paris, 12 janvier 1983, Rev. soc. 1983, 556, 557 („Le retrait n'est pas (...) une opération que l'on peut couramment tolérer.“).

sellschaft lösen kann, grundsätzlich kein Recht zum Austritt aus besonderem Grund zusteht.[693]

Das Problem des Austritts von Gesellschaftern stellt sich damit umso eher, je personalistischer und je weniger kapitalistisch eine Gesellschaft ausgestaltet ist. Der Grund hierfür ist zum einen rechtlicher Art. Bei den Personengesellschaften und bei personalistisch strukturierten Kapitalgesellschaften ist gesetzlich bzw. auf Grund einer Bestimmung im Gesellschaftsvertrag eine Übertragung der Anteile gegen den Willen der anderen Gesellschafter bzw. der Geschäftsführung der Gesellschaft nicht möglich. Zum anderen gibt es auch noch einen Grund tatsächlicher Art, warum sich das Problem des Austritts vor allem bei personalistisch ausgeprägten Gesellschaften stellt: In der Regel dürfte es umso schwieriger sein, einen Erwerber für Gesellschaftsanteile zu finden, je personalistischer die Gesellschaft ausgestaltet ist. Denn die Abhängigkeit einer personalistisch geprägten Gesellschaft von ihren Mitgliedern bedeutet auch, dass eine Person Anteile an einer solchen Gesellschaft nur erwerben wird, wenn sie meint, mit den Mitgliedern der Gesellschaft auch persönlich zusammenarbeiten zu können.

Ist eine Gesellschaft hingegen so kapitalistisch ausgestaltet, dass ihre Anteile an der Börse gehandelt werden, dann ist die Veräußerung der Anteile im Vergleich zum Austritt aus der Gesellschaft der natürliche (und einfachere) Weg, sich von der Gesellschaft zu lösen.

Diese starke Abhängigkeit von der Realstruktur wird besonders deutlich im englischen Kapitalgesellschaftsrecht. Bei der Frage, ob im Sinne von s. 459 CA 1985 eine unzumutbare Beeinträchtigung vorliegt, stellen die englischen Gerichte stark auf die tatsächlichen Verhältnisse in der jeweils betroffenen Gesellschaft ab.[694] Eine besondere Rolle spielen dabei sogenannte *quasi-partnership companies* (auch *incorporated partnership* genannt). Eine solche liegt vor, wenn eine *company* aus einer relativ geringen Mitgliederzahl besteht, die Gesellschafter an der Unternehmensführung beteiligt sind und die

[693] **Deutsche Personengesellschaften:** *H. P. Westermann*, Handbuch, Rn. I 1104; Münch-Komm-*Ulmer*, § 723, Rn. 28; **GmbH:** OLG Hamm, Urteil v. 28.9.1992, GmbHR 1993, 656, 657; *Hueck/Fastrich*, in: Baumbach/Hueck, Anh. § 34, Rn. 18; MünchHdb. GesR III-*Kort*, § 29, Rn. 15; Hachenburg-*Ulmer*, Anh. § 34, Rn. 53; Scholz-*H. Winter*, § 15, Rn. 120; **Private und public company:** *Prentice*, (1988) 8 OJLS 55, 60 f; *Griffin*, (1992) 13 Co Law, 83, 87; **SC:** *Le Cannu*, Anm. zu CA Paris, 12 janvier 1983, Rev. soc. 1983, 556, 557 („Le retrait (...) est plus destructeur que la cession de parts (...)."); ähnlich: *Jeantin*, Anm. zu Cass. civ., 27 février 1985, Rev. soc. 1985, 622, 624.

[694] *Lord Hoffmann*, in: O'Neill v. Phillips [1999] 1 WLR 1092, 1098, HL, stellt vor allem darauf ab, dass Kontext und Hintergrund eine große Rolle spielen: "Conduct which is perfectly fair between competing businessmen may not be fair between members of a family."

Gesellschaftsanteile durch den Gesellschaftsvertrag vinkuliert sind.[695] Im Fall einer *quasi-partnership* ist eine unzumutbare Beeinträchtigung nicht nur von einer Verletzung des Gesellschaftsvertrags oder gesetzlicher Bestimmungen abhängig,[696] sondern sie kann auch darin bestehen, dass nur legitime Erwartungen („*legitimate expectations*") eines Gesellschafters verletzt werden.[697] Bei großen *private* oder *public companies*, vor allem wenn sie börsennotiert sind, ist die Rechtsprechung hingegen mit der Annahme einer unzumutbaren Beeinträchtigung (*unfair prejudice*)[698] sehr zurückhaltend.[699] Der Grund hierfür ist auch hier, dass die Gesellschafter von kapitalistisch organisierten Gesellschaften weniger schutzbedürftig sind, weil sie anders als die Mitglieder einer *quasi-partnership* immer die Möglichkeit haben, ihre Anteile auf dem Kapitalmarkt zum Verkehrswert zu veräußern.[700] In der Praxis überwiegen deshalb auch bei weitem die Anträge (nach s. 459 CA 1985) im Zusammenhang mit *private companies*.[701]

Dass auch in Deutschland das Austrittsrecht von Gesellschaftern vor allem bei personalistisch organisierten Gesellschaften eine Rolle spielt, wird schon daran deutlich, dass hier das Recht zum Austritt aus wichtigem Grund gesetzlich nur für die Personengesellschaften vorgesehen und inzwischen

---

[695] Diese Definition stammt von *Lord Wilberforce*, in: Ebrahimi v. Westbourne Galleries Ltd. [1973] AC 360, 379, HL; sie ist aber inzwischen allgemein anerkannt: vgl. *Prentice*, (1988) 8 OJLS 55, 61; *Hannigan*, in: Farrar's Company Law, 449; *Pennington*, Company Law, 820.

[696] Dass „*unfair prejudice*" nicht notwendig eine Verletzung des Gesellschaftsvertrags oder gesetzlicher Bestimmungen voraussetzt, ergibt sich schon aus der Verwendung des weiten Begriffs „*interests*" in s. 459 CA 1985.

[697] *Hoffmann J*, in: Re a Company [1986] BCLC 376, 378 f.; *Hoffmann LJ*, in: Re Saul D. Harrison & Sons plc. [1995] 1 BCLC 14, 19 f., CA; zustimmend: *Vinelott J*, in: Re Blue Arrow plc. [1987] BCLC 585, 590; vgl. auch *Peter Gibson J.*, in: Re Sam Weller & Sons Ltd. [1990] Ch 682, 690; *Lowry*, (1996) 17 Co Law 67, 69 ff.; *Mayson/French/Ryan*, 18.6.3.; *Davies*, Gower's Principles, 742; *Smith*, 237; *Griffin*, (1992) 13 Co Law, 83, 87; *Prentice*, (1988) 8 OJLS 55, 75; *Hannigan*, in: Farrar's Company Law, 449; dies hat sich auch durch das Urteil von *Lord Hoffmann*, in: O'Neill v. Phillips nicht geändert, vgl. O'Neill v. Phillips [1999] 1 WLR 1092, 1102, HL; *Goddard*, (1999) 58 S.L.J., 487, 488 f. Bei „*quasi-partnerships*" ist als *legitimate expectation* beispielweise grundsätzlich anerkannt, dass die Gesellschafter an der Geschäftsführung beteiligt werden (*Prentice*, (1988) 8 OJLS 55, 75).

[698] Dies bezieht sich vor allem auf die Annahme von *legitimate expectations*.

[699] *Vinelott J*, in: Re Blue Arrow plc. [1987] BCLC 585, 590; *Sir Donald Nicholls V-C*, in: Re Tottenham Hotspur plc. [1994] 1 BCLC 655, 659 f.; *Jonathan Parker J.*, in: Re Astec (BSR) plc. [1998] 2 BCLC 556, 558; *Hannigan*, in: Farrar's Company Law, 450 f.; *Mayson/French/Ryan*, 18.6.3.; *Morse*, Charlesworth & Morse, 325 f.; *Prentice*, (1988) 8 OJLS 55, 75; allerdings ist auch hier immer auf die Besonderheiten des Einzelfalls abzustellen: vgl. *Lord Hoffmann*, in: O'Neill v. Phillips [1999] 1 WLR 1092, 1098, HL.

[700] *Prentice*, (1988) 8 OJLS 55, 60 f; *Griffin*, (1992) 13 Co Law, 83, 87.

[701] So betrafen 96% von 233 untersuchten Fällen *private companies*. Vgl.: *Law Commission*, Shareholder Remedies, Law Com. No. 246, Appendix J.

wegen der Vergleichbarkeit der Interessenlagen auch auf die (personalistisch ausgestaltete) GmbH ausgeweitet worden ist. Es ergeben sich folgende gemeinsame Prinzipien:

Der Austritt aus der Gesellschaft stellt immer nur das äußerste Mittel (*ultima ratio*) dar. Er ist nur zulässig, wenn dem Anlass für den Austritt nicht durch mildere Mittel Rechnung getragen werden kann.

Ein im Vergleich zum Austritt milderes Mittel ist insbesondere die Veräußerung der Gesellschaftsanteile, so dass einem Gesellschafter kein Austrittsrecht zusteht, wenn er sich auch durch eine Veräußerung seiner Anteile von der Gesellschaft lösen kann.

II. Das Verhältnis zur Auflösung der Gesellschaft

Die Auflösung der Gesellschaft stellt bei allen untersuchten Gesellschaften im Verhältnis zum Austritt kein milderes Mittel dar.[702] Dies begründet sich in allen drei Rechtsordnungen damit, dass mit der Auflösung der Gesellschaft im Gegensatz zum Austritt nicht nur die Beendigung eines, sondern aller Mitgliedschaftsverhältnisse verbunden ist. Es gilt folgendes gemeinsames Prinzip:

Die Auflösung der Gesellschaft ist kein milderes Mittel als der Austritt eines Gesellschafters.

D. Bedeutung der Realstruktur der Gesellschaft

Hinter der Tatsache, dass das Austrittsrecht – wie eben dargestellt – vor allem bei personalistisch strukturierten Gesellschaften Bedeutung erlangt, steht aber nicht ausschließlich die Erwägung, dass das Mitglied einer Kapitalge-

[702] **GbR, partnership und limited partnership:** Bei der GbR und den *partnerships* ist das Verhältnis des Austrittsrechts zum Recht zur Auflösung der Gesellschaft schon deswegen eindeutig, weil der Austritt aus der Gesellschaft nur bei bestehender Fortsetzungsklausel im Gesellschaftsvertrag möglich ist. Die Möglichkeit der Auflösung der Gesellschaft steht dem Austritt eines Gesellschafters damit nicht entgegen; **GmbH:** Hachenburg-*Ulmer*, Anh. § 34, Rn. 54; Scholz-*K. Schmidt*, § 61, Rn. 3; *Lutter/Hommelhoff*, § 61, Rn. 1; *Hueck/Fastrich*, in: Baumbach/Hueck, Anh. § 34, Rn. 18; MünchHdb. GesR III-*Kort*, § 29, Rn. 18; *Wiedemann*, Übertragung, 90; **Private und public company:** *Sir Richard Scott V.-C.*, in: Re a Company (No. 004415 of 1996) [1997] 1 BCLC 479, 487 f.; *Hannigan*, in: Farrar's Company Law, 443 u. 457; **SC:** *Le Cannu*, Anm. zu CA Paris, 12 janvier 1983, Rev. soc. 1983, 556, 557; *Viandier*, JCl. des Sociétés, Fasc. 50, Rn. 3.

sellschaft deshalb weniger schutzwürdig ist, weil es ihm in der Regel sowohl mangels Vinkulierung der Anteile aus rechtlichen wie aus tatsächlichen Gründen leichter möglich ist, seinen Anteil zu veräußern.

Vielmehr spielt es auch eine Rolle, dass sich Konflikte innerhalb von Gesellschaften, bei denen der *intuitus personae* stark ausgeprägt ist, sehr viel stärker auswirken als bei Gesellschaften, bei denen der *intuitus pecuniae* im Vordergrund steht. Das liegt daran, dass sich das Fehlverhalten von einem oder mehreren Gesellschaftern bei Gesellschaften, die auf dem persönlichen Miteinander und gegenseitigen Vertrauen der Mitglieder aufbauen, auf die Situation der anderen Gesellschafter sehr viel stärker auswirkt als bei großen Publikumsgesellschaften, bei denen die Gesellschafter nicht selbst in der Gesellschaft mitarbeiten. So wird in einer personalistisch organisierten Gesellschaft der Verbleib für einen Gesellschafter in der Regel sehr viel schneller unzumutbar als bei einer kapitalistisch organisierten Gesellschaft.[703]

Relevant wird der Austritt von Gesellschaftern damit vor allem bei Personengesellschaften (es sei denn, sie sind ausnahmsweise kapitalistisch organisiert) und bei personalistisch geprägten Kapitalgesellschaften. Dabei besteht in allen drei untersuchten Rechtsordnungen Einigkeit darüber, welche Merkmale eine solche Gesellschaft ausmachen. Die prägenden Merkmale bestehen darin, dass nur ein kleiner Gesellschafterkreis besteht, dass die Gesellschafter an der Geschäftsführung der Gesellschaft beteiligt sind und dass die Anteile der Gesellschaft vinkuliert sind, d. h. dass eine Anteilsübertragung nur mit Zustimmung der Gesellschaft oder der Gesellschafter möglich ist.[704] In Deutschland spricht man in diesem Zusammenhang von der personalistischen Kapitalgesellschaft[705], in England – wie eben schon erläutert – von der *quasi-partnership company*[706] und in Frankreich von Kapitalgesellschaften, bei denen der *intuitus personae* dominiert[707].

Das bedeutet jedoch nicht, dass der Austritt aus einer kapitalistisch strukturierten Gesellschaft nie möglich ist.[708] Aufgezeigt werden soll hier nur eine Tendenz. Letztendlich kommt es aber immer auf die Gegebenheiten des Einzelfalls an. Es ergibt sich deshalb folgendes gemeinsames Prinzip:

---

[703] So explizit für die GmbH: Hachenburg-*Ulmer*, Anh. § 34, Rn. 49; MünchHdb. GesR III-*Kort*, § 29, Rn. 6; *H.-F. Müller*, Austrittsrecht, 69 f.; *Balz*, 112.

[704] **Deutsche Gesellschaften:** Hachenburg-*Ulmer*, Einl., Rn. 8; vgl. auch *Immenga*, 69 ff.; **Private und public company:** vgl. die Definition der *quasi-partnership company* von *Lord Wilberforce* oben S. 171 f.; **Französische Gesellschaften:** *J.-P. Storck*, Rev. soc. 1982, 233, 240.

[705] So der Titel der Habilitationsschrift von *Immenga* aus dem Jahre 1970.

[706] Zum Begriff der *quasi-partnership company* vgl. oben S. 171 f.

[707] *Boucourechliev/Huet*, in: Études à la mémoire d'Alain Sayag, 177, 181; *J.-P. Storck*, Rev. soc. 1982, 233, 240.

[708] Für die GmbH: Scholz-*H. Winter*, § 15, Rn. 117; *Immenga*, 304 f.

Je stärker eine Gesellschaft vom *intuitus personae* und je weniger sie vom *intuitus pecuniae* geprägt ist, umso eher kann das Vorliegen eines besonderen Austrittsgrundes bejaht werden.

E. Austrittsgründe im Einzelnen

Bestimmte Gründe rechtfertigen typischerweise in allen drei untersuchten Rechtsordnungen den Austritt eines Gesellschafters. Bei der Nennung von speziellen Austrittsgründen ist jedoch zum einen immer zu beachten, dass es sich dabei nicht um eine abschließende Aufzählung handelt, und zum anderen, dass keine Gründe existieren, die in jedem Fall einen Austritt rechtfertigen.[709] Es kommt vielmehr, wie bereits mehrfach angemerkt, immer auf die Gegebenheiten des Einzelfalls an.

Bei den Austrittsgründen ist zwischen Gründen aus der Sphäre der Gesellschaft (in den Verhältnissen der Gesellschaft liegende Gründe) und Gründen aus der Sphäre des austrittswilligen Gesellschafters (in den Verhältnissen des Gesellschafters liegende Gründe) zu unterscheiden.[710]

I. In den Verhältnissen der Gesellschaft liegende Gründe

Bei allen untersuchten Gesellschaften, bei denen ein Austritt aus besonderem Grund möglich ist, können grundsätzlich in den Verhältnissen der Gesellschaft liegende Gründe zum Austritt berechtigen. Zwei Austrittsgründe sind dabei in allen drei untersuchten Rechtsordnungen anerkannt. Zum einen stellt ein wiederholter Verstoß gegen Bestimmungen des Gesellschaftsvertrags durch Mitgesellschafter oder durch die Geschäftsführung überall einen Austrittsgrund dar.[711] Zum anderen besteht ein typischer gesellschaftsinterner Konflikt, wenn die Gesellschaftermehrheit sich über einen längeren Zeitraum weigert, Gewinne an die Gesellschafter auszuschütten. In Extremfällen und

[709] Ebenso *Pfitzmann*, 156 f.

[710] In Frankreich wird in diesem Zusammenhang von der Unterscheidung zwischen gesellschaftsbezogenen (objektiven) Gründe auf der einen und gesellschafterbezogenen (subjektiven) Gründe auf der anderen Seite gesprochen. Vgl. CA Nancy, 30 janvier 1991, Rev. soc. 1991, somm., 825 (Anm. *Guyon*).

[711] **GbR:** § 723 Abs. 1 S. 3 Nr. 1 BGB; **OHG/KG:** § 133 Abs. 2 HGB (beides in Bezug auf die Auflösung der Gesellschaft); **GmbH:** *Lutter/Hommelhoff*, § 34, Rn. 37; MünchHdb. GesR III-*Kort*, § 29, Rn. 10; **Partnership und limited partnership:** s. 35 (d) PA 1890: "*persistent breaches of the agreement*"; **Private und public company:** *Arden J*, in: Re BSB Holdings Ltd. (No. 2) [1996] 1 BCLC 155, 156 (Verstoß gegen Bestimmungen des Gesellschaftsvertrags durch die *company* als unzumutbare Beeinträchtigung im Sinne von s. 459 CA 1985); vgl. auch *Hill*, (1999) 96 (34) L.S.G., 30; **SC:** CA Nancy, 30 janvier 1991, Rev. soc. 1991, somm., 825 (Anm. *Guyon*); *Gibirila*, JCl., Art. 1832 à 1844-17, Fasc. 41, Rn. 42.

wenn kein vernünftiges Interesse der Gesellschaft an einer Einbehaltung der Gewinne besteht, kann dies bei allen Gesellschaften, bei denen ein Austritt aus besonderem Grund möglich ist, einen Austrittsgrund darstellen.[712]

In Deutschland ist darüber hinaus als wichtiger Grund unter anderem die irreparable Zerstörung des Vertrauensverhältnisses zwischen den Gesellschaftern[713] und wiederholter Missbrauch der Mehrheitsmacht[714] anerkannt. Ein Recht zum Austritt aus der Gesellschaft besteht auch dann, wenn gegen den Willen des Gesellschafters durch Mehrheitsbeschluss die Struktur der Gesellschaft grundlegend umgestaltet oder der Gesellschaftszweck verändert wird.[715]

Bei der *partnership* und der *limited partnership* bestehen neben den beiden oben genannten vor allem folgende Austrittsgründe: schädliches Verhalten der Mitgesellschafter (*prejudicial conduct*, s. 35 (c) PA 1890), die Verweigerung, sich zu geschäftlichen Zwecken zu treffen, beständige Streitereien und ein Zustand der Feindschaft, der jegliche Hoffnung auf eine gedeihliche Zusammenarbeit in der Zukunft zunichte macht (s. 35 (f) PA 1890).[716] In ähnlicher Weise ist für die SC entschieden worden, dass ein Austrittsrecht

---

[712] **GmbH:** nur in Fällen des „krass treuwidrigen Aushungerns"; vgl.: Scholz-*H. Winter*, § 15, Rn. 119; *Hueck/Fastrich* in Baumbach/Hueck, Anh. § 34, Rn. 16; *Röhricht*, FS Kellermann, 361, 382 f.; MünchHdb. GesR III-*Kort*, § 29, Rn. 10; **Private und public company:** vor allem in Kombination mit der Zahlung sehr hoher Geschäftsführergehälter; vgl.: *Peter Gibson J.*, in: Re Sam Weller & Sons Ltd. [1990] Ch 682, 693; *Smith*, 236; *Sir Richard Scott V-C*, in: Re a Company (No. 004415 of 1996) [1997] 1 BCLC 479; *Lawton LJ*, in: Re Cumana Ltd. [1986] BCLC 430, 435, CA; *Hannigan*, in: Farrar's Company Law, 453; *Mayson/French/Ryan*, 18.6.4.; *Instone*, (1988) JBL, 20, 22; *Griggs/Lowry* [1994] JBL, 463,465 f.; **SC:** CA Paris, 25 novembre 1981, RTD com. 1982, 257 (Anm. *Alfandari/Jeantin*); *Viandier*, JCl. des Sociétés, Fasc. 50, Rn. 21; *Saintourens*, Encyclopédie Dalloz Sociétés, Rn. 148.

[713] Ständige Rechtsprechung: BGH, Urteil v. 30.11.1951, BGHZ 4, 108, 112 f.; BGH, Urteil v. 11.7.1966, WM 1966, 1051; BGH, WM 1975, 329, 330; BGH, Urteil v. 24.7.2000, NZG 2000, 1167.

[714] **Deutsche Personengesellschaften:** BGH, Urteil v. 25.2.1985, WM 1985, 997, 998 f. (Vollmachtsmissbrauch durch die Mitgesellschafter); MünchHdb. GesR I-*Piehler*, § 13, Rn. 6; **GmbH:** Hachenburg-*Ulmer*, Anh. § 34, Rn. 52; *Lutter/Hommelhoff*, § 34, Rn. 37; MünchHdb. GesR III-*Kort*, § 29, Rn. 8.

[715] **Deutsche Personengesellschaften:** BGH, Urteil v. 21.4.1980, WM 1980, 868, 869; MünchHdb. GesR I-*Piehler*, § 13, Rn. 6; **GmbH:** *Hueck/Fastrich*, in: Baumbach/Hueck, Anh. § 34, Rn. 16; *Lutter/Hommelhoff*, § 34, Rn. 37; Scholz-*H. Winter*, § 15, Rn. 115 u. 119 a; Hachenburg-*Ulmer*, Anh. § 34, Rn. 51; MünchHdb. GesR III-*Kort*, § 29, Rn. 9; *Röhricht*, FS Kellermann, 361, 379.

[716] *Lord Cozens-Hardy MR*, in: Re Yenidje Tobacco Co. Ltd. [1916-17] All ER 1050, 1052, CA (Die Entscheidung betraf zwar eine *private company*, aber vom Gericht wurden explizit die für die *partnerships* entwickelten Grundsätze angewendet.); *Morse*, Partnership Law, 199; *Blackett-Ord*, Rn. 14.20 f.

besteht, wenn durch einen Streit zwischen den Gesellschaftern das Funktionieren der Gesellschaft nicht mehr gewährleistet ist.[717]

Für eine *private company* hat die Rechtsprechung entschieden, dass der Verstoß eines Gesellschafters gegen Strafgesetze für die übrigen Gesellschafter einen Austrittsgrund darstellen kann.[718]

Bei den französischen Personengesellschaften SC, SNC und SCS kann die Abberufung eines Gesellschafters von der Geschäftsführung für diesen einen Austrittsgrund darstellen.[719] Bei den *companies* ist dies ausdrücklich nur für personalistisch geprägte Gesellschaften (*quasi-partnerships*)[720] anerkannt.[721] Zudem hat die *Law Commission* jetzt auch vorgeschlagen, s. 459 CA 1985 dahingehend zu präzisieren, dass bei *quasi-partnership companies* mit nicht mehr als fünf Gesellschaftern, bei denen ein Mitglied, das mindestens zehn Prozent der Anteile hält, durch die Mehrheit von der Geschäftsführung ausgeschlossen wird, die gesetzliche Vermutung besteht, dass dieser Ausschluss von der Geschäftsführung den Minderheitsgesellschafter unzumutbar beeinträchtigt (im Sinne von s. 459 CA 1985).[722] Ein solcher Gesell-

---

[717] Cass. civ. 1er, 2 mai 1978, JCP 79, II, 19245 (betraf die Auflösung einer SC); *Viandier*, JCl. des Sociétés, Fasc. 50, Rn. 21.

[718] *Lord Steyn*, in: Bermuda Cablevision Ltd. v. Colica Trust Co. Ltd. [1998] AC 198, 210, P. C. (Die Entscheidung betraf s. 111 (1) Bermudian Act 1981, der aber s. 459 CA 1985 entspricht, vgl. S. 204 der Entscheidung.); *Mayson/French/Ryan*, 18.6.4.

[719] **SC:** Art. 1851 Abs. 3 C. civ. Vgl. hierzu: CA Paris, 26 mars 1999, Bull. Joly 1999, 1020 (Anm. *de Laender*); **SNC/SCS:** art. L. 221-12 al. 1 C. com. Vgl. *Guyon*, Aménagements statutaires, Rn. 55.

[720] Zur Definition der *quasi-partnership company* vgl. oben S. 171 f.

[721] *Robert Walker J.*, in: Re Haden Bill Electical Ltd. [1995] 2 BCLC 280, 281; *Pennington*, Company Law, 820; *Morse*, Charlesworth & Morse, 323 f.; *Hannigan*, in: Farrar's Company Law, 450; *Riley* (1992) 55 MLR 782, 798; vgl. *Hoffmann J*, in: Re a Company [1986] BCLC 376 379 ff.: „In the case of a small private company in which two or three members have ventured their capital by subscribing for shares on the footing that dividends are unlikely but that each will earn his living by working for the company as a director ... the members interests as a member may include the legitimate expectation that he will continue to be employed as a director and his dismissal from that office and exclusion from the management of the company may therefore be unfairly prejudicial to his interest as a member ..."; daran hat sich auch durch das Urteil im Fall *O'Neill* nichts geändert, weil dort der Minderheitsgesellschafter gar nicht von der Geschäftsführung ausgeschlossen worden war: *Lord Hoffmann*, in: O'Neill v. Phillips [1999] 1 WLR 1092, 1103, HL.

So wird ein Antrag nach s. 459 CA 1985 auch am häufigsten auf die Behauptung gestützt, ein Gesellschafter sei durch den Ausschluss von der Geschäftsführung durch die anderen Gesellschafter unzumutbar beeinträchtigt worden. Vgl. *Law Commission*, Shareholder Remedies, Law Com. No. 246, Appendix J: 64% von 233 untersuchten Fällen betrafen den Ausschluss von Gesellschaftern von der Geschäftsführung.

[722] Law Com. 246, Shareholder Remedies, Rn. 3.56 ff. Vgl. dazu *Sealy*, 542; *Lord Hoffmann*, in: O'Neill v. Phillips [1999] 1 WLR 1092, 1107, HL.

schafter soll in Zukunft das Recht haben, vom Mehrheitsgesellschafter die Übernahme seiner Anteile zu verlangen.[723]

Als in allen drei Rechtsordnungen bestehende Gemeinsamkeit kann Folgendes festgehalten werden:

Als Austrittsgründe kommen jedenfalls in den Verhältnissen der Gesellschaft liegende Gründe in Betracht. Ein Austrittsgrund liegt insbesondere vor, wenn

1. die anderen Gesellschafter oder die Geschäftsführung wiederholt gegen den Gesellschaftsvertrag verstoßen haben oder
2. die Gesellschaftermehrheit sich über einen längeren Zeitraum weigert, vorhandene Gewinne an die Gesellschafter auszuschütten, ohne dass das Gesellschaftsinteresse eine Einbehaltung der Gewinne rechtfertigen würde.

II. In den Verhältnissen des Gesellschafters liegende Gründe

In den Verhältnissen des Gesellschafters liegende Gründe berechtigen hingegen nicht bei allen untersuchten Gesellschaften zum Austritt. Während bei den deutschen Gesellschaften, der *partnership* und der *limited partnership* durchweg anerkannt ist, dass auch persönliche Gründe einen Gesellschafter zum Austritt berechtigen können, bestanden hierüber bei der SC lange Zeit Zweifel und steht für die *private* und die *public company* fest, dass Gründe aus dem persönlichen Bereich eines Gesellschafters einen Austritt nicht rechtfertigen können.

So kommen bei den deutschen Gesellschaften als Austrittsgründe beispielsweise die durch Alter, Krankheit oder Unfall hervorgerufene Arbeitsunfähigkeit[724] oder die Geschäftsunfähigkeit[725] eines Gesellschafters in Betracht. Auch die Unmöglichkeit der Erfüllung der einem Gesellschafter auf Grund des Gesellschaftsvertrags obliegenden Verpflichtung, z. B. der Geschäftsführungspflicht, kann einen Austrittsgrund darstellen.[726] Als ein in der Person des Gesellschafters liegender Austrittsgrund ist bei der GmbH auch die schwerwiegende Gefährdung der wirtschaftlichen Existenz oder des Fortkommens durch eine auf Dauer nicht tragbare Nebenleistungspflicht[727] aner-

[723] Law Com. 246, Shareholder Remedies, Rn. 3.62.

[724] RG, Urteil v. 6.4.1900, JW 1900, 413, 414; Schlegelberger-*K. Schmidt*, § 133, Rn. 34.

[725] Schlegelberger-*K. Schmidt*, § 133, Rn. 35.

[726] **GbR:** § 723 Abs. 1 S. 3 Nr. 1 BGB; **OHG/KG:** § 133 Abs. 2 HGB (jeweils für die Auflösung der Gesellschaft). Vgl. dazu Schlegelberger-*K. Schmidt*, § 133, Rn. 33.

[727] RG, Urteil v. 7.2.1930, RGZ 128, 1, 16 f.; *Lutter/Hommelhoff*, § 34, Rn. 37; *Hueck/Fastrich*, in: Baumbach/Hueck, Anh. § 34, Rn. 1; Hachenburg-*Ulmer*, Anh. § 34, Rn. 50; MünchHdb. GesR III-*Kort*, § 29, Rn. 8.

kannt. Auch die Änderung der mitgliedschaftlich relevanten persönlichen Lebensumstände (z. B. Wohnsitzverlagerung in das Ausland) kann einen Austrittsgrund darstellen.[728]

Auch bei der *partnership* und der *limited partnership* können persönliche Gründe wie die Geschäftsunfähigkeit oder Geisteskrankheit eines Gesellschafters (*mental and permanent incapacity*) auf Antrag des Betreuers (*receiver*) des betroffenen Gesellschafters zur Anordnung des Austritts dieses Gesellschafters führen (s. 35 (a), (b) PA 1890).

Ob bei der SC auch Gründe, die ausschließlich in der Person des Gesellschafters vorliegen (subjektive Gründe), als wichtige Gründe zum Austritt berechtigen können, war lange Zeit umstritten. Inzwischen hat der Kassationshof ebendies bejaht.[729] So wurde in einem Fall die Tatsache, dass die Gesellschaftsanteile das gesamte Vermögen eines Gesellschafters ausmachten und er zum Bestreiten seines Lebensunterhalts auf die Veräußerung seiner Anteile angewiesen war, als Austrittsgrund anerkannt.[730]

Bei der *private* und der *public company* hingegen kann das Gericht nach s. 459 CA 1985 nur dann die Austrittsfolge anordnen, wenn „die Geschäfte der Gesellschaft auf eine Weise geführt werden oder geführt worden sind, dass die Rechte aller oder eines Teils ihrer Mitglieder (...) in unzumutbarer Weise eingeschränkt werden oder dass irgendeine vorgenommene oder vorgeschlagene Rechtshandlung oder Unterlassung von Seiten der Gesellschaft (...) diese Einschränkung herbeiführt oder herbeiführen würde“.[731] Schon der Wortlaut der s. 459 CA 1985 setzt also voraus, dass die unzumutbare Beeinträchtigung des Gesellschafters der Sphäre der Gesellschaft entstammen muss. Dementsprechend können Gründe aus dem persönlichen Bereich eines Gesellschafters den Austritt aus einer *company* nicht rechtfertigen.

Auf Grund dieser abweichenden Rechtslage bei der *private* und der *public company* lässt sich in Bezug auf die in den Verhältnissen des Gesellschafters liegenden Austrittsgründe kein gemeinsames Prinzip bilden.

---

[728] MünchHdb. GesR III-*Kort*, § 29, Rn. 8; *H.-F. Müller*, Austrittsrecht, 66.

[729] Cass. civ., 27 février 1985, Rev. soc. 1985, 620 (Anm. *Jeantin*); CA Paris, 12 janvier 1983, Rev. soc. 1983, 553 (Anm. *Le Cannu*); zustimmend: *Viandier*, JCl. des Sociétés, Fasc. 50, Rn. 22; *Guyon*, Aménagements statutaires, Rn. 55; *Gibirila*, JCl., Art. 1832 à 1844-17, Fasc. 41, Rn. 42; a. A.: CA Paris, 12 novembre 1980, RTD com. 1981, 89 (Anm. *Alfandari/Jeantin*).

[730] Cass. civ., 27 février 1985, Rev. soc. 1985, 620 (Anm. *Jeantin*); CA Paris, 12 janvier 1983, Rev. soc. 1983, 553 (Anm. *Le Cannu*); *Gibirila*, JCl., Art. 1832 à 1844-17, Fasc. 41, Rn. 42; ähnlich *Saintourens*, Encyclopédie Dalloz Sociétés, Rn. 148.

[731] S. 459 (1) CA 1985: "A member of a company may apply to the court by petition for an order under this Part on the ground that the company's affairs are being or have been conducted in a manner which is unfairly prejudicial to the interests of its members generally or of some part of its members (including at least himself) or that any actual or proposed act or omission of the company (including an act or omission on its behalf) is or would be so prejudicial."

§ 30 Austrittsverfahren

Es können zwei unterschiedliche Austrittsverfahren unterschieden werden. Während sich der Austritt aus besonderem Grund bei den untersuchten deutschen Gesellschaften (GbR, OHG, KG, GmbH) durch einfache Austrittserklärung vollzieht, die gegenüber allen anderen Gesellschaftern (GbR, OHG, KG)[732] bzw. gegenüber der Gesellschaft (GmbH)[733] abzugeben ist, bedarf es bei den untersuchten englischen Gesellschaften (*partnership* und *limited partnership, private* und *public company*) und der SC zum Austritt eines Gesellschafters eines Gerichtsurteils.[734]

Einzig bei den deutschen Personenhandelsgesellschaften OHG und KG bestehen gewisse Zweifel, ob sich der Austritt von Gesellschaftern durch Abgabe einer Austrittserklärung oder durch Gestaltungsurteil vollzieht. Nach wohl herrschender Meinung ist es auch bei diesen Gesellschaften möglich, durch einfache Kündigungserklärung aus wichtigem Grund aus der Gesellschaft auszuscheiden.[735] Im Gesetz ist zwar ausdrücklich nur die Möglichkeit vorgesehen, bei Vorliegen eines wichtigen Grundes durch eine gerichtliche Entscheidung eine Auflösung der Gesellschaft zu erreichen (§ 133 Abs. 1 HGB).[736] Seit dem In-Kraft-Treten des Handelsrechtsreformgesetzes 1998[737] führt aber auch die ordentliche Kündigung durch einseitige Erklärung eines Gesellschafters nicht mehr zur Auflösung, sondern nur zum Ausscheiden des kündigenden Gesellschafters (§ 131 Abs. 3 Nr. 3 HGB n. F.). Insofern – so wird argumentiert – müsse dies erst Recht auch für die außerordentliche Kündigung (aus wichtigem Grund) möglich sein.[738] Der Bundesgerichtshof hat bereits vor Änderung der §§ 131 ff. HGB bei Publikums-Kommanditgesellschaften den Gesellschaftern in ergänzender Vertragsauslegung ein außerordentliches Kündigungsrecht mit Wirkung des sofortigen

---

[732] MünchKomm-*Ulmer*, § 723, Rn. 11; MünchHdb. GesR I-*Piehler*, § 13, Rn. 5.

[733] *Lutter/Hommelhoff*, § 34, Rn. 40; Scholz-*H. Winter*, § 15, Rn. 122; *K. Schmidt*, GesR, § 35, IV 3 c.

[734] **Partnership und limited partnership:** s. 35 PA 1890; **Private und public company:** s. 461 (2) (d) CA 1985; **SC:** art. 1869 al. 1 C. civ.

[735] *H. P. Westermann*, Handbuch, Rn. I 1098; *Baumbach/Hopt*, § 133, Rn. 1; *Röhricht*, FS Kellermann, 361, 379; für den Fall des fehlerhaften Beitritt ebenso: *K. Schmidt*, GesR, §§ 6 V 1, 50 II 4 b; a. A.: *Wiedemann*, Gedächtnisschrift Lüderitz, 839, 845 f.; für die Möglichkeit des einseitigen Ausscheidens nicht durch Kündigungserklärung, sondern durch Gestaltungsurteil: *Lorz*, in: Ebenroth/Boujong/Joost, § 133, Rn. 6; *Koller*, in: Koller/Roth/Morck, § 133, Rn. 3.

[736] MünchKomm-*Ulmer*, § 723, Rn. 3. Beispiele für einen wichtigen Grund bei der Auflösungsklage nach § 133 HGB nennt: MünchHdb. GesR I-*Butzer*, § 76, Rn. 41.

[737] Das Handelsrechtsreformgesetz vom 22.6.1998 (BGBl. I, 1474) ist am 1.7.1998 in Kraft getreten.

[738] *Baumbach/Hopt*, § 133, Rn. 1; *H. P. Westermann*, Handbuch, Rn. I 1098.

Ausscheidens aus der fortbestehenden Gesellschaft (also ohne Klage nach § 133 HGB) zuerkannt, wenn ein wichtiger Grund vorlag.[739] Begründet wurde dies damit, dass es mit dem Gepräge einer Massengesellschaft unvereinbar sei, einen rein kapitalmäßig beteiligten Gesellschafter auf die Auflösungsklage zu verweisen oder ihn hierzu auch nur zu berechtigen.

Der Unterschied zwischen dem Austritt durch Kündigungserklärung und dem Austritt durch Gestaltungsurteil ist im Grunde genommen jedoch nur zeitlicher Art. Während beim Austritt durch Gestaltungsklage das Vorliegen eines besonderen Grundes vor der Wirksamkeit des Austritts gerichtlich überprüft wird, kann das Vorliegen des besonderen Grundes beim Austritt durch Kündigungserklärung erst gerichtlich überprüft werden, wenn der Austritt schon wirksam geworden ist. So gesehen erscheint der Unterschied zwischen den beiden Austrittsverfahren gar nicht so groß. Allerdings kann dieser Unterschied in der Praxis doch gravierende Auswirkungen haben. Während im einen Fall von vornherein Rechtssicherheit besteht, weil der Gestaltungsgrund bei einer Klage im Vorhinein geprüft worden ist, kann im anderen Fall die Wirksamkeit der Kündigung jahrelang umstritten sein.[740] Der Vorteil des Austritts durch Gestaltungsurteil ist die Rechtssicherheit, die dieses mit sich bringt, während der Austritt durch Kündigungserklärung den Vorteil für sich hat, dass ein Austritt schneller und mit geringerem Aufwand vollzogen werden kann – jedenfalls in den Fällen, in denen das Vorliegen eines besonderen Grundes nicht umstritten ist.[741] Letzteres hat man inzwischen auch in England erkannt, wo es bisher zum Austritt eines Gesellschafters einer Gerichtsentscheidung bedarf. So hat die *Law Commission* als Hauptproblem der Klagemöglichkeit nach s. 459 CA 1985 die lange Dauer und die hohen Kosten der Prozesse erkannt[742] und zur Lösung dieses Problems die Förderung der alternativen Streitbeilegung (*alternative dispute resolution*, ADR) vorgeschlagen.[743]

Ist für den Austritt aus einer Gesellschaft vorgeschrieben, dass dieser nur durch eine Gerichtsentscheidung und nicht durch eine Austrittserklärung erfolgen kann, dann bedeutet dies für den austrittswilligen Gesellschafter eine praktische Erschwernis. Es liegt in seinem Interesse, den Austritt möglichst schnell und unkompliziert durch Austrittserklärung und nicht durch Gerichtsurteil zu vollziehen. Der Austritt mittels Gerichtsentscheidung entspricht hin-

---

[739] BGH, Urteil v. 19.12.1974, BGHZ 63, 338, 345 f.; BGH, Urteil v. 12.5.1977, BGHZ 69, 160, 162 ff.; vgl. auch: BGH, Urteil v. 19.11.1984, NJW 1985, 972, 973; *K. Schmidt*, GesR, § 50 II 4 b.

[740] Dazu: *K. Schmidt*, GesR, § 52 III 4 a.

[741] So auch *Schindler*, 94.

[742] Law Com. 246, Shareholder Remedies, Rn. 3.1.

[743] Law Com. 246, Shareholder Remedies, Rn. 5.34.

gegen in der Regel dem Interesse der Gesellschaft und der verbleibenden Gesellschafter. Diese sind meistens nicht nur an Rechtsklarheit zur Frage, wer Mitglied der Gesellschaft ist, interessiert, sondern auch an einem Verbleib aller Mitglieder in der Gesellschaft. Insofern wird bei den englischen Gesellschaften und bei der SC im Hinblick auf das Austrittsverfahren den Interessen der Gesellschaft der Vorzug vor den Interessen des austrittswilligen Gesellschafters eingeräumt, während bei den deutschen Gesellschaften das Gegenteil gilt. Dort wird im Hinblick auf das Austrittsverfahren den Interessen des austrittswilligen Gesellschafters eine stärkere Bedeutung beigemessen als den Interessen der Gesellschaft.

Warum ist aber bei den deutschen Gesellschaften der Austritt durch Kündigungserklärung und bei den englischen Gesellschaften sowie bei der SC der Austritt aus besonderem Grund nur durch Gerichtsurteil möglich? Eine Antwort auf diese Frage fällt schwer. Möglicherweise lässt sich die Tatsache, dass bei allen untersuchten englischen Gesellschaften ein Austritt aus der Gesellschaft nur durch Gerichtsurteil möglich ist, auf die historische Entstehung dieser Rechtsregel zurückführen. Diese Rechtsregel ergibt sich zwar inzwischen aus Gesetzen (*statutes*), entwickelt worden ist sie aber ursprünglich durch die Gerichte als Fallrecht (*Common Law*).[744] Dadurch, dass die Gerichte über das Vorliegen der Austrittsgründe (durch Urteil) von Fall zu Fall zu entscheiden hatten, könnte es sich ganz natürlich ergeben haben, dass es zum Austritt aus einer Gesellschaft einer Klage bedurfte und eine Austrittserklärung nicht ausreichend war. In Deutschland und Frankreich hingegen hat sich das Recht nicht anhand von Rechtsprechungsfällen entwickelt, sondern im BGB, im HGB, im *code civil* und *code de commerce* wurden Regelungen niedergeschrieben, die man zur Zeit der Entstehung dieser Gesetzbücher abstrakt für sinnvoll hielt. Dabei wurde im einen Fall vorgesehen, dass der Austritt durch Austrittserklärung zu erfolgen hat (GbR, OHG, KG), und im anderen Fall wurde bestimmt, dass der Austritt durch Gerichtsurteil zu vollziehen ist (SC).

Festgehalten werden können folgende gemeinsame Prinzipien:

> Der Austritt eines Gesellschafters aus besonderem Grund erfolgt entweder durch Gestaltungserklärung gegenüber den Mitgesellschaftern bzw. der Gesellschaft oder durch Gestaltungsurteil.
>
> Die geltend gemachten Austrittsgründe unterliegen in jedem Fall der gerichtlichen Kontrolle. Kann ein Austritt aus der Gesellschaft nur durch ein Ge-

[744] Zur Vorläufernorm des s. 459 CA 1985 und deren Entstehung siehe *Pennington*, Company Law, 814 ff.

richtsurteil vollzogen werden, dann erfolgt die gerichtliche Kontrolle vor Eintritt der Wirksamkeit des Austritts. Wird der Austritt dagegen durch einfache Erklärung vollzogen, dann können die geltend gemachten Gründe erst nach Eintritt der Wirksamkeit des Austritts durch die Gerichte überprüft werden.

Zweiter Unterabschnitt: Rechtsfolgen

§ 31 Rechtliches Schicksal des Gesellschaftsanteils des ausscheidenden Gesellschafters

A. Grundsatz

Es liegt auch beim Austritt aus besonderem Grund in der Natur des Austrittsrechts, dass der austretende Gesellschafter sich durch den Austritt von seinem Anteil trennt, so dass folgendes gemeinsames Prinzip für alle Gesellschaften formuliert werden kann:

Mit dem Austritt aus der Gesellschaft verliert der Gesellschafter seine Mitgliedschaft.

B. Gesellschaften ohne eigene Rechtspersönlichkeit

Für die untersuchten Gesellschaften ohne eigene Rechtspersönlichkeit gilt – wie schon oben anlässlich der Erörterung des Austritts ohne besonderen Grund formuliert[745] – folgendes gemeinsames Prinzip:

Bei den Gesellschaften, die über keine eigene Rechtspersönlichkeit verfügen, wächst der Anteil des ausscheidenden Gesellschafters den verbleibenden Gesellschaftern grundsätzlich anteilig zu.

C. Gesellschaften mit eigener Rechtspersönlichkeit

Hinsichtlich des Schicksals des Gesellschaftsanteils des austretenden Gesellschafters besteht bei den Gesellschaften mit eigener Rechtspersönlichkeit ein Wahlrecht der Gesellschaft. Entweder die Übertragung erfolgt auf die Mitgesellschafter oder auf von den Gesellschaftern autorisierte Dritte oder aber auf die Gesellschaft selbst.

So geht der GmbH-Geschäftsanteil nicht automatisch dadurch unter, dass ein GmbH-Gesellschafter seinen Austritt erklärt. Vielmehr wird hierdurch ein

[745] Vgl. oben S. 159 f.

Anspruch des Gesellschafters gegen die Gesellschaft auf Übernahme des Gesellschaftsanteils (gegen Abfindung) begründet.[746] Die Gesellschaft kann dann nach ihrer Wahl entweder den Anteil einziehen oder Übertragung auf sich, auf Mitgesellschafter oder auf Dritte verlangen.[747] Wird der Gesellschaftsanteil von der GmbH eingezogen, dann ist dies nicht mit einer Kapitalherabsetzung verbunden. Vielmehr bleibt das Stammkapital unverändert. Die Unstimmigkeit zwischen dem Betrag des Stammkapitals und der Summe der Nennwerte der Geschäftsanteile kann, muss aber nicht, durch entsprechende Anpassung (durch eine nominelle Aufstockung) der Letzteren bereinigt werden.[748] Erfolgt keine nominelle Aufstockung, ändern sich die Beteiligungsverhältnisse der übrigen Gesellschafter an der Gesellschaft nach dem neuen Verhältnis ihrer Anteile zum unveränderten Stammkapital.[749]

Wenn ein englisches Gericht auf Grund der Klage des Mitglieds einer *private* oder *public company* eine unzumutbare Beeinträchtigung der mitgliedschaftlichen Interessen dieses Gesellschafters im Sinne von s. 459 CA 1985 feststellt, dann liegt es in seinem Ermessen, welche Art von Rechtsschutz es gewährt. Nach s. 461 (1) CA 1985 kann das Gericht Maßnahmen ergreifen, die ihm angemessen erscheinen *("...to make such order as it thinks fit for giving relief in respect of the matters complained of.*“). Die Entscheidung über den jeweils passenden Rechtsschutz erfolgt nach den Gegebenheiten des Einzelfalls. In s. 461 (2) CA 1985 sind beispielhaft[750] einige Abhilfemöglichkeiten aufgelistet.[751] Die am häufigsten angeordnete Rechtsfolge ist die sogenannte „*purchase order*“ gemäß s. 461 (2) (d) CA 1985.[752] Als eine solche Verkaufsanordnung kann das Gericht bestimmen, dass die Anteile ei-

---

746 RG, Urteil v. 7.2.1930, RGZ 128, 1, 17; *Hueck/Fastrich*, in: Baumbach/Hueck, Anh. § 34, Rn. 20; Hachenburg-*Ulmer*, Anh. § 34, Rn. 55; Scholz-*H. Winter*, § 15, Rn. 122; *Lutter/Hommelhoff*, § 34, Rn. 40; *Balz*, 106; a. A. (Austrittsklage): *Wiedemann*, Übertragung, 92.

747 *Hueck/Fastrich*, in: Baumbach/Hueck, Anh. § 34, Rn. 20; Scholz-*H. Winter*, § 15, Rn. 125; *Lutter/Hommelhoff*, § 34, Rn. 40.

748 Die Rechtslage ist insoweit anders als im Aktienrecht, vgl. §§ 237–239 AktG.

749 BayObLG, Beschluss v. 25.10.1991, DB 1991, 2537; Hachenburg-*Ulmer*, § 34, Rn. 62; Scholz-*H. P. Westermann*, § 34, Rn. 58; *Niemeier*, 364.

750 *Riley* (1992) 55 MLR 782, 791.

751 So kann das Gericht die Angelegenheiten der Gesellschaft für die Zukunft regeln (s. 461 (2) (a) CA 1985), indem es z. B. Gesellschafterversammlungen unter der Aufsicht neutraler Personen anordnet, oder es kann Unterlassungsverfügungen gegen andauernde oder drohende Maßnahmen erlassen (s. 461 (2) (b) CA 1985).

752 *Law Commission*, Shareholder Remedies, Law Com. No. 246, Appendix J: In 69% von 233 untersuchten Fällen wurde durch die Gerichte eine "*purchase order*“ angeordnet; vgl. auch *Sealy*, 526; *Davies*, Gower's Principles, 747 f.; *Hannigan*, in: Farrar's Company Law, 455; *Prentice*, (1988) 8 OJLS 55, 83; *Shapira*, (1995) 16 Co Law, 11; *Pennington*, in: Jura Europae IV, 90.10, Rn. 163; *Smith*, 239.

nes – nicht zwangsläufig des klagenden – Mitglieds durch andere Mitglieder oder die Gesellschaft erworben werden müssen.[753] Am häufigsten wird vom Gericht die Übernahme der Anteile des antragstellenden Gesellschafters durch die Gesellschaft oder durch Mitgesellschafter und damit als Rechtsfolge der Austritt des Gesellschafters angeordnet.[754]

Beim Austritt des Gesellschafters einer SC aus *justes motifs* (art. 1869 C. civ.) werden die Anteile des ausscheidenden Gesellschafters annulliert und gleichzeitig das Gesellschaftskapital herabgesetzt.[755] Es kann allerdings in den Statuten oder auch erst anlässlich des Austritts vereinbart werden, dass an Stelle der Annullierung der Anteile diese von den Mitgesellschaftern übernommen werden.[756]

Es gilt folgendes gemeinsames Prinzip:

Bei den Gesellschaften, die über eine eigene Rechtspersönlichkeit verfügen, erfolgt nach Wahl der Gesellschaft entweder eine Übertragung der Anteile des ausscheidenden Gesellschafters auf die Mitgesellschafter, auf einen von der Gesellschaft bestimmten Dritten oder auf die Gesellschaft selbst.

§ 32 Abfindungsanspruch des ausscheidenden Gesellschafters

A. Gesetzliche Regelung

Für die Gesellschaften ohne eigene Rechtspersönlichkeit (die deutschen und englischen Personengesellschaften) ist schon oben – im Hinblick auf den Austritt ohne besonderen Grund – festgestellt worden, dass der Gesellschafter mit seinem Ausscheiden einen gesetzlichen Anspruch auf eine angemessene Abfindung für die von ihm gehaltenen Gesellschaftsanteile erwirbt, dass die Höhe der Abfindung bei Nichteinigung mit Hilfe von Sachverständigen zu ermitteln ist und sich grundsätzlich nach dem Verkehrswert einschließlich

---

[753] Wird die Übernahme der Anteile durch die Gesellschaft angeordnet, dann wird dies mit einer Kapitalherabsetzung verbunden (s. 461 (2) (d) HS 2 CA 1985).

[754] *Judge Weeks QC*, in: Re a Company (No. 00836 of 1995) [1996] BCC 432, 442: "Cases where a majority shareholder was forced to sell his shareholdings to the petitioning minority shareholder were very rare indeed and the circumstances in the present case were not so exceptional as to make that a realistic possibility." Vgl. auch: *Mayson/French/Ryan*, 18.6.6.; *Morse*, Charlesworth & Morse, 329 f. u. 330 f.

Möglich ist aber auch die gerichtliche Anordnung der Übernahme der Anteile der Mehrheit durch den klagenden Minderheitsgesellschafter, also der Rechtsfolge des Ausschlusses eines Mehrheitsgesellschafters. Vgl. dazu unten S. 199.

[755] Cass. 3e civ., 15 janvier 1997, D. 1997, 216 (Anm. *Malaurie*); *Saintourens*, Encyclopédie Dalloz Sociétés, Rn. 149; *Viandier*, JCl. des Sociétés, Fasc. 50, Rn. 28; *Bézard*, Rn. 1105.

[756] *Viandier*, JCl. des Sociétés, Fasc. 50, Rn. 30.

des Goodwills richtet.[757] Gleiches gilt im wesentlichen auch für die Gesellschaften mit eigener Rechtspersönlichkeit.

So ist die Rechtslage bei der GmbH dieselbe wie bei den deutschen Personengesellschaften.[758] Bei der *private* und der *public company* legt das Gericht im Rahmen der von ihm zu erlassenden Kauforder (nach s. 461 CA 1985) immer auch die an den ausscheidenden Gesellschafter zu zahlende Abfindung fest.[759] Die Abfindung muss dabei den Umständen nach „*fair*" sein.[760] Die Gerichte verfügen bei der Frage, was im Einzelfall fair und angemessen ist, über einen großen Ermessensspielraum.[761] Bei der Bestimmung der Höhe der zu zahlenden Abfindung bedienen sie sich in der Regel ebenfalls der Hilfe von Sachverständigen.[762] In der Praxis wird von den Sachverständigen zumeist auf den Ertragswert des lebenden Unternehmens („*going concern*") abgestellt.[763] Grundsätzlich ist bei der Bewertung von Anteilen auch kein sogenannter Minderheitenabschlag (*minority discount*) vorzunehmen, der die geringeren Einflussmöglichkeiten des Minderheitsgesellschafters widerspiegelt.[764]

---

[757] Vgl. oben S. 160.

[758] BGH, Urteil v. 16.12.1991, BGHZ 116, 359, 370 f.; OLG Köln, Urteil v. 26.3.1999, GmbHR 1999, 712; Scholz-*H. Winter*, § 15, Rn. 126; *Lutter/Hommelhoff*, § 34, Rn. 42; Hachenburg-*Ulmer*, Anh. § 34, Rn. 61; *Engel*, NJW 1986, 345.

[759] *Morse*, Charlesworth & Morse, 330.

[760] *Nourse J*, in: Re Bird Precision Bellows Ltd. [1984] Ch. 419, 429; *Prentice*, (1986) 102 LQR, 179, 180; *Davies*, Gower's Principles, 748; *Pennington*, Company Law, 831; *Riley* (1992) 55 MLR 782, 799; *Shapira* (1995) 16 Co Law, 11.

[761] *Hannigan*, in: Farrar's Company Law, 456.

[762] *Gregory/Hicks* (1995) JBL 56, 57; vgl. auch *Arden J*, in: Re Macro (Ipswich) Ltd. [1994] 2 BCLC 354, 410.

[763] Vgl. *Aldous LJ*, in: Macro & Ors v. Thompson & Ors [1996] BCC 707, 712 f., CA; *Pennington*, Company Law, 832.

[764] *Nourse J*, in: Re Bird Precision Bellows Ltd. [1984] Ch. 419, 430; *Shapira* (1995) 16 Co Law, 11, 13; *Davies*, Gower's Principles, 748; *Smith*, 240; *Riley* (1992) 55 MLR 782, 799.

Etwas anderes soll nur in zwei Fällen gelten: Zum einen sei ein Minderheitenabschlag demjenigen Gesellschafter zuzumuten, der sein Ausscheiden selbst zu vertreten hat. Anders formuliert soll nicht derjenige, der einen Minderheitsgesellschafter unzumutbar beeinträchtigt hat, dafür auch noch dadurch belohnt werden, dass ihm die Möglichkeit eröffnet wird, die Anteile zu einem reduzierten Preis zu erwerben. Ein Minderheitenabschlag sei zum zweiten auch dann zumutbar, wenn der Antragsteller seine Anteile nur als reine Geldanlage und zu einem Preis erworben hat, der berücksichtigt, dass es sich nur um einen Minderheitenanteil handelt. Dies ist in der Regel nicht der Fall, wenn es sich um eine *quasi-partnership* handelt. Vgl. zum Ganzen: *Gregory/Hicks*, (1995) JBL 56, 60; *Nourse J*, in: Re Bird Precision Bellows Ltd. [1984] Ch. 419, 431; *Shapira* (1995) 16 Co Law, 11, 12; *Morse*, Charlesworth & Morse, 330; *Hannigan*, in: Farrar's Company Law, 456.

Auch der aus einer SC austretende Gesellschafter hat Anspruch auf eine Abfindung.[765] Hier gilt ebenfalls, dass die Höhe der Abfindung im Zweifel durch einen unabhängigen Sachverständigen zu bestimmen ist,[766] der einvernehmlich durch die Parteien bestellt wird. Bei Nichteinigung der Parteien wird dieser durch den Präsidenten des zuständigen Gerichts[767] im Wege einer einstweiligen Anordnung ernannt.[768] Das Gesetz trifft in Frankreich über die Höhe der Abfindung und über die Bewertungsmethode, die der Sachverständige seiner Wertermittlung zu Grunde zu legen hat, keine Aussage. Rechtsprechung und Schrifttum in Frankreich sind sich aber darüber einig, dass dem ausscheidenden Gesellschafter als Abfindung ein angemessener Preis (*juste prix*) zu zahlen ist, der den wahren Wert (*valeur réelle*) der Beteiligung zum Zeitpunkt des Ausscheidens widerspiegeln muss.[769] Der Kassationshof hat bestimmt, dass der Sachverständige zur Bestimmung des wahren Wertes der Anteile alle preisbildenden Faktoren berücksichtigen muss, um denjenigen Anteilspreis zu ermitteln, der bei einem freien Spiel von Angebot und Nachfrage auf einem funktionierenden Markt erzielt worden wäre.[770] Ermittelt wird also der Verkehrswert, wie er sich unter Zugrundelegung der allgemeinen in Frankreich geltenden Grundsätze der Unternehmensbewertung ergibt.

Damit finden im Ergebnis die für den Austritt ohne besonderen Grund entwickelten Grundsätze auch hier Anwendung, so dass als gemeinsames Prinzip folgender Verweis festgehalten wird:

Für den gesetzlichen Abfindungsanspruch des ausscheidenden Gesellschafters gilt das Gleiche wie beim Austritt ohne besonderen Grund.[771]

---

765 Art. 1869 al. 2 C. civ. i. V. m. art. 1843-4 C. civ. Vgl.: *Viandier*, JCl. des Sociétés, Fasc. 50, Rn. 27; *Saintourens*, Encyclopédie Dalloz Sociétés, Rn. 149; *Bézard*, Rn. 1105.

766 Art. 1869 al. 2 C. civ. i. V. m. art 1843-4 C. civ.

767 Es handelt sich dabei um das zuständige Landgericht (*Tribunal de grande instance* - art. 17 décret n° 78-704 du 3 juillet 1978).

768 Art. 1869 al. 2 C. civ. i. V. m. art. 1843-4 C. civ.

769 Cass. com., 10 mars 1998, Bull. Joly, 1998, § 159, 464 (Anm. *Couret*); Cass. com., 18 octobre 1967, D. 1968, 447 (Anm. *Dalsace*); vgl. auch Cass. com., 22 octobre 1969, Rev. soc. 1970, 288; *Houin*, RTD com. 1968, 88; *Randoux*, Rev. soc. 1993, 579, 580; *Germain*, Ripert/Roblot I-2, Rn. 1083; *Krimmer*, JCP, éd. E, 1993, n°223, 101, 105; *Guyon*, Aménagements statutaires, Rn. 99; *Daigre*, Rev. soc. 1999, 535, 548 (für die SA); *Masquelier/Simon de Kergunic*, 73; *Périn*, Rn. 360 (die beiden Letzteren für die SAS).

770 Cass. com., 28 juillet 1952, JCP, 1952 II, 7315; 27 juin 1955, JCP, 1956 II, 9346: „que la valeur réelle doit être appréciée en tenant compte de tous les éléments dont l'ensemble permet d'obtenir un chiffre aussi proche que possible de celui qu'aurait entraîné le jeu normal de l'offre et de la demande."

771 Vgl. oben S. 160.

Für die Gesellschaften ohne eigene Rechtspersönlichkeit (die deutschen und englischen Personengesellschaften) ist bereits oben anlässlich des Austritts ohne besonderen Grund erläutert worden, dass durch den Gesellschaftsvertrag die Abfindung grundsätzlich jedenfalls auf den Buchwert beschränkt werden kann.[772]

Für die Gesellschaften mit eigener Rechtspersönlichkeit ergeben sich hinsichtlich der Zulässigkeit von Abfindungsklauseln jedoch erhebliche Unterschiede.

Für die GmbH gilt das Gleiche wie für die deutschen Personengesellschaften; eine Beschränkung der Abfindungshöhe im Gesellschaftsvertrag ist also grundsätzlich zulässig.[773]

Wird bei der *private* oder *public company* auf Grund von ss. 459, 461 CA 1985 der Austritt eines Gesellschafters durch ein Gericht angeordnet, dann legt dieses immer auch die Höhe der zu zahlenden Abfindung fest. Dabei orientiert es sich nur daran, welche Höhe der Abfindung im Einzelfall „fair" ist. Mit der Frage, ob die Abfindungshöhe für diesen Fall im Gesellschaftsvertrag (etwa auf den Buchwert) beschränkt werden darf, haben sich die englischen Gerichte bisher nicht befasst. Diskutiert wird allerdings die Frage, ob im Gesellschaftsvertrag die Bewertung der Anteile durch einen bestimmten Sachverständigen vorgesehen werden kann, die eine Anteilsbewertung durch die Gerichte ausschließt. Hierzu ist entschieden worden, dass jedenfalls dann eine Festlegung der Abfindung durch die Gerichte verlangt werden kann, wenn der im Gesellschaftsvertrag bestimmte Sachverständige nicht unabhängig ist.[774]

In Frankreich kann von dem gesetzlichen Verfahren der Bestimmung eines angemessenen Preises für die Anteile des ausscheidenden Gesellschafters durch einen unabhängigen Sachverständigen nicht im voraus[775] durch

[772] Vgl. oben S. 161 f.

[773] BGH, Urteil v. 16.12.1991, BGHZ 116, 359, 368; *Lutter/Hommelhoff*, § 34, Rn. 45; *Hueck/Fastrich*, in: Baumbach/Hueck, § 34, Rn. 22; Scholz-*H. Winter*, § 15, Rn. 128; *Kort*, DStR 1995, 1961, 1962.

[774] Vgl. dazu: Virdi v. Abbey Leisure Ltd. [1990] BCLC 342, CA; *Harman J*, in: Re a company (No. 00330 of 1991) ex parte Holden [1991] BCLC 597, 604; *Morrit J*, in: Re Boswell & Co. (Steels) Ltd. (1989) 5 BCC 145, 150 f.; *Riley* (1992) 55 MLR 782, 799; *Morse*, Charlesworth & Morse, 331 f.; *Hannigan*, in: Farrar's Company Law, 459.

[775] Allerdings können sich die Parteien nachträglich, d. h. anlässlich des konkreten Ausscheidens eines Mitglieds, über eine bestimmte Abfindunghöhe einigen. Vgl.: *Germain*, Ripert/Roblot I-2, Rn. 1083 ("en cas de contestation").

vertragliche Vereinbarung abgewichen werden.[776] Daraus ergibt sich, dass auch die Festlegung einer bestimmten Bewertungsgrundlage für die Abfindung oder gar einer bestimmten Abfindungshöhe in den Statuten von vornherein ausscheidet.[777]

Hinter diesen verschiedenen Rechtslagen stehen unterschiedliche Wertungen der Gesetzgeber. Bei den deutschen Gesellschaften und den englischen *partnerships* wird der Vertragsfreiheit und dem Interesse der Gesellschaft, durch eine Beschränkung der zu zahlenden Abfindung ihren Bestandsschutz zu gewährleisten,[778] gegenüber dem Interesse des ausscheidenden Gesellschafters an dem Erhalt einer vollwertigen Abfindung der Vorrang eingeräumt. Bei den französischen Gesellschaften hingegen wird es für erforderlich gehalten, den einzelnen Gesellschafter gegen eine Kürzung der ihm gesetzlich zustehenden Abfindung zu schützen.

Auf Grund der bestehenden Unterschiede hinsichtlich der Zulässigkeit von Abfindungsklauseln lässt sich an dieser Stelle kein gemeinsames Prinzip formulieren.

§ 33 Kapitalschutzvorschriften als Durchführungsschranke

Bei allen Kapitalgesellschaften sind beim Austritt eines Gesellschafters Kapitalschutzvorschriften als Durchführungsschranke zu beachten. Dies bedeutet, dass der Austritt bei diesen Gesellschaften nur vollzogen werden kann, wenn durch die mit dem Austritt verbundenen Abfindungszahlungen oder mit der mit dem Austritt verbundenen Kapitalherabsetzung nicht gegen Kapitalschutzvorschriften verstoßen wird.

So gilt für die GmbH, dass ein Austritt nur zulässig ist, wenn er die Aufbringung und Erhaltung des Stammkapitals nicht beeinträchtigt. Die Gesellschaft darf daher einen nicht voll eingezahlten Anteil weder erwerben noch einziehen. Allerdings hat der austrittswillige Gesellschafter in dem Fall einen Anspruch darauf, dass entweder das Kapital herabgesetzt wird oder ein Mitgesellschafter seinen Anteil erwirbt, um so seinen Austritt zu ermöglichen.[779] Der Austritt scheitert auch dann, wenn die Vermögenslage der Gesellschaft eine Abfindung des Austrittswilligen nicht ohne Verstoß gegen § 30 Abs. 1 GmbHG (Verbot der Auszahlung des stammkapitaldeckenden Vermögens)

---

776 Art. 1844-10 al. 2 i. V. m. art. 1843-4 C. civ. Vgl.: *Germain*, Ripert/Roblot I-2, Rn. 1083; *Moury*, Rev. soc. 1997, 455, 457; *Mercadal/Janin*, Mémento Soc. com., Rn. 6141.

777 *Guyon*, Aménagements statutaires, Rn. 119; *Houin*, RTD com. 1968, 88 (keine Vereinbarung einer Abfindung unter dem wahren Wert der Anteile); ebenso: *Schindler*, 250.

778 In diesem Sinne: BGH, Urteil v. 16.12.1991, BGHZ 116, 359, 368 (GmbH).

779 Hachenburg-*Ulmer*, Anh. § 34, Rn. 47; Scholz-*H. Winter*, § 15, Rn. 125; *Hueck/Fastrich*, in: Baumbach/Hueck, Anh. § 34, Rn. 19.

gestattet.[780] Ist in dem Fall kein Mitgesellschafter zur Übernahme des Anteils gegen Leistung der Abfindung bereit, ist ein Austritt aus der Gesellschaft nicht möglich und dem austrittswilligen Gesellschafter verbleibt nur die Möglichkeit der Erhebung einer Auflösungsklage.[781]

Ordnet das Gericht bei einer *private* oder *public company* auf Grund von ss. 459, 461 CA 1985 die Übernahme der Anteile des klagenden Gesellschafters durch die Gesellschaft an, dann ist dies zwingend mit einer Kapitalherabsetzung verbunden (s. 461 (2) (d) CA 1985). Durch diese Kapitalherabsetzung darf das bei der *public company* auf Grund von Art. 6 Abs. 1 der europäischen Kapitalrichtlinie[782] bestehende gesetzliche Mindestkapital (*authorised minimum*)[783] nicht unterschritten werden. Insofern bildet das Mindestkapital hier eine gesetzliche Durchführungsschranke für den Austritt aus der Gesellschaft. Die *private company* hingegen verfügt traditionell über kein gesetzliches Mindestkapital und ein solches wurde für sie auch nicht durch die europäische Kapitalrichtlinie eingeführt, da diese auf sie keine Anwendung findet. Aus dieser Tatsache kann jedoch nicht geschlossen werden, dass bei der *private company* keine Kapitalschutzvorschriften existieren, die das Austrittsrecht begrenzen. Eine Kapitalherabsetzung ist auch hier vielmehr nicht schrankenlos möglich. Sie muss den Gläubigern der Gesellschaft angezeigt werden und diese sind unter bestimmten Voraussetzungen berechtigt, sich gerichtlich der Kapitalherabsetzung zu wiedersetzen (ss. 136, 137 CA 1985).[784] Es bestehen damit auch bei der *private company* Kapitalschutzvorschriften, die das Austrittsrecht begrenzen.

Bei den französischen Kapitalgesellschaften besteht – wie oben erläutert[785] – (bisher) zwar kein Austrittsrecht aus besonderem Grund. Gleichwohl gilt auch für diese grundsätzlich, dass das Ausscheiden eines Gesellschafters mittels der Übernahme der Anteile durch die Gesellschaft nur möglich ist, wenn mit der damit verbundenen Kapitalherabsetzung nicht das gesetzliche Mindestkapital[786] unterschritten wird.[787]

---

[780] Scholz-*H. Winter*, § 15, Rn. 125; Hachenburg-*Ulmer*, Anh. § 34, Rn. 47.

[781] *Lutter/Hommelhoff*, Anh. § 34, Rn. 21; Scholz-*H. Winter*, § 15, Rn. 126.

[782] Zur Kapitalrichtlinie vgl. die Nachweise in Fn. 507.

[783] *Schwarz*, EuGesR, Rn. 582. Zur Höhe des gesetzlichen Mindestkapitals bei der *public company* vgl. oben S. 44.

[784] *Pettet*, 301; *Hannigan*, in: Farrar's Company Law, 219; *Pennington*, Company Law, 213 f.

[785] Vgl. oben S. 165.

[786] Bei der SARL besteht kein gesetzliches Mindestkapital mehr. Zur Höhe des gesetzlichen Mindestkapitals bei der SA vgl. oben S. 47.

[787] *Mercadal/Janin*, Mémento Soc. com., Rn. 6144; *Sauget*, 630. In Frankreich kann auch bei der SC die Tatsache, dass bei einer Annullierung der Anteile der aus der Gesellschaft ausscheidende Gesellschafter aus dem Vermögen der Gesellschaft abgefunden werden muss, zur Ablehnung

Es gilt damit folgendes gemeinsames Prinzip:

Ein Mitglied kann nur aus einer Kapitalgesellschaft austreten, wenn durch den Vollzug des Austritts nicht gegen Kapitalschutzvorschriften verstoßen wird.

§ 34 Weitere Rechtsfolgen

Im Hinblick auf die Haftung des ausscheidenden Gesellschafters für die Verbindlichkeiten der Gesellschaft,[788] die Auswirkungen auf den Namen der Gesellschaft und den Austritt aus der Zweipersonengesellschaft gilt das Gleiche wie bei der Anteilsübertragung.[789]

Dritter Abschnitt: Austritt bei Verweigerung der erforderlichen Zustimmung zur Anteilsübertragung

Hat ein Gesellschafter einen Erwerber für die von ihm gehaltenen Anteile gefunden, scheitert jedoch die Anteilsübertragung daran, dass die erforderliche Zustimmung zur Anteilsübertragung von den anderen Gesellschaftern oder der Geschäftsführung verweigert wird, dann ist der Gesellschafter nicht in jedem Fall weiterhin an die Gesellschaft gebunden. Vielmehr wird ihm in allen drei Rechtsordnungen die Möglichkeit eröffnet, unter bestimmten Voraussetzungen entweder die ursprünglich vorgesehene Anteilsübertragung doch zu realisieren oder aber aus der Gesellschaft auszutreten.

§ 35 Übernahmepflicht der Gesellschaft

A. Voraussetzungen

Bei den französischen Gesellschaften SC, SARL und SA ist gesetzlich bestimmt, dass jedem Gesellschafter, dem die erforderliche Zustimmung zur

---

des Austritts durch den Richter führen, wenn nicht ausreichend Kapital vorhanden ist. Dieses Problem ergibt sich nicht, wenn die Gesellschafter den Anteil des Ausscheidenden übernehmen. Vgl.: CA Paris, 30 janvier 1985, Rev. soc. 1985, 815 (Anm. *Chaput*); *Viandier*, JCl. des Sociétés, Fasc. 50, Rn. 29.

[788] So ausdrücklich für die deutschen Personengesellschaften: Schlegelberger-*K. Schmidt*, § 159 a. F., Rn. 8; MünchHdb. GesR I-*Piehler*, § 66, Rn. 24; *Grunewald*, GesR, 1. A., Rn. 140; für die französischen Personengesellschaften: *Guyon*, Droit des affaires, Rn. 233.

[789] Vgl. oben S. 100 ff., 114 ff. und 127 ff.

Anteilsübertragung von den Gesellschaftern oder der Geschäftsführung verweigert wird, ein Recht zum Austritt aus der Gesellschaft zusteht. Wird von einem Mitglied der Gesellschaft die erforderliche Zustimmung zur Übertragung seiner Anteile begehrt, dann haben die anderen Gesellschafter oder die Gesellschaft nur die Möglichkeit, entweder der Übertragung zuzustimmen oder aber bei der SARL und SA innerhalb von drei[790] und bei der SC innerhalb von sechs Monaten nach der Benachrichtigung durch den übertragungswilligen Gesellschafter diesem einen Erwerber für die Anteile zu präsentieren. Die Anteile können entweder von einem oder mehreren Mitgesellschaftern, von einem von der Gesellschaft zu benennenden Dritten oder aber von der Gesellschaft selbst (unter Herabsetzung des Kapitals) übernommen werden.[791] Kommt es innerhalb der drei bzw. sechs Monate weder zur Zustimmung zur Übertragung noch zur Unterbreitung eines Kaufangebots (durch die Mitgesellschafter, einen zugelassenen Dritten oder die Gesellschaft), dann gilt die Zustimmung als erteilt und die ursprünglich anvisierte Anteilsübertragung kann realisiert werden.[792] Bei der SARL besteht ein solches Austrittsrecht allerdings nur für die Gesellschafter, die schon seit mindestens zwei Jahren Mitglied der Gesellschaft sind.[793]

Ein gesetzliches Austrittsrecht im Falle der Verweigerung der erforderlichen Zustimmung zur Anteilsübertragung ist in Deutschland und England hingegen unbekannt. Dies bedeutet aber nicht, dass die Gesellschafter in Deutschland und England in der beschriebenen Situation strikt an die Gesellschaft gebunden sind. Vielmehr ist dort – wie bereits oben im Rahmen der Ausführungen zur Anteilsübertragung erläutert[794] – die Bindung der Mitglieder an die Gesellschaft dadurch abgemildert, dass die Mitgesellschafter bzw. die Geschäftsführung bei der Entscheidung darüber, ob sie einer Übertragung von Gesellschaftsanteilen zustimmen, einer im Vergleich zur Rechtslage in

---

[790] Bei der SARL kann diese Frist einmalig auf Antrag der Geschäftsführung durch eine Entscheidung des Präsidenten des Handelsgericht (*tribunal de commerce*) auf bis zu sechs Monate verlängert werden (art. L. 223-14 al. 3 C. com.; art. 29 al. 2 D. 67-236). Gleiches gilt für die SA, allerdings mit dem Unterschied, dass die Frist mehrfach und auch für einen längeren Zeitraum als 6 Monate verlängert werden kann (art. L. 228-24 al. 3 C. com.; art. 207 al. 2 D. 67-236). Vgl. *Mercadal/Janin*, Mémento Soc. com., Rn. 18469.

[791] **SC:** art. 1862 C. civ. Vgl. *Bougnoux*, JCl. des Sociétés, Fasc. 48-70, Rn. 56; **SARL:** art. L. 223-14 al. 3 u. 4 C. com.; **SA:** art. L. 228-24 al. 2 C. com. Vgl. *Mercadal/Janin*, Mémento Soc. com., Rn. 6138.

[792] **SC:** Art. 1863 al. 1 C. civ. Vgl. *Cozian/Viandier/Deboissy*, Rn. 1507; **SARL:** art. L. 223-14 al. 5 C. com.; **SA:** Art. L. 228-24 al. 3 C. com. Vgl. *Mercadal/Janin*, Mémento Soc. com., Rn. 18471.

[793] Art. L. 223-14 al. 3, 6 C. com. Vgl. *Mercadal/Janin*, Mémento Soc. com., Rn. 6138.

[794] Vgl. oben S. 81 ff.

Frankreich stärkeren Ermessensbindung unterliegen, die gerichtlich überprüfbar ist.

Das trifft vor allem für die deutschen und englischen Kapitalgesellschaften zu. Bei den deutschen und englischen Personengesellschaften stellt sich das Problem der Bindung an die Gesellschaft hingegen nicht in dem Maße, weil bei diesen die Gesellschafter von Gesetzes wegen zum Austritt aus der Gesellschaft auch ohne Angabe von Gründen berechtigt sind.[795]

Bei der *private* und der *public company* können die Gerichte dementsprechend die Eintragung der Übertragung in das (von der Gesellschaft geführte) Mitgliederregister anordnen, wenn das Ablehnungsrecht durch die Direktoren ausgeübt wird, um dem Veräußerer eine Veräußerungsmöglichkeit für seine Anteile überhaupt zu nehmen.[796] Bei der AG ist ermessensbeschränkend zu berücksichtigen, dass die Vinkulierung nicht zu einer grundsätzlichen Unveräußerlichkeit der Aktien führen und der Aktionär nicht auf Dauer in der AG festgehalten werden darf.[797] Eine AG kann zudem nach Ansicht des Bundesgerichtshofs die Pflicht zur Zustimmung abwenden, wenn sie bereit ist, die Aktien selbst zu übernehmen oder einen ihr genehmen Käufer zu präsentieren.[798] Mit dieser Aussage liegt der Bundesgerichtshof auf einer Linie mit der französischen Rechtslage, nach der bei der Ablehnung der Anteilsübertragung eine Verpflichtung der Gesellschaft besteht, entweder selbst die Anteile aufzukaufen oder einen Gesellschafter bzw. einen Dritten als Aufkäufer zu präsentieren.

Eine Ausnahmestellung nehmen wieder die französischen Handelsgesellschaften SNC und SCS ein. Bei ihnen besteht weder ein gesetzliches Austrittsrecht bei Verweigerung der erforderlichen Zustimmung zur Anteilsübertragung noch unterliegt bei ihnen die Entscheidung über die Zustimmung zur Anteilsübertragung einer Ermessensbindung.[799] Auf Grund der geringen wirtschaftlichen Bedeutung der SNC und SCS soll aber die bei ihnen bestehende abweichende Regelung der Bildung eines gemeinsamen Prinzips wiederum nicht im Wege stehen.[800]

---

795 Vgl. oben S. 152 ff.

796 *Chitty J.*, in: Re Ceylon Land and Produce Co. Ltd. Ex parte Anderson [1891] 7 TLR 692, 693; *Birds*, in: Gore-Brown on Companies, § 16.2.1; *Pennington*, in: Jura Europae IV, 90.20, Rn. 3.

797 BGH, Urteil v. 1.12.1986, NJW 1987, 1019, 1020; *Lutter*, in: Kölner Komm. AktG, § 68, Rn. 30; MünchKommAktG-*Bayer*, § 68, Rn. 81; *Hefermehl/Bungeroth*, in: Geßler/Hefermehl, AktG, § 68, Rn. 125; *Barz*, in: Großkomm. AktG, 3. Aufl. 1973, § 68, Rn. 9; *Balz*, 86.

798 BGH, Urteil v. 1.12.1986, NJW 1987, 1019, 1020.

799 Vgl. oben S. 83.

800 Das Gleiche galt schon oben bei der Frage der Zustimmungspflicht zur Anteilsübertragung bei bestehendem Zustimmungsvorbehalt. Vgl. S. 83.

Damit ist festzuhalten, dass die drei untersuchten Rechtsordnungen auf zwei unterschiedlichen Wegen im wesentlichen übereinstimmend zu dem Ergebnis kommen, dass jedem Gesellschafter, der einen Erwerber für seine Anteile präsentieren kann, ein einseitiges Ausscheiden aus der Gesellschaft zu gestatten ist.

Welcher der beiden unterschiedlichen Regelungsmechanismen erscheint aber vorteilhafter? Für die französische Lösung spricht, dass durch diese eine höhere Rechtssicherheit erreicht wird. Jeder Gesellschafter, dem die Zustimmung zur Übertragung seiner Anteile verwehrt wird, weiß im Voraus, dass er sich, wenn er einen Erwerber für seine Gesellschaftsanteile findet, in jedem Fall von der Gesellschaft lösen kann. Dagegen muss ein Gesellschafter, dem in Deutschland und England die Zustimmung zur Anteilsübertragung versagt wird, zunächst einen Prozess führen, in dem er die Zustimmung der Mitgesellschafter zur Anteilsübertragung einklagt. Bis zur Entscheidung durch das Gericht besteht ein langer Zeitraum der Rechtsunsicherheit, in dem ungeklärt ist, ob der austrittswillige Gesellschafter aus der Gesellschaft ausscheiden kann oder nicht.[801]

Für die Lösung über die gerichtliche Überprüfung der Zustimmungsentscheidung der Mitgesellschafter, wie sie in Deutschland und England praktiziert wird, spricht, dass man auf diese Weise wahrscheinlich eine größere Einzelfallgerechtigkeit erreicht. Ob das aber die aufwändige Überprüfung durch die Gerichte rechtfertigt, erscheint zumindest zweifelhaft.

Zudem führt die französische Regelung auch zu einem angemessenen Ausgleich der divergierenden Interessen. Auf der einen Seite können sich die Gesellschaft und die Mitgesellschafter durch einen Zustimmungsvorbehalt wirksam gegen das Eindringen von unerwünschten Dritten schützen. Auf der anderen Seite ist auch dem Interesse jedes Gesellschafters Genüge getan, der sich durch die Übertragung der von ihm gehaltenen Anteile auf eine andere Person von der Gesellschaft lösen möchte. Dieser kann dann zwar nicht die ursprünglich vorgesehene Anteilsübertragung realisieren; durch die Pflicht der Gesellschaft, eine Anteilsübernahme zu veranlassen, ist aber trotzdem gewährleistet, dass er die Gesellschaft verlassen kann. Zu diesem Ergebnis kommen auch *Wiedemann* und *Lutter/Hommelhoff* auf der Basis des geltenden deutschen GmbH-Rechts (allerdings im Widerspruch zur ganz herrschenden Meinung in Deutschland). Nach ihrer Ansicht stellen sowohl der Ausschluss der Abtretung von GmbH-Geschäftsanteilen als auch die (regelmäßige) Verweigerung der Zustimmung zur Anteilsübertragung einen wich-

---

[801] Mit Blick auf die größere Rechtssicherheit spricht sich *Schindler*, 357, für die Einführung einer den art. L. 223-14 al. 3 u. 6, art. L. 228-24 al. 2 C. com. (Übernahmeverpflichtung der Gesellschaft im Falle einer vinkulierungsgestützten Verweigerung der Zustimmung zur Anteilsübertragung) entsprechenden Austrittsregelung im deutschen Kapitalgesellschaftsrecht aus.

tigen Grund zum Austritt aus der Gesellschaft dar.[802] Insofern erscheint die französische Regelung als Modell für eine mögliche zukünftige europäische Regelung der deutschen und englischen Lösung überlegen zu sein.

Es gelten folgende gemeinsame Prinzipien:

> Wenn Gesellschaftsanteile auf Grund einer Verweigerung der erforderlichen Zustimmung nicht auf den gewünschten Erwerber übertragen werden können, dann besteht auch bei Fehlen eines besonderen Austrittsgrundes die Möglichkeit, sich einseitig von der Gesellschaft zu lösen. In einem solchen Fall ist die Gesellschaft verpflichtet, eine Übernahme der Anteile (durch sie selbst, durch Gesellschafter oder durch autorisierte Dritte) zu veranlassen. Diese Verpflichtung ergibt sich entweder aus dem Gesetz oder aus einer auf der gesellschaftlichen Treuepflicht basierenden Ermessensbindung der Mitgesellschafter bei der Entscheidung über die Zustimmung zur Anteilsübertragung.

Die Regelungen zum Austritt aus der französischen SC stellen sich damit im Sinne der hier vertretenen Auffassung als vorbildlich dar. Bei der SC besteht zum einen eine Übernahmeverpflichtung der Gesellschaft, wenn von den Mitgesellschaftern die Zustimmung zur Anteilsübertragung verweigert wird[803] und zum anderen haben die Gesellschafter auch das Recht, aus besonderem Grund aus der Gesellschaft auszutreten[804]. Möglicherweise stellen sich diese Regelungen deshalb als so fortschrittlich dar, weil sie auf einer im Vergleich zu den anderen untersuchten Gesellschaften relativ neuen Kodifikation aus dem Jahre 1978 beruhen.[805]

B. Rechtsfolgen

> Die Rechtsfolgen sind die Gleichen wie beim Austritt aus besonderem Grund.[806]

[802] *Lutter/Hommelhoff*, § 34, Rn. 37; § 15, Rn. 30; *Wiedemann*, GesR, 401 f.; a. A.: Scholz-*H. Winter*, § 15, Rn. 118; MünchHdb. GesR III-*Kort*, § 29, Rn. 13; *Hueck/Fastrich*, in: Baumbach/Hueck, Anh. § 34, Rn. 17; *K. Schmidt*, GesR, § 35 IV 3 a; *H.-F. Müller*, Austrittsrecht, 47.

[803] Vgl. oben S. 192.

[804] Vgl. oben S. 164.

[805] Die SC unterliegt den Regelungen des Loi n° 78-9 du 4 janvier 1978.

[806] Vgl. oben S. 183 ff.

Vierter Teil: Ausschluss von Gesellschaftern

Unter dem Ausschluss eines Gesellschafters versteht man das zwangsweise Ausscheiden eines Gesellschafters aus der Gesellschaft, also ein Ausscheiden gegen den Willen des betroffenen Mitglieds.[807] Das Ausschlussrecht stellt sich damit als Spiegel des Austrittsrechts dar. Beim Ausschlussrecht geht es um die Frage, in welchen Fällen ein Gesellschafter gegen seinen eigenen Willen ausscheiden muss. Beim Austrittsrecht hingegen geht es darum, in welchen Fällen ein Gesellschafter auch gegen den Willen der Gesellschaft und der übrigen Gesellschafter ausscheiden kann.

Untersucht wird zuerst der Ausschluss aus besonderem Grund, dann der Ausschluss als Sanktion der Nichtleistung von Gesellschaftereinlagen (in Deutschland Kaduzierung genannt) und abschließend der Ausschluss ohne besonderen Grund.[808]

Erster Abschnitt: Ausschluss aus besonderem Grund

Sowohl in Deutschland als auch in England und Frankreich ist zur Lösung personenbezogener Konflikte die Möglichkeit des Ausschlusses von Gesellschaftern aus besonderem Grund grundsätzlich anerkannt.

§ 36 Grundlage des Ausschlussrechts

Während bei einigen Gesellschaften ein gesetzliches Ausschlussrecht besteht, d. h. ein Recht zum Ausschluss von Gesellschaftern gesetzlich vorgesehen oder zumindest von der Rechtsprechung als Richterrecht anerkannt ist, kann bei anderen Gesellschaften ein Mitglied nur dann ausgeschlossen werden, wenn der Ausschluss von Gesellschaftern im Gesellschaftsvertrag zugelassen ist.

---

[807] *Röschinger*, 1 b.

[808] Das für Aktiengesellschaften in allen drei Ländern bestehende Recht der Mehrheit zum Ausschluss von Minderheitsaktionären (sogenanntes *Squeeze-out*), das zum 01.01.2002 auch in das deutsche Aktienrecht eingefügt wurde (in §§ 327 a – f AktG), wird hingegen nicht in die Untersuchung mit einbezogen. Der Grund hierfür ist, dass es sich bei der *Squeeze-out*-Regelung vor allem um ein Instrument des Konzernrechts handelt (vgl. die §§ 327 a – f AktG als Teil des dritten Buches des AktG mit dem Titel „Verbundene Unternehmen“; *Hüffer*, AktG, § 327 a, Rn. 3), das nicht Gegenstand dieser Untersuchung ist und deshalb auch schon bei der Behandlung des Austrittsrechts keine Berücksichtigung fand.

A. Das Gesetz als Grundlage

Ein allgemeines Recht zum Ausschluss von Gesellschaftern ist gesetzlich bei den deutschen Gesellschaften OHG, KG und GmbH sowie bei den englischen Kapitalgesellschaften *private* und *public company* vorgesehen.

Bei der OHG und KG ist allerdings der Ausschluss von Gesellschaftern erst seit 1998 gesetzlich möglich.[809] Vorher bedurfte es wie bei der Austrittskündigung einer Fortsetzungsklausel im Gesellschaftsvertrag, um an Stelle der Auflösung der Gesellschaft auch den Ausschluss von Gesellschaftern zu ermöglichen.

Bei der GmbH ist anders als bei der AG durch die Rechtsprechung in Anlehnung an das Recht der Personengesellschaften ein Ausschlussrecht bei Vorliegen eines wichtigen Grundes anerkannt, auch wenn ein solches in der Satzung nicht vorgesehen ist.[810] Ein solches Ausschlussrecht folge aus der das Gesellschaftsverhältnis beherrschenden Treuepflicht[811] und aus dem allgemeinen Rechtsgedanken, dass personengebundene Rechtsverhältnisse von längerer Dauer aus wichtigem Grund vorzeitig lösbar sein müssten.[812]

Nach Ansicht des Bundesgerichtshofs liegen bei der AG die Dinge hingegen anders als bei den Personengesellschaften und der GmbH.[813] Bei ihr sei die gesellschaftliche Bindung kapitalbedingter als bei der GmbH, die Aktie sei leichter verwertbar als der Geschäftsanteil, die Persönlichkeit der Gesellschafter spiele eine geringere Rolle und das gesellschaftliche Verhältnis erfordere kein solches Vertrauensverhältnis, wie dies vielfach bei der GmbH der Fall sei.[814] Ein sich im Vordringen befindlicher Teil des Schrifttums möchte hingegen das Ausschlussrecht aus wichtigem Grund ähnlich wie das Recht zum Austritt aus wichtigem Grund verbandsformübergreifend und damit auch bei der AG gewähren.[815] Grundlage eines solchen Ausschlussrechts

[809] § 140 Abs. 1 S. 1 HGB; für die KG i. V. m. § 161 Abs. 2 HGB.

[810] BGH, Urteil v. 1.4.1953, BGHZ 9, 157, 159; BGH, Urteil v. 17.2.1955, BGHZ 16, 317, 322; BGH, Urteil v. 23.2.1981, BGHZ 80, 346, 349 f.; BGH, Urteil v. 20.9.1999, NJW 1999, 3779; *Hueck/Fastrich*, in: Baumbach/Hueck, Anh. § 34, Rn. 2; *Lutter/Hommelhoff*, § 34, Rn. 24; Scholz-*H. Winter*, § 15, Rn. 130; *Grunewald*, Ausschluss, 45 ff.

[811] BGH, Urteil v. 20.9.1999, NJW 1999, 3779.

[812] BGH, Urteil v. 1.4.1953, BGHZ 9, 157, 161; BGH, Urteil v. 23.2.1981, BGHZ 80, 346, 349 f.; Scholz-*H. Winter*, § 15, Rn. 130; *K. Schmidt*, GesR, § 35 IV 2 b; *Goette*, DStR 2001, 533.

[813] BGH, Urteil v. 1.4.1953, BGHZ 9, 157, 163 (obiter dictum); BGH, Urteil v. 27.10.1955, BGHZ 18, 350, 365; MünchKommAktG-*Heider*, § 11, Rn. 50; *Eckardt*, in: Geßler/Hefermehl, AktG, § 11, Rn. 39; *Kraft* in Kölner Komm. AktG, § 11, Rn. 33; *Wiedemann*, GesR, § 7 III 2 a aa; *Cöster*, 26 f.

[814] BGH, Urteil v. 1.4.1953, BGHZ 9, 157, 163.

[815] *Lutter*, in: Kölner Komm. AktG, § 237, Rn. 120; MünchKommAktG-*Oechsler*, § 237, Rn. 52; *Grunewald*, GesR, 2. C., Rn. 195; *dies.*, Ausschluss, 52 ff.; *Reinisch*, 41 f.; *Becker*, ZGR 1986, 383, 386 ff.; *K. Schmidt*, GesR, § 28 I 5 a; *Hommelhoff*, ZHR 151 (1987), 493, 516; *Röh-*

sei das allgemeine Prinzip der Lösbarkeit von Dauerrechtsverhältnissen.[816] Für diese Literaturansicht spricht unter anderem, dass es zweifelhaft erscheint, ob der Bundesgerichtshof das Recht zum Ausschluss aus wichtigem Grund bei der AG heute noch einmal ablehnen würde, wie er es zuletzt 1955 getan hat.[817] Der Gerichtshof hatte sein Urteil damals darauf gestützt, dass in der AG zwischen den einzelnen Aktionären keine rechtlichen Beziehungen persönlicher Art bestünden, die die Grundlage für den Ausschluss eines einzelnen Aktionärs bilden könnten. Inzwischen hat er aber gerade in diesem Punkt eine Kehrtwende vollzogen und eine gesellschaftliche Treuepflicht auch zwischen Aktionären anerkannt.[818] Trotz dieser Zweifel ist festzustellen, dass von der herrschenden Meinung in Deutschland ein gesetzliches Recht zum Ausschluss von Gesellschaftern aus wichtigem Grund bisher nicht anerkannt ist.

Der Ausschluss eines Gesellschafters aus einer *private* oder *public company* auf Grund personenbezogener Konflikte ist zwar nicht ausdrücklich kodifiziert. Allerdings kann das Gericht auf Grundlage des schon oben beim Austrittsrecht dargestellten Minderheitsrechtsbehelfs aus ss. 459, 461 CA 1985 als eine *purchase order*[819] die Übernahme der Anteile eines Mitglieds durch Mitgesellschafter oder durch die Gesellschaft anordnen (s. 461 (2) (d) CA 1985). Damit kann es nicht nur den Austritt, sondern auch den Ausschluss von Gesellschaftern bewirken, indem es bestimmt, dass ein Gesellschafter gegen seinen Willen seine Anteile an Mitgesellschafter oder die Gesellschaft übertragen muss.[820] Die Anordnung des Ausschlusses von nichtklagenden Gesellschaftern ist in der Gerichtspraxis allerdings eher die Ausnahme. Einen Gesellschafterausschluss kann das Gericht dadurch bewirken,

---

richt, AcP 189 (1989), 386, 389; MünchHdb. GesR IV-*Krieger*, § 62, Rn. 28; *Raiser*, § 12, Rn. 63; *Friedewald*, 145 f.; für die geschlossene AG bejahend. *Hirte*, KapGesR, Rn. 4.88; für die Familien-AG bejahend: *Hartmann*, 156.

816 *Reinisch*, 35 f.

817 Ebenso: MünchKommAktG-*Oechsler*, § 237, Rn. 5.2. So erkennt auch der derzeitige Vorsitzende des für das Gesellschaftsrecht zuständigen zweiten Senats des BGH *Röhricht* ein Ausschlussrecht aus wichtigem Grund bei der AG an: *Röhricht*, AcP 189 (1989), 386, 389.

818 BGH, Urteil v. 1.2.1988, BGHZ 103, 184, 194 f. („Linotype"); BGH, Urteil v. 20.3.1995, BGHZ 129, 136, 142 („Girmes").

819 *Law Commission*, Shareholder Remedies, Law Com No. 246, Appendix J: In 69% von 233 untersuchten Fällen wurde durch die Gerichte eine "*purchase order*" angeordnet; vgl. auch *Davies*, Gower's Principles, 747 f.; *Hannigan*, in: Farrar's Company Law, 455; *Prentice*, (1988) 8 OJLS 55, 83; *Shapira*, (1995) 16 Co Law, 11; *Pennington*, in: Jura Europae, Band IV, 90.10, Rn. 163; *Smith*, 239.

820 *H.-F. Müller*, RIW 1997, 994, 996.

dass es die Übernahme der Anteile eines Gesellschafters durch den klagenden Minderheitsgesellschafter anordnet.[821]

In Frankreich hingegen gibt es derzeit keine gesetzliche Norm, die den Ausschluss von Gesellschaftern allgemein bei Vorliegen eines besonderen Grundes erlaubt. 1991 wurde vom Senat zwar ein Gesetzentwurf verabschiedet, durch den ein Ausschlussrecht aus besonderen Gründen (*justes motifs*) in allen nicht börsennotierten Gesellschaften geschaffen werden sollte. Dieser Gesetzentwurf wurde aber von der Nationalversammlung mit der Begründung abgelehnt, dass sich damit das Gleichgewicht zwischen den Gesellschaftern verschieben würde.[822]

Lediglich für bestimmte Arten von Gesellschaften oder unter ganz besonderen Voraussetzungen ist in Frankreich gesetzlich ein Ausschlussrecht vorgesehen. So scheidet der Gesellschafter einer SC nach art. 1860 C. civ. zwangsweise aus der Gesellschaft aus, wenn er zahlungsunfähig wird (*déconfiture*), wenn bei ihm ein gerichtliches Sanierungsverfahren infolge einer Insolvenz eingeleitet wird (*liquidation de biens ou règlement judiciaire atteignant l'un des associés*)[823] und im Falle seiner Privat-Insolvenz (*faillite personnelle*). Der Ausschluss eines Gesellschafters ist außerdem möglich, wenn er bei Gründung der Gesellschaft geschäftsunfähig war oder bei ihm ein Willensmangel vorlag und deswegen eine Nichtigkeit der Gesellschaft droht.[824] Zudem kann der geschäftsführende Gesellschafter einer sich in Liquidation befindlichen Gesellschaft (*redressement judiciare*) ausgeschlossen werden.[825]

Die französische Rechtsprechung war hinsichtlich der Frage, ob auch außerhalb dieser gesetzlich bestimmten Fälle ein Recht zum Ausschluss von

---

[821] In folgenden Fällen wurde ausnahmsweise der Verkauf der Anteile der Mehrheit an den klagenden Minderheitsgesellschafter angeordnet: Re Nuneation Borough Association Football Club Ltd. [1989] BCLC 454; Re Brenfield Squash Racquets Club Ltd. [1996] 2 BCLC 184; Re a Company (No. 00836 of 1995) [1996] 2 BCLC 192.

[822] JO Sénat, 18 novembre 1991, 3814, zitiert nach: *Marini*, P. A. 1998, n° 132, 27, 28; vgl. dazu auch: *Dariosecq/Métais*, Bull. Joly 1998, 908, 909.

[823] Dies ist nur bei Kaufleuten, Handwerkern und juristischen Personen von Bedeutung.

[824] **Französische Handelsgesellschaften:** art. 235-6 C. com.; **SC:** art. 1844-12 C. civ. Vgl.: *Germain*, Ripert/Roblot I-2, Rn. 1075; *Cozian/Viandier/Deboissy*, Rn. 202.

[825] Art. 23 al. 2 Loi n° 85-98 du 25 janvier 1985. Auch bei denjenigen Gesellschaften für Freiberufler (*sociétés d'exercice libéral*, SEL), bei denen die auf Grund des Loi n° 90-1258 du 31 décembre 1990 erlassenen Rechtsverordnungen (*Décrets*) dies vorsehen, können Gesellschafter aus der Gesellschaft ausgeschlossen werden (art. 21 al. 2 Loi n° 90-1258). Allerdings sehen diese *Décrets* diese Sanktion nur selten vor. Vgl. *Guyon*, Aménagements statutaires, n° 49, 83. Der Ausschluss ist beispielsweise jeweils unter unterschiedlichen Voraussetzungen vorgesehen bei folgenden SEL: SEL de notaires (art. 27 et 28 Décret n° 93-78 du 13 janvier 1993), SEL d'avocats (art. 28-30 Décret n° 93-492 du 25 mars 1993); SEL de pharmaciens d'officine (art. R. 5090-8 Décret n° 92-909 du 28 août 1992).

Gesellschaftern besteht, wenn im Gesellschaftsvertrag dazu keine Bestimmung enthalten ist, lange Zeit uneinheitlich. In einigen schon älteren Entscheidungen hatten einige Untergerichte den Ausschluss von Gesellschaftern angeordnet, die unter Berufung auf art. 1844 C. civ. die Auflösung durch das Gericht aus besonderen Gründen (*pour justes motifs*) verlangt hatten.[826] In den entschiedenen Fällen wurde jeweils von den Gerichten der Kläger als eigentlicher Grund für die Unstimmigkeiten in der Gesellschaft ausgemacht. Die Entscheidung wurde damit begründet, dass es sich beim Ausschluss eines Gesellschafters um die im Vergleich zur Auflösung weniger einschneidende Maßnahme handele und ein Ausschluss also im Interesse der Gesellschaft (*intérêt social*) liege.[827] In einigen anderen Entscheidungen wurde die Anordnung des Ausschlusses eines Mitglieds der Gesellschaft von den Gerichten hingegen ausdrücklich abgelehnt.[828]

Der Kassationshof hat 1996 schließlich klargestellt, dass keine existierende Gesetzesnorm die Gerichte autorisiere, denjenigen, der eine Auflösung der Gesellschaft verlange, aus der Gesellschaft auszuschließen.[829] In art. 1844-7 n° 5 C. civ. sei als Rechtsfolge bei Vorliegen eines wichtigen Grundes gerade nicht der Ausschluss von Gesellschaftern vorgesehen, sondern nur die vorzeitige Auflösung der Gesellschaft.[830] In der Literatur ist diese Entscheidung zum Teil mit dem Argument kritisiert worden, dass sich die Gerichte so der Möglichkeit begäben, eine Blockade innerhalb der Gesellschaft durch Ausschluss des „störenden" Gesellschafters zu lösen.[831] Zudem führe die Auflösung der Gesellschaft zum Ausschluss nicht nur eines, sondern aller Gesellschafter.[832] Allerdings stimmt der weit überwiegende Teil des Schrifttums mit dem Kassationshof darin überein, dass bei fehlender gesetzlicher und gesellschaftsvertraglicher Regelung ein Ausschluss von Gesellschaftern

---

826 Trib. Com. Poitiers, 30 juin 1975, Rev. trim. dr. com. 1976, 373 (Anm. *Champeaud*, betraf eine aus zwei Fotografen bestehende SNC); CA Reims, 24 avril 1989, Rev. prat. (belge) soc. 1991, no. 6561, 55 (betraf eine aus zwei Aktionärsgruppen bestehende S.A.); zustimmend. *Tilquin*, Rev. prat. (belge) soc. 1991, no. 6561, 1, 54; *Daigre*, Rev. soc. 1999, 535, 544 f.

827 CA Reims, 24 avril 1989, Rev. prat. (belge) soc. 1991, no. 6561, 55, 60; *Daigre*, Rev. soc. 1999, 535, 542 ff.; *Jauffret/Mestre*, Rn. 271; *J.-P. Storck*, Rev. soc. 1982, 233, 234; *Martin*, Rev. jur. com., nov. 1990, n° spécial, 94, 95.

828 CA Versailles, 19 janvier 1989, Bull. Joly 1989, 327 (Anm. *Le Cannu*); CA Aix, 26 juin 1984, D. 1985, 372, 373 (Anm. *Mestre*); CA Paris, 7 juin 1988, Rev. soc. 1989, 246 (Anm. *Dana-Démaret*).

829 Cass. com., 12 mars 1996, Rev. soc. 1996, 554, 557 (Anm. *Bureau*); ebenso im Hinblick auf eine SARL: CA Toulouse, 10 juin 1999, JCP 2000, II, n° 10372, 1564, 1565 (Anm. *Daigre*).

830 *De Bermond de Vaulx*, Dr. soc. 1996, chron. n° 14, 4, 5.

831 *Bonneau*, JCP, éd. E, 1996, Pan. N° 426.

832 *Bonneau*, JCP, éd. E, 1996, Pan. N° 426; *de Bermond de Vaulx*, JCP 1990, éd. E., II, n° 15921, 742, 747.

de lege lata nicht möglich sei.[833] Ein solcher Ausschluss sei nicht vereinbar mit dem absoluten Eigentumsrechts des Gesellschafters an seinen Anteilen, das ihm ein Verbleiben in der Gesellschaft garantiere (art. 545 C. civ.).[834] Es gibt aber Stimmen in der Literatur, nach denen es *de lege feranda* wünschenswert sei, im Gesetz die Möglichkeit des Ausschlusses von Gesellschaftern vorzusehen.[835]

B. Der Gesellschaftsvertrag als Grundlage

Bei den Gesellschaften, bei denen kein gesetzliches Ausschlussrecht besteht, (GbR, AG, *partnership* und *limited partnership*, französische Gesellschaften) kann jedoch wenigstens durch eine entsprechende Bestimmung im Gesellschaftsvertrag der Ausschluss von Gesellschaftern ermöglicht werden.

I. Grundsatz

So kann ein Gesellschafter aus der GbR ausgeschlossen werden, wenn im Gesellschaftsvertrag bestimmt ist, dass entgegen der gesetzlichen Regel bei Vorliegen eines wichtigen Grundes nicht die Auflösung der Gesellschaft, sondern der Ausschluss des betreffenden Gesellschafters beschlossen werden kann (§ 737 S. 1 BGB). Ebenso ist bei der *partnership* und der *limited partnership* der Ausschluss eines Gesellschafters nur möglich, wenn ein solches Ausschlussrecht ausdrücklich im Gesellschaftsvertrag vereinbart wurde (s. 25 PA 1890).[836] Es ist jedoch gängige Praxis, dass im Gesellschaftsvertrag einer GbR eine Fortsetzungsklausel und im Gesellschaftsvertrag der *partnerships*[837] eine Ausschlussklausel enthalten ist. Für die *partnership* und die *limi-*

---

833 *Matsopoulou*, Rev. soc. 1998, 21, 41 f.; *Jeantin*, Droit des sociétés, n° 313; *De Bermond de Vaulx*, Dr. soc. 1996, chron. n° 14, 4, 5; *Germain*, Ripert/Roblot I-2, Rn. 1106; *Odet/Bulle*, Pratique des sociétés, AP 488, 1; *Dariosecq/Métais*, Bull. Joly 1998, 908; *Jauffret/Mestre*, n° 271; *Grynbaum*, P. A., 5 juin 1998, n° 67, 17, 24; *Bureau*, Anm. zu Cass. com., 12 mars 1996, Rev. soc. 1996, 557, 558; *Guyon*, Anm. zu: CA Reims, 24 avril 1989, Rev. soc. 1990, 77; *Daigre*, Anm. zu CA Toulouse, 10 juin 1999, JCP 2000, II, n° 10372, 1564, 1565.

834 CA Aix, 26 juin 1984, D. 1985, 372, 373 (Anm. *Mestre*); *Dariosecq/Métais*, Bull. Joly 1998, 908; *Daigre*, Rev. soc. 1999, 535; *Guyon*, Aménagements statutaires, n° 49; *Martin*, Rev. jur. com., nov. 1990, n° spécial, 94, 98; *Mercadal/Janin*, Mémento Soc. com., Rn. 743; *Dana-Démaret*, Anm. zu: CA Paris, 7 juin 1988, Rev. soc. 1989, 249, 250.

835 *Guyon*, Anm. zu: CA Reims, 24 avril 1989, Rev. soc., 1990, 77; *Daigre*, Anm. zu CA Toulouse, 10 juin 1999, JCP 2000, II, n° 10372, 1564.

836 *Morse*, Partnership Law, 164.

837 *Law Commission*, LCCP No. 159, Rn. 13.1; *Browne-Wilkinson V-C*, in: Walters v. Bingham (1988) 138 NLJR 7, 9; *Blackett-Ord*, Rn. 13.40; *Banks*, Lindley & Banks, Rn. 10-110; vgl. die

ted partnership haben die *Law Commissions* zudem vorgeschlagen, dass als Alternative zur Auflösung der Gesellschaft den Gerichten in Zukunft gesetzlich die Möglichkeit eröffnet werden soll, auch ohne Bestehen einer entsprechenden gesellschaftsvertraglichen Klausel die Ausschließung eines Gesellschafters anzuordnen.[838]

Bei der GmbH und AG besteht ein Recht auf Einziehung (Amortisation) von Gesellschaftsanteilen und damit ein Recht zum Ausschluss von Gesellschaftern, wenn ein solches durch die Satzung zugelassen ist.[839] Damit besteht bei der GmbH die Besonderheit, dass dort neben dem schon oben genannten Ausschlussrecht aus wichtigem Grund noch ein zweites Ausschlussverfahren zur Verfügung steht (wenn dies in der Satzung vorgesehen ist). Die Einziehung eines Geschäftsanteils unterscheidet sich vom Ausschluss eines Gesellschafters aus wichtigem Grund dadurch, dass diese sich unmittelbar gegen einen einzelnen Gesellschaftsanteil richtet, während der Ausschluss aus wichtigem Grund den Gesellschafter persönlich betrifft und sich im Allgemeinen nicht auf bestimmte Anteile bezieht.[840]

Von den *private* und *public companies* können sogenannte *redeemable shares* ausgegeben werden. In den *articles* kann vorgesehen werden,[841] dass diese Anteile zurückgekauft werden können oder nach Wahl der *company* oder des jeweiligen Gesellschafters zurückerworben werden müssen (s. 159 (1) CA 1985).[842] Sind die Anteile nach der Wahl der Gesellschaft jederzeit rückkaufbar,[843] kann auf diese Weise ein Mitglied von der Gesellschaft (ohne Angabe von Gründen) ausgeschlossen werden.[844] Allerdings ist zu beachten, dass von einer Gesellschaft nicht ausschließlich *redeemable*

Bestimmungen in den Formularverträgen bei: *Byrne/Gowar/Moberly*, Rn. 182: Form 1, Clause 21.1; Blackett-Ord, Precedent 1, Q 1.

[838] *Law Commission*, LCCP No. 159, Rn. 13.9. Vgl. auch: *Morse*, Partnership Law, 169 u. 193.

[839] § 34 Abs. 1 GmbHG, § 237 Abs. 1 S. 2 AktG. Vgl.: BGH, Urteil v. 20.6.1983, GmbHR 1984, 74, 74 f.; *Balz*, 129; *Soufleros*, 8; *K. Schmidt*, GesR, § 35 IV 2 a; *Ulmer*, FS Rittner, 735, 739 f.

[840] BGH, Urteil v. 19.9.1977, NJW 1977, 2316; *Hueck/Fastrich*, in: Baumbach/Hueck, § 34, Rn. 2.

[841] Eine *company* kann nur rückkaufbare Anteile ausgeben, wenn sie im Gesellschaftsvertrag dazu ermächtigt ist. Vgl. *Morse*, Charlesworth & Morse, 139.

[842] *Davies*, Gower's Principles, 319 f.; *Pennington*, Company Law, 222.

[843] In den *articles* können jede nur denkbaren Rückkaufsbestimmungen enthalten sein, also auch eine Bestimmung, nach der die Gesellschaft die Anteile jederzeit zurückkaufen kann. Vgl. *Pennington*, Company Law, 222; *ders.*, in: Jura Europae IV, 90.10, Rn. 65A.

[844] Für die Einführung der Möglichkeit der Ausgabe von *redeemable shares* bei der deutschen AG spricht sich die Regierungskommission Corporate Governance aus. Vgl. *Baums*, Rn. 235.

shares ausgegeben werden dürfen (s. 159 (2) CA 1985).[845] Zudem unterliegt der Rückkauf von solchen Anteilen vor allem hinsichtlich der Finanzierung des Anteilkaufs detaillierten Bestimmungen (ss. 160 ff. CA 1985). Wegen des Ausnahmecharakters der *redeemable shares* finden diese im weiteren Verlauf der Untersuchung keine durchgehende Berücksichtigung.

In Frankreich ist in einigen Fällen im Gesetz ausdrücklich bestimmt, dass ein Gesellschafter ausgeschlossen werden kann, wenn im Gesellschaftsvertrag eine entsprechende Bestimmung enthalten ist. So scheidet ein Gesellschafter aus der SNC bei Bestehen einer entsprechenden Klausel aus,[846] wenn durch ein Gerichtsurteil die Liquidation des Gesellschafters angeordnet wird (*jugement de liquidation judiciaire*), wenn es dem Gesellschafter verboten wird, einen Handelsberuf auszuüben oder wenn ein Gesellschafter für geschäftsunfähig erklärt wird (art. L. 221-16 C. com.).[847] Gleiches gilt für den Ausschluss von persönlich haftenden Gesellschaftern (*associés commandités*) bei der SCS, wenn nach dem Ausscheiden zumindest noch ein anderer *associé commandité* in der Gesellschaft verbleibt (art. L. 222-11 C. com.). Ausdrücklich im Gesetz anerkannt ist die Gültigkeit von Ausschlussklauseln auch für die Gesellschaften mit variablem Kapital (SCV)[848] und für die 1994 geschaffene vereinfachte Aktiengesellschaft (*société par actions simplifiée*, SAS)[849]. Da die Bedeutung der SCV in der Praxis jedoch sehr gering ist,[850] findet diese – genauso wie beim Austrittsrecht – im Folgenden keine Berücksichtigung.

In den vergangenen Jahren war es in Frankreich umstritten, ob ein Gesellschafter auch außerhalb der vom Gesetz ausdrücklich anerkannten Fälle aus der Gesellschaft ausgeschlossen werden kann, wenn dies im Gesellschaftsvertrag vorgesehen ist.[851] Diskutiert wurde (und wird) dabei über ein

---

[845] Es reicht jedoch aus, wenn nur ein Anteil der Gesellschaft nicht rückkaufbar ist. Vgl. *Morse*, Charlesworth & Morse, 140.

[846] Ohne Klausel oder einstimmigen Gesellschafterbeschluss kommt es zur Auflösung der Gesellschaft.

[847] In folgendem Typenvertrag ist eine entsprechende Fortsetzungsklausel vorgesehen: *Lesguillier*, JCl. Sociétés Formulaire, Fasc. G-25, Art. 15.

[848] In art. L. 231-6 al. 2 C. com. ist bestimmt, dass im Gesellschaftsvertrag vorgesehen werden kann, dass der Gesellschafterversammlung das Recht zum Ausschluss von Gesellschaftern zusteht.

[849] Art. 227-16 C. com. Hierzu: *Guyon*, Rev. soc. 1994, 207, 220: „l'innovation fondamentale"; *Jeantin*, Rev. soc. 1994, 223.

[850] *Guyon*, Aménagements statutaires, n° 49, 83; vgl. für die SARL à capital variable auch *Pfitzmann*, 60.

[851] Von einigen Autoren wird angeführt, dass dadurch, dass der französische Gesetzgeber in bestimmten Fällen die Zulässigkeit von Ausschlussklauseln ausdrücklich anerkennt, diese in den nicht im Gesetz genannten Fällen unzulässig sein müssten (Vgl. *Rodière*, Anm. zu CA Rouen, 8 février 1974, Rev. soc. 1974, 511, 512 f.). Gegen diese These wird von anderen eingewandt, dass

allgemeines, rechtsformübergreifendes Ausschlussrecht. Inzwischen ist die Gültigkeit von gesellschaftsvertraglichen Ausschlussklauseln von mehren Appellationsgerichten ausdrücklich anerkannt worden[852] und auch der Kassationshof hat in einem *obiter dictum* die Gültigkeit von solchen Klauseln bestätigt.[853] Auch die ganz überwiegenden Stimmen im Schrifttum erkennen den Ausschluss von Gesellschaftern auf der Grundlage einer entsprechenden gesellschaftsvertraglichen Bestimmung generell an.[854] Es ist in Frankreich gängige Praxis, in Gesellschaftsverträgen eine Ausschlussklausel vorzusehen.[855]

---

durch das Gesetz Ausschlussklauseln nicht generell verboten seien und wegen des Grundsatzes der Vertragsfreiheit die Gültigkeit solcher Klauseln generell anerkannt werden müsse (Vgl.: CA Rouen, 8 février 1974, Rev. soc. 1974, 507, 510 (Anm. *Rodière*); *Grynbaum*, P. A., 5 juin 1998, n° 67, 17, 19; *Randoux*, Anm. zu: Cass. com., 13 déc. 1994, Rev. soc. 1995, 303, 306; *Durand-Lépine*, P. A., 24 juillet 1995, n° 88, 1).

852 CA Rennes, 3 juillet 1912, J. soc. 1913, 19, 23 (Anm. *Bosvieux*); CA Caen, D. P. 1928, II, 65 (Anm. *Lepargneur*); CA Rouen, 8 février 1974, Rev. soc. 1974, 507, 510 (Anm. *Rodière*); CA Orléans, 26 septembre 1989, Rev. soc. 1990, 644 (Anm. *Guyon*, in diesem Fall hatte allerdings der betroffene Gesellschafter selbst für seinen Ausschluss votiert); nur indirekte Anerkennung einer Ausschlussklausel: CA Paris, 12 avril 1996, Rev. soc. 1996, 596 (Anm. *Guyon*); vgl. auch: CA Aix, 26 juin 1984, D. 1985, 372, 373 (Anm. *Mestre*) - *obiter dictum*.

853 Cass. Com., 13 déc. 1994, JCP, éd E, 1995, II, n° 705 (Anm. *Paclot*): „La Cour a rejeté le pourvoi formé par la SA du journal le Midi Libre au motif qu'ayant relevé que les statuts de la société ne prevoyaient pas la possibilité d'exclure un actionnaire, la cour d'appel a estimé à bon droit que la société du journal n'était pas fondée à ordonner la cession de ses actions détenues par les sociétés Etarci et SCPPLM." Kritisch zur Verallgemeinerung dieser Entscheidung: *De Bermond de Vaulx*, Dr. soc. 1996, chron. n° 14, 4, 6.

854 *De Bermond de Vaulx*, Dr. soc. 1996, chron. n° 14, 4, 6; *Jeantin/Bougnoux*, JCl. des Sociétés, Fasc. 30-10, Rn. 80; *Bougnoux*, JCl. des Sociétés, Fasc. 48-60, Rn. 25; *Mercadal/Janin*, Mémento Soc. com., Rn. 745; *Mestre*, Anm. zu CA Aix, 26 juin 1984, D. 1985, 373, 375; *Durand-Lépine*, P. A., 24 juillet 1995, n° 88, 1, 2; *Jeantin*, Droit des sociétés, Rn. 313; *Dariosecq/Métais*, Bull. Joly 1998, 908, 910; *Germain*, Ripert/Roblot I-2, Rn. 1601; *Grynbaum*, P. A., 5 juin 1998, n° 67, 17, 19 u. 21; *Krimmer*, JCP, éd. E, 1993, n°223, 101; *Martin*, Rev. jur. com., nov. 1990, n° spécial, 94, 106; *Guyon*, Aménagements statutaires, n° 98; *Paclot*, Anm. zu Cass. com., 13 décembre 1994, JCP, 1995, éd. E, n° 705, 139, 142; *Randoux*, Anm. zu: Cass. com., 13 déc. 1994, Rev. soc. 1995, 303, 306; *Saintourens*, Anm. zu: Cass. com., 21 octobre 1997, Rev. soc. 1998, 100, 103; *Dana-Démaret*, Anm. zu: CA Paris, 7 juin 1988, Rev. soc. 1989, 249, 251; *Bosvieux*, Anm. zu CA Rennes, 3 juillet 1912, J. soc. 1913, 19, 23; *Lepargneur*, J. soc. 1928, 257, 273; für das belgische Recht, wo es bis 1995 auch an einer allgemeinen gesetzlichen Grundlage für den Ausschluss von Gesellschaftern fehlte: *Tilquin*, Rev. prat. (belge) soc. 1991, no. 6561, 1, 53; a. A.: *Rodière*, Anm. zu CA Rouen, 8 février 1974, Rev. soc. 1974, 511, 512 f.

855 *Dariosecq/Métais*, Bull. Joly 1998, 908, 909.

II. Mehrheitserfordernis für die Aufnahme einer Ausschlussklausel in den Gesellschaftsvertrag

Ist eine Ausschlussklausel notwendige Voraussetzung des Ausschlusses, dann muss sie in allen drei untersuchten Rechtsordnungen entweder Teil des ursprünglichen Gesellschaftsvertrags sein[856] oder es müssen ihr bei einer nachträglichen Aufnahme in den Gesellschaftsvertrag alle Gesellschafter zugestimmt haben.[857]

C. Rechtsvergleichende Analyse und Bildung gemeinsamer Prinzipien

Hinsichtlich der Frage, ob ein gesetzliches Recht zum Ausschluss eines Gesellschafters besteht, ergibt sich kein einheitliches Bild. Während ein allgemeines Recht zum Ausschluss von Gesellschaftern gesetzlich bei der OHG, KG, GmbH, *private* und *public company* vorgesehen ist, fehlt es an einem solchen Recht bei der GbR, AG, *partnership* und *limited partnership* und allen französischen Gesellschaften. Bei der letzteren Gruppe von Gesellschaften kann die Trennung von einem „lästigen" Gesellschafter nach der gesetzlichen Ausgangslage nur durch die Auflösung der Gesellschaft oder – soweit möglich – durch eine Veräußerung der Gesellschaftsanteile oder einen Austritt aus der Gesellschaft erreicht werden.

Oftmals ist dies aber nicht gewollt, sondern die Gesellschaft soll fortgesetzt werden, nur eben ohne ein bestimmtes Mitglied. Diesem Bedürfnis versuchen alle drei untersuchten Rechtsordnungen dadurch gerecht zu werden, dass auch bei den Gesellschaften, bei denen kein allgemeines gesetzliches Ausschlussrecht besteht, ein solches zumindest durch eine entsprechende Be-

---

856 **GmbH:** § 34 Abs. 2 GmbHG; **AG:** § 237 Abs. 1 S. 2 AktG; **Französische Gesellschaften:** *Durand-Lépine*, P. A., 24 juillet 1995, n° 88, 1, 2; *Dariosecq/Métais*, Bull. Joly 1998, 908, 911; *De Bermond de Vaulx*, Dr. soc. 1996, chron. n° 14, 4, 6; *Jeantin/Viandier*, RD banc. et bourse, 1989, n° 16, 214 f.; *Mercadal/Janin*, Mémento Soc. com., Rn. 743; *Bosvieux*, Anm. zu CA Rennes, 3 juillet 1912, J. soc. 1913, 19, 23 f.; *Hémard/Terré/Mabilat*, n° 362; für die SAS auch gesetzlich bestimmt: art. L. 227-19, L. 227-17 C. com.; a. A. (für Satzungsänderungen notwendige Mehrheit ausreichend): *Krimmer*, JCP, éd. E, 1993, n° 223, 101, 104.

857 **GbR:** § 709 Abs. 1 BGB; **Partnership:** s. 19 PA 1890, für die *limited partnership* i. V. m. s. 7 LPA 1907; vgl. *Banks*, Lindley & Banks, Rn. 10-12; **GmbH:** BGH, Urteil v. 1.4.1953, BGHZ 9, 157, 160; *Hueck/Fastrich*, in: Baumbach/Hueck, § 34, Rn. 7; *Lutter/Hommelhoff*, § 34, Rn. 5; *Wellhöfer*, GmbHR 1994, 212, 218; **AG:** *Lutter*, in: Kölner Komm. AktG, § 237, Rn. 29 f. (unter ausdrücklicher Aufgabe der in der Vorauflage vertretenen gegenteiligen Ansicht); MünchHdb. GesR IV-*Krieger*, § 62, Rn. 6; *Hüffer*, AktG, § 237, Rn. 8; *Hefermehl*, in: Geßler/Hefermehl, AktG, § 237, Rn. 11; *Reinisch*, 21 f.; **Französische Gesellschaften:** *Daigre*, Rev. soc. 1999, 535, 539; *De Bermond de Vaulx*, Dr. soc. 1996, chron. n° 14, 4, 6; *Durand-Lépine*, P. A., 24 juillet 1995, n° 88, 1, 2; *Dariosecq/Métais*, Bull. Joly 1998, 908, 911 f.; *Germain*, Ripert/Roblot I-2, Rn. 1601; *Mercadal/Janin*, Mémento Soc. com., Rn. 745; für die SAS ergibt sich dies aus art. 227-19, 227-16 C. com.

stimmung im Gesellschaftsvertrag begründet werden kann. Eine solche Bestimmung muss zum Schutz der Gesellschafter bei allen diesen Gesellschaften allerdings entweder Bestandteil des ursprünglichen Gesellschaftsvertrags sein oder es müssen ihr bei einer nachträglichen Aufnahme in den Gesellschaftsvertrag alle Gesellschafter zugestimmt haben. Damit ist gewährleistet, dass bei denjenigen Gesellschaften, bei denen kein gesetzliches Ausschlussrecht besteht, jeder Gesellschafter nur selbst auf sein Recht auf Verbleib in der Gesellschaft verzichten und ihm dieses Recht nicht durch Mehrheitsentscheidung der anderen Gesellschafter entzogen werden kann.

Ein (abdingbares) gesetzliches Ausschlussrecht scheint den Interessen der Gesellschafter gleichwohl am ehesten gerecht zu werden und deshalb die modernere Lösung zu sein.[858] Sieht der Gesellschaftsvertrag kein Ausschlussrecht vor, dann kann sich eine Gesellschaft von einem störenden Mitglied nur durch die Auflösung der Gesellschaft trennen. Das ist aber volkswirtschaftlich und auch für die beteiligten Personen mit großem finanziellen und organisatorischen Aufwand verbunden und deshalb in der Regel nur die zweitbeste Lösung. Das Fehlen einer Bestimmung im Gesellschaftsvertrag, die die Möglichkeit des Ausschlusses von Gesellschaftern vorsieht, kann verschiedene Ursachen haben. Die Gründer können eine Ausschlussregelung als nicht notwendig erachtet oder einfach vergessen haben. Sind aber erst einmal Spannungen in der Gesellschaft aufgetreten, dann wird die Aufnahme einer Ausschlussklausel in den Gesellschaftsvertrag nur in den seltensten Fällen möglich sein.

Sieht man von der GbR und den englischen Personengesellschaften ab, die alle über keine eigene Rechtpersönlichkeit verfügen, dann fehlt es an einem gesetzlichen Ausschlussrecht nur bei den französischen Gesellschaften und (noch) bei der AG. Gesellschaften ohne eigene Rechtspersönlichkeit stellen aber im Vergleich zu den Gesellschaften mit eigener Rechtspersönlichkeit einen lockereren Verbund der Mitglieder dar, so dass es nachvollziehbar ist, für diese Gesellschaften zur Lösung von Konflikten gesetzlich nur die Auflösung der Gesellschaft und nicht eine Austritts- oder Ausschlussmöglichkeit vorzusehen. Hinsichtlich der französischen Gesellschaften ist zu bemerken, dass das Fehlen eines gesetzlichen Ausschlussrechts im wesentlichen auf den gleichen – bereits oben dargestellten – Gründen beruhen durfte wie das Fehlen eines gesetzlichen Austrittsrechts.[859]

Auf ein gesetzliches Ausschlussrecht als die modernere Lösung deutet auch die Tatsache hin, dass das Fehlen eines solchen gesetzlichen Ausschlussrechts von der französischen Literatur zum Teil ausdrücklich bedauert

858 Ebenso im Hinblick auf das französiche Recht: *Pfitzmann*, 150 f.

859 Vgl. oben S. 165 f.

bzw. das Vorliegen eines gesetzlichen Ausschlussrechts nur *de lege lata* abgelehnt wird.[860] Auch bei der deutschen AG scheint die Anerkennung des gesetzlichen Ausschlussrechts durch die Rechtsprechung nur noch eine Frage der Zeit zu sein.[861]

Gleichwohl ist die Realität der (noch) bestehenden Unterschiede in dieser Frage zu respektieren. Deshalb lassen sich an dieser Stelle nur folgende gemeinsame Prinzipien formulieren:

> Ein Recht zum Ausschluss eines Gesellschafters kann sich aus dem Gesetz oder aus dem Gesellschaftsvertrag ergeben. Ergibt sich das Recht zum Ausschluss aus dem Gesellschaftsvertrag, dann muss es entweder Teil des ursprünglichen Gesellschaftsvertrags gewesen oder nachträglich unter Zustimmung aller Gesellschafter in den Gesellschaftsvertrag aufgenommen worden sein.

§ 37 Ausschlussgründe

A. Grundsatz

Der Ausschluss eines Gesellschafters ist bei allen untersuchten Gesellschaften unabhängig davon, ob sich das Ausschlussrecht aus dem Gesetz oder dem Gesellschaftsvertrag ergibt, ebenso wie der Austritt eines Gesellschafters grundsätzlich nur möglich, wenn dieser sachlich gerechtfertigt ist, d. h. wenn hierfür ein besonderer Grund vorliegt.[862]

So muss für den Ausschluss eines Gesellschafters bei den deutschen Personengesellschaften und bei der GmbH ein wichtiger Grund vorliegen.[863] Der Begriff des wichtigen Grundes ist grundsätzlich derselbe wie bei der außerordentlichen Austrittskündigung.[864] Es kommt also darauf an, ob Umstände vorliegen, die bei verständiger Abwägung aller in Betracht kommender Tatsachen die Fortsetzung des Gesellschaftsverhältnisses mit dem auszuschlie-

---

860 Vgl. die Nachweise oben in den Fn. 835 bzw. 833.

861 Vgl. oben S. 198 f.

862 Ebenso ist ein besonderer Grund für den Ausschluss eines Gesellschafters notwendig in Belgien, den Niederlanden und der Schweiz. Vgl. dazu: *Daigre*, Anm. zu CA Toulouse, 10 juin 1999, JCP 2000, II, n° 10372, 1565, 1566 f.

863 **GbR:** §§ 737 S. 1, 723 Abs. 1 S. 2 BGB; **OHG/KG:** §§ 140 Abs. 1 S. 1 , 133 HGB, für die KG i. V. m. § 161 Abs. 2 HGB; **GmbH:** BGH, Urteil v. 1.4.1953, BGHZ 9, 157, 159; BGH, Urteil v. 17.2.1955, BGHZ 16, 317, 322; BGH, Urteil v. 23.2.1981, BGHZ 80, 346, 349 f.; *Hueck/Fastrich*, in: Baumbach/Hueck, Anh. § 34, Rn. 2; *Lutter/Hommelhoff*, § 34, Rn. 24; Scholz-*H. Winter*, § 15, Rn. 130; Hachenburg-*Ulmer*, Anh. § 34, Rn. 8.

864 Vgl. oben S. 169.

ßenden Gesellschafter unzumutbar machen.[865] Die Zwangseinziehung von Anteilen bei der GmbH ist nur möglich, wenn hierfür ein in der Satzung festgelegter sachlicher Grund vorliegt (§ 34 Abs. 2 GmbHG).[866]

Bei der AG muss hinsichtlich der sachlichen Rechtfertigung des Ausschlusses von Gesellschaftern zwischen der sogenannten angeordneten und der zugelassenen Zwangseinziehung unterschieden werden. Bei der in der Satzung angeordneten Zwangseinziehung müssen ebenso wie bei der GmbH in der Satzung sachliche Gründe für den Ausschluss so genau bestimmt sein, dass die konkrete durch den Vorstand zu vollziehende Einziehung nur noch den Charakter einer Verwaltungsmaßnahme hat.[867] Bei der zugelassenen Zwangseinziehung hingegen gestattet die Satzung lediglich die Zwangseinziehung und der Hauptversammlung steht bei der durch Beschluss zu vollziehenden Einziehung noch ein eigener Entscheidungsspielraum zu (§ 237 Abs. 2 S. 2 AktG).[868] Allerdings muss die Ausübung der Einziehungsbefugnis durch die Hauptversammlung im Einzelfall sachlich gerechtfertigt sein, d. h. der Entschluss muss den Maßstäben der Erforderlichkeit und Verhältnismäßigkeit genügen.[869] Erforderlich ist eine Abwägung zwischen dem Interesse der Gesellschaft an der Durchführung der Zwangseinziehung und dem Interesse der Aktionäre am Fortbestand der Mitgliedschaft.[870]

Bei der *partnership* und der *limited partnership* werden üblicherweise im Gesellschaftsvertrag Gründe vereinbart, aus denen ein Gesellschafter aus der Gesellschaft ausgeschlossen werden kann. Zudem haben die *Law Commissions* vorgeschlagen, dass den Gerichten in Zukunft das Recht eingeräumt

---

865 **Deutsche Personengesellschaften:** BGH, Urteil v. 17.12.1959, BGHZ 31, 295, 304; BGH, Urteil v. 15.9.1997, NJW 1998, 146; BGH, Urteil v. 3.11.1997, NJW 1998, 1225, 1226 f.; MünchKomm-*Ulmer*, § 737, Rn. 8; *Baumbach/Hopt*, § 140, Rn. 5; **GmbH:** BGH, Urteil v. 1.4.1953, BGHZ 9, 157, 163 f.; BGH, Urteil v. 17.2.1955, BGHZ 16, 317, 322 f.; BGH, Urteil v. 23.2.1981, BGHZ 80, 346, 350; Scholz-*H Winter*, § 15, Rn. 133; *Lutter/Hommelhoff*, § 34, Rn. 25; *Hueck/Fastrich*, in: Baumbach/Hueck, Anh. § 34, Rn. 3; Hachenburg-*Ulmer*, Anh. § 34, Rn. 11; *Soufleros*, 28 ff.; *Schröer*, 64 ff.

866 *Hueck/Fastrich*, in: Baumbach/Hueck, § 34, Rn. 8.

867 *Lutter*, in: Kölner Komm. AktG, § 237, Rn. 38; MünchHdb. GesR IV-*Krieger*, § 62, Rn. 8 f.; *Hüffer*, AktG, § 237, Rn. 11; *Reinisch*, 23.

868 *Lutter*, in: Kölner Komm. AktG, § 237, Rn. 34, 44; *Schilling*, in: Großkomm. AktG, 3. Aufl. 1973, § 237, Rn. 9; *Hüffer*, AktG, § 237, Rn. 10, 15; MünchHdb. GesR IV-*Krieger*, § 62, Rn. 54; a. A.: *Grunewald*, Ausschluss, 232 f.

869 *Lutter*, in: Kölner Komm. AktG, § 237, Rn. 47; MünchHdb. GesR IV-*Krieger*, § 62, Rn. 11; *Hüffer*, AktG, § 237, Rn. 16; *Reinisch*, 23; *Grunewald*, Ausschluss, 80 u. 232 f.

870 *Reinisch*, 23. Es ist aber jedenfalls möglich, einen Aktionär aus wichtigem Grund aus der Gesellschaft auszuschließen. Vgl.: *Lutter*, in: Kölner Komm. AktG, § 237, Rn. 50; MünchHdb. GesR IV-*Krieger*, § 62, Rn. 11; *Grunewald*, Ausschluss, 79 f.

werden soll, in vielen Fällen, bei denen bisher nur die Möglichkeit der Auflösung der Gesellschaft bestand,[871] den Ausschluss des betreffenden Gesellschafters anzuordnen.[872] Die größte Bedeutung kommt in diesem Zusammenhang der Generalklausel in s. 35 (f) PA 1890 zu, nach der die Gesellschaft aufgelöst bzw. bei Bestehen einer entsprechenden Klausel im Gesellschaftsvertrag ein Gesellschafter ausgeschlossen werden darf, wenn das Gericht dies als recht und billig (*just and equitable*) ansieht.[873]

Wie bereits oben anlässlich des Austritts aus besonderem Grund erläutert,[874] kann bei der *private* und der *public company* durch das Gericht nach s. 459 CA 1985 im Einzelfall der Ausschluss eines Gesellschafters angeordnet werden, wenn die anderen Gesellschafter durch ihn unzumutbar beeinträchtigt sind. Für die Feststellung einer unzumutbaren Beeinträchtigung (*unfair prejudice*) kommt es – wie bereits oben ausgeführt – immer auf die Abwägung aller Interessen im Einzelfall an.[875]

Bei den französischen Gesellschaften ist außerhalb der wenigen oben dargestellten gesetzlichen Fälle[876] der Ausschluss eines Gesellschafters nur möglich, wenn im Gesellschaftsvertrag der Ausschluss von Gesellschaftern für genau vorher bestimmte Situationen vorgesehen ist.[877]

Hinter dieser Voraussetzung der besonderen sachlichen Rechtfertigung, die sich bei allen untersuchten Gesellschaften findet, stehen genauso wie bei der Voraussetzung für den Austritt eines Gesellschafters Zumutbarkeitserwägungen. Bei der Frage, ob der Mehrheit gestattet werden soll, einen Gesellschafter gegen seinen Willen aus der Gesellschaft zu entfernen, ist abzuwägen zwischen dem Interesse des betroffenen Gesellschafters an dem Erhalt seiner Mitgliedschaft und dem Interesse der Mitgesellschafter und der Gesellschaft an seinem Ausschluss. Ein Gesellschafter kann nur dann ausgeschlossen werden, wenn ein Zusammenbleiben mit ihm für die anderen Ge-

---

[871] Der Vorschlag betrifft s. 35 (b), (c), (d) und (f) PA 1890.

[872] *Law Commission*, LCCP No. 159, Rn. 6.42. Vgl. auch: *Morse*, Partnership Law, 201.

[873] Auch nach dem Vorschlag der *Law Commissions* soll es in Zukunft möglich sein, einen Gesellschafter aus der *partnership* auszuschließen, wenn das Gericht dies als *just and equitable* ansieht. Vgl. *Law Commission*, LCCP No. 159, Rn. 6.42.

[874] Vgl. oben S. 184 f.

[875] *Neill LJ*, in: Re Saul D. Harrison & Sons plc. [1995] 1 BCLC 14, 30; *Arden J*, in: Re Macro (Ipswich) Ltd. [1994] 2 BCLC 354, 404; *Lowry*, (1996) 17 Co Law 67, 69; *Griffin*, (1992) 13 Co Law, 83, 88; *Smith*, 235.

[876] Zu den wenigen besonderen Fällen vgl. oben S. 200.

[877] *Mercadal/Janin*, Mémento Soc. com., Rn. 745; *Bougnoux*, JCl. des Sociétés, Fasc. 48-60, Rn. 26; *Dariosecq/Métais*, Bull. Joly 1998, 908, 912; *Guyon*, Aménagements statutaires, Rn. 99; weitergehend (Gründe müssen unzweideutig festgelegt sein): *Durand-Lépine*, P. A., 24 juillet 1995, n° 88, 1, 3; *de Bermond de Vaulx*, JCP 1990, éd. E., II, n° 15921, 742, 746; *Dariosecq/Métais*, Bull. Joly 1998, 908, 914; *Odet/Bulle*, Pratique des sociétés, AP 488, 2.

sellschafter auf Grund seines Verhaltens oder auf Grund seiner Situation unzumutbar geworden ist. Es gelten folgende gemeinsame Prinzipien:

Ein Gesellschafter kann nur dann aus einer Gesellschaft ausgeschlossen werden, wenn ein besonderer Grund vorliegt. Ein solcher liegt vor, wenn den anderen Gesellschaftern eine Fortsetzung der Gesellschaft mit einem bestimmten Gesellschafter nicht mehr zugemutet werden kann. Zur Feststellung der Unzumutbarkeit muss eine Abwägung der betroffenen Interessen vorgenommen werden: Der Ausschluss ist gerechtfertigt, wenn das Interesse der verbleibenden Gesellschafter und der Gesellschaft an einer Trennung von dem Gesellschafter höher zu bewerten ist als das Interesse des betroffenen Gesellschafters an einem Verbleib in der Gesellschaft.

B. Relevanz eigenen vorwerfbaren Verhaltens

Im Hinblick auf den Austritt aus besonderem Grund ist beschrieben worden, dass bei der Abwägung, die zur Feststellung eines besonderen Austrittsgrundes vorgenommen werden muss, auch ein etwaiges Fehlverhalten des austrittswilligen Gesellschafters zu berücksichtigen ist.[878] Ähnlich stellt sich die Situation auch beim Ausschluss aus besonderem Grund dar. Bei der Abwägung zur Feststellung eines besonderen Ausschlussgrundes ist grundsätzlich auch ein etwaiges Fehlverhalten auf Seiten der verbleibenden Gesellschafter zu berücksichtigen.

So wird für die deutschen Gesellschaften betont, dass ein Verschulden der verbleibenden Gesellschafter bei der Abwägung der gegenseitigen Interessen zu berücksichtigen ist.[879] Bei der *partnership* und der *limited partnership* ist anerkannt, dass ein Gesellschafter, der selbst gegen Gesellschafterpflichten verstoßen hat und dem deshalb der Ausschluss aus der Gesellschaft droht, nicht selbst die Auflösung der Gesellschaft oder bei bestehender Fortsetzungsklausel den Ausschluss eines anderen Gesellschafters betreiben darf.[880] Bei der *private* und der *public company* ist bei der Ermittlung, ob eine

[878] Vgl. oben S. 169.

[879] BGH, Urteil v. 21.03.1957, WM 1957, 582, 583. Deshalb liegt ein wichtiger Grund für den Ausschluss bei der zweigliedrigen Gesellschaft grundsätzlich nicht vor, wenn in der Person des Übernehmenden selbst ein Ausschließungsgrund vorliegt. Vgl.: BGH, Urteil v. 30.11.1951, BGHZ 4, 108, 111 (OHG); BGH, Urteil v. 21.03.1957, WM 1957, 582, 583 (OHG); BGH, Urteil v. 25.1.1960, BGHZ 32, 17, 35 (GmbH); BGH, Urteil v. 23.2.1981, BGHZ 80, 346, 351 f. (GmbH); *M. Wolf*, ZGR 1998, 92, 95 i. V. m. 94. Es verbleibt dann nur die Möglichkeit, die Gesellschaft aufzulösen. Vgl. BGH, Urteil v. 25.1.1960, BGHZ 32, 17, 35 (GmbH).

[880] *Browne-Wilkinson V-C*, in: Walters v. Bingham (1988) 138 NLJR 7, 9; *Blackett-Ord*, Rn. 13.44.

unzumutbare Beeinträchtigung (*unfair prejudice*) im Sinne von s. 459 CA 1985 vorliegt, auch ein etwaiges Fehlverhalten der Antragsteller zu berücksichtigen. Wenn das Gericht der Auffassung ist, dass auch der Kläger sich unvernünftig verhalten hat, dann wird es eher zögern, das Verhalten des Beklagten als *unfair* anzusehen.[881] Auch in Frankreich lehnen die Gerichte den Antrag eines Gesellschafters auf Auflösung der Gesellschaft ab, wenn der beantragende Gesellschafter selbst Ursache der in der Gesellschaft bestehenden Streitigkeiten ist.[882] Diese Erwägung dürfte auch für den Fall gelten, dass ein Gesellschafter, der sich eigenes Fehlverhalten vorwerfen lassen muss, auf Grund einer Bestimmung im Gesellschaftsvertrag den Ausschluss eines Gesellschafters begehrt. Es gilt demnach folgendes gemeinsames Prinzip:

Bei der Abwägung der gegenseitigen Interessen, die für die Feststellung der Unzumutbarkeit des Verbleibs eines Gesellschafters in der Gesellschaft vorgenommen werden muss, ist auch ein etwaiges Fehlverhalten der verbleibenden Gesellschafter zu berücksichtigen.

C. Erforderlichkeit eines Verschuldens des auszuschließenden Gesellschafters

In allen drei untersuchten Rechtsordnungen ist anerkannt, dass als Ausschlussgründe nur in den Verhältnissen des Gesellschafters und nicht in den Verhältnissen der Gesellschaft liegende Gründe in Betracht kommen. Es besteht aber auch Konsens darüber, dass der Ausschluss eines Gesellschafters nicht zwingend voraussetzt, dass dieser schuldhaft gehandelt hat.[883] Das Feh-

---

[881] Vgl. die Nachweise zu den *companies* in Fn. 687.

[882] Cass. Com., 25 février 1964, Bull. civ., 1964.III, n° 99; CA Paris, 20 octobre 1980, Rev. soc. 1980, 774, 779 f. (mit zustimmender Anm. *Viandier*); *J.-P. Storck*, Rev. soc. 1982, 233, 250.

[883] **Deutsche Personengesellschaften:** Erman-*H. P. Westermann*, § 737, Rn. 3; *Baumbach/Hopt*, § 140, Rn. 5; Beck Hdb. Personengesellschaften-*Sauter*, § 7, Rn. 84; vgl. BGH, Urteil v. 14.6.1999, NJW 1999, 2820, 2821 (Unterschlagung von Büchern im Wert von 280.000,-- DM als wichtiger personenbezogener Grund); **GmbH und AG:** BGH, Urteil v. 1.4.1953, BGHZ 9, 157, 164; BGH, Urteil v. 23.2.1981, BGHZ 80, 346, 348; Scholz-*H. Winter*, § 15, Rn. 134; *Souffleros*, 29; **Partnership und limited partnership:** Auch bei den *partnerships* sind Ausschlussgründe anerkannt, die nicht ein Verschulden des betroffenen Gesellschafters voraussetzen, z. B. Geschäftsunfähigkeit (*mental incapacity*) oder Insolvenz (*bankrupty*) des Gesellschafters, vgl. *Banks*, Lindley & Banks, 10-111 ff.; **Private und public company:** *Davies*, Gower's Principles, 747; *Griffin*, (1992) 13 Co Law, 83; *Hannigan*, in: Farrar's Company Law, 451; *Lowry*, (1996) 17 Co Law, 67, 68; *Smith*, 235; **SC:** vgl. die in art. 1860 C. civ. aufgeführten Fälle, in denen ein Gesellschafter ohne Verschulden (automatisch) aus der Gesellschaft ausscheidet: Zahlungsunfähigkeit (*déconfiture*), Einleitung eines gerichtlichen Sanierungsverfahren infolge Insolvenz (*liquidation de biens ou règlement judiciaire atteignant l'un des associés)* und Insolvenz des Gesellschafters (*fail-*

len eines Verschuldens bzw. der Verschuldensgrad bei Vorliegen eines Verschuldens des auszuschließenden Gesellschafters ist aber bei der Abwägung zwischen den Interessen der Mitgesellschafter bzw. der Gesellschaft an einem Ausschluss des Gesellschafters und dem Interesse des betroffenen Gesellschafters an seinem Verbleib zu berücksichtigen.[884] Die Tatsache, dass ein Gesellschafter auch in Fällen aus der Gesellschaft ausgeschlossen werden kann, in denen ihm kein Verschulden vorzuwerfen ist, ist nur konsequent. Zum einen kommt der Ausschließung kein Strafcharakter zu,[885] zum anderen kommt man nur so im Einzelfall zu gerechten Ergebnissen. So kann es beispielsweise für die Gesellschafter einer kleinen Gesellschaft, die auf die Mitarbeit ihrer Mitglieder angelegt ist, unzumutbar sein, die Gesellschaft mit einem Mitglied fortzusetzen, das unverschuldet geschäftsunfähig geworden ist. Es gilt folgendes gemeinsames Prinzip:

> Als besondere Gründe für den Ausschluss eines Gesellschafters kommen nur in den Verhältnissen des Gesellschafters liegende Gründe in Betracht und nicht Gründe, die in den Verhältnissen der Gesellschaft liegen. Ein Verschulden des betroffenen Gesellschafters ist nicht Voraussetzung für seinen Ausschluss. Das Fehlen eines Verschuldens bzw. der Verschuldensgrad ist aber bei der vorzunehmenden Interessenabwägung zu berücksichtigen.

D. Subsidiarität des Ausschlussrechts

I. Grundsatz

Für die deutschen und französischen Gesellschaften ist es ausdrücklich anerkannt, dass der Ausschluss eines Gesellschafters genauso wie der Austritt aus besonderem Grund immer nur das äußerste Mittel (*ultima ratio*) sein darf. Es darf nur dann eingesetzt werden, wenn nicht durch mildere Mittel, etwa durch die Entziehung von Geschäftsführungsbefugnis und Vertretungsmacht, Abhilfe geschaffen werden kann.[886] Für die deutschen Gesellschaften folgt

---

lite personnelle); **Französische Gesellschaften:** *Caillaud*, 246; *Odet/Bulle*, Pratique des sociétés, AP 488, 2; *Mercadal/Janin*, Mémento Soc. com., Rn. 16145 (für den Ausschluss aus der SAS).

[884] Für die deutschen Kapitalgesellschaften: BGH, Urteil v. 1.4.1953, BGHZ 9, 157, 164; BGH, Urteil v. 23.2.1981, BGHZ 80, 346, 348; Scholz-*H. Winter*, § 15, Rn. 134.

[885] So auch *Immenga*, 307; *Pfitzmann*, 154.

[886] **Deutsche Personengesellschaften:** RG, Urteil v. 03.06.1932, LZ 1932, 1144, 1145; RG, Urteil v. 11.12.1934, RGZ 146, 169, 180 f.; BGH, Urteil v. 27.10.1955, BB 1955, 1038; BGH, Urteil v. 18.10.1976, WM 1977, 500, 502 f.; Schlegelberger-*K. Schmidt*, § 140, Rn. 18; **GmbH:** BGH, Urteil v. 17.2.1955, BGHZ 16, 317, 322; OLG Celle, GmbHR 1998, 140, 142; Scholz-*H. Winter*, § 15, Rn. 136; *Hueck/Fastrich*, in: Baumbach/Hueck, Anh. § 34, Rn. 6; *Soufleros*, 40 f.; **AG:** MünchKommAktG-*Oechsler*, § 237, Rn. 54; **Französische Gesellschaften:** *Tilquin*, Rev. prat.

dies aus der Treuepflicht der Gesellschafter und aus der besonders einschneidenden Wirkung des Gesellschafterausschlusses.[887]

Aber auch bei der *partnership* und der *limited partnership* zeigt sich der *ultima-ratio*-Charakter des Gesellschafterausschlusses. So werden Ausschlussklauseln in Gesellschaftsverträgen von den Gerichten grundsätzlich sehr restriktiv ausgelegt:[888] Der Ausschluss von Gesellschaftern hat deswegen vor den Gerichten nur in besonderen Ausnahmefällen Bestand. Bei der *private* und der *public company* ist die Subsidiarität des Gesellschafterausschlusses dem Minderheitsrechtsbehelf der ss. 459, 461 CA 1985 immanent. Das Gericht bestimmt danach immer nur die Rechtsfolge, die es für angemessen hält und die somit für alle Beteiligten am schonendsten ist. Aus diesem Grund wird von den Gerichten als *purchase order* der Ausschluss eines Gesellschafters auch nur sehr selten angeordnet.[889]

Es gilt folgendes gemeinsames Prinzip:

> Der Ausschluss eines Gesellschafters stellt immer nur das äußerste Mittel (*ultima ratio*) dar. Dieser ist nur zulässig, wenn dem Anlass für den Ausschluss nicht durch mildere Mittel Rechnung getragen werden kann.

II. Verhältnis zur Auflösung der Gesellschaft

Für alle untersuchten Gesellschaften gilt, dass die Auflösung der Gesellschaft im Vergleich zum Ausschluss eines Gesellschafters kein milderes Mittel darstellt und damit die Möglichkeit der Auflösung der Gesellschaft dem Ausschluss eines Gesellschafters nicht entgegensteht.[890] Dies leuchtet auch un-

(belge) soc. 1991, no. 6561, 1, 3 u. 5 u. 53; *Daigre*, Rev. soc. 1999, 535, 547; *Mestre*, Anm. zu CA Aix, 26 juin 1984, D. 1985, 373, 375.

887 BGH, Urteil v. 1.4.1953, BGHZ 9, 157, 159; BGH, Urteil v. 17.2.1955, BGHZ 16, 317, 322; BGH, Urteil v. 23.2.1981, BGHZ 80, 346, 349 f.

888 Vgl.: *Russell J*, in: Re a Solicitors' Arbitration [1962] 1 WLR 353, 356 f.; *Banks*, Lindley & Banks, 10-119.

889 Zu den wenigen Fällen, in denen ausnahmsweise der Verkauf der Anteile der Mehrheit an den klagenden Minderheitsgesellschafter angeordnet wurde, vgl. oben Fn. 821.

890 **GbR:** vgl. MünchHdb. GesR I-*Piehler*, § 13, Rn. 16 (Ausschluss eines Gesellschafters ist auch noch in der Liquidation der Gesellschaft möglich); **OHG/KG:** *Baumbach/Hopt*, § 140, Rn. 1; **GmbH:** Scholz-*K. Schmidt*, § 61, Rn. 3; *Lutter/Hommelhoff*, § 61, Rn. 1. **AG:** Anders als bei der GmbH kann bei der AG nicht eine Minderheit der Gesellschafter eine Auflösung der Gesellschaft verlangen, so dass sich bei der AG das Problem des Vorrangs des Auflösungsrechts nicht stellt. Vgl. *Lutter/Hommelhoff*, § 61, Rn. 1. **Partnership und limited partnership:** *Banks*, Lindley & Banks, 10-137; **Private und public company:** *Hannigan*, in: Farrar's Company Law, 457: "Winding up is a remedy of last resort."; **Französische Gesellschaften:** CA Reims, 24 avril 1989,

mittelbar ein. Die Auflösung der Gesellschaft hat viel weiterreichende Konsequenzen als der Ausschluss eines Gesellschafters, weil von ihr nicht bloß ein, sondern alle Mitglieder der Gesellschaft betroffen sind. Es handelt sich also im Vergleich zum Gesellschafterausschluss um die einschneidendere und nicht um die mildere Maßnahme. Es gilt folgendes gemeinsames Prinzip:

Die Auflösung der Gesellschaft ist kein milderes Mittel als der Ausschluss eines Gesellschafters.

E. Bedeutung der Realstruktur der Gesellschaft

Ähnlich wie beim Austritt aus besonderem Grund[891] ist in allen drei untersuchten Rechtsordnungen anerkannt, dass die sachliche Rechtfertigung eines Ausschlusses auch davon abhängig ist, wie die betroffene Gesellschaft tatsächlich strukturiert ist.

Liegt ein in den Verhältnissen eines Gesellschafters liegendes Problem vor, dann wirkt sich das in der Regel umso stärker auf die Gesellschaft aus, je geringer die Anzahl der Gesellschafter ist. Während ein nur geringes Fehlverhalten eines Mitglieds in einer Gesellschaft mit drei Mitgliedern sich paralysierend auf die Zusammenarbeit in der Gesellschaft auswirken und damit einen Ausschlussgrund darstellen kann, wird das gleiche Fehlverhalten in einer aus mehreren hundert Mitgliedern bestehenden Publikumsgesellschaft auf das Funktionieren der Gesellschaft möglicherweise überhaupt keine Auswirkungen haben mit der Folge, dass in diesem Fall der Ausschluss des Gesellschafters nicht gerechtfertigt wäre. Dies liegt daran, dass in kleinen personalistisch geprägten Gesellschaften (bei denen der *intuitus personae* stark ausgeprägt ist) das Funktionieren der Gesellschaft auf dem persönlichen Miteinander und damit auch dem gegenseitigen Vertrauen der Gesellschafter basiert. Bei großen Publikumsgesellschaften hingegen (bei denen der *intuitus pecuniae* im Vordergrund steht) kommt dem einzelnen Mitglied und damit auch dem Fehlverhalten des Einzelnen keine so große Bedeutung zu.[892]

Insofern spielt das Recht zum Ausschluss von Gesellschaftern in erster Linie – aber nicht ausschließlich – bei Gesellschaften mit kleinem Mitgliederkreis eine Rolle. Es ist deshalb vor allem bei den Personengesellschaften bedeutsam. Im Hinblick auf die Kapitalgesellschaften wird betont, dass das Problem des Ausschlusses von Gesellschaftern in erster Linie bei den perso-

Rev. prat. (belge) soc. 1991, no. 6561, 55, 60; *Daigre*, Rev. soc. 1999, 535, 542 ff.; *Jauffret/Mestre*, Rn. 271; ebenso auch schon: *Caillaud*, 246.

[891] Vgl. oben S. 173 ff.

[892] *J.-P. Storck*, Rev. soc. 1982, 233, 240.

nalistisch geprägten Kapitalgesellschaften[893] (bei denen der *intuitus personae* über den *intuitus pecuniae* dominiert) relevant wird.[894] Dies wird auch daran deutlich, dass die deutsche Rechtsprechung den Ausschluss aus wichtigem Grund für die GmbH an Hand der personalistisch strukturierten GmbH entwickelt hat. Dies bedeutet aber nicht, dass der Ausschluss von Gesellschaftern aus wichtigem Grund bei kapitalistisch geprägten Gesellschaften generell ausgeschlossen wäre.[895] Hierfür spricht schon, dass eine klare Abgrenzung zwischen den beiden Typen große Schwierigkeiten aufwerfen würde.[896] Die Unterscheidung ist aber im Rahmen der Gesamtbewertung relevant. Regelmäßig wird diese bei einer personalistisch geprägten Gesellschaft eher, bei einer kapitalistisch geprägten Gesellschaft dagegen eher nicht zur Bejahung eines Gesellschafterausschlusses führen.[897]

Es gilt folgendes gemeinsames Prinzip:

Je stärker eine Gesellschaft vom *intuitus personae* und je weniger sie vom *intuitus pecuniae* geprägt ist, umso eher kann das Vorliegen eines besonderen Ausschlussgrundes bejaht werden.

F. Ausschlussgründe im Einzelnen

Einige Ausschlussgründe sind in allen drei Rechtsordnungen anerkannt. Dabei ist jedoch zu betonen, dass es – wie oben dargelegt – bei der Frage, ob ein Ausschlussgrund vorliegt, immer auf die Gegebenheiten des Einzelfalls ankommt.[898] Insofern können Aussagen darüber, dass in bestimmten Fällen der Ausschluss eines Gesellschafters in jedem Fall gerechtfertigt ist, nicht getroffen werden.[899] Nachfolgend soll deshalb nur aufgezeigt werden, in welchen

[893] Zu dem in allen drei untersuchten Rechtsordnungen einheitlichen Begriff der personalistischen Kapitalgesellschaft vgl. oben die Ausführungen zum Austritt aus besonderem Grund auf S. 173 ff.

[894] Vgl. für die französischen Gesellschaften: CA Paris, 16 mai 1990, Rev. soc. 1990, 477 (mit zustimmender Anm. *Guyon*); *Guyon*, Anm. zu: CA Paris, 12 avril 1996, Rev. soc. 1996, 596; *Bureau*, Anm. zu Cass. com., 12 mars 1996, Rev. soc. 1996, 557; *J.-P. Storck*, Rev. soc. 1982, 233, 240; *Tilquin*, Rev. prat. (belge) soc. 1991, no. 6561, 1, 52 (im Hinblick auf das belgische Recht).

[895] Hachenburg-*Ulmer*, Anh. § 34, Rn. 12; *Balz*, 53.

[896] Hachenburg-*Ulmer*, Anh. § 34, Rn. 12.

[897] *Pfitzmann*, 152; vgl. für die GmbH: Hachenburg-*Ulmer*, Anh. § 34, Rn. 12; *Balz*, 53.

[898] Auf die Tatsache, dass es unmöglich ist, im Voraus festzulegen, wann ein Austritt oder Ausschluss gerechtfertigt ist, weist auch die *Company Law Review Steering Group* des DTI hin: DTI Consultation Document, Developing the Framework, Rn. 4.103.

[899] Zu diesem Ergebnis kommt auch *Pfitzmann*, 153.

Sachverhalten typischerweise ein besonderer Grund zum Ausschluss eines Gesellschafters vorliegt.

I. Schwerer Verstoß gegen den Gesellschaftsvertrag

Bei allen untersuchten Gesellschaften ist anerkannt, dass ein schwerer Verstoß gegen sich aus dem Gesellschaftsvertrag ergebende Gesellschafterpflichten den Ausschluss eines Gesellschafters rechtfertigen kann. Das gilt sowohl für die deutschen Gesellschaften[900] als auch für die *private* und *public company*, bei denen ein wiederholter Verstoß gegen den Gesellschaftsvertrag eine unzumutbare Beeinträchtigung im Sinne von s. 459 CA 1985 darstellen kann, auf Grund derer der Ausschluss eines Gesellschafters durch das Gericht angeordnet werden darf.[901] Bei der *partnership, der limited partnership*[902] und bei den französischen Gesellschaften[903] ist in der Regel im Gesellschaftsvertrag vereinbart, dass ein schwerwiegender Verstoß gegen die Bestimmungen des Gesellschaftsvertrags den Ausschluss eines Gesellschafters zur Folge ha-

900 **Deutsche Personengesellschaften:** MünchHdb. GesR I-*Piehler*, § 67, Rn. 19; **GmbH:** BGH, Urteil v. 23.2.1981, BGHZ 80, 346, 350; OLG Düsseldorf, Urteil v. 22.10.1998, GmbHR 1999, 543, 546; OLG München, Urteil v. 8.1.1997, GmbHR 1997, 451, 451 f.; Scholz-*H. Winter*, § 15, Rn. 134.

901 *Hannigan*, in: Farrar's Company Law, 454. In folgenden Fällen wurde unter anderem deshalb, weil in mehreren aufeinanderfolgenden Jahren kein *general meeting* durchgeführt wurde, der Ausschluss der Verantwortlichen aus der Gesellschaft angeordnet: Re Brenfield Squash Racquets Club Ltd. [1996] 2 BCLC 184; Re Nuneation Borough Association Football Club Ltd. [1989] BCLC 454.

902 *Blackett-Ord*, Rn. 13.40; *Northam*, Comm. Law. 1996, 74; ähnlich: *Banks*, Lindley & Banks, Rn. 10-114. Vgl. die Bestimmungen in folgenden Typenverträgen: *Byrne/Gowar/Moberly*, Form 1, Clause 21.1:1 (Rn. 182), Form 2, Clause 19.1 (Rn. 211); *Blackett-Ord*, Precedent 1, Clause P 2 (b), Precedent 2, Clause P 2 (b); ähnlich: *Byrne/Gowar/Moberly*, Form 1, Clause 21.1:4 (Rn. 182). Eine derartige Vereinbarung bestand im Fall von DB Rare Books Ltd. v. Antiqbooks [1995] 2 BCLC 306 („*if either partner committed any material breach of the partnership agreement...*"). Im Fall Carmichael v. Evans [1904] 1 Ch. 486 war nach dem Gesellschaftsvertrag der Ausschluss eines Gesellschafters möglich bei „*flagrant breach of the duties of a partner*" und das Gericht bestätigte die Gültigkeit des Ausschlusses, die darauf gestützt worden war, dass ein Juniorpartner (auf Grund der mehrfachen Benutzung der Bahn ohne gültige Fahrkarte) wegen Betrugs verurteilt worden war.

903 CA Orléans, 26 septembre 1989, Rev. soc. 1990, 644 (Anm. *Guyon*): In dem Fall war ein Gesellschafter von der Gesellschafterversammlung ausgeschlossen worden, weil er gegen eine Klausel im Gesellschaftsvertrag verstoßen hatte, nach der jeder Gesellschafter seinen Gesellschaftsanteil nur mit Zustimmung der Mehrheit der anderen Gesellschafter abtreten darf. In dem Fall CA Caen, 11 avril 1927, D. P. 1928, II, 65 (Anm. *Lepargneur*) wurde der Ausschluss eines Gesellschafters bestätigt, der der ihm obliegenden Pflicht, die Gesellschaft nicht zu schädigen, nicht nachgekommen war. Vgl. auch *Mercadal/Janin*, Mémento Soc. com., Rn. 747. Auch Typenverträge sehen eine solche Klausel in der Regel vor, vgl. *Odet/Bulle*, Pratique des sociétés, AP 488, 5; *Varin*, JCl. Sociétés Formulaire, Sociétés par actions simplifiées, Fasc. N-10, 4.

ben kann. Die *Law Commissions* haben zudem vorgeschlagen, dass bei den *partnerships* den Gerichten in Zukunft das Recht eingeräumt werden soll, einen Gesellschafter aus der Gesellschaft auszuschließen, der beständig gegen den Gesellschaftsvertrag verstößt (s. 35 (d) PA 1890: "*persistently commits a breach of the partnership agreement*").[904] Für diesen Fall ist bisher gesetzlich nur die Auflösung der Gesellschaft vorgesehen.

II. Verstoß gegen ein Wettbewerbsverbot

Wenn ein Gesellschafter zur Gesellschaft in Wettbewerb tritt, obwohl ihm dies durch das Gesetz oder den Gesellschaftsvertrag verboten ist, dann kann er aus der Gesellschaft ausgeschlossen werden. Dies gilt für die deutschen Gesellschaften und auch für die *partnership* und *limited partnership*, bei denen jeweils anerkannt ist, dass ein Verstoß gegen ein Wettbewerbsverbot zur Auflösung der Gesellschaft und damit bei bestehender Fortsetzungsklausel auch zum Ausschluss des betroffenen Gesellschafters führen kann.[905] Bei den französischen Gesellschaften ist im Gesellschaftsvertrag in der Regel vorgesehen, dass ein Gesellschafter ausgeschlossen werden darf, wenn er zur Gesellschaft in Wettbewerb tritt.[906] Ob derselbe Sachverhalt bei einer *private* und *public company* eine unzumutbare Beeinträchtigung der anderen Gesellschafter im Sinne von s. 459 CA 1985 darstellt, ist in England – soweit ersichtlich – noch nicht abschließend diskutiert worden, wird aber zumindest für möglich gehalten.[907]

---

[904] *Law Commission*, LCCP No. 159, Rn. 6.42. Vgl. auch: *Morse*, Partnership Law, 201.

[905] **Deutsche Personengesellschaften:** BGH, Urteil v. 21.03.1957, WM 1957, 582, 583; *Baumbach/Hopt*, § 140, Rn. 7; Schlegelberger-*K. Schmidt*, § 140, Rn. 35; **GmbH:** OLG Nürnberg, GmbHR 1994, 252; *Hueck/Fastrich*, in: Baumbach/Hueck, § 34, Rn. 8; Scholz-*H. Winter*, § 15, Rn. 134; **Partnership und limited partnership:** *Blackett-Ord*, Rn. 10.35 ff.

[906] Vgl. die Bestimmungen in folgenden Typenverträgen: *Odet/Bulle*, Pratique des sociétés, AP 488, 5; *Varin*, JCl. Sociétés Formulaire, Sociétés par actions simplifiées, Fasc. N-10, 4; für die SAS: *Périn*, Rn. 358.

Der Kassationshof hat den Ausschluss eines Gesellschafters aus einer *société civile de moyen* bestätigt, der gegen ein im Gesellschaftsvertrag verankertes Verbot der geschäftlichen Betätigung außerhalb der Gesellschaft verstoßen hatte. Die Ausschließung war rechtmäßig, obwohl im Gesellschaftsvertrag an den Verstoß gegen das Wettbewerbsverbot nicht ausdrücklich die Rechtsfolge der Ausschließung geknüpft war. Vgl. Cass. 1re civ., 4 janvier 1995, Rev. soc. 1995, 525; zustimmend: *Jeantin*, Anm. zu dieser Entscheidung, ebendort, 526, 527; *Bonneau*, Anm. zu dieser Entscheidung, Dr. soc. 1995, n° 70, 5, 6.

[907] So zu verstehen wohl *Pennington*, Company Law, 717.

III. Vornahme einer strafbaren Handlung

Auch die Vornahme einer strafbaren Handlung kann einen Ausschlussgrund darstellen. Das gilt für die deutschen Gesellschaften[908] und für die *private* und *public company*, bei denen ein Verstoß eines Gesellschafters gegen Strafgesetze eine unzumutbare Beeinträchtigung der anderen Gesellschafter im Sinne von s. 459 CA 1985 darstellen kann, auf Grund derer das Gericht den Ausschluss des betreffenden Gesellschafters anordnen darf[909]. In den Gesellschaftsverträgen von *partnership* und *limited partnership* und von den französischen Gesellschaften wird üblicherweise vereinbart, dass die Begehung einer strafbaren Handlung den Ausschluss eines Gesellschafters rechtfertigt.[910]

IV. Nichtleistung von Einlagen

Bei den Personengesellschaften in allen drei untersuchten Rechtsordnungen herrscht Einigkeit darüber, dass ein Gesellschafter, der seine Einlagen nicht leistet, aus der Gesellschaft ausgeschlossen werden kann. Während dieser Fall bei den deutschen Personengesellschaften als wichtiger Grund anerkannt ist,[911] ist bei der *partnership,* der *limited partnership* und der SC üblicherweise im Gesellschaftsvertrag vereinbart, dass ein Gesellschafter aus der Gesellschaft ausgeschlossen werden kann, wenn er gegenüber der Gesellschaft seinen finanziellen Verpflichtungen nicht nachkommt.[912]

---

[908] **Deutsche Personengesellschaften:** BGH, Urteil v. 14.05.1952, BGHZ 6, 113, 117 (Veruntreuung von Gesellschaftsmitteln bei einer KG); MünchHdb. GesR I-*Piehler*, § 67, Rn. 20; Schlegelberger-*K. Schmidt*, § 140, Rn. 31; **GmbH:** BGH, Urteil v. 9.3.1987, GmbHR 1987, 302, 303 (versuchter Betrug); OLG Düsseldorf, GmbHR 1999, 543, 546; Scholz-*H. Winter*, § 15, Rn. 134; **AG:** MünchKommAktG-*Oechsler*, § 237, Rn. 54; *Grunewald*, Ausschluss, 66.

[909] *Lord Steyn*, in: Bermuda Cablevision Ltd. v Colica Trust Co. Ltd. [1998] AC 198, 210, P. C. (Die Entscheidung betraf s. 111 (1) Bermudian Act 1981, der aber s. 459 CA 1985 entspricht, vgl. S. 204 der Entscheidung.); *Mayson/French/Ryan*, 18.6.4.

[910] **Partnership und limited partnership:** *Blackett-Ord*, Rn. 13.40; vgl. die Bestimmungen in folgenden Typenverträgen: *Byrne/Gowar/Moberly*, Form 1, Clause 21.1:6 (Rn. 182), Form 2, Clause 19.5; *Blackett-Ord*, Precedent 1, Clause P 2 (b), Precedent 2, Clause P 2 (b); **Französische Gesellschaften:** vgl. die Bestimmungen in folgenden Typenvertrag: *Odet/Bulle*, Pratique des sociétés, AP 488, 5; *Varin*, JCl. Sociétés Formulaire, Sociétés par actions simplifiées, Fasc. N-10, 4.

[911] OAG Dresden, Urteil v. 23.8.1861, ZHR 7 [1864] 462, 463; Schlegelberger-*K. Schmidt*, § 140, Rn. 30. u. 39.

[912] **Partnership und limited partnership:** *Banks*, Lindley & Banks, 10-111 f.; vgl. die Bestimmungen in folgenden Typenverträgen: *Byrne/Gowar/Moberly*, Form 1, Clause 21.1:2 u. 21.1:3 (Rn. 182), Form 2, Clause 19.2 u. 19.3; *Blackett-Ord*, Precedent 1, Clause P 2 (e), Precedent 2, Clause P 2 (c); **SC:** *Mercadal/Janin*, Société Civile, Rn. 498, 518 u. 141; *Taithe/Walet*, Rn. 163.

Bei den Kapitalgesellschaften in Deutschland, England und Frankreich besteht hingegen ein besonderes Verfahren, durch das die Nichtleistung von Einlagen mit dem Ausschluss aus der Gesellschaft sanktioniert werden kann.[913] Dieses wird nachfolgend gesondert dargestellt, so dass an dieser Stelle auf diese Ausführungen verwiesen wird.[914]

V. Zusammenfassung

Hinsichtlich der Frage, welche Gründe typischerweise zum Ausschluss eines Gesellschafters berechtigen, können folgende gemeinsame Prinzipien festgehalten werden:

Ein besonderer, den Ausschluss eines Gesellschafters rechtfertigender Grund liegt insbesondere vor, wenn der Gesellschafter
1. einen schweren Verstoß gegen den Gesellschaftsvertrag begangen hat,
2. verbotenerweise zur Gesellschaft in Wettbewerb tritt,
3. eine strafbare Handlung begangen hat oder
4. die Einlagen auf seine Gesellschaftsanteile nicht leistet.

Für die Kapitalgesellschaften existiert für diesen Fall der Nichtleistung von Gesellschaftereinlagen ein besonderes Ausschlussverfahren, dessen spezielle Anforderungen zu beachten sind.

§ 38 Ausschlussverfahren

Für den Ausschluss von Gesellschaftern sind vor allem folgende zwei unterschiedliche Verfahren denkbar: Entweder der Ausschluss erfolgt dadurch, dass die Gesellschafterversammlung über den Ausschluss entscheidet und diese Entscheidung dem betroffenen Gesellschafter mitgeteilt wird oder der Ausschluss erfolgt durch Gestaltungsurteil. Daneben gibt es auch Fälle, in denen ein Gesellschafter automatisch bei Eintritt einer bestimmten Sachlage aus der Gesellschaft ausscheidet.

---

[913] In Deutschland heißt dieses Verfahren sowohl bei der GmbH als auch bei der AG Kaduzierung (§§ 21-25 GmbHG, § 64 AktG), in England spricht man im *company law* von *forfeiture* (s. 143 (3) (d) CA 1985, art. 18-22 Table A) und im Recht der französischen SA ist von der *exécution en bourse* die Rede (art. L. 228-27 C. com.).

[914] Vgl. unten S. 234 ff.

A. Ausschluss durch Gesellschafterbeschluss

I. Übersicht

Für den Ausschluss aus der GbR aus wichtigem Grund, die Zwangseinziehung von GmbH-[915] und AG-Anteilen, für den Ausschluss aus der *partnership* oder der *limited partnership* sowie aus den französischen Gesellschaften gilt übereinstimmend, dass der Gesellschafterausschluss nicht durch Gerichtsurteil erfolgt, sondern dass über diesen (in der Regel) die Gesellschafterversammlung entscheidet:

Für den Ausschluss aus der GbR aus wichtigem Grund und die Zwangseinziehung von Geschäftsanteilen bei der GmbH ist gesetzlich vorgesehen, dass diese Maßnahmen durch einen Beschluss der Gesellschafterversammlung herbeizuführen sind, der dem betroffenen Gesellschafter mitzuteilen ist.[916] Gleiches gilt auch für die zugelassene Zwangseinziehung bei der AG, bei der diese in der Satzung lediglich zugelassen ist und ihre genauen Voraussetzungen nicht näher bestimmt sind.[917] Für die angeordnete Zwangseinziehung bei der AG ist ein Hauptversammlungsbeschluss zwar möglich (vgl. § 238 S. 2 AktG), aber nicht notwendig (§ 237 Abs. 6 S. 1 AktG).[918] An seine Stelle tritt in der Regel die Entscheidung des Vorstands über die Einziehung (§ 237 Abs. 6 S. 2 AktG).

Sowohl bei der *partnership* und der *limited partnership* als auch bei den französischen Gesellschaften muss im Gesellschaftsvertrag bestimmt werden, welches Gesellschaftsorgan über die Ausschließung von Gesellschaftern entscheidet.[919] Dabei wird in der Praxis in den meisten Fällen bei allen diesen Gesellschaften vorgesehen, dass die Gesellschafterversammlung über den Ausschluss von Gesellschaftern entscheidet.[920] Bei den französischen Gesell-

---

[915] Für den Ausschluss aus der GmbH aus wichtigem Grund bedarf es hingegen eines Gestaltungsurteils. Vgl. unten S. 226 f.

[916] **GbR:** § 737 S. 2 u. S. 3 BGB; **GmbH:** § 46 Nr. 4 GmbHG; vgl.: *Hueck/Fastrich*, in: Baumbach/Hueck, § 34, Rn. 12; Scholz-*H. P. Westermann*, § 34, Rn. 39; Hachenburg-*Ulmer*, § 34, Rn. 49; *K. Schmidt*, GesR, § 35 III 2 a; *Wolff*, GmbHR 1999, 958, 959.

[917] *Lutter*, in: Kölner Komm. AktG, § 237, Rn. 27.

[918] *Lutter*, in: Kölner Komm. AktG, § 237, Rn. 20; *Hüffer*, AktG, § 237, Rn. 40, MünchHdb. GesR IV-*Krieger*, § 62, Rn. 54.

[919] **Partnership und limited partnership:** *Banks*, Lindley & Banks, Rn. 10-118; **Französische Gesellschaften:** *Dana-Démaret*, Anm. zu: CA Paris, 7 juin 1988, Rev. soc. 1989, 249, 252; *Dariosecq/Métais*, Bull. Joly 1998, 908, 914; *De Bermond de Vaulx*, Dr. soc. 1996, chron. n° 14, 4, 6; *Mestre*, Anm. zu CA Aix, 26 juin 1984, D. 1985, 373, 375; *Durand-Lépine*, P. A., 24 juillet 1995, n° 88, 1, 3; für die SAS: *Périn*, Rn. 360.

[920] **Partnership und limited partnership:** *Banks*, Lindley & Banks, Rn. 10-118; *Blackett-Ord*, Rn. 13.45; vgl die Bestimmungen in folgenden Typenverträgen: *Byrne/Gowar/Moberly*, Form 1, Clause 21.1 (Rn. 182), Form 2, Clause 19 (Rn. 211); **Französische Gesellschaften:** *Dana-*

schaften kommt als zuständiges Organ neben der Gesellschafterversammlung vor allem der Verwaltungsrat (*conseil d'administration*) oder, wenn ein solcher vorhanden ist, auch der Aufsichtsrat (*conseil de surveillance*) in Betracht.[921] Für die Gesellschaften mit variablem Kapital (SCV) ist die Zuständigkeit der Gesellschafterversammlung für die Ausschlussentscheidung auch gesetzlich bestimmt (art. L. 231-6 C. com.).

Der Ausschluss von Gesellschaftern wird bei allen genannten Gesellschaften erst in dem Zeitpunkt wirksam, in dem die Ausschlussentscheidung dem auszuschließenden Gesellschafter mitgeteilt wird.[922]

II. Notwendige Mehrheit in der Gesellschafterversammlung

Sowohl bei der GbR als auch bei der *partnership* und der *limited partnership* bedarf es zum Ausschluss eines Gesellschafters grundsätzlich der Zustimmung aller Gesellschafter mit Ausnahme des betroffenen Gesellschafters. Dabei beruht dieses Erfordernis bei der GbR auf dem Gesetz und bei der *partnership* und der *limited partnership* auf den üblicherweise getroffenen Vereinbarungen.[923]

Démaret, Anm. zu: CA Paris, 7 juin 1988, Rev. soc. 1989, 249, 252; *Bougnoux*, JCl. des Sociétés, Fasc. 48-60, Rn. 26; die Zuständigkeit ist auch in folgenden Typenverträgen vorgesehen: *Odet/Bulle*, Pratique des sociétés, AP 488, 5; *Varin*, JCl. Sociétés Formulaire, Sociétés par actions simplifiées, Fasc. N-10, 4; strenger (nur Zuständigkeit der Gesellschafterversammlung möglich): *Grynbaum*, P. A., 5 juin 1998, n° 67, 17, 21.

[921] *Krimmer*, JCP, éd. E, 1993, n°223, 101, 105; *De Bermond de Vaulx*, Dr. soc. 1996, chron. n° 14, 4, 6; **Conseil d'administration:** CA Rouen, 8 février 1974, Rev. soc., 1974, 507, 510 (Anm. *Rodière*); **Assemblée générale:** CA Orléans, 26 septembre 1989, Rev. soc. 1990, 644 (Anm. *Guyon*).

[922] **GbR:** § 737 S. 3 BGB; **GmbH:** *Hueck/Fastrich*, in: Baumbach/Hueck, § 34, Rn. 12; Scholz-*H. P. Westermann*, § 34, Rn. 39; Hachenburg-*Ulmer*, § 34, Rn. 49; *K. Schmidt*, GesR, § 35 III 2 a; *Wolff*, GmbHR 1999, 958, 959; **AG:** § 238 S. 3 AktG; vgl.: MünchKommAktG-*Oechsler*, § 238, Rn. 5; *Hefermehl*, in: Geßler/Hefermehl, AktG, § 238, Rn. 5; MünchHdb. GesR IV-*Krieger*, § 62, Rn. 25; **Partnership und limited partnership:** Mitteilung an den betroffenen Gesellschafter ist regelmäßig im Gesellschaftsvertrag vorgesehen. Vgl. nur die Bestimmungen in folgenden Typenverträgen: *Byrne/Gowar/Moberly*, Form 1, Clause 21.1 (Rn. 182), Form 2, Clause 19 (Rn. 211); *Blackett-Ord*, Precedent 1, Clause P 2, Precedent 2, Clause P 2; **Französische Gesellschaften:** *Grynbaum*, P. A., 5 juin 1998, n° 67, 17, 21; *Krimmer*, JCP, éd. E, 1993, n°223, 101, 105; dies ist auch in folgendem Typenvertrag vorgesehen: *Odet/Bulle*, Pratique des sociétés, AP 488, 5; in folgendem Typenvertrag ist die Mitteilung per eingeschriebenem Brief vorgesehen: *Varin*, JCl. Sociétés Formulaire, Sociétés par actions simplifiées, Fasc. N-10, 4.

[923] **GbR:** § 737 S. 2 BGB; vgl. MünchKomm-*Ulmer*, § 737, Rn. 13; **Partnership und limited partnership:** Vgl. die Bestimmungen in folgenden Typenverträgen: *Byrne/Gowar/Moberly*, Form 1, Clause 21.1 (Rn. 182) i. V. m. Clause 5.3 (Rn. 167), Form 2, Clause 19 (Rn. 211); *Blackett-Ord*, Precedent 2, Clause P 2; abweichend (einfache Mehrheit): *Blackett-Ord*, Precedent 1, Clause P 2.

Für die Zwangseinziehung von GmbH-[924] und AG-Anteilen[925] und für den Ausschluss aus einer französischen Gesellschaft[926] ist hingegen eine Mehrheitsentscheidung der Gesellschafter ausreichend.[927] Zusätzlich muss bei der Zwangseinziehung von Aktien bei der AG die Mehrheit grundsätzlich mindestens drei Viertel des bei der Beschlussfassung vertretenen Grundkapitals umfassen.[928] In bestimmten Fällen ist für die Einziehung von Aktien aber ein vereinfachtes Einziehungsverfahren zulässig,[929] bei dem für den Einziehungsbeschluss der Hauptversammlung die einfache Mehrheit der abgegebenen Stimmen ausreichend ist.[930]

In den Fällen, in denen der Ausschluss durch Gesellschafterbeschluss erfolgt, ist demnach zwischen Gesellschaften mit eigener Rechtspersönlichkeit (GmbH, AG, französische Gesellschaften) und solchen ohne eigene Rechtspersönlichkeit (GbR, *partnership* und *limited partnership*) zu unterscheiden. Diese Unterscheidung ist auch nicht überraschend. Bei den Gesellschaften ohne eigene Rechtspersönlichkeit handelt es sich – wie bereits erläutert – um Gesellschaften, bei denen der *intuitus personae* stark ausgeprägt ist, die also auf den Persönlichkeiten ihrer Mitglieder aufgebaut sind. Damit geht einher, dass jedes Mitglied auch im Hinblick auf das Verfahren in besonderer Weise gegen einen Ausschluss aus der Gesellschaft geschützt ist. Das ist der Grund, warum bei diesen Gesellschaften der Ausschluss von den anderen Gesellschaftern nur einstimmig beschlossen werden kann. Bei den Gesell-

[924] §§ 46 Nr. 4, 47 Abs. 1 GmbHG; vgl. *Hueck/Fastrich*, in: Baumbach/Hueck, § 34, Rn. 12; Scholz-*H. P. Westermann*, § 34, Rn. 39; Hachenburg-*Ulmer*, § 34, Rn. 49; *K. Schmidt*, GesR, § 35 III 2 a; *Wolff*, GmbHR 1999, 958, 959.

[925] § 133 Abs. 1 AktG. Vgl.: *Hüffer*, AktG, § 237, Rn. 23; § 222, Rn. 9; *Lutter*, in: Kölner Komm. AktG, § 222, Rn. 5; *Hefermehl*, in: Geßler/Hefermehl, AktG, § 222, Rn. 4.

[926] Trib. com. Versailles, 2 mai 1989, RD banc. et bourse, 1989, n° 16, 214 (Anm. *Jeantin/Viandier); Krimmer*, JCP, éd. E, 1993, n°223, 101, 105; *Durand-Lépine*, P. A., 24 juillet 1995, n° 88, 1, 3; *Dariosecq/Métais*, Bull. Joly 1998, 908, 914 f.; *De Bermond de Vaulx*, Dr. soc. 1996, chron. n° 11, 1, 6; in folgendem Typenvertrag ist eine Zweidrittelmehrheit vorgesehen: *Varin*, JCl. Sociétés Formulaire, Sociétés par actions simplifiées, Fasc. N-10, 4.

Bei den *sociétés à capital variable* bedarf es zur Ausschließung eines Gesellschafters in der Gesellschafterversammlung der Mehrheit, die für Änderungen des Gesellschaftsvertrags notwendig ist (art. L. 231-6 C. com.).

[927] Ist die Beschlussfassung bei den französischen Gesellschaften einem anderem Kollektivorgan als der Gesellschafterversammlung übertragen, dann gilt dieses Erfordernis auch für die Beschlussfassung innerhalb dieses Organs.

[928] § 237 Abs. 2 S. 1 i. V. m. § 222 Abs. 1 S. 1 AktG.

[929] Voraussetzung für die Erleichterungen des vereinfachten Einziehungsverfahrens ist nach § 237 Abs. 3 AktG, dass die Aktien, die eingezogen werden sollen, voll eingezahlt und der Gesellschaft unentgeltlich zur Verfügung gestellt sind oder zu Lasten des Bilanzgewinns oder einer anderen Gewinnrücklage eingezogen werden können.

[930] §§ 237 Abs. 4 S. 2, 133 Abs. 1 AktG. Vgl. *Hüffer*, AktG, § 237, Rn. 35.

schaften mit eigener Rechtspersönlichkeit hingegen handelt es sich nicht nur um einen Verbund von Persönlichkeiten, sondern um eine von den Mitgliedern zu unterscheidende eigene Einheit, so dass diese eher auf einen Wechsel von Gesellschaftern angelegt sind, der auch keinen Einfluss auf den Bestand der Gesellschaft hat. Insofern ist es konsequent, dass bei diesen Gesellschaften der einzelne Gesellschafter gegen einen Ausschluss verfahrensmäßig nicht ganz so stark geschützt ist und ein Mitglied schon durch Mehrheitsentscheid der anderen Mitglieder ausgeschlossen werden kann. Es gelten folgende gemeinsame Prinzipien:

Erfolgt der Ausschluss eines Gesellschafters durch Beschluss der Gesellschafterversammlung, dann gelten folgende Mehrheitserfordernisse: Bei den Gesellschaften, die nicht über eine eigene Rechtspersönlichkeit verfügen, bedarf es eines einstimmigen Beschlusses der übrigen Gesellschafter. Bei Gesellschaften, die über eine eigene Rechtspersönlichkeit verfügen, ist dagegen ein Beschluss der Gesellschafterversammlung mit einfacher Mehrheit ausreichend.

III. Stimmrecht des auszuschließenden Gesellschafters in der Gesellschafterversammlung

Bei der Abstimmung über den Ausschluss eines Gesellschafters aus einer Gesellschaft ohne eigene Rechtspersönlichkeit hat der betroffene Gesellschafter kein Stimmrecht.[931] Dies ist auch gar nicht anders denkbar, weil bei diesen Gesellschaften der Ausschluss nur einstimmig beschlossen werden kann und damit ein Ausschluss nie erfolgen könnte, wenn auch der betroffene Gesellschafter mitstimmen könnte.

Unterschiedlich stellt sich hingegen die Rechtslage bei den Gesellschaften mit eigener Rechtspersönlichkeit dar. Während bei der Zwangseinziehung von Aktien der AG sowie beim Ausschluss von Mitgliedern der französischen Gesellschaften der betroffene Gesellschafter nach herrschender Meinung bei der Abstimmung über seinen Ausschluss mitstimmen darf,[932] ist er

[931] **GbR:** § 737 S. 2 BGB; vgl. MünchKomm-*Ulmer*, § 737, Rn. 13; **Partnership und limited partnership:** vgl. die Bestimmungen, in: folgenden Typenverträgen: *Byrne/Gowar/Moberly*, Form 1, Clause 21.1 (Rn. 182) i. V. m. Clause 5.3 (Rn. 167), Form 2, Clause 19 (Rn. 211); *Blackett-Ord*, Precedent 2, Clause P 2; *Blackett-Ord*, Precedent 1, Clause P 2.

[932] **Zwangseinziehung von Aktien bei der AG:** MünchKommAktG-*Oechsler*, § 237, Rn. 79; *Hefermehl*, in: Geßler/Hefermehl, AktG, § 237, Rn. 23; *Schilling*, in: Großkomm. AktG, 3. Aufl. 1973, § 237, Rn. 20; *Hüffer*, AktG, § 237, Rn. 23 a; a. A.: *Lutter*, in: Kölner Komm. AktG, § 237, Rn. 83; MünchHdb. GesR IV-*Krieger*, § 62, Rn. 15; **Französische Gesellschaften:** *Daigre*, Rev. soc. 1999, 535, 548 f.; *Grynbaum*, P. A., 5 juin 1998, n° 67, 17, 21 f.; *Krimmer*, JCP, éd. E, 1993, n°223, 101, 105; *Guyon*, Aménagements statutaires, Rn. 99; vgl. grundsätzlich zur Möglichkeit

bei der Abstimmung über die Zwangseinziehung von GmbH-Geschäftsanteilen nicht stimmberechtigt.[933] Sowohl hinsichtlich der Zwangseinziehung von Aktien als auch hinsichtlich des Ausschlusses aus einer französischen Gesellschaft gibt es allerdings viele Gegenstimmen in der deutschen und französischen Literatur, die einwenden, dass grundsätzlich niemand Richter in eigener Sache sein dürfe und deshalb dem betroffenen Gesellschafter in dem Fall kein Stimmrecht zustünde.[934] Auch wenn dieser Einwand grundsätzlich berechtigt erscheint, ist die in dieser Frage unterschiedliche Rechtslage zu respektieren, so dass kein gemeinsames Prinzip gebildet werden kann.

IV. Anhörung des auszuschließenden Gesellschafters

Bei allen Gesellschaften, bei denen der Ausschluss von Gesellschaftern durch Beschluss der Gesellschafterversammlung erfolgt, ist der Ausschluss eines Gesellschafters nur wirksam, wenn diesem vor der Entscheidung die Gründe, die dem Ausschluss zu Grunde liegen, mitgeteilt worden sind und ihm die Möglichkeit zur Stellungnahme gewährt worden ist (Anhörung des auszuschließenden Gesellschafters).[935] Lediglich bei der Zwangseinziehung von

---

des Stimmrechtsausschlusses: Cass. Com., 9 février 1999, *Chateau d'Yquem*, Bull. Joly 1999, § 122 (Anm. *Daigre*); allerdings ist der Ausschluss des Stimmrechts in folgendem Typenvertrag vorgesehen: *Varin*, JCl. Sociétés Formulaire, Sociétés par actions simplifiées, Fasc. N-10, 4.

[933] Scholz-*H. P. Westermann*, § 34, Rn. 40; *Lutter/Hommelhoff*, § 34, Rn. 19; Hachenburg-*Ulmer*, § 34, Rn. 49 u. 51 ff.; *Hueck/Fastrich*, in: Baumbach/Hueck, § 34, Rn. 12; ähnlich: *Niemeier*, 242 ff., 253 f., 263 f.

[934] *Lutter*, in: Kölner Komm. AktG, § 237, Rn. 83 (unter Hinweis auf den Meinungsstand bei der GmbH und unter Berufung auf § 136 Abs. 1 AktG); MünchHdb. GesR IV-*Krieger*, § 62, Rn. 15; *Pfitzmann*, 155; *Périn*, Rn. 360 (für die SAS).

[935] **GbR:** Erman-*H. P. Westermann*, § 737, Rn. 5; Soergel-*Hadding*, § 737, Rn. 9 (beide unter Verweis auf die Formulierung des Gesetzes in § 737 S. 3 BGB); a. A.: MünchKomm-*Ulmer*, § 737, Rn. 15; **Zwangseinziehung von GmbH-Anteilen:** *Lutter/Hommelhoff*, § 34, Rn. 19; *Hueck/Fastrich*, in: Baumbach/Hueck, § 34, Rn. 12; *Gehrlein*, ZIP 1996, 1157, 1159 f.; *Abramenko*, GmbHR 2001, 501, 506; **Partnership und limited partnership:** *Frey J.*, in: Steuart v. Gladstone (1878) 10 Ch. D 626, 646; *Kelly C.B.*, in: Wood v. Wood (1874) 22 W. R. 709, 710; *Dillon LJ*, in: Kerr v. Morris [1987] Ch. 90, 111, CA (allerdings war in diesem Fall im Gesellschaftsvertrag explizit vorgesehen, dass die Ausschließung begründet werden muss); *Blackett-Ord*, Rn. 13.44; *Banks*, Lindley & Banks, Rn. 10-123; a. A.: *Cleasby B.* and *Pollock B.*, in: Wood v. Wood (1874) 22 W. R. 709, 711; *Cozens-Hardy MR*, in: Greeen v. Howell [1910] 1 Ch. 495, 505 CA. Für die explizite gesetzliche Festschreibung des „*right to be heard*" sprechen sich auch die *Law Commissions* aus (LCCP No. 159, Rn. 13.6.). **Französische Gesellschaften:** Cass. com. *SARL Wallerich sports c/ SA La Hutte*, 21 octobre 1997, P. A. 5 juin 1998, n° 67, 17 (Anm. *Grynbaum); Saintourens*, Anm. zu dieser Entscheidung, Rev. soc. 1998, 100, 101; *Daigre*, Rev. soc. 1999, 535, 548; *Dariosecq/Métais*, Bull. Joly 1998, 908, 915; *Grynbaum*, P. A., 5 juin 1998, n° 67, 17, 21; *Mestre*, Anm. zu CA Aix, 26 juin 1984, D. 1985, 373, 375; *Durand-Lépine*, P. A., 24 juillet 1995, n° 88, 1, 3; *Guyon*, Aménagements statutaires, Rn. 99; für die SAS: *Périn*, Rn. 362.

Aktien bei der AG ist ein Anhörungsrecht des betroffenen Gesellschafters nicht ausdrücklich anerkannt. Da der Aktionär einer AG jedoch nach herrschender Ansicht beim Beschluss über die Zwangseinziehung seiner eigenen Anteile stimmberechtigt ist und damit auf die Entscheidung Einfluss nehmen kann, stellt sich das Problem eines ausdrücklichen Anhörungsrechts in diesem Fall gar nicht.

Das Anhörungsrecht des betroffenen Gesellschafters ist jedoch bei allen Gesellschaften dann nicht zwingend, wenn eine Anhörung keinen Sinn und Zweck hat und von vornherein aussichtslos ist.[936]

Es ergeben sich folgende gemeinsame Prinzipien:

Erfolgt der Ausschluss eines Gesellschafters durch Beschluss der Gesellschafterversammlung, dann muss der betroffene Gesellschafter vor dem Beschluss angehört werden. Eine Anhörung ist nur dann verzichtbar, wenn eine solche keinen Sinn und Zweck hat und von vornherein aussichtslos ist.

B. Ausschluss durch Gerichtsurteil

I. Übersicht

Der Ausschluss eines Gesellschafters erfolgt bei der OHG, KG, der *private* und der *public company* sowie bei der GmbH aus wichtigem Grund nicht durch Beschluss der Gesellschafterversammlung, sondern durch Gerichtsurteil.[937]

II. Klageberechtigung

Hinsichtlich der Frage, wer berechtigt ist, eine Ausschlussklage zu erheben, bestehen – vordergründig betrachtet – erhebliche Unterschiede. Während bei der OHG und KG die Klage durch alle Gesellschafter (mit Ausnahme des betroffenen Gesellschafters) erhoben werden muss,[938] ist bei der GmbH die

---

[936] **GbR:** RG, Urteil v. 13.8.1942, RGZ 169, 330, 338; Erman-*H. P. Westermann*, § 737, Rn. 5; **Partnership und limited partnership:** Green v. Howell [1910] 1 Ch. 495, CA; *Blackett-Ord*, Rn. 13.44.

[937] **OHG:** § 140 HGB; **KG:** § 140 i. V. m. § 161 Abs. 2 HGB; **Private und public company:** ss. 459, 461 CA 1985; **GmbH:** BGH, Urteil v. 1.4.1953, BGHZ 9, 157, 166; BGH, Urteil v. 23.2.1981, BGHZ 80, 346, 349; BGH, Urteil v. 20.9.1999, NJW 1999, 3779; *Hueck/Fastrich*, in: Baumbach/Hueck, Anh. § 34, Rn. 8; Scholz-*H. Winter*, § 15, Rn. 138; Hachenburg-*Ulmer*, Anh. § 34, Rn. 19; *Wellhöfer*, GmbHR 1994, 213, 222.

[938] § 140 Abs. 1 S. 1 HGB a. E., für die KG i. V. m. § 161 Abs. 2 HGB.

Klage durch den Geschäftsführer (namens der Gesellschaft) zu erheben,[939] wobei dieser erst tätig werden darf, wenn die übrigen[940] Gesellschafter der Klageerhebung mit einer Dreiviertelmehrheit zugestimmt haben.[941] Bei *private* und *public company* ist jeder Gesellschafter sogar berechtigt, allein bei Gericht einen Antrag auf Erlass einer *purchase order* zu stellen, der zum Ausschluss eines Gesellschafters führen kann.[942]

Diese Unterschiede werden allerdings dadurch relativiert, dass bei den deutschen Gesellschaften OHG, KG und GmbH die anderen Gesellschafter auf Grund der gesellschaftlichen Treuepflicht verpflichtet sein können, der Erhebung einer Klage zuzustimmen.[943] Bedenkt man zusätzlich, dass auch im *company law* der Ausschluss eines Gesellschafters auf Antrag eines Gesellschafters von den Gerichten nur in wirklichen Extremfällen angeordnet wird, erscheint der Unterschied zwischen den verschiedenen Regelungen im Ergebnis noch geringer. Wenn ein Gesellschafter eindeutige Verfehlungen begangen hat, dürfte es zudem in der Praxis normalerweise nicht schwierig sein, bei den deutschen Gesellschaften eine Zustimmung der Mitgesellschafter zu einer Ausschlussklage zu erhalten. Wird die Zustimmung verweigert, liegt aber gleichwohl ein wichtiger Ausschlussgrund vor, dann dürften die Mitgesellschafter regelmäßig auf Grund der gesellschaftlichen Treuepflicht verpflichtet sein, der Klageerhebung zuzustimmen.[944] Denn gerade in den Fällen, in denen das Vorliegen eines wichtigen Grundes zum Ausschluss berechtigt, ist in der Regel die Herbeiführung des Ausschlussbeschlusses im Interesse der Gesellschaft dringend geboten. Zudem kann ein Gesellschafter bei den genannten deutschen Gesellschaften die Klage auf Ausschluss eines Gesellschafters mit der Klage auf Zustimmung der übrigen Gesellschafter

---

[939] Scholz-*H. Winter*, § 15, Rn. 139; *Lutter/Hommelhoff*, § 34, Rn. 29; *Hueck/Fastrich*, in: Baumbach/Hueck, Anh. § 34, Rn. 8.

[940] Der betroffene Gesellschafter hat also kein Stimmrecht (§ 47 Abs. 4 S. 2 GmbHG). Vgl.: BGH, Urteil v. 1.4.1953, BGHZ 9, 157, 178; *Hueck/Fastrich*, in: Baumbach/Hueck, Anh. § 34, Rn. 9; Hachenburg-*Ulmer*, Anh. § 34, Rn. 25; *K. Schmidt*, GesR, § 35 IV 2 c; *Balz*, 37; *Wellhöfer*, GmbHR 1994, 213, 222; *Soufleros*, 56; *Grunewald*, Ausschluss, 108.

[941] BGH, Urteil v. 1.4.1953, BGHZ 9, 157, 177; Hachenburg-*Ulmer*, Anh. § 34, Rn. 24; *Lutter/Hommelhoff*, § 34, Rn. 28; *Tschernig*, GmbHR 1999, 691, 696; a. A. (einfache Mehrheit): LG Köln, Urteil v. 18.11.1999, GmbHR 2000, 141, 142 f.; *Hueck/Fastrich*, in: Baumbach/Hueck, Anh. § 34, Rn. 9; Scholz-*H. Winter*, § 15, Rn. 140; *K. Schmidt*, GesR, § 35 IV 2 c; *Soufleros*, 40; *Balz*, 38.

[942] Vgl. den Wortlaut von s. 459 CA 1985: "A member of a company may apply to the court (...)."

[943] **OHG/KG:** BGH, Urteil v. 28.4.1975, BGHZ 64, 253, 259; BGH, Urteil v. 18.10.1976, BGHZ 68, 82, 83; **GmbH:** Scholz-*H. Winter*, § 15, Rn. 140; Hachenburg-*Ulmer*, Anh. § 34, Rn. 20; *Balz*, 40 ff.; *Soufleros*, 63 ff.

[944] So auch *Balz*, 41.

zum Ausschlussbeschluss verbinden.[945] Damit ist es auch bei der OHG, KG und GmbH jedem einzelnen Gesellschafter möglich, die Ausschlussklage vor Gericht zu bringen. Auf Grund dieser Tatsachen erscheint es gerechtfertigt, folgendes gemeinsames Prinzip zu bilden:

Bedarf es für den Ausschluss eines Gesellschafters eines Gerichtsurteils, dann ist jeder einzelne Gesellschafter berechtigt, die Ausschlussklage zu erheben.

C. Automatisches Ausscheiden

In einigen Fällen ist gesetzlich angeordnet, dass es zum zwangsweisen Ausscheiden eines Gesellschafters nicht eines Gesellschafterbeschlusses oder eines Gerichtsurteils bedarf, sondern dass ein Gesellschafter mit dem Eintritt eines bestimmten Sachverhalts automatisch aus der Gesellschaft ausscheidet. Das gilt für einige Gesellschaften im Falle des Todes eines Gesellschafters.[946] Bei anderen Gesellschaften (GbR, OHG, KG und SC) führt die Insolvenz eines Gesellschafters zu seinem automatischen Ausscheiden.[947] Da ein automatisches Ausscheiden nur vereinzelt angeordnet ist, lässt sich an dieser Stelle kein gemeinsames Prinzip formulieren. Zu bemerken ist lediglich, dass der Sachverhalt des Todes eines Gesellschafters und der Eröffnung des Insolvenzverfahrens über das Vermögen eines Gesellschafters sich als automatischer Ausscheidensgrund besonders gut eignen, weil über das Vorliegen dieser beiden Sachverhalte in der Regel keine Zweifel bestehen.

D. Rechtsvergleichende Analyse und Bildung gemeinsamer Prinzipien

Drei verschiedene Ausschlussverfahren konnten unterschieden werden: Ausschluss durch Gesellschafterbeschluss, durch Gerichtsurteil und automatisches Ausscheiden. Dabei hat sich gezeigt, dass das automatische Ausscheiden in den drei untersuchten Rechtsordnungen nur für bestimmte Einzelfälle gesetzlich vorgesehen ist. Als allgemeine Ausschlussverfahren existieren

---

[945] Das Urteil ersetzt dann die Teilnahme an der Ausschließungsklage (§ 894 ZPO). **Vgl. für die OHG/KG:** BGH, Urteil v. 28.4.1975, BGHZ 64, 253, 259; BGH, Urteil v. 18.10.1976, BGHZ 68, 82, 83; **vgl. für die GmbH:** Scholz-*H. Winter*, § 15, Rn. 140; Hachenburg-*Ulmer*, Anh. § 34, Rn. 20; *Balz*, 40 ff.; *Soufleros*, 63 ff.

[946] Die sich aus dem Tod eines Gesellschafters ergebenden Rechtsfolgen sind allerdings nicht Gegenstand dieser Untersuchung, so dass auf diesen Fall nicht eingegangen wird.

[947] **GbR:** § 728 Abs. 1 S. 1 BGB. Voraussetzung ist allerdings das Bestehen einer Fortsetzungsklausel im Gesellschaftsvertrag (§ 728 Abs. 2 i. V. m. § 736 Abs. 1 BGB). **OHG/KG:** § 131 Abs. 3 Nr.1 und 2 HGB n. F.; für die KG i. V. m. § 161 Abs. 2 HGB; **SC:** art. 1860 C. civ.

damit nur der Ausschluss durch Gesellschafterbeschluss und durch Gerichtsurteil.

Auf den ersten Blick scheint es rein zufällig zu sein, dass in einigen Fällen der Ausschluss durch Gerichtsurteil und in anderen Fällen durch Gesellschafterbeschluss vorgesehen ist. Bei genauerem Hinsehen fällt jedoch Folgendes auf: In allen Fällen, in denen schon gesetzlich der Ausschluss eines Gesellschafters möglich ist, ist für den Ausschluss ein Gerichtsurteil notwendig (OHG, KG, *private* und *public company*, Ausschluss aus der GmbH aus wichtigem Grund). In allen denjenigen Fällen hingegen, in denen zur Lösung personenbezogener Konflikte von Gesetzes wegen nur die Auflösung der Gesellschaft in Frage kommt und bei denen der Ausschluss eines Gesellschafters nur möglich ist, wenn dies im Gesellschaftsvertrag vorgesehen ist, erfolgt der Ausschluss durch Gesellschafterbeschluss (GbR, *partnership* und *limited partnership*, alle französischen Gesellschaften, Zwangseinziehung von GmbH- und AG-Anteilen). Dieser Zusammenhang wird besonders am Beispiel der Rechtslage bei der GmbH deutlich, wo zwei unterschiedliche Ausschlussverfahren existieren. Die Zwangseinziehung von Geschäftsanteilen ist nur möglich, wenn dies in der Satzung vorgesehen ist und erfolgt durch Gesellschafterbeschluss. Der Ausschluss aus wichtigem Grund hingegen ist ein gesetzlicher Ausschlusstatbestand[948] und vollzieht sich durch Gestaltungsurteil.

Ist dieser Zusammenhang aber rein zufälliger Natur oder ist er logisch erklärbar? Zur Beantwortung dieser Frage soll ein Blick auf die Funktion des Erfordernisses der gesellschaftsvertraglichen Ausschlussklausel auf der einen und des Gestaltungsurteils auf der anderen Seite geworfen werden. Das Erfordernis der Ausschlussklausel dient dem Schutz des einzelnen Gesellschafters, der bei fehlendem gesetzlichen Ausschlusstatbestand vor einem Herausdrängen aus der Gesellschaft durch die anderen Gesellschafter bewahrt werden soll. Er kann sich dieses Schutzes auch nur selbst begeben; ohne Zustimmung aller Gesellschafter – und damit auch der Zustimmung des (später) betroffenen Gesellschafters – kann eine Ausschlussklausel nicht Bestandteil des Gesellschaftsvertrags werden.[949] Zwar bleibt den anderen Gesellschaftern auch ohne Ausschlussklausel noch die Möglichkeit, die Gesellschaft aufzulösen, wenn ein Konflikt mit einem Gesellschafter so schwerwiegend ist, dass dieser diese Maßnahme rechtfertigt. Aber zum einen liegt die rechtliche Schwelle, ab der eine Auflösung möglich ist, höher als für den Ausschluss eines Gesellschafters und zum anderen dürfte im Falle der Auflösung der Ge-

[948] Auch wenn das Recht zum Ausschluss aus wichtigem Grund bei der GmbH von der Rechtsprechung entwickelt wurde, handelt es sich doch um einen gesetzlichen Tatbestand.

[949] Vgl. oben S. 206.

sellschaft für die anderen Gesellschafter auch faktisch die Hemmschwelle für die Ergreifung dieser Maßnahme deutlich höher liegen als beim Gesellschafterausschluss. Mit der Auflösung ist nämlich ein hoher wirtschaftlicher und rechtlicher Aufwand verbunden, während nach dem Ausschluss eines Gesellschafters die Verbleibenden die Gesellschaft im wesentlichen so weiterführen können wie zuvor.

Wie das Erfordernis der Ausschlussklausel dient auch dasjenige des Ausschlussurteils dem Schutz des einzelnen von der Ausschließung bedrohten Gesellschafters. Die präventive Überprüfung des Ausschlusses durch ein Gericht bewirkt eine höhere Richtigkeitsgewähr im Vergleich zum Ausschluss durch einfachen (einstimmigen oder mehrheitlichen) Beschluss der Gesellschafterversammlung. Zwar steht es dem betroffenen Gesellschafter auch im letzteren Fall frei, den Ausschluss (im nachhinein) durch die Gerichte überprüfen zu lassen. Im Vergleich zur präventiven Kontrolle stellt das für ihn aber dennoch einen Nachteil dar, wenn man bedenkt, dass er in einem solchen Fall mit einem längeren Schwebezustand leben und zudem das Prozessrisiko tragen muss.

Vor diesem Hintergrund wird auch deutlich, warum die Gesetzgeber in den drei Ländern[950] in keinem Fall vorgesehen haben, dass der Ausschluss eines Gesellschafters auf Grund eines gesetzlichen Ausschlusstatbestands durch einen (einstimmigen oder mehrheitlichen) Beschluss der anderen Gesellschafter erfolgt. Es besteht vielmehr in allen Fällen ein Bedürfnis nach einem etwa gleichwertigen Schutzniveau. Der Schutz des einzelnen Gesellschafters wird deshalb entweder durch das Erfordernis der Ausschlussklausel gewahrt, der jedes Mitglied der Gesellschaft zustimmen muss, oder aber durch das Erfordernis der Ausschlussklage. Ein kumulativer Schutz durch beide Schutzinstrumente, d. h. vorgeschriebene Ausschlussklage auf Grund gesellschaftsvertraglicher Ausschlussklausel, erscheint unnötig, weil der einzelne Gesellschafter durch seine Zustimmung zur Aufnahme einer solchen Klausel in den Gesellschaftsvertrag auf einen weitergehenden Schutz (Ausschluss nur durch Gerichtsurteil) gleichsam verzichtet hat.

Hinter sämtlichen in den untersuchten Rechtsordnungen anzutreffenden Ausschlusstatbeständen steht demnach folgende gemeinsame Wertung: Hat sich ein Gesellschafter nicht mit der besonders einschneidenden Sanktionsmöglichkeit des Ausschlusses von Gesellschaftern – und damit auch der Möglichkeit seines eigenen Ausschlusses – durch seine Zustimmung zur Einfügung einer entsprechenden Bestimmung in den Gesellschaftsvertrag einverstanden erklärt, dann ist er gegen einen (auf einer gesetzlichen Bestim-

[950] Der Begriff Gesetzgeber wird hier insofern im weiten Sinne verstanden, als er auch die Judikative erfasst, soweit es um von ihr entwickeltes Richterrecht geht (z. B. die Entwicklung des Ausschlusses von Gesellschaftern aus der GmbH aus wichtigem Grund durch die Rechtsprechung).

mung beruhenden) Ausschluss seiner Person dadurch geschützt, dass dieser nicht einfach durch die anderen Gesellschafter beschlossen werden, sondern nur durch ein Gericht angeordnet werden darf, das (präventiv) das Vorliegen von etwaigen Ausschlussgründen prüft. Hieraus ergeben sich folgende gemeinsame Prinzipien:

Ist der Ausschluss von Gesellschaftern gesetzlich vorgesehen, dann erfolgt dieser durch ein Gerichtsurteil. Beruht der Ausschluss eines Gesellschafters dagegen auf einer gesellschaftsvertraglichen Klausel, dann erfolgt dieser durch Beschluss der Gesellschafterversammlung. Im letzteren Fall wird der Ausschluss erst dadurch wirksam, dass dem betroffenen Gesellschafter der Beschluss mitgeteilt wird.

§ 39 Rechtsfolgen

A. Rechtliches Schicksal der Gesellschaftsanteile des ausscheidenden Gesellschafters

Das rechtliche Schicksal der Gesellschaftsanteile des ausscheidenden Gesellschafters ist grundsätzlich das Gleiche wie beim Austritt eines Gesellschafters aus besonderem Grund,[951] so dass an dieser Stelle auf die hierzu gemachten Ausführungen und entwickelten gemeinsamen Prinzipien verwiesen wird.[952]

Etwas anderes gilt allerdings für die Zwangseinziehung von GmbH- und AG-Anteilen. Bereits der Begriff Zwangseinziehung drückt aus, dass die Gesellschaft – anders als beim Austritt und im übrigen beim Ausschluss eines Gesellschafters – nicht wählen kann, ob die betroffenen Gesellschaftsanteile von anderen Gesellschaftern oder von Dritten übernommen oder ob die Anteile durch die Gesellschaft eingezogen werden sollen. In dem Fall besteht vielmehr nur die Möglichkeit der Einziehung der Gesellschaftsanteile, d. h.

[951] **Deutsche Personengesellschaften:** Vgl. die für alle Formen des Ausscheidens aus allen Personengesellschaften geltenden §§ 738-740 BGB (für die OHG/KG i. V. m. § 105 Abs. 3 HGB bzw. § 161 Abs. 2 HGB); **GmbH:** *Lutter/Hommelhoff*, § 34, Rn. 26; **Partnership und limited partnership:** Vgl. die für alle Formen des Ausscheidens geltenden Bestimmungen in folgenden Typenverträgen: *Byrne/Gowar/Moberly*, Form 1, Clause 22.1 (Rn. 183), Form 2, Clause 20.1 (Rn. 212); *Blackett-Ord*, Precedent 1, Clause R 1, Precedent 2, Clause R 1; *Sacker*, Precedent 1, Clause T 1.1 (S. 56); **Private und public company:** Für die *companies* gelten schon deswegen die gleichen Rechtsfolgen wie beim Austritt von Gesellschaftern, weil die Ausschließung von Gesellschaftern auf dem gleichen Rechtsbehelf beruht (ss. 459, 461 CA 1985); **Französische Gesellschaften:** Vgl.: *Mestre*, Anm. zu CA Aix, 26 juin 1984, D. 1985, 373, 375; *Odet/Bulle*, Pratique des sociétés, AP 488, 3; *Bougnoux*, JCl. des Sociétés, Fasc. 48-60, Rn. 26 (für die SC).

[952] Vgl. oben S. 183 ff.

die Gesellschaftsanteile gehen mit Wirksamwerden der Einziehung unter und der Betroffene verliert seine Mitgliedschaft.[953] Allerdings kann auch für den Fall der Einziehung in der Satzung vereinbart werden, dass der Anteil an einen Gesellschafter oder einen Dritten übertragen wird.[954] Vor diesem Hintergrund und weil die Besonderheit des Einziehungsverfahrens nur für die deutschen Kapitalgesellschaften gilt, soll dies dem bereits oben im Hinblick auf den Austritt formulierten gemeinsamen Prinzip nicht entgegenstehen. Wie beim Austritt von Gesellschaftern gilt also,[955] dass bei den Gesellschaften ohne eigene Rechtspersönlichkeit der Anteil des ausscheidenden Gesellschafters den verbleibenden Gesellschaftern grundsätzlich anteilig zuwächst und bei den Gesellschaften mit eigener Rechtspersönlichkeit eine Übertragung der Gesellschaftsanteile des ausscheidenden Gesellschafters nach Wahl der Gesellschaft entweder auf die Mitgesellschafter, auf einen von der Gesellschaft bestimmten Dritten oder auf die Gesellschaft selbst erfolgt.

B. Abfindungsanspruch des ausscheidenden Gesellschafters

Auch für die Abfindung des ausscheidenden Gesellschafters gilt grundsätzlich das Gleiche wie beim Austritt eines Gesellschafters aus besonderem Grund,[956] so dass auf die Ausführungen zu diesem Thema verwiesen werden kann.[957]

Einige Besonderheiten gelten allerdings für die Zwangseinziehung von Aktien bei der AG. Zu unterscheiden ist hier zwischen der angeordneten und der gestatteten Zwangseinziehung. Bei der angeordneten Zwangseinziehung muss die Satzung der AG zwingend die Bedingungen der Zwangseinziehung genau festlegen und deshalb auch die Frage des Einziehungsentgelts (Abfindung) regeln,[958] während bei der gestatteten Zwangseinziehung eine Festle-

---

953 **GmbH:** BGH, Urteil v. 1.4.1953, BGHZ 9, 157, 158; BGH, Urteil v. 14.9.1998, BGHZ 139, 299, 302; BayObLG, Beschluss v. 25.10.1991, DB 1991, 2537; *Hueck/Fastrich*, in: Baumbach/Hueck, § 34, Rn. 16; Scholz-*H. P. Westermann*, § 34, Rn. 58; *Wellhöfer*, GmbHR 1994, 212, 214; *Wolff*, GmbHR 1999, 958, 959 f.; **AG:** *Hüffer*, AktG, § 238, Rn. 5; *Lutter*, in: Kölner Komm. AktG, § 238, Rn. 9; MünchHdb. GesR IV-*Krieger*, § 62, Rn. 26; *Schilling*, in: Großkomm. AktG, 3. Aufl. 1973, § 237 Rn. 2; *Hefermehl*, in: Geßler/Hefermehl, AktG, § 238, Rn. 5.

954 Scholz-*H. Winter*, § 34, Rn. 3.

955 Vgl. oben S. 159 ff.

956 Vgl. die Nachweise oben in Fn. 951 und für die Abfindung bei der GmbH zusätzlich: Scholz-*H. Winter*, § 15, Rn. 150; *Lutter/Hommelhoff*, § 34, Rn. 42; Hachenburg-*Ulmer*, Anh. § 34, Rn. 61.

957 Vgl. oben S. 185 ff.

958 MünchKommAktG-*Oechsler*, § 237, Rn. 63; *Hefermehl*, in: Geßler/Hefermehl, AktG, § 237, Rn. 13; *Hüffer*, AktG, § 237, Rn. 18; MünchHdb. GesR IV-*Krieger*, § 62 Rn. 12; *Lutter*, in: Kölner Komm. AktG, § 237, Rn. 34, 69.

gung der Abfindung in der Satzung nur möglich, aber nicht zwingend erforderlich ist.[959] Trifft die Satzung keine Regelung, dann entscheidet die Hauptversammlung.[960] Die Einziehung ist dann nur gegen eine angemessene Abfindung zulässig (§ 315 BGB).[961] Angemessen ist mindestens der Börsenwert,[962] gegebenenfalls mit einem Zuschlag auf Grund des tatsächlich höheren wirtschaftlichen Wertes der Mitgliedschaft unter Berücksichtigung des Ertragswertes der Gesellschaft.[963] Da sich also im Ergebnis die Abfindung auch bei der Zwangseinziehung von Aktien grundsätzlich nach dem Verkehrswert der Anteile richtet (mit dem Börsenkurs als Untergrenze), steht die Regelung der Zwangseinziehung bei der AG dem bereits oben für den Abfindungsanspruch beim Austritt aus besonderem Grund formulierten gemeinsamen Prinzip nicht entgegen, auf das an dieser Stelle verwiesen wird.[964]

C. Kapitalschutzvorschriften als Durchführungsschranke

Genauso wie beim Austritt aus besonderem Grund ist auch der Ausschluss eines Gesellschafters nur möglich, wenn dadurch nicht gegen Kapitalschutzvorschriften verstoßen wird. Dies gilt auch für das oben beim Austritt nicht mitbehandelte Ausscheiden aus der AG:[965] Durch die Zwangseinziehung darf das Grundkapital nicht unter die Grenze des § 7 AktG (Mindestnennkapital 50.000,- Euro) herabgesetzt werden.[966] Es gilt also auch hier das im Zusam-

---

[959] *Lutter*, in: Kölner Komm. AktG, § 237, Rn. 70 ff.; MünchKommAktG-*Oechsler*, § 237, Rn. 64; MünchHdb. GesR IV-*Krieger*, § 62 Rn. 12.

[960] MünchKommAktG-*Oechsler*, § 237, Rn. 64; *Lutter*, in: Kölner Komm. AktG, § 237, Rn. 72.

[961] *Hüffer*, AktG, § 237, Rn. 18; *Lutter*, in: Kölner Komm. AktG, § 237, Rn. 72; *Schilling*, in: Großkomm. AktG, 3. Aufl. 1973, § 237 Rn. 15; MünchKommAktG-*Oechsler*, § 237, Rn. 64; MünchHdb. GesR IV-*Krieger*, § 62 Rn. 12.

[962] Dass unter dem Gesichtpunkt der in Art. 14 GG verbürgten Eigentumsgarantie der Börsenkurs grundsätzlich die unterste Grenze der zu zahlenden Abfindung bezeichnet, hat auch das BVerfG jüngst festgestellt: BVerfG, Beschluss v. 27.4.1999, BVerfGE 100, 289, 308 („DAT/Altana"). Vgl. hierzu weiterführend: *Hüttemann*, ZGR 2001, 454; *Großfeld*, BB 2000, 261; *Piltz*, ZGR 2001, 185; *Stilz*, ZGR 2001, 875, *Röhricht*, in: Gesellschaftsrecht in der Diskussion, 3, 5 ff.

[963] MünchKommAktG-*Oechsler*, § 237, Rn. 64; *Lutter*, in: Kölner Komm. AktG, § 237, Rn. 72; MünchHdb. GesR IV-*Krieger*, § 62 Rn. 12; ähnlich *Hüffer*, AktG, § 237, Rn. 18.

[964] Vgl. oben S. 187.

[965] Die AG wurde oben beim Austritt aus besonderen Grund nicht mitbehandelt, weil ein Recht zum Austritt aus der AG nach herrschender Meinung nicht besteht. Vgl. oben S. 164 f.

[966] *Lutter*, in: Kölner Komm. AktG, § 237, Rn. 15; *Schilling*, in: Großkomm. AktG, 3. Aufl. 1973, § 237 Rn. 2.

menhang mit dem Austritt aus besonderem Grund formulierte gemeinsame Prinzip, auf das verwiesen wird.[967]

D. Zusammenfassung und Bildung gemeinsamer Prinzipien

Hinsichtlich des rechtlichen Schicksals der Gesellschaftsanteile des ausscheidenden Gesellschafters, des Abfindungsanspruchs des ausscheidenden Gesellschafters und der Kapitalschutzvorschriften als Durchführungsschranke gelten im wesentlichen die gleichen Erwägungen wie für den Austritt aus besonderem Grund. Da dies auch hinsichtlich der weiteren Rechtsfolgen gilt, lässt sich als gemeinsames Prinzip folgender Verweis festhalten:

Die Rechtsfolgen sind die Gleichen wie beim Austritt aus der Gesellschaft aus besonderem Grund.[968]

Zweiter Abschnitt: Ausschluss als Sanktion der Nichtleistung von Gesellschaftereinlagen

§ 40 Ausschlussgrund

In den Kapitalgesellschaftsrechten aller drei untersuchten Rechtsordnungen existieren besondere gesetzliche Verfahren, mittels derer Gesellschafter, die mit der Zahlung der Einlage auf ihre Anteile säumig sind, aus der Gesellschaft ausgeschlossen werden können. In Deutschland heißt dieses Verfahren sowohl bei der GmbH[969] als auch bei der AG Kaduzierung (§§ 21-25 GmbHG, § 64 AktG), in England spricht man im *company law* von *forfeiture* (s. 143 (3) (d) CA 1985, art. 18-22 Table A) und im Recht der französischen SA ist von der *exécution en bourse*[970] die Rede (art. L. 228-27 C. com.)[971]. Mit diesen besonderen Verfahren soll das bei allen Kapitalgesellschaften bestehende besondere Bedürfnis für die Sanktionierung der Nichtleistung von Kapitaleinlagen befriedigt werden. Dahinter steht die gemeinsame Wertung, dass die Kapitalgesellschaften anders als die Personengesellschaften idealty-

967 Vgl. oben S. 190.

968 Vgl. oben S. 183 ff.

969 Vgl. sehr ausführlich zur Kaduzierung bei der GmbH *Melber*.

970 Zum nicht ganz exakten Begriff der *exécution en bourse* vgl.: *Guyon*, Droit des affaires, Rn. 103; *Germain*, Ripert/Roblot I-2, Rn. 1533.

971 Der Ausschluss von Gesellschaftern war früher immer nur in den Statuten der Gesellschaften vorgesehen, bevor der Gesetzgeber im Gesetz über die Handelsgesellschaften von 1966 dieses Verfahren auch im Gesetz vorsah. Weitergehend dazu: *Germain*, Ripert/Roblot I-2, Rn. 1533.

pischerweise nicht in erster Linie auf das persönliche Engagement der Mitglieder angewiesen, sondern vor allem davon abhängig sind, dass die Mitglieder die von ihnen zugesagten Kapitalbeteiligungen erbringen.

Das Verfahren des *forfeiture* kann bei der *private* und der *public company* zwar nur durchgeführt werden, wenn der Gesellschaftsvertrag eine entsprechende Bestimmung enthält.[972] Da aber die aktuelle Mustersatzung *Table A*[973] die Möglichkeit des *forfeiture* vorsieht (in art. 18-22 Table A), ist diese Voraussetzung grundsätzlich erfüllt, so dass auch hier von einem gesetzlichen Ausschlussverfahren gesprochen werden kann.[974]

Die französische SARL ist die einzige untersuchte Kapitalgesellschaft, bei der ein derartiges Verfahren nicht existiert. Der Grund hierfür ist, dass bei der SARL bis vor Kurzem die Einlagen – sofern die Gesellschaft nicht mit variablem Kapital ausgestattet war (art. L. 231-5 C. com.) – bereits bei der Gründung vollständig aufzubringen waren (art. L. 223-7 al. 1 C. com. a. F.). Seit 2001[975] müssen die Einlagen bei der SARL jedoch nur noch zu mindestens einem Fünftel erbracht werden (art. L. 223-7 al. 1 C. com. n. F.).[976] Insofern bedurfte es für die SARL bis vor kurzem nicht eines besonderen Ausschlussverfahrens im Falle der Nichtleistung von Einlagen. Dass auf Grund dieser Gesetzesänderung nunmehr eigentlich auch bei der SARL ein Bedürfnis für ein derartiges Verfahren besteht, hat der französische Gesetzgeber aber bisher nicht nachvollzogen,[977] soll aber der Bildung eines gemeinsamen Prinzips nicht entgegenstehen.

Im Verhältnis zum oben dargestellten allgemeinem Ausschlussverfahren aus besonderem Grund sind die hier behandelten Verfahren *leges specialis*, d. h. der Gesellschafter einer Kapitalgesellschaft kann nicht aus besonderem Grund nach den oben dargestellten Verfahren aus der Gesellschaft ausgeschlossen werden, weil er seine Einlage nicht geleistet hat.[978] Anderenfalls

---

972 *Hannigan*, in: Farrar's Company Law, 225; *Mayson/French/Ryan*, 6.4.2.; *Morse*, Charlesworth & Morse, 207.

973 Zur Rechtsnatur des *Table A* als dispositives Recht vgl. schon oben S. 44.

974 Nicht zutreffend daher *Neuling*, 149, der davon spricht, dass bei den *companies* kein gesetzliches Kaduzierungsverfahren existiere.

975 Art. L. 223-7 al. 1 C. com. wurde durch das *loi sur les nouvelles régulations économiques* (NRE) vom 15. Mai 2001 geändert.

976 *Germain*, Ripert/Roblot I-2, Rn. 1279; *Storp*, RIW 2002, 409, 420.

977 Allerdings kann nunmehr auf Grund des geänderten Art. 1843-3 al. 5 C. civ. jeder Interessierte gerichtlich verlangen, dass die zuständigen Organe zur Einbringung der Einlagen verpflichtet werden oder sogar ein Beauftragter zur Einbringung der ausstehenden Einlagen eingesetzt wird, wenn ein Gesellschafter mit der Erbringung seiner Einlagen säumig ist. Vgl. *Le Cannu*, Rev. soc. 2001, 633, 637 f.

978 Für das Verhältnis von Kaduzierungsverfahren und der Zwangseinziehung von Anteilen bei der AG: MünchKommAktG-*Oechsler*, § 237, Rn. 37.

würden die besonderen Voraussetzungen und Rechtsfolgen dieses speziellen Verfahrens umgangen werden. Es gilt folgendes gemeinsames Prinzip:

Mitglieder von Kapitalgesellschaften können im Falle der Nichtleistung ihrer Einlage mittels eines besonderen Verfahrens aus der Gesellschaft ausgeschlossen werden.

§ 41 Ausschlussverfahren

A. Aufforderung zur Zahlung der noch nicht geleisteten Einlage

Allen genannten Gesellschaften ist gemeinsam, dass der Ausschluss eines Gesellschafters auf Grund der Nichtleistung von Einlagen voraussetzt, dass der betroffene Gesellschafter unter einer Fristsetzung und unter Androhung des Ausschlusses aus der Gesellschaft zur Zahlung der Einlage aufgefordert wurde. Die zu setzende Frist ist allerdings unterschiedlich lang.

So setzt die Kaduzierung bei der GmbH voraus, dass der Gesellschafter zur Zahlung einer fälligen und noch nicht geleisteten Einlage aufgefordert wurde. Neben dieser ersten Aufforderung muss dem Gesellschafter in einer zweiten Aufforderung mittels eingeschriebenem Brief eine Nachfrist von mindestens einem Monat gesetzt werden, in der der geschuldete Betrag zu beziffern und dem Gesellschafter mit dem Ausschluss aus der Gesellschaft zu drohen ist (§ 21 Abs. 1 GmbHG).[979]

Bei der AG muss die Gesellschaft den Aktionären, die mit der Einlagezahlung säumig sind, eine mindestens drei Monate lange Nachfrist setzen mit der Androhung, dass sie nach Fristablauf ihrer Aktien für verlustig erklärt werden (§ 64 Abs. 1 AktG).[980] Die Androhung der Nachfrist muss dreimal in den Gesellschaftsblättern, d. h. wenigstens dem Bundesanzeiger (§ 25 AktG), bekannt gemacht werden (§ 64 Abs. 2 S. 1 AktG).

Der säumige Gesellschafter einer *private* und *public company* muss mit einer Frist von vierzehn Tagen zur Zahlung der Einlage samt Zinsen aufgefordert werden. In der Aufforderung muss der Zahlungsort angegeben und darauf hingewiesen werden, dass der Anteil des betroffenen Gesellschafters der Einziehung unterworfen ist, wenn der Zahlungsaufforderung nicht nachgekommen wird (art. 18 Table A).

[979] Da der Zugang nachgewiesen werden muss, empfiehlt sich die Verwendung eines Einschreibens mit Rückschein. Vgl. *Lutter/Hommelhoff*, § 21, Rn. 8.

[980] *Hüffer*, AktG, § 64, Rn. 5; MünchHdb. GesR IV-*Wiesner*, § 16, Rn. 14.

Die SA muss den säumigen Aktionär per Einschreiben mit Rückschein in Verzug setzen (art. L. 228-27 al. 1 C. com., art. 208 al. 1 D. 67-236).[981]

Es ergibt sich folgendes gemeinsames Prinzip:

Voraussetzung des Ausschlusses eines Gesellschafters bei Nichtleistung der Gesellschaftereinlage ist, dass dieser von der Gesellschaft unter Setzung einer angemessenen Frist und unter Androhung des Ausschlusses aus der Gesellschaft zur Zahlung aufgefordert wurde.

B. Ausschlusserklärung nach Fristablauf

Unterschiede ergeben sich hinsichtlich der Frage, ob der betroffene Gesellschafter nach Ablauf der Frist noch einmal über seinen Ausschluss aus der Gesellschaft informiert werden muss. Während der betroffene GmbH-Gesellschafter nach Ablauf der gesetzten Frist von seinem Ausschluss per Einschreiben zu benachrichtigen ist (§ 21 Abs. 2 GmbHG), müssen die Aktionäre der AG und SA über ihren Ausschluss durch Bekanntmachung in einem Amtsblatt informiert werden. Aktionäre der AG werden durch Bekanntmachung in den Gesellschaftsblättern, d. h. wenigstens im Bundesanzeiger (§ 25 AktG), ihrer Mitgliedschaftsrechte für verlustig erklärt (§ 64 Abs. 3 S. 1 AktG) und der Verkauf der betroffenen Anteile muss im Falle der SA in einem lokalen Amtsblatt angekündigt werden (art. 208 al. 2 D. 67-236). Bei der *private* und der *public company* hingegen bedarf es zum endgültigen Ausschluss aus der Gesellschaft keiner Benachrichtigung des betroffenen Gesellschafters, sondern lediglich eines Beschlusses des *board of directors* (art. 19 Table A).[982]

Da die Rechtslage also in der Frage, ob es nach der Zahlungsaufforderung noch einer gesonderten Benachrichtigung des betroffenen Gesellschafters über seinen Ausschluss bedarf, bei den untersuchten Kapitalgesellschaften unterschiedlich ist, kann an dieser Stelle kein gemeinsames Prinzips gebildet werden.

[981] *Guyon*, Droit des affaires, Rn. 103; *Mercadal/Janin*, Mémento Soc. com., Rn. 18286.

[982] Vgl. *Pennington*, Company Law, 376.

§ 42 Rechtsfolgen

A. Rechtliches Schicksal der Gesellschaftsanteile des ausgeschlossenen Gesellschafters

Als wenig überraschende Gemeinsamkeit aller untersuchter Rechtsordnungen kann zunächst festgehalten werden, dass der betroffene Gesellschafter durch den Ausschluss seine Mitgliedschaft verliert. Unterschiede ergeben sich jedoch im Hinblick darauf, was mit den Gesellschaftsanteilen des ausscheidenden Gesellschafters im Einzelnen passiert.

Während die Mitgliedschaft bei den deutschen und englischen Kapitalgesellschaften zunächst auf die Gesellschaft übergeht,[983] ehe die Anteile wieder veräußert werden, erfolgt bei der französischen SA kein Zwischenerwerb durch die Gesellschaft. Der SA-Gesellschafter verliert erst durch einen Übergang seiner Anteile auf eine andere Person seine Mitgliedschaft.[984]

Hinsichtlich der Anforderungen an den Verkauf der Anteile des ausgeschlossenen Gesellschafters zeigt sich wieder der Unterschied zwischen der relativen Strenge der kontinentaleuropäischen Gesellschaftsrechte im Vergleich zum englischen Gesellschaftsrecht, das der Gestaltungsfreiheit der Gesellschafter größeren Raum einräumt. Während bei der GmbH, AG und SA der Verkauf von nicht börsennotierten Anteilen (zum Schutz des ausgeschlossenen Gesellschafters) nur durch öffentliche Versteigerung und die Veräußerung von börsennotierten Anteilen nur zum Börsenkurs erfolgen darf,[985] ist es den *directors* der englischen *companies* überlassen, über die Art und Weise des Verkaufs der Anteile des ausgeschlossenen Gesellschafters zu entscheiden.[986]

Bei der GmbH und AG besteht zudem noch die Besonderheit, dass ein Verkauf der Anteile des ausgeschlossenen Gesellschafters nur erfolgen kann, wenn der rückständige Einlagenbetrag auch nicht von den Rechtsvorgängern

---

[983] **GmbH:** *Lutter/Hommelhoff*, § 21, Rn. 14; Hachenburg-*W. Müller*, § 21, Rn. 59; *Pentz*, in: Rowedder/Schmidt-Leithoff, § 21, Rn. 44; im Ergebnis ebenso (Gesellschaft als Treuhänderin): *Hueck/Fastrich*, in: Baumbach/Hueck, § 21, Rn. 12; Scholz-*Emmerich*, § 21, Rn. 29; **AG:** *Hüffer*, AktG, § 64, Rn. 8; MünchHdb. GesR IV-*Wiesner*, § 16, Rn. 17; *Lutter*, in: Kölner Komm. AktG, Anh. § 64, Rn. 35; **Private und public company:** Art. 21 Table A. Vgl.: *Morse*, Charlesworth & Morse, 208; *Hannigan*, in: Farrar's Company Law, 225.

[984] *Germain*, Ripert/Roblot I-2, Rn. 1533.

[985] **GmbH:** § 23 GmbHG; vgl. *Wellhöfer*, GmbHR 1994, 212, 221; **AG:** § 65 Abs. 3 S. 1 AktG; **SA:** art. L. 228-27 al. 3 C. com., art. 208 al. 2 D. 67-236.

[986] Art. 20 Table A; *Pennington*, Company Law, 379.

des ausgeschlossenen Gesellschafters zu erlangen ist.[987] Zahlt ein Rechtsvorgänger den ausstehenden Betrag, dann kann er die Anteile übernehmen.[988]

Auf Grund der dargestellten Unterschiede kann an dieser Stelle nur folgende Gemeinsamkeit festgehalten werden:

Mit der Ausschließung wegen Nichtleistung der Gesellschaftereinlagen verliert der betroffene Gesellschafter seine Mitgliedschaft.

B. Abfindungsanspruch des ausgeschlossenen Gesellschafters?

Bei allen genannten Gesellschaftsformen steht dem ausgeschlossenen Gesellschafter kein Anspruch auf eine Abfindung zu.[989] Vielmehr soll es der Gesellschaft mit der Verwertung der Anteile des säumigen Gesellschafters gerade ermöglicht werden, die ausstehenden Einlagen zu erlangen. Es gilt folgendes gemeinsames Prinzip:

Der ausgeschlossene Gesellschafter erwirbt keinen Anspruch auf eine Abfindung.

C. Haftung des ausgeschlossenen Gesellschafters

Der ausgeschlossene Gesellschafter haftet bei allen untersuchten Kapitalgesellschaften für den Ausfall, den die Gesellschaft durch die Nichtleistung der Einlage erleidet, d. h. in Höhe des Betrages der ausstehenden Einlagen, der von der Gesellschaft nicht anderweitig (z. B. durch den Verkauf der Anteile) erlangt werden kann.[990] Es gilt also folgendes gemeinsames Prinzip:

Der ausgeschlossene Gesellschafter haftet der Gesellschaft in Höhe des Betrages der ausstehenden Einlagen, soweit dieser von der Gesellschaft nicht

[987] **GmbH:** § 23 S. 1 GmbHG; vgl. *Hueck/Fastrich*, in: Baumbach/Hueck, § 23, Rn. 2; **AG:** § 65 Abs. 3 S. 1 AktG; vgl. MünchHdb. GesR IV-*Wiesner*, § 16, Rn. 23.

[988] **GmbH:** § 22 Abs. 4 GmbHG; **AG:** § 65 Abs. 1 S. 4 AktG; vgl.: MünchHdb. GesR IV-*Wiesner*, § 16, Rn. 20.

[989] **GmbH:** MünchHdb. GesR III-*Gummert*, § 50, Rn. 139; **AG:** MünchHdb. GesR IV-*Wiesner*, § 16, Rn. 23; **Private und public company:** *Pennington*, Company Law, 379 f.; **SA:** *Guyon*, Droit des affaires, Rn. 103.

[990] **GmbH:** § 21 Abs. 3 GmbHG. Vgl. MünchHdb. GesR III-*Gummert*, § 50, Rn. 155; **AG:** § 64 Abs. 4 S. 2 AktG. Vgl. MünchHdb. GesR IV-*Wiesner*, § 16, Rn. 19; **Private und public company:** art. 21 Table A. Vgl. *Pennington*, Company Law, 379; **SA:** *Germain*, Ripert/Roblot I-2, Rn. 1533; *Guyon*, Droit des affaires, Rn. 103.

auf anderem Wege – vor allem durch einen Verkauf der Anteile – erlangt werden kann.

D. Weitere Rechtsfolgen

Im Hinblick auf die Haftung des ausscheidenden Gesellschafters für die Verbindlichkeiten der Gesellschaft, die Auswirkungen auf den Namen der Gesellschaft und das Ausscheiden aus der Zweipersonengesellschaft gilt das Gleiche wie bei der Anteilsübertragung.[991]

Dritter Abschnitt: Ausschluss ohne besonderen Grund

§ 43 Hinauskündigungsklauseln in Gesellschaftsverträgen

Nach der gesetzlichen Ausgangslage bzw. nach den üblichen gesellschaftsvertraglichen Vereinbarungen ist der Ausschluss eines Gesellschafters – wie oben erläutert[992] – nur aus besonderem Grund möglich. Darf aber durch eine Vereinbarung im Gesellschaftsvertrag der Ausschluss von Gesellschaftern auch ohne das Vorliegen besonderer Grunde ermöglicht werden? Im deutschen Recht spricht man in diesem Zusammenhang von der Problematik der Zulässigkeit von „Hinauskündigungsklauseln".

Die Entscheidung über den Ausschluss eines Gesellschafters darf in allen drei untersuchten Rechtsordnungen auch durch eine entsprechende Bestimmung im Gesellschaftsvertrag nie gänzlich in das Ermessen der Mehrheit der Gesellschafter gestellt werden. Vielmehr obliegt die einzelne Ausschlussentscheidung immer einer Missbrauchskontrolle der Gerichte im Hinblick darauf, ob diese sachlich gerechtfertigt ist.

So kann bei den deutschen Personengesellschaften und der GmbH[993] nach Ansicht einer inzwischen[994] gefestigten Rechtsprechung ein Ausschluss-

[991] Vgl. oben S. 100 ff., 114 ff. und 127 ff.

[992] Vgl. oben S. 208 ff.

[993] Die nachfolgenden Grundsätze beziehen sich alle auch auf die GmbH, weil diese von der Rechtsprechung auf die GmbH übertragen worden sind. Vgl. BGH, Urteil v. 9.7.1990, BGHZ 112, 103, 108; zustimmend: Hachenburg-*Ulmer*, § 34, Rn. 43; *Hueck/Fastrich*, in: Baumbach/Hueck, § 34, Rn. 8; *Lutter/Hommelhoff*, § 34, Rn. 18.

[994] Die Rechtsprechung in Deutschland hat die Frage, ob bei den Personengesellschaften und der GmbH Bestimmungen im Gesellschaftsvertrag zulässig sind, nach denen eine Ausschließung auch ohne Vorliegen eines wichtigen Grund möglich ist (sogenannte Hinauskündigungsklauseln), zu unterschiedlichen Zeiten unterschiedlich beantwortet. Früher hat die Rechtsprechung solche

recht ohne besonderen Grund, also nach freiem Ermessen, vertraglich nur vorgesehen werden, wenn es an bestimmte, im Gesellschaftsvertrag festgelegte sachliche Gründe gebunden oder wenn es zumindest durch besondere Umstände sachlich gerechtfertigt ist. Reine Hinauskündigungsklauseln, für die besondere sachliche Gründe nicht bestehen, werden dagegen als sittenwidrig und deshalb gemäß § 138 BGB als nichtig angesehen.[995] Welche besonderen Umstände reine Hinauskündigungsklauseln rechtfertigen, ist aber auch von Seiten der Rechtsprechung bisher nicht abschließend geklärt worden.[996] Der Bundesgerichtshof stellt dabei vielmehr auf den Einzelfall ab.[997] Als besondere Umstände kommen die Einräumung der Gesellschafterstellung nur wegen enger persönlicher Beziehungen[998] oder besondere Verdienste des Ausschließungsberechtigten um die Gesellschaft[999] in Betracht.[1000]

Für die AG gilt, dass die angeordnete Zwangseinziehung von Anteilen in der Satzung nur für das Vorliegen von bestimmten genau zu bezeichnenden

---

Klauseln zumeist als zulässig angesehen. Vgl.: BGH, Urteil v. 16.12.1960, BGHZ 34, 80, 83; BGH, Urteil v. 23.10.1972, NJW 1973, 651; zum Ganzen ausführlich auch *Schöne*, 38 ff.

995 BGH, Urteil v. 20.1.1977, BGHZ 68, 212, 215 (KG); BGH, Urteil v. 13.7.1981, BGHZ 81, 263, 266 ff. (KG); BGH, Urteil v. 19.9.1988, BGHZ 105, 213, 216 f. (KG); BGH, Urteil v. 5.6.1989, BGHZ 107, 351, 353 (KG); BGH, Urteil v. 7.2.1994, BGHZ 125, 74, 79 (atypische stille Gesellschaft); zustimmend: MünchKomm-*Ulmer*, § 737, Rn. 19; *Wiedemann*, GesR, § 7 III 2 a; *Pfitzmann*, 168.

In der Literatur ist diese Rechtsprechung zum Teil auf Widerspruch gestoßen. Kritisiert wird, dass die Rechtsprechung für sich in Anspruch nimmt, eine Inhaltskontrolle von Gesellschaftsverträgen bei allen personalistischen Gesellschaften durchzuführen und nicht nur in den Fällen, in denen es sich um den Ausschluss von besonders schutzbedürftigen Mitgliedern einer Publikumsgesellschaft handelt. Vgl.: *Krämer*, NJW 1981, 2553, 2556; *Bunte*, ZIP 1983, 8, 15; *ders.*, ZIP 1985, 915, 918; *Rasner*, NJW 1983, 2905, 2908; *Koller*, DB 1984, 545, 546; *Blanke*, 234; kritisch auch *Esch*, NJW 1979, 1390, 1394.

996 BGH, Urteil v. 19.9.1988, BGHZ 105, 213, 217 (KG); BGH, Urteil v. 9.7.1990, BGHZ 112, 103, 108 (GmbH); MünchKomm-*Ulmer*, § 737, Rn. 20.

997 Fallgruppen bildet *Schöne*, 80 ff.

998 Vgl. BGH, Urteil v. 9.7.1990, BGHZ 112, 103, 109 ff. (GmbH).

999 Als zu berücksichtigende Verdienste um die Gesellschaft kommen z. B. Verdienste bei deren Entstehungsgeschichte in Betracht. Vgl. *Baumbach/Hopt*, § 140, Rn. 31.

1000 Kein rechtfertigender Umstand sind der Erwerb der Mitgliedschaft durch Vererbung (BGH, Urteil v. 13.7.1981, BGHZ 81, 263, 266 ff.) oder eine geringe Kapitalbeteiligung (BGH, NJW 1985, 2421). Ob die Anteilsschenkung die Ausschließung ohne sachlichen Grund rechtfertigen kann, hat der BGH ausdrücklich offengelassen (BGH, Urteil v. 9.7.1990, BGHZ 112, 103, 109, betraf eine GmbH); anders die alte Rechtsprechung, die in der Schenkung keinen rechtfertigenden Umstand sah: BGH, Urteil v. 16.12.1960, BGHZ 34, 80, 83, und *Baumbach/Hopt*, § 140, Rn. 31. Diese Grenzen sollen selbst bei voller oder jedenfalls angemessener Abfindung gelten, weil auch dann das „Damoklesschwert der Hinauskündigung“ über dem vom Ausschluss bedrohten Gesellschafter schwebe (ständige Rechtsprechung: BGH, Urteil v. 13.7.1981, BGHZ 81, 263, 268 (KG); BGH, Urteil v. 19.9.1988, BGHZ 105, 213, 220 (KG); BGH, Urteil v. 9.7.1990, BGHZ 112, 103, 111 (GmbH); BGH, Urteil v. 5.6.1989, BGHZ 125, 74, 79 f. (atypische stille Gesellschaft)).

Gründen angeordnet werden darf[1001] und dass bei der zugelassenen Zwangseinziehung in der Satzung zwar nicht bestimmte Gründe festgelegt sein müssen, dass dort aber die Ausübung der Einziehungsbefugnis durch die Hauptversammlung im Einzelfall sachlich gerechtfertigt sein muss.[1002]

Bei der *partnership* und der *limited partnership* ist es grundsätzlich möglich, durch eine Klausel im Gesellschaftsvertrag den Ausschluss in das Ermessen der Gesellschafter zu stellen,[1003] allerdings unterliegt der Ausschluss auch hier der vollständigen Überprüfung durch die Gerichte im Hinblick darauf, ob dieser nach Treu und Glauben sachlich gerechtfertigt ist.[1004]

Ähnlich wie bei den *partnerships* stellt sich die Rechtslage auch bei der *private* und der *public company* dar. Grundsätzlich kann in den Gesellschaftsvertrag (die *articles of association*) durch außerordentlichen Beschluss (*special resolution)*[1005] jedwede Bestimmung und damit grundsätzlich auch eine solche aufgenommen werden, nach der ein Gesellschafter ohne das Vorliegen eines besonderen Grundes aus der Gesellschaft ausgeschlossen werden kann. Allerdings ist die Änderung der *articles* nur gültig, wenn sie nach Treu und Glauben für die Gesellschaft insgesamt vorteilhaft ist ("*The power to alter must be exercised bona fide for the benefit of the company as a whole.*").[1006] Dieser "*for the benefit of the company as a whole*" – Test wurde von den englischen Gerichten für den Ausschluss aus der *partnership* entwickelt und dann auf das *company law* übertragen.[1007] So wurde in einigen Entschei-

---

[1001] Vgl. die Nachweise oben in Fn. 867.

[1002] Vgl. die Nachweise oben in Fn. 869.

[1003] Dies wird teilweise in Typenverträgen bei Vorliegen eines einstimmigen Gesellschafterbeschlusses oder eines Gesellschafterbeschlusses mit einer qualifizierten Mehrheit vorgesehen (*Blackett-Ord*, Precedent 1, Clause P 3, Precedent 2, Clause P 3), teilweise wird hiervon grundsätzlich abgeraten (*Banks*, Lindley & Banks, Rn. 10-114).

[1004] Vgl. Wood v. Wood (1874) 22 W. R. 709; Russell v. Russell (1880) 14 Ch. D. 471 (betraf ein Recht auf Auflösung der Gesellschaft); *Banks*, Lindley & Banks, Rn. 10-114.

[1005] S. 9 (1) CA 1985. Für einen außerordentlichen Beschluss (*special resolution*) bedarf es der Zustimmung einer Dreiviertelmehrheit der Anteilseigner (s. 378 (2) i. V. m. s. 378 (1) CA 1985).

[1006] *Lindley MR*, in: Allen v. Gold Reefs of West Africa Ltd. [1900] 1 Ch. 656, 671 f., CA; *Evershed MR*, in: Greenhalgh v. Aderne Cinemas Ltd. [1951] Ch. 286, 291, CA; *Farrar*, in: Farrar's Company Law, 127; *Pennington*, Company Law, 87; *Morse*, Charlesworth & Morse, 140. Diese sogenannte "*Greenhalgh-Rule*" wurde von der *Company Law Review Steering Group* des DTI ausdrücklich für erhaltenswert befunden. Vgl. *Company Law Review Steering Group,* Final Report I, Rn. 7.55.

Im Fall Gambotto v. W.C.P. Ltd., (1995), 182 CLR 432 hat der High Court of Australia eine Bestimmung im Gesellschaftsvertrag, nach der der Ausschluss von Gesellschaftern ohne Vorliegen eines besonderen Grundes ermöglicht werden sollte, für ungültig erklärt. Vgl. näher dazu *Prentice*, (1996) 112 LQR, 194-197; *Lutter*, in: Encyclopedia of Comparative Law XIII-2, Rn. 196, Fn. 747.

[1007] *Farrar*, in: Farrar's Company Law, 125.

dungen die Ausschlussklausel für unzulässig gehalten, weil die Mehrheit diese Klausel nur deshalb in die *articles* einfügen wollte, um einen Gesellschafter aus der Gesellschaft zu verdrängen.[1008] In einem anderen Fall wurde eine Ausschlussklausel für zulässig gehalten, auf Grund derer ein Mitglied aus der Gesellschaft ausgeschlossen werden sollte, bei dem es sich um einen Wettbewerber der Gesellschaft handelte.[1009]

Der Ausschluss des Mitglieds einer französischen Gesellschaft muss immer sachlich begründet sein. Er darf nicht *ad nutum* erfolgen oder weil der Mehrheit der Gesellschafter ein Mitgesellschafter lästig geworden ist.[1010] Der Gesellschaftsvertrag muss die Ausschlussgründe vielmehr hinreichend genau bestimmen bzw. müssen diese auf Grund des Gesellschaftsvertrags zumindest bestimmbar sein.[1011] Ein Ausschluss darf nur im Interesse der Gesellschaft (*intérêt social*) vorgesehen werden.[1012] Jeder betroffene Gesellschafter kann die Ausschlussentscheidung von den Gerichten daraufhin überprüfen lassen, ob diese auch sachlich gerechtfertigt war und nicht rechtsmissbräuchlich (*abus de droit*) erfolgt ist.[1013]

Hinter dieser in allen drei untersuchten Rechtsordnungen bestehenden Missbrauchskontrolle steht ein gemeinsames Ziel. Dadurch, dass der Ausschluss eines Gesellschafters nur aus sachlichen Gründen zugelassen wird, soll einer Willkürherrschaft der Mehrheit oder der mit dem Ausschlussrecht ausgestatteten Gesellschafter verhindert werden. Könnte die Mehrheit der Gesellschafter einen bestimmten Gesellschafter ständig mit dem Ausschluss aus der Gesellschaft drohen, würde die Gefahr bestehen, dass dieser von seinen Rechten keinen Gebrauch macht und die ihm obliegenden Pflichten nicht ordnungsgemäß erfüllt. Ihm bliebe dann vielfach keine andere Möglichkeit, als sich den Wünschen der durch das Ausschließungsrecht begünstigten Ge-

---

[1008] *Astbury J*, in: Brown v. British Abrasive Wheel Co. [1919] 1 Ch. 290, 296 f.; *Peterson J*, in: Dafen Tinplate Co. Ltd. v. Llanelly Steel Co. (1907) Ltd. [1920] 2 Ch. 124, 141.

[1009] *Lord Sterndale MR*, in: Sidebottom v. Kershaw, Leese & Co. Ltd. [1920] 1 Ch. 154, 165 f., CA; vgl. dazu auch *Pennington*, Company Law, 91 ff.

[1010] *Daigre*, Rev. soc. 1999, 535, 547; *Bougnoux*, JCl. des Sociétés, Fasc. 48-60, Rn. 26; *Guyon*, Aménagements statutaires, Rn. 99; *Mestre*, Anm. zu CA Aix, 26 juin 1984, D. 1985, 373, 375; für die SAS: *Périn*, Rn. 357.

[1011] *Mercadal/Janin*, Mémento Soc. com., Rn. 745; *Bougnoux*, JCl. des Sociétés, Fasc. 48-60, Rn. 26; *Dariosecq/Métais*, Bull. Joly 1998, 908, 912; *Guyon*, Aménagements statutaires, Rn. 99; weitergehend (Gründe müssen unzweideutig festgelegt sein): *Durand-Lépine*, P. A., 24 juillet 1995, n° 88, 1, 3; *de Bermond de Vaulx*, JCP 1990, éd. E., II, n° 15921, 742, 746; *Dariosecq/Métais*, Bull. Joly 1998, 908, 914; *Odet/Bulle*, Pratique des sociétés, AP 488, 2.

[1012] *Dariosecq/Métais*, Bull. Joly 1998, 908, 909 u. 912; *Bougnoux*, JCl. des Sociétés, Fasc. 48-60, Rn. 26; *Mestre*, Anm. zu CA Aix, 26 juin 1984, D. 1985, 373, 375.

[1013] Cass. com. („*SARL Wallerich sports c/ SA La Hutte*"), 21 octobre 1997, P. A. 5 juin 1998, n° 67, 17 (Anm. *Grynbaum*); *Durand-Lépine*, P. A., 24 juillet 1995, n° 88, 1, 3.

sellschafter zu beugen.[1014] Ein solches Ungleichgewicht innerhalb der Gesellschaft soll aber verhindert werden.

Eine Ausnahme von diesen Grundsätzen bilden jedoch die sogenannten *redeemable shares*, die von den *private* und *public companies* ausgegeben werden dürfen.[1015] Ist in den *articles* der Gesellschaft bestimmt, dass die Anteile nach der Wahl der Gesellschaft jederzeit rückkaufbar sind,[1018] dann kann auf diese Weise ein Mitglied von der Gesellschaft ohne Angabe von Gründen ausgeschlossen werden.[1019] Wegen des Ausnahmecharakters der *redeemable shares*[1021] sollen diese jedoch der Bildung der folgenden gemeinsamen Prinzipien nicht entgegenstehen.

Der Ausschluss eines Gesellschafters kann auch durch eine Bestimmung im Gesellschaftsvertrag nie völlig in das Ermessen der anderen Gesellschafter gestellt werden. Ist im Gesellschaftsvertrag der Ausschluss eines Gesellschafters ohne das Vorliegen eines besonderen Grundes zugelassen, so darf ein Gesellschafter gleichwohl nur ausgeschlossen werden, wenn die Ausschließung im Einzelfall sachlich gerechtfertigt ist.

[1014] So im Hinblick auf die deutschen Gesellschaften: BGH, Urteil v. 13.7.1981, BGHZ 81, 263, 268; BGH, Urteil v. 19.9.1988, BGHZ 105, 213, 216 f. (KG); BGH, Urteil v. 5.6.1989, BGHZ 107, 351, 353 (KG); BGH, Urteil v. 7.2.1994, BGHZ 125, 74, 79 (atypische stille Gesellschaft).

[1015] Vgl. hierzu schon oben S. 203.

[1016] Eine *company* kann nur rückkaufbare Anteile ausgeben, wenn sie im Gesellschaftsvertrag dazu ermächtigt ist. Vgl. *Morse*, Charlesworth & Morse, 139.

[1017] *Davies*, Gower's Principles, 319 f.; *Pennington*, Company Law, 222.

[1018] In den *articles* können jede nur denkbaren Rückkaufsbestimmungen enthalten sein, also auch eine Bestimmung, nach der die Gesellschaft die Anteile jederzeit zurückkaufen kann. Vgl. *Pennington*, Company Law, 222; *ders.*, in: Jura Europae IV, 90.10, Rn. 65A.

[1019] Für die Einführung der Möglichkeit der Ausgabe von *redeemable shares* bei der deutschen AG spricht sich die Regierungskommission Corporate Governance aus. Vgl. *Baums*, Rn. 235.

[1020] Es reicht jedoch aus, wenn nur ein Anteil der Gesellschaft nicht rückkaufbar ist. Vgl. *Morse*, Charlesworth & Morse, 140.

[1021] Vgl. hierzu schon oben S. 204.

Fünfter Teil: Schlussbetrachtung

Im Laufe dieser Untersuchung hat sich gezeigt, dass die Gemeinsamkeiten zwischen den Rechtsordnungen Deutschlands, Englands und Frankreichs im Hinblick auf den Wechsel von Gesellschaftern sehr groß sind. Die Bildung von gemeinsamen Prinzipien scheiterte nur in wenigen Einzelfällen.[1022] Dem widerspricht auch nicht, dass die Prinzipienbildung zum Teil mit Hilfe einer wertenden Betrachtung vorgenommen wurde. Gemeinsame Prinzipien wurden nur so gebildet, dass sich in keinem Fall ein Widerspruch zu Grundfesten einer der untersuchten Rechtsordnungen auftat. Die zum Teil bei einzelnen Gesellschaften bestehende abweichende Rechtslage wurde nur dann bei der Prinzipienbildung nicht berücksichtigt, wenn diese Regelung auch in der jeweiligen Rechtsordnung selbst nicht unumstritten ist. Die funktionale Herangehensweise erlaubte es, gemeinsame Prinzipien auch zu Fragestellungen zu bilden, bei denen auf den ersten Blick die Regelungen in den drei Rechtsordnungen sehr unterschiedlich erschienen.[1023]

Insofern ist mit dieser Untersuchung – zumindest für den Bereich des Wechsels von Gesellschaftern und zumindest für die Rechtsordnungen Deutschlands, Englands und Frankreichs – die Behauptung von *Bachmann* widerlegt worden, dass gemeinsame gesellschaftsrechtliche Prinzipien verschiedener europäischer Rechtsordnungen sich unterhalb eines hohen, praktisch wertlosen Abstraktionsgrades nicht formulieren ließen.[1024] Insbesondere hat sich gezeigt, dass der so oft behauptete fundamentale Unterschied zwischen dem englischen Recht und den kontinentaleuropäischen Rechtsordnungen so groß nicht ist.

Dieses Fazit überrascht aber im Grunde nicht, denn in allen nationalen Rechtsordnungen bestehen die gleichen Problemlagen und Interessenkonflikte, die zu einem gerechten Ausgleich gebracht werden müssen. Dabei ist zu beobachten, dass oftmals gleiche Probleme und auch gleiche Lösungsansätze für die Gesellschaften, bei denen der *intuitus personae* stark ausgeprägt ist (Personengesellschaften und personalistische Kapitalgesellschaften) auf der

---

[1022] Eine Prinzipienbildung scheiterte vor allem bei der Frage der Möglichkeit der Beschränkung des Abfindungsanspruchs des ausscheidenden Gesellschafters im Gesellschaftsvertrag. Vgl. oben S. 189 ff.

[1023] Insbesondere die folgenden Fragestellungen werden auf den ersten Blick in allen drei untersuchten Rechtsordnungen unterschiedlich, im Ergebnis aber sehr ähnlich gelöst: Schutz des besonderen Interesses der Gesellschaft an der Erbringung ausstehender Gesellschaftereinlagen bei Ausscheiden eines Mitglieds (vgl. S. 96 ff.), Bestehen eines Bezugsrechts bei Sachkapitalerhöhungen (vgl. S. 143 f.), Austrittsrecht bei Verweigerung der erforderlichen Zustimmung zur Anteilsübertragung (vgl. S. 193 ff.) und Berechtigung des einzelnen Gesellschafters zur Erhebung einer Ausschlussklage (vgl. S. 229 f.).

[1024] *Bachmann*, ZGR 2001, 351, 376.

einen Seite und Gesellschaften, bei denen der *intuitus pecuniae* dominiert, (vor allem als Publikumsgesellschaften ausgestaltete Kapitalgesellschaften) auf der anderen Seite anzutreffen sind.

Unterschiede bestehen auch häufig zwischen Gesellschaften mit und Gesellschaften ohne eigener Rechtspersönlichkeit. Während die Gesellschaften, die durch das Gesetz ausdrücklich mit eigener Rechtspersönlichkeit ausgestattet sind, grundsätzlich von einem Wechsel ihrer Mitglieder unabhängig sind, führt ein Mitgliederwechsel bei den Gesellschaften ohne eigene Rechtspersönlichkeit in der Regel zur Auflösung der Gesellschaft. Allerdings ist zu beobachten, dass diese Differenzierung zunehmend an Bedeutung verliert. So sind alle untersuchten französischen Gesellschaften einschließlich der SC durch das Gesetz bereits mit eigener Rechtspersönlichkeit ausgestattet und auch die englischen Personengesellschaften werden demnächst auf Grund der Vorschläge der *Law Commissions* wohl über eine eigene Rechtspersönlichkeit (*legal personality*) verfügen. In Deutschland ist zwar bisher nicht geplant, auch die Personengesellschaften durch das Gesetz ausdrücklich mit eigener Rechtspersönlichkeit auszustatten. Gleichwohl hat man für die Personenhandelsgesellschaften diesen Schritt im Grunde genommen schon dadurch vollzogen, dass auf Grund des Handelsrechtsreformgesetzes seit 1998 das Ausscheiden eines Gesellschafters bei der OHG und KG gesetzlich nicht mehr zur Auflösung der Gesellschaft führt (§ 131 Abs. 3 HGB). Zudem ist nunmehr zumindest die Rechtsfähigkeit der GbR durch die Rechtsprechung ausdrücklich anerkannt worden. Insofern wird die Differenzierung zwischen Gesellschaften mit und ohne eigene Rechtspersönlichkeit in einem zukünftigen europäischen Gesellschaftsrecht wohl keine große Rolle mehr spielen.

Die weitgehende Übereinstimmung der drei untersuchten Rechtsordnungen bedeutet auch, dass die möglicherweise in einzelnen Staaten bestehende Angst, im Falle einer europäischen Harmonisierung liebgewonnene nationale Eigenheiten aufgegeben zu müssen, im Grundsatz unbegründet ist. Dies gilt zumindest für die in allen Rechtsordnungen erzielten übereinstimmenden Ergebnisse. Dass durch eine europäische Harmonisierung gewisse dogmatische Unterschiede verschwänden, ist offensichtlich, erscheint aber hinnehmbar.

Ob die Regelungen zum Wechsel von Gesellschaftern einer Harmonisierung zugeführt werden sollen, ist eine politische Entscheidung, die auf Grund der hier vorgelegten Ergebnisse möglicherweise leichter zu fällen ist. Wäre dies der Fall, dann würde damit das Ziel dieser Untersuchung erreicht.

Sechster Teil: Zusammenfassung der gemeinsamen Prinzipien

Nachfolgend werden die im laufenden Text bereits ermittelten gemeinsamen Prinzipien zusammengefasst. Erläuternde Anmerkungen wurden an den Stellen eingefügt, an denen entweder die Bildung eines gemeinsamen Prinzips gar nicht möglich war oder an denen sich in einem Prinzip noch gewisse unterschiedliche Regelungsalternativen widerspiegeln. In den Anmerkungen wird zudem offen gelegt, wenn bei einer oder mehreren Gesellschaften in einer nationalen Rechtsordnung eine vom gemeinsamen Prinzip abweichende Rechtslage besteht oder wenn das gemeinsame Prinzip bereits auf einer erfolgreichen Harmonisierung durch eine europäische Richtlinie beruht.

Erster Teil: Übertragung von Gesellschaftsanteilen unter Lebenden

Erster Abschnitt: Zulässigkeit und Art und Weise der Übertragung von Gesellschaftsanteilen

§ 1 Zulässigkeit der Übertragung von Gesellschaftsanteilen

Die Übertragung von Gesellschaftsanteilen ist zulässig.

§ 2 Art und Weise der Übertragung

(1) Die Übertragung von Gesellschaftsanteilen, die nicht als Wertpapiere verbrieft sind, erfolgt durch Vertragsschluss zwischen Veräußerer und Erwerber.

(2) Die Übertragung von Gesellschaftsanteilen, die als Wertpapiere verbrieft sind, erfolgt durch Vertragsschluss zwischen Veräußerer und Erwerber und durch Übergabe der Urkunden. Befinden sich die Urkunden in einem Sammeldepot, dann tritt an die Stelle der Übergabe die Umbuchung des Depotkontos.

Zweiter Abschnitt: Einfluss der Gesellschafter auf den Mitgliederkreis

§ 3 Grundsatz

(1) Der Übertragung von Anteilen einer Personengesellschaft müssen alle Gesellschafter zustimmen.

(2) Die Anteile von Kapitalgesellschaften, denen der Zugang zum öffentlichen Kapitalmarkt offen steht, sind frei übertragbar.

(3) Die Übertragung von Anteilen an Kapitalgesellschaften, denen der Zugang zum öffentlichen Kapitalmarkt verwehrt ist, ist je nach der Bedeutung des *intuitus personae* in der Gesellschaft entweder frei möglich oder an die Zustimmung der Gesellschafter gebunden.

ANMERKUNG: Während die Anteile von GmbH und *private company* grundsätzlich frei übertragbar sind, ist die Übertragung der Anteile der SARL, bei der der *intuitus personae* schon von Gesetzes wegen sehr stark ausgeprägt ist, zwingend an die Zustimmung von mindestens drei Vierteln der Gesellschafter gebunden (art. L. 223-14 al. 1, al. 7 C. com.). Die Anteilsübertragung an Ehepartner, Verwandte in auf- und absteigender Linie und Mitgesellschafter ist allerdings auch bei der SARL gesetzlich frei möglich (art. L. 223-13 al. 1, 223-16 al. 1 C. com.). In der Praxis sind auch die GmbH und die *private company* häufig dadurch personalistisch ausgestaltet, dass die Übertragung der Anteile durch den Gesellschaftsvertrag an die Zustimmung der Mitgesellschafter gebunden wird.

§ 4 Möglichkeiten und Grenzen gesellschaftsvertraglicher Gestaltung

(1) Bei Personengesellschaften kann durch den Gesellschaftsvertrag die Beschränkung der Anteilsübertragung beliebig verändert werden. Die Aufnahme einer Bestimmung in den Gesellschaftsvertrag, durch die die Übertragung der Gesellschaftsanteile auch ohne die Zustimmung aller Gesellschafter ermöglicht wird, bedarf der Zustimmung sämtlicher Gesellschafter.

ANMERKUNG: Abweichend von diesem Prinzip kann bei der SNC und der SCS die Anteilsvinkulierung durch den Gesellschaftsvertrag nicht verändert werden. Die Übertragung von Anteilen bedarf vielmehr zwingend der Zustimmung aller Gesellschafter (art. L. 221-13 al. 2 C. com.). Auf Grund der geringen praktischen Bedeutung von SNC und SCS – weniger als 3 % aller französischen Gesellschaften sind in diesen Gesellschaftsformen organisiert – wird die abweichende Rechtslage bei diesen Gesellschaften jedoch so gewertet, dass sie einem gemeinsamen Prinzip nicht entgegensteht.

(2) Die Übertragbarkeit der Anteile kann bei Kapitalgesellschaften durch die Satzung grundsätzlich beliebig eingeschränkt werden. Die Einfügung einer Übertragungsbeschränkung in die Satzung ist jedenfalls mit Zustimmung sämtlicher Gesellschafter möglich. Steht den Gesellschaftern im Falle der Verweigerung der Zustimmung zur Anteilsübertragung ein gesetzliches Austrittsrecht zu, dann ist für die Einfügung einer Vinkulierungsklausel in die Satzung die Zustimmung einer qualifizierten Mehrheit der Gesellschafter ausreichend.

ANMERKUNGEN:

I. Hiervon abweichend bedarf es bei der SARL für die Übertragung von Anteilen auf dritte Personen zwingend der Zustimmung von drei Vierteln der Gesellschafter (art. L. 223-14 al. 1, al. 7 C. com.). Allerdings kann bei der SARL die Übertragung an Ehepartner, Verwandte in auf- und absteigender Linie und Mitgesellschafter, die gesetzlich frei möglich ist, beliebigen Einschränkungen unterworfen werden. Da also auch bei der SARL eine gewisse Flexibilität besteht und weil die Starrheit des französischen Kapitalgesellschaftsrecht auch der Kritik im eigenen Lande ausgesetzt ist, erscheint die Bildung eines gemeinsamen Prinzips an dieser Stelle dennoch sinnvoll.

II. Bei der SA und bei der SARL, bei denen im Falle der Verweigerung der Zustimmung zur Anteilsübertragung ein gesetzliches Austrittsrecht besteht (vgl. § 35), ist die Zustimmung von zwei Dritteln bzw. drei Vierteln der Gesellschafter notwendig. Bei den deutschen und englischen Kapitalgesellschaften, bei denen ein solches Austrittsrecht unbekannt ist, bedarf es der Zustimmung aller bzw. von drei Vierteln der Gesellschafter.

(3) Bei den Kapitalgesellschaften, denen der Zugang zum öffentlichen Kapitalmarkt offen steht, darf nur die Übertragbarkeit von Namensaktien und nicht die von Inhaberanteilsscheinen eingeschränkt werden. Zudem darf bei diesen Gesellschaften die Einschränkung der Übertragbarkeit nicht so weit gehen, dass die Anteilsübertragung völlig ausgeschlossen wird. Die Übertragung von an der Börse gehandelten Gesellschaftsanteilen darf keinen Einschränkungen unterworfen sein, die zu einer Störung des Börsenhandels führen würden.

ANMERKUNG: Vinkulierte Namensaktien der AG dürfen zwar an der Börse gehandelt werden. Nach § 5 Abs. 2 Nr. 2 BörsenZulVO sind vinkulierte Namensaktien zum Börsenhandel aber nur zuzulassen, wenn das Zustimmungserfordernis nicht zu einer Störung des Börsenhandels führt. Deshalb wird die Zulassung von vinkulierten Namensaktien zum amtlichen Handel an deutschen Wertpapierbörsen in der Regel davon abhängig gemacht, dass die Aktiengesellschaft in einer Erklärung gegenüber der Zulassungsstelle die Verpflichtung übernimmt, von der Möglichkeit der Zustimmungsverweigerung nur unter bestimmten engen Voraussetzungen Gebrauch zu machen.

(4) Die Anteilsübertragung kann im Gesellschaftsvertrag insbesondere von einer Mehrheitsentscheidung in der Gesellschafterversammlung oder von der Zustimmung der Geschäftsführung der Gesellschaft abhängig gemacht werden. Ist die Zustimmung der Geschäftsführung zur Anteilsübertragung notwendig, dann entscheidet diese bei den Personengesellschaften hierüber mit allen und bei den Kapitalgesellschaften mit der Mehrheit ihrer Mitglieder. Wird die Zustimmung durch die Geschäftsführung erteilt, dann ist die Wirksamkeit der Zustimmung und damit die Wirksamkeit der Anteilsübertragung nicht von einer zusätzlichen Entscheidung der Gesellschafterversammlung abhängig.

ANMERKUNGEN:

I. Auf Grund der bereits oben angesprochenen zwingend ausgestalteten Regelungen bei der SARL (art. L. 223-14 al. 1, al. 7 C. com.) und bei der SNC und SCS (art. L. 221-13 al. 2 C. com.) kann bei diesen Gesellschaften die Anteilsübertragung auch nicht von einer Mehrheitsentscheidung der Gesellschafterversammlung oder einer Entscheidung der Geschäftsführung abhängig gemacht werden. Aus den gleichen Gründen wie bei § 4 Abs. 1 und 2 soll die abweichende Rechtslage bei diesen Gesellschaften der Bildung eines gemeinsamen Prinzips aber nicht entgegenstehen.

II. Bei der AG ist abweichend von dem in Satz 2 niedergelegten Prinzip gesetzlich die Zustimmung aller Vorstandsmitglieder erforderlich (§§ 77 Abs. 1 S. 1, 78 Abs. 2 S. 1 AktG.). Da in der Praxis jedoch in der Satzung in aller Regel vereinbart wird, dass eine Mehrheitsentscheidung des Vorstands ausreichend ist, erscheint die Bildung eines Prinzips an dieser Stelle dennoch gerechtfertigt.

(5) Für den Fall, dass ein Gesellschafter seine Anteile an der Gesellschaft übertragen möchte, darf den Mitgesellschaftern im Gesellschaftsvertrag ein Vorerwerbsrecht eingeräumt werden.

ANMERKUNG: Dieses Prinzip gilt auf Grund des in § 23 Abs. 5 AktG niedergelegten Grundsatzes der Satzungsstrenge nicht für die AG. Da die sehr strenge Konzeption dieser Norm aber auch in der deutschen Rechtswissenschaft starker Kritik ausgesetzt ist, erscheint es vertretbar, auch hier ein gemeinsames Prinzip zu bilden.

§ 5 Pflicht zur Zustimmung bei bestehendem Zustimmungsvorbehalt

Ist eine Zustimmung der Gesellschafter oder Geschäftsführer zur Anteilsübertragung erforderlich, dann sind diese ausnahmsweise zur Zustimmung verpflichtet, wenn eine Ablehnung der Anteilsübertragung treuwidrig wäre.

ANMERKUNG: Auch dieses Prinzip gilt nicht für die SNC und SCS, bei denen der zwingend ausgestaltete art. L. 221-13 al. 2 C. com. zu einer sehr starken Betonung des *intuitus personae* führt. Aus den bereits oben (bei § 4 Abs. 1) genannten Gründen, soll die abweichende Rechtslage bei SNC und SCS der Bildung eines gemeinsamen Prinzips auch hier nicht entgegenstehen.

§ 6 Austrittsrecht bei Verweigerung der erforderlichen Zustimmung zur Anteilsübertragung

ANMERKUNG: Für das bei Verweigerung der erforderlichen Zustimmung bestehende Austrittsrecht wird auf den Dritten Teil (Austritt von Gesellschaftern) verwiesen (§ 35).

Dritter Abschnitt: Rechtsfolgen

§ 7 Übergang der Mitgliedschaft

(1) Mit der vollzogenen Anteilsübertragung wird der Erwerber an Stelle des Veräußerers Mitglied der Gesellschaft. Die Mitgliedschaft geht grundsätzlich vollständig mit dem Inhalt auf den Erwerber über, den diese bei dem Veräußerer hatte, also mit allen Rechten und Pflichten des bisherigen Gesellschafters aus dem Gesellschaftsvertrag. Etwas anderes gilt jedoch, wenn bestimmte Rechte und Pflichten nur den alten Gesellschafter betreffen (höchstpersönliche Rechte und Pflichten). Diese gehen nicht auf den Erwerber über, sondern erlöschen mit der Übertragung der Gesellschaftsanteile.

(2) Ansprüche und Pflichten aus schuldrechtlichen Verträgen zwischen dem Veräußerer und der Gesellschaft (z. B. Darlehen, Miete, Dienstverträge), die ihre Grundlage nicht im Gesetz oder im Gesellschaftsvertrag haben, gehen nicht mit der Übertragung des Anteils auf den Erwerber über.

§ 8 Wirkung im Verhältnis zur Gesellschaft

(1) Bei den Gesellschaften, die nicht über eine eigene Rechtspersönlichkeit verfügen, ist die Anteilsübertragung im Verhältnis zur Gesellschaft wirksam, sobald der Übertragungsvertrag zwischen Veräußerer und Erwerber Wirkung entfaltet.

ANMERKUNG: Als Gesellschaften ohne eigene Rechtspersönlichkeit werden die deutschen und englischen Personengesellschaften (GbR, OHG, KG, *partnership* und *limited partnership*) im Gegensatz zu den französischen Personengesellschaften sowie allen Kapitalgesellschaften angesehen, auch wenn durch das Urteil des BGH vom 29.1.2001 (BGHZ 146, 341) die Rechtsfähigkeit der GbR inzwischen anerkannt ist und auch die OHG und KG mindestens ebenso rechtsfähig sind wie die GbR.

(2) Bei den Gesellschaften, die über eine eigene Rechtspersönlichkeit verfügen, wird die Anteilsübertragung im Verhältnis zur Gesellschaft grundsätzlich erst in dem Zeitpunkt wirksam, in dem dieser die Übertragung angezeigt bzw. in dem von der Gesellschaft geführten Mitgliederregister eingetragen wird. Die Anmeldung bzw. der Antrag auf Eintragung ist an das Geschäftsführungsorgan der Gesellschaft unter dem Nachweis des Übergangs der Mitgliedschaft zu richten.

ANMERKUNG: Während bei der GmbH und den französischen Gesellschaften SC, SNC, SCS und SARL eine Anmeldung bei der Gesellschaft erforderlich ist (§ 16 Abs. 1 GmbHG; art. 1865 al. 1 C. civ.; art. L. 221-14 al. 1 C. com.; art. L. 223-17 i. V. m. 221-14 C. com.), bedarf es bei der AG einer Eintragung im Aktienregister (§ 67 Abs. 2 AktG), bei der *private* und der *public company* im *register of members* (s. 22 (2) CA 1985) und bei der SA in den *livres de la société* (art. 2 Décret n° 83-359 du 2 mai 1983).

(3) Zur Übertragung von Inhaberanteilsscheinen bedarf es weder der Anmeldung bei der Gesellschaft noch der Eintragung in einem Mitgliederregister.

§ 9 Mitgliedschaftliche Vermögensrechte

(1) Es stehen dem Anteilserwerber alle aus dem Gesellschaftsvertrag erwachsenden Vermögensrechte (mitgliedschaftliche Vermögensrechte) zu, die nach dem Zeitpunkt entstanden sind, in dem die Anteilsübertragung gegenüber der Gesellschaft wirksam geworden ist. Dagegen verbleiben die vor diesem Zeitpunkt entstandenen Vermögensrechte beim Anteilsveräußerer. Die mitgliedschaftlichen Vermögensrechte entstehen in dem Zeitpunkt, in dem eine be-

stimmte Vermögensausschüttung an die Gesellschafter von der Gesellschafterversammlung beschlossen wird.

(2) Die Parteien des Übertragungsvertrags haben die Möglichkeit, im Verhältnis zueinander eine andere Aufteilung der mitgliedschaftlichen Vermögensrechte zu vereinbaren.

§ 10 Mitgliedschaftliche Vermögenspflichten

(1) Das besondere Interesse der Gesellschaft an der Einbringung ausstehender Gesellschaftereinlagen wird entweder dadurch geschützt, dass Anteilserwerber und Anteilsveräußerer der Gesellschaft gesamtschuldnerisch hierfür haften, oder dadurch, dass das Geschäftsführungsorgan der Gesellschaft das Recht hat, die Übertragung von nicht voll eingezahlten Gesellschaftsanteilen zu verhindern.

ANMERKUNG: Mit Ausnahme der *private* und der *public company* haften bei allen untersuchten Gesellschaften, bei denen die Gesellschaftereinlage nicht sofort mit Eintritt in die Gesellschaft erbracht werden muss, der Anteilserwerber und der Anteilsveräußerer gesamtschuldnerisch für noch ausstehende Einlagen. Bei der *private* und der *public company* haften ehemalige Gesellschafter für noch nicht erbrachte Gesellschaftereinlagen dagegen nicht mehr. Als Ausgleich kann jedoch der *board of directors* die Übertragung von nicht voll eingezahlten Anteilen verhindern (art. 24 Table A).

(2) Besteht eine Haftung des Altgesellschafters für mitgliedschaftliche Verbindlichkeiten, dann kann der Altgesellschafter aus dieser Haftung nur mit Zustimmung der Gesellschaft entlassen werden.

§ 11 Haftung des ausscheidenden Gesellschafters für Verbindlichkeiten der Gesellschaft

(1) Gesellschafter von Personengesellschaften haften auch nach ihrem Ausscheiden für die vor ihrem Ausscheiden entstandenen Gesellschaftsverbindlichkeiten. Aus dieser Haftung können die ausgeschiedenen Gesellschafter nur mit Zustimmung der betroffenen Gläubiger entlassen werden.

ANMERKUNG: Während in Deutschland für die Geltendmachung der Altverbindlichkeiten gegenüber dem ausgeschiedenen Personengesellschafter eine fünfjährige Ausschlussfrist gilt (§ 160 Abs. 1 S. 1 HGB), unterliegt die Haftung des ausgeschiedenen Personengesellschafters in England und Frankreich keiner besonderen gesellschaftsrechtlichen Ausschluss- oder Verjährungsfrist.

(2) Gesellschafter, die aus einer Personengesellschaft ausgeschieden sind, haften für Verbindlichkeiten, die nach ihrem Ausscheiden entstanden sind, grundsätzlich nicht mehr. Bei Personengesellschaften, die in einem öffentlichen Register geführt werden, haften ausgeschiedene Gesellschafter jedenfalls ab dem Zeitpunkt der ordnungsgemäßen Registereintragung und Bekanntmachung ihres Ausscheidens in einem Amtsblatt nicht mehr für die Verbindlichkeiten der Gesellschaft. Bei Personengesellschaften, die nicht in einem öffentlichen Register geführt werden, haften ausgeschiedene Gesellschafter für nach ihrem Ausscheiden entstandene Gesellschaftsverbindlichkeiten, wenn von den verbleibenden Gesellschaftern mit Wissen des ausgeschiedenen Gesellschafters der Anschein erweckt wird, dass sich der Gesellschafterbestand nicht verändert hat und dritte Personen im Vertrauen hierauf mit der Gesellschaft einen Vertrag geschlossen haben.

(3) Die Prinzipien zur Haftung des ausscheidenden Gesellschafters für Gesellschaftsverbindlichkeiten gelten grundsätzlich auch für nur beschränkt haftende Personengesellschafter. Allerdings haften diese nicht, soweit sie die von ihnen zu erbringende Einlage zum Zeitpunkt ihres Ausscheidens vollständig geleistet hatten und es im Rahmen ihres Ausscheidens nicht zu einer Rückzahlung der Einlage gekommen ist.

§ 12 Haftung des eintretenden Gesellschafters für Verbindlichkeiten der Gesellschaft

(1) Der in eine Personengesellschaft eintretende Gesellschafter haftet für alle nach dem Zeitpunkt seines Eintritts entstandenen Gesellschaftsverbindlichkeiten.

(2) Die Prinzipien zur Haftung des eintretenden Gesellschafters für Gesellschaftsverbindlichkeiten gelten grundsätzlich auch für nur beschränkt haftende Personengesellschafter, allerdings mit der Einschränkung, dass diese nur in Höhe der von ihnen noch nicht erbrachten Einlage haften. Bei der Anteilsübertragung kommt dem Anteilserwerber die Einlageleistung des Anteilsveräußerers zugute.

ANMERKUNG: Zu der Frage, ob eintretende Personengesellschafter auch für die Altverbindlichkeiten der Gesellschaft haften, ist die Bildung eines gemeinsamen Prinzips nicht möglich. Während bei den deutschen Personengesellschaften GbR, OHG und KG sowie bei der französischen SNC und SCS die Altgesellschafter auch für Altverbindlichkeiten der Gesellschaft haften, ist dies bei den englischen Personengesellschaften (*partnership* und *limited partnership*) sowie bei der französischen SC nicht der Fall.

§ 13 Auswirkungen auf den Namen der Gesellschaft

(1) Beim Ausscheiden und Eintritt eines Gesellschafters bleibt der Name der Gesellschaft grundsätzlich unverändert bestehen.

(2) Beim Ausscheiden eines Gesellschafters, dessen Name im Namen der Gesellschaft enthalten ist, bedarf es zur Fortführung des Gesellschaftsnamens nicht der Zustimmung des ausscheidenden Gesellschafters.

ANMERKUNG: Eine von diesem Prinzip abweichende Rechtlage besteht bei den deutschen Personengesellschaften. Nach § 24 Abs. 2 HGB bedarf es bei diesen der ausdrücklichen Zustimmung des ausscheidenden Gesellschafters zur weiteren Nutzung seines Namens als Teil des Unternehmensnamens. Diese Vorschrift wird jedoch – obwohl sie nach dem Wortlaut auf alle Handelsgesellschaften Anwendung findet – von der Rechtsprechung schon jetzt nicht auf die GmbH und AG angewandt. Zudem wird die Norm von vielen Literaturstimmen in Deutschland als rechtspolitisch verfehlt angesehen. Insofern scheint sie keinen Modellcharakter für eine zukünftige europäische Regelung zu haben, so dass es vertretbar erscheint, trotz der bei den deutschen Personengesellschaften abweichenden Rechtslage hier ein gemeinsames Prinzip zu bilden.

Vierter Abschnitt: Sonderfragen

§ 14 Handelbarkeit von Gesellschaftsanteilen an der Börse

(1) Die Anteile von Personengesellschaften dürfen nicht an der Börse gehandelt werden.

(2) Zwei Formen von Kapitalgesellschaften können unterschieden werden: Die eine Gesellschaftsform darf ihre Anteile an der Börse handeln lassen. Für sie gelten deshalb zwingende gesetzliche Regelungen zum Schutz der Anleger vor einem Kapitalverlust. Im Gegensatz dazu ist der anderen Gesellschaftsform der Zugang zur Börse verwehrt. Ihren Mitgliedern ist dafür eine relativ hohe Gestaltungsfreiheit eingeräumt.

§ 15 Gutgläubiger Anteilserwerb vom Nichtberechtigten

Der gutgläubige Erwerb der Gesellschafterstellung von einem Nichtberechtigten ist nur möglich, wenn die Mitgliedschaft in einer Urkunde verkörpert ist, durch deren Übergabe die Gesellschafterstellung übertragen wird.

§ 16 Gesonderte Abtretung von Mitgliedschaftsrechten

(1) Die aus dem Gesellschaftsanteil resultierenden Verwaltungsrechte können nicht unabhängig vom Gesellschaftsanteil abgetreten werden. Sie sind viel-

mehr mit dem Anteil verbundene unselbstständige Bestandteile der Mitgliedschaft.

(2) Gesondert abgetreten werden können aber die mit dem Gesellschaftsanteil verbundenen Vermögensrechte.

§ 17 Vereinigung aller Anteile in der Hand eines Gesellschafters

(1) Kommt es durch eine Übertragung von Anteilen auf einen Mitgesellschafter zur Vereinigung aller Anteile in der Hand eines Gesellschafters, dann führt dies bei den Gesellschaften, die nicht über eine eigene Rechtspersönlichkeit verfügen, zur Auflösung der Gesellschaft. Bei den Gesellschaften, die über eine eigene Rechtspersönlichkeit verfügen, führt die Vereinigung aller Anteile in der Hand eines Gesellschafters jedenfalls nicht zur automatischen Auflösung der Gesellschaft.

(2) Jedenfalls bei den Kapitalgesellschaften, denen der Zugang zum öffentlichen Kapitalmarkt nicht offen steht, führt die Vereinigung aller Anteile in der Hand eines Gesellschafters auch später nicht zu rechtlichen Konsequenzen.

> ANMERKUNG: Dieses für die GmbH, die *private company* und die SARL geltende gemeinsame Prinzip beruht auf Art. 2 Abs. 1 der Zwölften gesellschaftsrechtlichen EG-Richtlinie (Einpersonen-GmbH-Richtlinie). Bei den französischen Personengesellschaften und bei der SA kann hingegen jeder Interessierte nach Ablauf eines Jahres, nachdem die Mitgliederzahl unter die Mindestanzahl von zwei bzw. sieben Mitgliedern gesunken ist, bei Gericht die Auflösung der Gesellschaft beantragen (art. 1844-5 al. 1 C. civ., art. L. 225-247 C. com.). Bei der *public company* führt die Fortführung der Geschäfte in einer Einpersonengesellschaft nach sechs Monaten dazu, dass der alleinige Gesellschafter unbeschränkt haftet (s. 24 CA 1985).

Zweiter Teil: Eintritt von Gesellschaftern

Erster Abschnitt: Personengesellschaften

§ 18 Voraussetzungen

(1) Für den Eintritt in eine Personengesellschaft bedarf es der Zustimmung aller Gesellschafter.

(2) Bei den Personengesellschaften kann durch den Gesellschaftsvertrag von dem Erfordernis der Zustimmung aller Gesellschafter bei Eintritt eines neuen Gesellschafters beliebig abgewichen werden. Eine Änderung des Gesellschaftsvertrags, durch die der Eintritt einer neuen Person in die Gesellschaft auch ohne die Zustimmung aller Gesellschafter ermöglicht wird,

auch ohne die Zustimmung aller Gesellschafter ermöglicht wird, bedarf der Zustimmung sämtlicher Gesellschafter.

ANMERKUNG: Von diesem Prinzip weicht wiederum die Rechtslage bei der SNC und SCS ab. Vgl. hierzu die Anmerkung zu § 4 Abs. 1.

§ 19 Rechtsfolgen

(1) Durch den Eintritt eines Gesellschafters in eine Personengesellschaft erwirbt der neue Gesellschafter eine Beteiligung an der Gesellschaft in dem im Aufnahmevertrag bestimmten Umfang. Ebenso ändern sich die Beteiligungsverhältnisse der Altgesellschafter in dem Maße, wie es im Aufnahmevertrag bestimmt ist.

(2) Hinsichtlich der persönlichen Haftung des eintretenden Gesellschafters für die Gesellschaftsverbindlichkeiten und die Auswirkungen auf den Namen der Gesellschaft gilt das Gleiche wie beim Eintritt eines Gesellschafters durch den Erwerb von Gesellschaftsanteilen (§§ 12, 13).

Zweiter Abschnitt: Kapitalgesellschaften

§ 20 Eintritt durch Übernahme neuer Anteile bei einer Kapitalerhöhung

In eine Kapitalgesellschaft kann eine Person dadurch eintreten, dass sie bei einer Kapitalerhöhung neue Gesellschaftsanteile übernimmt.

§ 21 Voraussetzungen

(1) Jede Kapitalerhöhung muss von der Gesellschafterversammlung beschlossen werden. Bei den Kapitalgesellschaften, denen der Zugang zum öffentlichen Kapitalmarkt offen steht, kann das Geschäftsführungsorgan der Gesellschaft durch Beschluss der Gesellschafterversammlung für einen Zeitraum von maximal fünf Jahren im Voraus zur Durchführung einer Kapitalerhöhung ermächtigt werden.

ANMERKUNG: Die Entscheidungszuständigkeit der Gesellschafterversammlung und die Möglichkeit, das Geschäftsführungsorgan für einen maximalen Zeitraum von fünf Jahren im Voraus zur Durchführung einer Kapitalerhöhung zu ermächtigen, ergibt sich für die AG, die *public company* und die SA aus Art. 25 Abs. 1 und 2 der Zweiten gesellschaftsrechtlichen EG-Richtlinie (Kapitalrichtlinie).

(2) Die Übernahme der durch eine Kapitalerhöhung entstandenen neuen Gesellschaftsanteile erfolgt durch Vertragsschluss zwischen der Gesellschaft und dem eintretenden Gesellschafter.

(3) Hinsichtlich der Leistung von Einlagen auf die im Rahmen einer Kapitalerhöhung übernommenen Anteile müssen wie bei der Gründung der Gesellschaft besondere Bestimmungen zur Kapitalaufbringung beachtet werden.

§ 22 Bezugsrecht der Altgesellschafter

(1) Wird bei einer Kapitalgesellschaft eine Kapitalerhöhung gegen Bareinlagen durchgeführt, dann steht den Altgesellschaftern das Recht zu, die neuen Anteile aus der Kapitalerhöhung in dem Umfang selbst zu übernehmen, wie sie zuvor bereits an der Gesellschaft beteiligt waren (Bezugsrecht).

> ANMERKUNG: Das Bezugsrecht bei der Barkapitalerhöhung ist für die AG, die *public company* und die SA in Art. 29 der Zweiten gesellschaftsrechtlichen EG-Richtlinie (Kapitalrichtlinie) vorgeschrieben. Kein gesetzliches Bezugsrecht existiert allerdings bei der SARL. Da das Fehlen des Bezugsrechts aber auch in der französischen Literatur bedauert wird, soll die abweichende Rechtslage bei der SARL der Bildung eines gemeinsamen Prinzips nicht entgegenstehen.

(2) Bei einer Kapitalerhöhung gegen Sacheinlagen muss das Interesse der einzelnen Gesellschafter an dem Erhalt ihrer quotalen Beteiligung sowie an der Vermeidung finanzieller Nachteile gegenüber dem Interesse der Gesellschaft an der Gewinnung einer bestimmten Sacheinlage grundsätzlich zurücktreten. Deshalb besteht in diesem Fall entweder gar kein Bezugsrecht oder bei bestehendem Bezugsrecht ist der Ausschluss desselben grundsätzlich zulässig.

> ANMERKUNG: Im Gegensatz zu den englischen und französischen Kapitalgesellschaften (s. 89 (4) CA 1985; art. 225-132 al. 2 C. com.) existiert bei den deutschen Kapitalgesellschaften (§ 186 Abs. 1 AktG) bei Kapitalerhöhungen gegen Sacheinlagen zwar ein gesetzliches Bezugsrecht. Allerdings kann dieses grundsätzlich problemlos ausgeschlossen werden, soweit der Erwerb der Sacheinlagen für die Gesellschaft vorteilhaft ist.

(3) Die Altgesellschafter sind zur Übernahme neuer Anteile nicht verpflichtet, sondern können das Bezugsrecht verkaufen, wenn sie es nicht ausüben wollen.

(4) Zum Ausschluss des Bezugsrechts der Altgesellschafter bedarf es eines Beschlusses der Gesellschafterversammlung mit qualifizierter Mehrheit von

nicht weniger als zwei Dritteln der Stimmen der vertretenen Wertpapiere oder des vertretenen gezeichneten Kapitals.

(5) Das Geschäftsführungsorgan der Gesellschaft hat der Gesellschafterversammlung einen schriftlichen Bericht über die Gründe für eine Beschränkung oder einen Ausschluss des Bezugsrechts zu erstatten und den vorgeschlagenen Ausgabekurs zu begründen.

ANMERKUNG: Die in Abs. 4 und Abs. 5 genannten formellen Voraussetzungen für den Bezugsrechtsausschluss ergeben sich für die AG, die *public company* und die SA aus Art. 29 Abs. 4 der Zweiten gesellschaftsrechtlichen EG-Richtlinie (Kapitalrichtlinie).

(6) Der Ausschluss des Bezugsrechts der Altgesellschafter darf jedenfalls nicht rechtsmissbräuchlich erfolgen.

Dritter Teil: Austritt von Gesellschaftern

Erster Abschnitt: Austritt ohne besonderen Grund

Erster Unterabschnitt: Voraussetzungen

§ 23 Grundsatz

(1) Nur aus Gesellschaften, die nicht über eine eigene Rechtspersönlichkeit verfügen, kann jeder Gesellschafter ohne besonderen Grund austreten.

(2) Ein Austritt setzt voraus, dass die Gesellschaft fortbesteht. Das ist nur möglich, wenn im Gesellschaftsvertrag eine Fortsetzungsklausel enthalten oder im Gesetz die Fortsetzung der Gesellschaft bei Ausscheiden eines Mitglieds vorgesehen ist. Fehlt es an einer Fortsetzungsklausel oder an einer entsprechenden gesetzlichen Bestimmung, dann kann sich jeder Gesellschafter nur dadurch einseitig von der Gesellschaft lösen, dass er die Auflösung der Gesellschaft herbeiführt.

ANMERKUNG: Während bei der GbR, der *partnership* und der *limited partnership* ein Gesellschafter nur aus der Gesellschaft austreten kann, wenn im Gesellschaftsvertrag eine Fortsetzungsklausel enthalten ist (§ 736 Abs. 1 BGB; s. 32 (c) PA 1890), führt bei der OHG und KG seit der Handelsrechtsreform 1998 die Kündigung der Gesellschaft schon gesetzlich zum Ausscheiden des kündigenden Mitglieds und nicht mehr zur Auflösung der Gesellschaft (§ 131 Abs. 3 Nr. 3 HGB).

(3) Die Möglichkeit des Austritts ohne Angabe von Gründen besteht nur bei Gesellschaften, die auf unbestimmte Zeit eingegangen worden sind. Mitglieder von Gesellschaften, die für eine bestimmte Dauer eingegangen worden sind, können diese vor Ablauf der vereinbarten Zeitspanne nicht ohne Vorliegen eines besonderen Grundes verlassen.

§ 24 Austrittsverfahren

Die Austrittskündigung erfolgt durch formlose Erklärung gegenüber den anderen Gesellschaftern und kann jedenfalls mit einer Frist von sechs Monaten zum Ende eines Geschäftsjahres erfolgen.

> ANMERKUNG: Bei der GbR, der *partnership* und der *limited partnership* ist zwar eine jederzeitige Kündigung möglich. Allerdings zieht bei der GbR eine Kündigung zur Unzeit Schadensersatzansprüche der Mitgesellschafter nach sich, wenn nicht ein wichtiger Grund vorliegt (§ 723 Abs. 2 BGB). Bei der *partnership* und der *limited partnership* wird in der Regel im Gesellschaftsvertrag vereinbart, dass die Gesellschaft nur mit einer Frist von sechs Monaten zum Ende des Geschäftsjahres gekündigt werden darf.

Zweiter Unterabschnitt: Rechtsfolgen

§ 25 Rechtliches Schicksal des Gesellschaftsanteils des ausscheidenden Gesellschafters

(1) Mit dem Austritt aus der Gesellschaft verliert der Gesellschafter seine Mitgliedschaft.

(2) Der Gesellschaftsanteil des ausscheidenden Gesellschafters wächst den verbleibenden Gesellschaftern grundsätzlich anteilig zu.

§ 26 Abfindungsanspruch des ausscheidenden Gesellschafters

(1) Der ausscheidende Gesellschafter hat Anspruch auf eine angemessene Abfindung für die von ihm gehaltenen Gesellschaftsanteile. Die Höhe der Abfindung ist bei Nichteinigung mit Hilfe von Sachverständigen zu ermitteln. Sie richtet sich grundsätzlich nach dem Verkehrswert des Unternehmens einschließlich des Goodwills.

(2) Durch den Gesellschaftsvertrag kann die Höhe der Abfindung jedenfalls auf den Buchwert beschränkt werden.

§ 27 Weitere Rechtsfolgen

Im Hinblick auf die Haftung des ausscheidenden Gesellschafters für die Verbindlichkeiten der Gesellschaft, die Auswirkungen auf den Namen der Gesellschaft und den Austritt aus der Zweipersonengesellschaft gilt das Gleiche wie bei der Anteilsübertragung (§§ 11, 13 und 17).

Zweiter Abschnitt: Austritt aus besonderem Grund

Erster Unterabschnitt: Voraussetzungen

§ 28 Grundsatz

(1) Jeder Gesellschafter hat ein Recht zum Austritt aus der Gesellschaft, wenn ein besonderer Grund vorliegt.

ANMERKUNG: Abweichend von diesem Prinzip existiert ein Recht zum Austritt aus besonderem Grund nicht bei den französischen Handelsgesellschaften SNC, SCS, SARL und SA und nach herrschender Meinung auch nicht bei der AG. Bei der AG gibt es allerdings eine starke Literaturansicht, die auch einem Aktionär ein Austrittsrecht aus wichtigem Grund zugestehen will. Hinsichtlich der französischen Handelsgesellschaften wird von namhaften Autoren in Frankreich (*Guyon, D. Schmidt, Le Cannu*) das Fehlen eines Austrittsrechts bei diesen Gesellschaften bedauert. Aus diesen Gründen erscheint es an dieser Stelle trotz der zum Teil abweichenden Rechtslage noch vertretbar, ein gemeinsames Prinzip zu bilden.

(2) Aus Gesellschaften, die nicht über eine eigene Rechtspersönlichkeit verfügen, kann jeder Gesellschafter aus besonderem Grund auch ohne Einhaltung einer Kündigungsfrist austreten. Ist eine Gesellschaft, die nicht über eine eigene Rechtspersönlichkeit verfügt, für eine bestimmte Dauer eingegangen, dann kann jeder Gesellschafter vor Ablauf der vereinbarten Zeitspanne austreten, wenn ein besonderer Grund vorliegt.

(3) Hinsichtlich des Erfordernisses einer gesellschaftsvertraglichen Fortsetzungsklausel bei den Gesellschaften ohne eigene Rechtspersönlichkeit gilt das Gleiche wie beim Austritt ohne besonderen Grund (§ 23 Abs. 2).

§ 29 Austrittsgründe

(1) Ein besonderer Grund zum Austritt liegt vor, wenn einem Gesellschafter eine Fortsetzung der Gesellschaft nicht zugemutet werden kann. Zur Feststellung der Unzumutbarkeit muss eine Abwägung der betroffenen Interessen vorgenommen werden: Der Austritt ist gerechtfertigt, wenn das Interesse des austrittswilligen Gesellschafters an einer Loslösung von der Gesellschaft hö-

her zu bewerten ist als die Interessen von Mitgesellschaftern und Gesellschaft an der unveränderten Fortsetzung der Gesellschaft.

(2) Bei der Abwägung der gegenseitigen Interessen, die für die Feststellung der Unzumutbarkeit des Verbleibs eines Gesellschafters in der Gesellschaft vorgenommen werden muss, ist auch ein etwaiges Fehlverhalten des austrittswilligen Gesellschafters zu berücksichtigen.

(3) Der Austritt aus der Gesellschaft stellt immer nur das äußerste Mittel (*ultima ratio*) dar. Er ist nur zulässig, wenn dem Anlass für den Austritt nicht durch mildere Mittel Rechnung getragen werden kann. Ein im Vergleich zum Austritt milderes Mittel ist insbesondere die Veräußerung der Gesellschaftsanteile, so dass einem Gesellschafter kein Austrittsrecht zusteht, wenn er sich auch durch eine Veräußerung seiner Anteile von der Gesellschaft lösen kann. Die Auflösung der Gesellschaft ist kein milderes Mittel als der Austritt eines Gesellschafters.

(4) Je stärker eine Gesellschaft vom *intuitus personae* und je weniger sie vom *intuitus pecuniae* geprägt ist, umso eher kann das Vorliegen eines besonderen Austrittsgrundes bejaht werden.

(5) Als Austrittsgründe kommen jedenfalls in den Verhältnissen der Gesellschaft liegende Gründe in Betracht. Ein Austrittsgrund liegt insbesondere vor, wenn

1. die anderen Gesellschafter oder die Geschäftsführung wiederholt gegen den Gesellschaftsvertrag verstoßen haben oder

2. die Gesellschaftermehrheit sich über einen längeren Zeitraum weigert, vorhandene Gewinne an die Gesellschafter auszuschütten, ohne dass das Gesellschaftsinteresse eine Einbehaltung der Gewinne rechtfertigen würde.

§ 30 Austrittsverfahren

(1) Der Austritt eines Gesellschafters aus besonderem Grund erfolgt entweder durch Gestaltungserklärung gegenüber den Mitgesellschaftern bzw. der Gesellschaft oder durch Gestaltungsurteil.

> ANMERKUNG: Während bei den deutschen Gesellschaften der Austritt aus wichtigem Grund durch Erklärung gegenüber allen Gesellschaftern (GbR, OHG und KG) bzw. gegenüber der Gesellschaft (GmbH) erfolgt, bedarf es bei den untersuchten englischen Gesellschaften sowie bei der SC eines Gerichtsurteils.

(2) Die geltend gemachten Austrittsgründe unterliegen in jedem Fall der gerichtlichen Kontrolle. Kann ein Austritt aus der Gesellschaft nur durch ein Gerichtsurteil vollzogen werden, dann erfolgt die gerichtliche Kontrolle vor Eintritt der Wirksamkeit des Austritts. Wird der Austritt dagegen durch einfache Erklärung vollzogen, dann können die geltend gemachten Gründe erst nach Eintritt der Wirksamkeit des Austritts durch die Gerichte überprüft werden.

Zweiter Unterabschnitt: Rechtsfolgen

§ 31 Rechtliches Schicksal des Gesellschaftsanteils des ausscheidenden Gesellschafters

(1) Mit dem Austritt aus der Gesellschaft verliert der Gesellschafter seine Mitgliedschaft.

(2) Bei den Gesellschaften, die über keine eigene Rechtspersönlichkeit verfügen, wächst der Anteil des ausscheidenden Gesellschafters den verbleibenden Gesellschaftern grundsätzlich anteilig zu.

(3) Bei den Gesellschaften, die über eine eigene Rechtspersönlichkeit verfügen, erfolgt nach Wahl der Gesellschaft entweder eine Übertragung der Anteile des ausscheidenden Gesellschafters auf die Mitgesellschafter, auf einen von der Gesellschaft bestimmten Dritten oder auf die Gesellschaft selbst.

§ 32 Abfindungsanspruch des ausscheidenden Gesellschafters

Für den gesetzlichen Abfindungsanspruch des ausscheidenden Gesellschafters gilt das Gleiche wie beim Austritt ohne besonderen Grund (§ 26 Abs. 1).

ANMERKUNG: Unterschiede ergeben sich jedoch im Hinblick auf die Möglichkeit, durch Vereinbarungen im Gesellschaftsvertrag die Höhe der Abfindung abweichend von der gesetzlichen Höhe festzulegen. Solche Vereinbarungen unterliegen in den drei untersuchten Rechtsordnungen so unterschiedlich starken Einschränkungen, dass in dieser Frage die Bildung eines gemeinsamen Prinzip nicht möglich ist. Während bei den deutschen Gesellschaften sowie der *partnership* und der *limited partnership* eine Beschränkung der Abfindung in gewissem Maße (zumindest auf den Buchwert) zulässig ist, kann bei den untersuchten französischen Gesellschaften sowie bei der *private* und der *public company* die gesetzliche Höhe der Abfindung durch den Gesellschaftsvertrag nicht beschränkt werden.

§ 33 Kapitalschutzvorschriften als Durchführungsschranke

Ein Mitglied kann nur aus einer Kapitalgesellschaft austreten, wenn durch den Vollzug des Austritts nicht gegen Kapitalschutzvorschriften verstoßen wird.

§ 34 Weitere Rechtsfolgen

Im Hinblick auf die Haftung des ausscheidenden Gesellschafters für die Verbindlichkeiten der Gesellschaft, die Auswirkungen auf den Namen der Gesellschaft und den Austritt aus der Zweipersonengesellschaft gilt das Gleiche wie bei der Anteilsübertragung (§§ 11, 13 und 17).

Dritter Abschnitt: Austritt bei Verweigerung der erforderlichen Zustimmung zur Anteilsübertragung

§ 35 Übernahmepflicht der Gesellschaft

(1) Wenn Gesellschaftsanteile auf Grund einer Verweigerung der erforderlichen Zustimmung nicht auf den gewünschten Erwerber übertragen werden können, dann besteht auch bei Fehlen eines besonderen Austrittsgrundes die Möglichkeit, sich einseitig von der Gesellschaft zu lösen. In einem solchen Fall ist die Gesellschaft verpflichtet, eine Übernahme der Anteile (durch sie selbst, durch Gesellschafter oder durch autorisierte Dritte) zu veranlassen. Diese Verpflichtung ergibt sich entweder aus dem Gesetz oder aus einer auf der gesellschaftlichen Treuepflicht basierenden Ermessensbindung der Mitgesellschafter bei der Entscheidung über die Zustimmung zur Anteilsübertragung.

> ANMERKUNG: Während bei den französischen Gesellschaften (mit Ausnahme der SNC und SCS) für diesen Fall eine gesetzliche Übernahmeverpflichtung der Gesellschaft besteht (art. 1862-1864 C. civ., art. L. 223-14 al. 3 und 4, art. L. 228-24 al. 2 C. com.), kann sich bei deutschen und englischen Gesellschaften aus der gesellschaftlichen Treuepflicht bzw. aus *fiduciary duties* eine Pflicht zur Zustimmung zur Anteilsübertragung ergeben. Diese Pflicht können die Mitgesellschafter abwenden, indem sie veranlassen, dass die Anteile des übertragungswilligen Gesellschafters entweder durch sie selbst, durch die Gesellschaft oder durch einen autorisierten Dritten übernommen werden.

(2) Die Rechtsfolgen sind die Gleichen wie beim Austritt aus besonderem Grund (§§ 31-34).

Vierter Teil: Ausschluss von Gesellschaftern

Erster Abschnitt: Ausschluss aus besonderem Grund

§ 36 Grundlage des Ausschlussrechts

(1) Ein Recht zum Ausschluss eines Gesellschafters kann sich aus dem Gesetz oder aus dem Gesellschaftsvertrag ergeben.

ANMERKUNG: Während bei der OHG, KG und GmbH sowie bei der *private* und der *public company* ein gesetzliches Austrittsrecht besteht, kann bei der GbR, AG, *partnership* und *limited partnership*, sowie allen französischen Gesellschaften ein Gesellschafter nur dann ausgeschlossen werden, wenn der Gesellschaftsvertrag eine Ausschlussklausel enthält.

(2) Ergibt sich das Recht zum Ausschluss aus dem Gesellschaftsvertrag, dann muss es entweder Teil des ursprünglichen Gesellschaftsvertrags gewesen oder nachträglich unter Zustimmung aller Gesellschafter in den Gesellschaftsvertrag aufgenommen worden sein.

§ 37 Ausschlussgründe

(1) Ein Gesellschafter kann nur dann aus einer Gesellschaft ausgeschlossen werden, wenn ein besonderer Grund vorliegt. Ein solcher liegt vor, wenn den anderen Gesellschaftern eine Fortsetzung der Gesellschaft mit einem bestimmten Gesellschafter nicht mehr zugemutet werden kann. Zur Feststellung der Unzumutbarkeit muss eine Abwägung der betroffenen Interessen vorgenommen werden: Der Ausschluss ist gerechtfertigt, wenn das Interesse der verbleibenden Gesellschafter und der Gesellschaft an einer Trennung von dem Gesellschafter höher zu bewerten ist als das Interesse des betroffenen Gesellschafters an einem Verbleib in der Gesellschaft.

(2) Bei der Abwägung der gegenseitigen Interessen, die für die Feststellung der Unzumutbarkeit des Verbleibs eines Gesellschafters in der Gesellschaft vorgenommen werden muss, ist auch ein etwaiges Fehlverhalten der verbleibenden Gesellschafter zu berücksichtigen.

(3) Als besondere Gründe für den Ausschluss eines Gesellschafters kommen nur in den Verhältnissen des Gesellschafters liegende Gründe in Betracht und nicht Gründe, die in den Verhältnissen der Gesellschaft liegen. Ein Verschulden des betroffenen Gesellschafters ist nicht Voraussetzung für seinen Ausschluss. Das Fehlen eines Verschuldens bzw. der Verschuldensgrad ist aber bei der vorzunehmenden Interessenabwägung zu berücksichtigen.

(4) Der Ausschluss eines Gesellschafters stellt immer nur das äußerste Mittel (*ultima ratio*) dar: Dieser ist nur zulässig, wenn dem Anlass für den Ausschluss nicht durch mildere Mittel Rechnung getragen werden kann. Die Auflösung der Gesellschaft ist kein milderes Mittel als der Ausschluss eines Gesellschafters.

(5) Je stärker eine Gesellschaft vom *intuitus personae* und je weniger sie vom *intuitus pecuniae* geprägt ist, umso eher kann das Vorliegen eines besonderen Ausschlussgrundes bejaht werden.

(6) Ein besonderer, den Ausschluss eines Gesellschafters rechtfertigender Grund liegt insbesondere vor, wenn der Gesellschafter

1. einen schweren Verstoß gegen den Gesellschaftsvertrag begangen hat,
2. verbotenerweise zur Gesellschaft in Wettbewerb tritt,
3. eine strafbare Handlung begangen hat oder
4. die Einlagen auf seine Gesellschaftsanteile nicht leistet.

Für die Kapitalgesellschaften existiert für diesen Fall der Nichtleistung von Gesellschaftereinlagen ein besonderes Ausschlussverfahren, dessen spezielle Anforderungen zu beachten sind (§§ 40-42).

§ 38 Ausschlussverfahren

(1) Ist der Ausschluss von Gesellschaftern gesetzlich vorgesehen, dann erfolgt dieser durch ein Gerichtsurteil. Beruht der Ausschluss eines Gesellschafters dagegen auf einer gesellschaftsvertraglichen Klausel, dann erfolgt dieser durch Beschluss der Gesellschafterversammlung. Im letzteren Fall wird der Ausschluss erst dadurch wirksam, dass dem betroffenen Gesellschafter der Beschluss mitgeteilt wird.

(2) Erfolgt der Ausschluss eines Gesellschafters durch Beschluss der Gesellschafterversammlung, dann gelten folgende Mehrheitserfordernisse: Bei den Gesellschaften, die nicht über eine eigene Rechtspersönlichkeit verfügen, bedarf es eines einstimmigen Beschlusses der übrigen Gesellschafter. Bei Gesellschaften, die über eine eigene Rechtspersönlichkeit verfügen, ist dagegen ein Beschluss der Gesellschafterversammlung mit einfacher Mehrheit ausreichend. Der betroffene Gesellschafter muss vor dem Beschluss angehört werden. Eine Anhörung ist nur dann verzichtbar, wenn eine solche keinen Sinn und Zweck hat und von vornherein aussichtslos ist.

(3) Bedarf es für den Ausschluss eines Gesellschafters eines Gerichtsurteils, dann ist jeder einzelne Gesellschafter berechtigt, die Ausschlussklage zu erheben.

ANMERKUNG: Dieses Prinzip gilt zwar von dem Wortlaut der Gesetzesnormen her nur für die *private* und *public company*. Bei den deutschen Gesellschaften OHG, KG und GmbH hingegen müssen der Klageerhebung formal alle bzw. drei Viertel der Mitglieder zustimmen. Allerdings sind die Gesellschafter auf Grund der gesellschaftlichen Treuepflicht regelmäßig verpflichtet, der Erhebung einer Ausschlussklage zuzustimmen, wenn ein wichtiger Grund vorliegt. Dabei kann bei den genannten deutschen Gesellschaften die Ausschlussklage mit der Klage auf Zustimmung der übrigen Gesellschafter zum Ausschlussbeschluss verbunden werden.

§ 39 Rechtsfolgen

Die Rechtsfolgen sind die Gleichen wie beim Austritt aus der Gesellschaft aus besonderem Grund (§§ 31-34).

Zweiter Abschnitt: Ausschluss als Sanktion der Nichtleistung von Gesellschaftereinlagen

§ 40 Ausschlussgrund

Mitglieder von Kapitalgesellschaften können im Falle der Nichtleistung ihrer Einlage mittels eines besonderen Verfahrens aus der Gesellschaft ausgeschlossen werden.

§ 41 Ausschlussverfahren

Voraussetzung des Ausschlusses eines Gesellschafters bei Nichtleistung der Gesellschaftereinlage ist, dass dieser von der Gesellschaft unter Setzung einer angemessenen Frist und unter Androhung des Ausschlusses aus der Gesellschaft zur Zahlung aufgefordert wurde.

ANMERKUNG: Hinsichtlich der Frage, ob der Gesellschafter nach Fristablauf auch über seinen endgültigen Ausschluss aus der Gesellschaft informiert werden muss, ist die Rechtslage unterschiedlich: Während bei der *private* und der *public company* keine Benachrichtigung vorgesehen ist (art. 19 Table A), muss der betroffene Gesellschafter bei der GmbH hierüber schriftlich informiert werden (§ 21 Abs. 2 GmbHG) und ist bei der AG und SA eine Veröffentlichung des Ausschlusses in den jeweiligen Amtsblättern vorgesehen (§ 64 Abs. 3 S. 1 AktG, art. 208 al. 2 D. 67-236).

§ 42 Rechtsfolgen

(1) Mit der Ausschließung wegen Nichtleistung der Gesellschaftereinlagen verliert der betroffene Gesellschafter seine Mitgliedschaft.

(2) Der ausgeschlossene Gesellschafter erwirbt keinen Anspruch auf eine Abfindung.

(3) Der ausgeschlossene Gesellschafter haftet der Gesellschaft in Höhe des Betrages der ausstehenden Einlagen, soweit dieser von der Gesellschaft nicht auf anderem Wege – vor allem durch einen Verkauf der Anteile – erlangt werden kann.

(4) Im Hinblick auf die Haftung des ausscheidenden Gesellschafters für die Verbindlichkeiten der Gesellschaft, die Auswirkungen auf den Namen der Gesellschaft und das Ausscheiden aus der Zweipersonengesellschaft gilt das Gleiche wie bei der Anteilsübertragung (§§ 11, 13 und 17).

Dritter Abschnitt: Ausschluss ohne besonderen Grund

§ 43 Hinauskündigungsklauseln in Gesellschaftsverträgen

Der Ausschluss eines Gesellschafters kann auch durch eine Bestimmung im Gesellschaftsvertrag nie völlig in das Ermessen der anderen Gesellschafter gestellt werden. Ist im Gesellschaftsvertrag der Ausschluss eines Gesellschafters ohne das Vorliegen eines besonderen Grundes zugelassen, so darf ein Gesellschafter gleichwohl nur ausgeschlossen werden, wenn die Ausschließung im Einzelfall sachlich gerechtfertigt ist.

ANMERKUNG: Eine Ausnahme von diesen Grundsätzen bilden jedoch die sogenannten *redeemable shares*, die von *private* und *public companies* ausgegeben werden können (s. 159 CA 1985). Sind die Anteile nach der Wahl der Gesellschaft als jederzeit rückkaufbar ausgestaltet, dann kann auf diese Weise ein Mitglied von der Gesellschaft ohne Angabe von Gründen ausgeschlossen werden.

Literaturverzeichnis

Abramenko, Andrik: Rechtliches Gehör vor dem Ausschluss eines Gesellschafters aus der GmbH, GmbHR 2001, 501-506

Albertz, Joachim: Die Verbriefung des GmbH-Geschäftsanteils in Deutschland und den EU-Staaten, Aachen 1996

Alexy, Robert: Theorie der Grundrechte, Baden-Baden 1985

Alfandari, Elie / Jeantin, Michel: Sociétés Civiles, Associations et autres Groupements, RTD com. 1990, 418-435

Alfandari, Elie / Jeantin, Michel: Anmerkung zu: CA Paris, 19 mars 1982, in: RTD com. 1982, 258

American Law Institute: Restatement of the Law Second, Contracts 2d, St. Paul 1981

Artz, Jean-François: Cession de droits sociaux, in: Guyon, Yves: Encyclopédie Dalloz, Répertoire de droit des sociétés, Tome I, Paris, Stand: 2000

- Parts sociales, in: Juris-Classeur civil, Fasc. 40 u. 41

Assmann, Heinz-Dieter / Schütze, Rolf A. (Hrsg.): Handbuch des Kapitalanlagerechts, München 1990

Atias, Christian: Anmerkung zu: Cass. civ. 1er, 27 avril 1978, in: Rev. soc. 1978, 772-773

Bachmann, Gregor: Grundtendenzen der Reform geschlossener Gesellschaften in Europa – Dargestellt am Beispiel des britischen Reformprozesses und der Europäischen Privatgesellschaft, ZGR 2001, 351-384

Bagel, Friderike: Der Ausschluss des Bezugsrechts in Europa, Köln/Berlin/Bonn/München 1999

Balz, Gerhard K.: Die Beendigung der Mitgliedschaft in der GmbH, Berlin 1984

Banks, R. C. I'Anson: Lindley & Banks on Partnership, 18th Edition, London 2002

- Encyclopedia of Professional Partnerships, London 1987, Stand: April 1996

v. Bar, Christian: Die Study Group on a European Civil Code, in: Gottwald, Peter / Jayme, Erik / Schwab, Dieter (Hrsg.): Festschrift für Dieter Henrich, Bielefeld 2000, 1-11

Bastian, Daniel / Germain, Michel: Abschnitt „Frankreich“ in: Jura Europae, Das Recht der Länder der Europäischen Gemeinschaft, Band II: Gesellschaftsrecht, München und Paris 1994

Baumann, Horst / Rößler, Sabine: Haftung des einer GbR beitretenden Gesellschafters für Altschulden analog § 130 HGB?, NZG 2002, 793-797

Baumbach, Adolf / Hueck, Alfred: GmbH-Gesetz, 17. Auflage, München 2000

Baumbach, Adolf / Hopt, Klaus J.: Handelsgesetzbuch, 31. Auflage, München 2003

Baums, Theodor (Hrsg.): Bericht der Regierungskommission Corporate Governance, Köln 2001

Becker, Michael: Der Ausschluss aus der Aktiengesellschaft, ZGR 15 (1986), 383-417

- Der Austritt aus der GmbH, Kehl/Straßburg/Arlington 1985

Beck'sches Handbuch der GmbH, herausgegeben von: Müller, Welf / Hense, Burkhard, 3. Auflage, München 2002

Beck'sches Handbuch der Personengesellschaften, herausgegeben von: Müller, Welf / Hoffmann, Wolf-Dieter, 2. Auflage, München 2002

Behrens, Peter: Das Internationale Gesellschaftsrecht nach dem Überseering-Urteil des EuGH und den Schlussanträgen zu Inspire Art, IPRax 2003, 193-207

- EuGH klärt Niederlasssungsfreiheit von Gesellschaften, EuZW 2002, 737
- Reaktionen mitgliedstaatlicher Gerichte auf das Centros-Urteil des EuGH, IPRax 2000, 384-390
- Das Internationale Gesellschaftsrecht nach dem Centros-Urteil des EuGH, IPRax 1999, 323-331
- Die Gesellschaft mit beschränkter Haftung im internationalen und europäischen Recht, 2. Auflage, Berlin 1997
- Abschnitt E. III: Gesellschaftsrecht, in: Dauses, Manfred A. (Hrsg.), Handbuch des EU-Wirtschaftsrechts, München 2001, Stand: Dezember 1997 (6. Ergänzungslieferung)
- Krisensymptome in der Gesellschaftsrechtsangleichung, EuZW 1996, 193
- Die Europäisierung des Gesellschaftsrechts, GmbHR 1993, 129-136
- Voraussetzungen und Grenzen der Rechtsfortbildung durch Rechtsvereinheitlichung, RabelsZ 50 (1986), 19-34

De Bermond de Vaulx, Jean-Marie: L'exclusion d'un associé, Dr. soc. 1996, chron. n° 14, 4-7

- La mésentente entre associés pourrait-elle devenir un juste motif d'exclusion d'un associé d'une société ?, JCP 1990, éd. E., II, n° 15921, 742-747

Graf von Bernstorff, Christoph: Einführung in das englische Recht, 2. Auflage, München 2000

Bézard, Pierre: Sociétés civiles, Paris 1978

Birds, John / Ferran, Eilís / Villiers, Charlotte / Boyle, A. J. (Editors): Boyle & Birds' Company Law, 4th Edition, Bristol 2000

Bissara, Philippe: L'inadaption du droit français aux besoins des enterprises et les aléas des solutions, Rev. soc. 1990, 553-566

Blackett-Ord, Mark: Partnership – The modern law of partnership, limited partnership and limited liability partnership, 2nd Edition, London/Edinburgh 2002

Blanke, Christoph: Das Recht zur Ausschließung aus der Personengesellschaft ohne Angabe von Gründen, München 1994

Blaurock, Uwe: Europäisches und deutsches Gesellschaftsrecht – Bilanz und Perspektiven eines Anpassungsprozesses, ZEuP 1998, 460-483

Boehme, Matthias: Neue Grundsätze zur Haftung des Beitretenden für alte GbR-Schulden, NZG 2003, 764-766

Bonell, Michael Joachim: An International Restatement of Contract Law – The UNIDROIT Principles of International Commercial Contracts, 2nd Edition, New York 1997

- Das UNIDROIT-Projekt für die Ausarbeitung von Regeln für internationale Handelsverträge, RabelsZ 56 (1992), 274-289

Bonneau, Thierry: Anmerkung zu: Cass. 3e civ., 27 mai 1999, Dr. soc. 1999, n° 121, 10 11

- Anmerkung zu: Cass. Com., 21 octobre 1997 (Sté Wallerich sports c/Sté La Hutte), in: Dr. soc. 1998, 10-11
- Anmerkung zu: Cass. Com. 12 mars 1996, in: JCP, éd E., 1996, n° 426
- Anmerkung zu: Cass. 1re civ., 4 janvier 1995, in: Dr. soc. 1995, n° 70, 5-6

Bosvieux, H.: Anmerkung zu: CA Rennes, 3 juillet 1912, J. soc. 1913, 19-26

Boucourechliev, Jeanne / Hommelhoff, Peter (Hrsg.): Vorschläge für eine europäische Privatgesellschaft, Köln 1999

Boucourechliev, Jeanne / Huet, Nathalie: De natura SARL, in: Droit et vie des affaires, Études à la mémoire d'Alain Sayag, Paris 1997

Bougnoux, Anne: Sociétés civiles – Associés, in: Juris-Classeur des Sociétés, Fasc. 48-60, Stand: 2000

- Dissolution des sociétés – Cause de dissolution propres à chaque type de société – Sociétés de personnes, in: Juris-Classeur des Sociétés, Fasc. 30-20, Stand: 2000
- Sociétés civiles – Parts sociales, in: Juris-Classeur des Sociétés, Fasc. 48-70, Stand: 2000
- Dissolution des sociétés – Cause de dissolution propres à chaque type de société – Sociétés de personnes, in: Juris-Classeur des Sociétés, Fasc. 30-20, Stand: 2000
- Sociétés en commandite simple, in: Juris-Classeur des Sociétés, Fasc. 62-10, Stand: 1998

Boyle, A. J. / Potts, Robin / Sealy, Leornard S. (Editors): Gore-Browne on Companies, 44th Edition, London, Supplement 37, Stand: März 2001

Bürklin, Wolf: Die strukturellen Unterschiede im GmbH-Recht der EWG-Mitgliedstaaten an Hand der Übertragung der Geschäftsanteile, Mainz 1970

Bunte, Hermann-Josef: Ausschließung und Abfindung von Gesellschaftern einer Personengesellschaft, ZIP 1983, 8-17

- Wirksamkeitskontrolle gesellschaftsvertraglicher „Hinauskündigungs-klauseln", ZIP 1985, 915-918

Bureau, Dominique: Anmerkung zu: Cass. com., 12 mars 1996, Rev. soc. 114 (1996), 557-563

Burkart, Fabian: Interpretatives Zusammenwirken von CISG und UNIDROIT Principles, Baden-Baden 2000

Busch, Kai: Minderheitsgesellschafterschutz in GmbH's und private companies – Eine rechtsvergleichende Arbeit zum deutschen und englischen Recht unter Berücksichtigung des europäischen Gesellschaftsrechts, Frankfurt am Main/Berlin/Bern/Bruxelles/New York/Oxford/Wien 2000

Byrne, Eugene / Gowar, Martyn C. / Moberly, William J. D.: Partnerships, in: Millet, Peter (Editor-in Chief): The Encyclopaedia of Forms and Precedents, 5th edition, Volume 30 (Partnership, Petroleum), London 1990

Caillaud, Bernard: L'exclusion d'un associé dans les sociétés, Paris 1966

Canaris, Claus-Wilhelm: Handelsrecht, 23. Auflage, München 2000

Champeaud, Claude: Anmerkung zu: Trib. Com. Poitiers, 30 juin 1975, RTD com. 1976, 373-375

Chartier, Yves: L'évolution de l'engagement des associés, Rev. soc. 1980, 1-26

Cheffins, Brian R.: Company Law: Theory, Structure, and Operation, Oxford 1997

Claussen, Carsten P.: Kleine Kapitalgesellschaften und der Zugang zum Kapitalmarkt, ZHR 153 (1989), 216-234

Cöster, Thilo: Der Ausschluß lästiger Gesellschafter, Diss. Göttingen 1994

Commission des opérations de bourse: 23° Rapport au Président de la République, Paris 1990

Company Law Review Steering Group: Modern Company Law for a Competitive Economy – Final Report, Volume I and II, Juli 2001 (Alle Berichte der *steering group* sind auch einsehbar im Internet unter: htttp://www.dti.gov.uk.)

- Modern Company Law for a Competitive Economy – Completing the Structure (Consultation Document), November 2000
- Modern Company Law for a Competitive Economy – Developing the Framework (Consultation Document), März 2000
- Modern Company Law for a Competitive Economy – The Strategic Framework (Consultation Document), Februar 1999

Couret, Alain: Anmerkung zu: Cass. com., 10 mars 1998, Bull. Joly soc., 1998, § 159, 466-467

- Le développement du droit préférentiel de souscription de l'actionnaire en droit comparé, Rev. soc. 1979, 505-519

Cozian, Maurice / Viandier, Alain / Deboissy, Florence: Droit des sociétés, 14e édition, Paris 2001

Daigre, Jean-Jacques: Anmerkung zu: CA Toulouse, 10 juin 1999, JCP 2000, II, 10372

- La perte de la qualité d'actionnaire, Rev. soc. 1999, 535-550
- Anmerkung zu: Cass. Com., 9 février 1999, Chateau d'Yquem, Bull Joly 1999, § 122
- Anmerkung zu: CA Paris, 23 avril 1998, Bull. Joly 1998, 961-962
- De l'exclusion d'un associé en réponse à une demande de dissolution, Bull. Joly 1996, 576
- Les clauses relatives à la cession des actions, JCP, cahiers dr. entr., 1994/2, n° 26, 13-17

Dana-Démaret, Sabine: Anmerkung zu: CA Paris, 7 juin 1988, Rev. soc. 1989, 249-253

Dariosecq, Sylvie / Métais, Nathalie: Les clauses d'exclusion, solution à la mésentente entre associés, Bull. Joly 1998, 908-916

Davies, Paul L.: Gower's Principles of Modern Company Law, 6th Edition, London 1997

Deckert, Martina R.: Zu Harmonisierungsbedarf und Harmonisierungsgrenzen im Europäischen Gesellschaftsrecht, RabelsZ Bd. 64 (2000), 478-496

Dejmek, Paulina: Das künftige Europa und die Europäische Privatgesellschaft, NZG 2001, 878-884

Dereu, Yves: Sociétés en nom collectif – Parts sociales – Cessions entre vifs, in: Juris-Classeur des Sociétés, Fasc. 59-20, Stand: 1996

Derrida, Fernand: Anmerkung zu: Société en commandite simple, in: Guyon, Yves: Encyclopédie Dalloz, Répertoire de droit des sociétés, Tome I, Paris, Stand: 1970

Drinkuth, Henrik: Die Kapitalrichtlinie – Mindest- oder Höchstnorm?, Köln 1998

Düringer/Hachenburg: Das Handelsgesetzbuch vom 10. Mai 1897, III. Band/1. Teil, Einleitung: Die Aktiengesellschaft im Leben der Wirtschaft und §§ 178-230a, 3. Auflage, Mannheim/Berlin/Leipzig 1934

Durand-Lépine, Gaetane: L'exclusion des actionnaires dans les sociétés non cotées, P. A., 24 juillet 1995, n° 88, 1-8

Ebenroth, Carsten Thomas / Boujong, Karlheinz / Joost, Detlev: Handelsgesetzbuch, Band 1: §§ 1-342 a, München 2001

Ebke, Werner F.: Unternehmensrechtsangleichung in der Europäischen Union: Brauchen wir ein European Law Institute?, in: Hübner, Ulrich / Ebke, Werner F. (Hrsg.): Festschrift für Bernhard Großfeld zum 65. Geburtstag, Heidelberg 1999, 189-217

Eckardt, Diederich: Das Ausscheiden des Komplementärs aus der zweigliedrigen KG – Zugleich eine Besprechung der Entscheidung BGH, NZG 2000, 474, NZG 2000, 449-458

Ehricke, Ulrich: Die Überwindung von Akzeptanzdefiziten als Grundlage zur Schaffung neuer supranationaler Gesellschaftsformen in der EU, RabelsZ Bd. 64 (2000), 497-516

Elsing, Siegfried / Van Alstine, Michael P.: US-amerikanisches Handels- und Wirtschaftsrecht, 2. Auflage, Heidelberg 1999

Engel, Christoph: Abfindungsklauseln – eine systematische Übersicht, NJW 1986, 345-350

Esch, Günter: Gesellschaftsvertragliche Buchwertabfindung im Falle der Ausschließungskündigung, NJW 1979, 1390-1395

Esser, Josef: Grundsatz und Norm in der richterlichen Fortbildung des Privatrechts, Tübingen 1956

Europäische Kommission: Binnenmarkt, Band 3: Bedingungen für die Unternehmenskooperation / Öffentliches Auftragswesen / Energiebinnenmarkt, Brüssel/Luxemburg 1994.

Farrar, John H. / Hannigan, Brenda: Farrar's Company Law, 4th Edition, London/Edinburgh/Dublin 1998

Felsner, Marcus: Fortführung der Firma bei Ausscheiden des namensgebenden Gesellschafters nach dem Handelsrechtsreformgesetz, NJW 1998, 3255-3257

Fikentscher, Wolfgang: Methoden des Rechts in vergleichender Darstellung, Band IV Dogmatischer Teil, Tübingen 1977

Fischer, Robert: Fragen aus dem Recht der GmbH, JZ 1956, 362-364

Fischer-Zernin, Cornelius: Der Rechtsangleichungserfolg der Ersten gesellschaftsrechtlichen Richtlinie der EWG, Tübingen 1986

Flume, Werner: Allgemeiner Teil des Bürgerlichen Rechts, Erster Band, Erster Teil: Die Personengesellschaft, Berlin/Heidelberg/New York 1977

- Allgemeiner Teil des Bürgerlichen Rechts, Erster Band, Zweiter Teil: Die juristische Person, Berlin/Heidelberg/New York/Tokio 1983

Fox, D. W.: Problems of Transferring Shares in Private Companies, S. J. 1986, 130 (40), 718-721

Freitag, Robert: Der Wettbewerb der Rechtsordnungen im Internationalen Gesellschaftsrecht, EuZW 1999, 267-270

Friedewald, Rolf: Die personalistische Aktiengesellschaft, Köln/Berlin/Bonn/München 1991

Frison-Roche, Marie-Anne: L'hypothèse d'un droit général de retrait des minoritaires, in: Actionnaires et dirigeants: où se situera demain le pouvoir dans les sociétés cotées?, RD banc. et bourse 1996, n° 55, 73

Geck, Reinhard: Rechtsprobleme bei der Übertragung von Geschäftsanteilen an einer GmbH, insbesondere die Haftung von Veräußerer und Erwerber, DStR 1996, 627-632

Gehrlein, Markus: Die Einziehung von GmbH-Geschäftsanteilen als Mittel zum Ausschluss eines Gesellschafters, ZIP 1996, 1157-1160

Germain, Michel: Traité de droit commercial – Ripert, G. / Roblot, R., Tome 1 – Volume 2, 18e édition, Paris 2002

Geßler, Ernst / Hefermehl, Wolfgang / Eckardt, Ulrich / Kropff, Bruno: Aktiengesetz. Kommentar, 1. Auflage München 1973 ff. (2. Auflage: Münchener Kommentar zum Aktiengesetz)

Geyrhalter, Volker / Gänßler, Peggy: Perspektiven nach „Überseering" – wie geht es weiter?, NZG 2003, 409-414

Gibirila, Deen: Société – Disposition générales – Parts sociales: Droits et obligations de l'associé, in: Juris-Classeur des Sociétés, Art. 1832 à 1844-17, Fasc. 41, Stand: 13. Oktober 2000

Goddard, Robert: Taming the unfair prejudice remedy: Sections 459-461 of the Companies Act 1985 in the House of Lords, (1999) 58 C.L.J. 1999, 487-490

Goette, Wulf: Ausschließung und Austritt aus der GmbH in der Rechtsprechung des Bundesgerichtshofs, DStR 2001, 533-542

Gregory, Alan / Hicks, Andrew: Valuation of Shares: A Legal and Accounting Conundrum, (1995) JBL, 56-69

Griffin, Stephen: The Statutory Protection of Minority Shareholders: Section 459 of the Companies Act 1985, (1992) 13 Company Lawyer, 83-88

Griggs, Lynden / Lowry, John P.: Minority Shareholders Remedies: A Comparative View, [1994] JBL, 463-487

Großfeld, Bernhard: Börsenkurs und Unternehmenswert, BB 2000, 261-266

Großkommentar zum Aktiengesetz, herausgegeben von: Hopt, Klaus J. / Wiedemann, Herbert, 4. Auflage, Berlin/New York 1992 ff.

Großkommentar zum Handelsgesetzbuch, herausgegeben von: Canaris, Claus-Wilhelm / Schilling, Wolfgang / Ulmer, Peter, 4. Auflage, Berlin/New York 1985-1999

Grunewald, Barbara: Gesellschaftsrecht, 5. Auflage, Tübingen 2002

- Das Recht zum Austritt aus der Aktiengesellschaft, in: Martens, Klaus-Peter / Westermann, Harm Peter / Zöllner, Wolfgang (Hrsg.): Festschrift für Carsten Peter Claussen, Köln/Berlin/Bonn/München 1997, 103-114
- Austrittsrechte als Folge von Mischverschmelzungen und Verfügungsbeschränkungen (§ 29 UmwG), in: Ebenroth, Carsten Thomas / Hesselberger, Dieter / Rinne, Manfred Eberhard: Verantwortung und Gestaltung – Festschrift für Karlheinz Boujong, München 1996, 175-201
- Der Ausschluss aus Gesellschaft und Verein, Köln/Berlin/Bonn/München 1987

Grynbaum, Luc: Le contrôle par les tribunaux de l'exclusion abusive d'un associé (Cass. com., 21 octobre 1997), P. A., 5 juin 1998, n° 67, 17-25

Güthoff, Julia: Gesellschaftsrecht in Großbritannien, München 1993

Guyon, Yves: Droit des affaires, Tome 1, Droit commercial général et Sociétés, 11e édition, Paris 2001

- Les réformes apportées au droit des sociétés par la loi du 15 mai 2001 relative aux nouvelles régulations économiques (présentation générale), Rev. soc. 2001, 503-514
- Aktuelle Entwicklungen im französischen Gesellschaftsrecht, in: Schneider, Uwe H. / Hommelhoff, Peter / Schmidt, Karsten / Timm, Wolfram / Grunewald, Barbara / Drygala, Tim: Festschrift für Marcus Lutter zum 70. Geburtstag, Köln 2000, 83-93
- Zur Gestaltungsfreiheit im französischen Gesellschaftsrecht, in: Lutter, Marcus / Wiedemann, Herbert (Hrsg.): Gestaltungsfreiheit im Gesellschaftsrecht – Deutschland, Europa und die USA, Berlin/New York 1998, 297-309
- Les sociétés – Aménagements statutaires et conventions entre associés, 4e édition, Paris 1999
- Anmerkung zu: CA Paris, 12 avril 1996, in: Rev. soc. 1996, 596
- Anmerkung zu: CA Paris, 7 avril 1995, Rev. soc. 1995, 771
- Die Société par Actions Simplifiée (SAS), ZGR 1994, 551-569
- Présentation générale de la société par actions simplifiée, Rev. soc. 1994, 207-221
- Anmerkung zu: CA Reims, 24 avril 1989, Rev. soc. 1990, 77
- Anmerkung zu: CA Orléans, 26 septembre 1989, Rev. soc. 1990, 644
- Droits et obligations attachés à l'action – Clause d'agrément et de préemption dans les sociétés anonymes, in: Juris-Classeur des Sociétés, Fasc. 97-B, Stand: 1980

Haas, Gerhard: Personengesellschaften in Frankreich, RIW 1981, 766-767

Habersack, Mathias: Europäisches Gesellschaftsrecht, 2. Auflage, München 2003

Habersack, Mathias / Mayer, Christian: Globalverbriefte Aktien als Gegenstand sachenrechtlicher Verfügungen? – Ein (weiteres) Plädoyer für die Ablösung der Globalurkunde durch Wertrechte, WM 2000, 1678-1684

Hachenburg-Großkommentar zum GmbHG, herausgegeben von Ulmer, Peter, 1. Band (§§ 1-34), 8. Auflage, Berlin/New York 1992

Hannigan, Brenda: Section 459 of the Companies Act 1985 – a code of conduct for the quasi-partnership?, [1988] LMCLQ 60-81

Hartkamp, Arthur: Principles of Contract Law, in: Hartkamp, Arthur / Hesselink, M. W. / Hondius, Ewoud H. / du Perron, C. E. / Vranken, J. B. M.: Towards a European Civil Code, 37-50

Heenen, Jacques: Partnership and Other Personal Associations for Profit, in: International Encyclopedia of Comparative Law, Volume XIII, Chapter 1, Tübingen/Mouton/The Hague/Paris 1975

Heidenhain, Martin / Meister, Burkhardt W.: Münchener Vertragshandbuch, Band 1. Gesellschaftsrecht, 4. Auflage, München 1996

Heinsius, Theodor / Horn, Arno / Than, Jürgen: Depotgesetz – Kommentar zum Gesetz über die Verwahrung und Anschaffung von Wertpapieren vom 4. Februar 1937, Berlin/New York 1975

Heitsch, Joachim: Das Bezugsrecht der Gesellschafter der GmbH bei Kapitalerhöhungen, Berlin 1997

Helms, Dietmar: Reform der "SAS" in Frankreich, GmbHR 1999, 1078-1079

- Die Europäische Privatgesellschaft, Köln 1998

Hélot, Sylvie.: La place de l'intuitus personae dans la société de capitaux, D. 1991, chr., 143-144

Hémard, Jean / Terré, François / Mabilat, Pierre: Sociétés commerciales, tome I, Paris 1972; tome II, Paris 1974

Henn, Günther: Handbuch des Aktienrechts, 7. Auflage, Heidelberg 2002

Henze, Hartwig: Handbuch zum GmbH-Recht, 2. Auflage, Köln 1997

Herms, Volkmar: Die Aktie und ihre Übertragung im französischen Recht, Köln/Berlin/Bonn/München 1972

Heymann-Handelsgesetzbuch, herausgegeben von Horn, Norbert, Band 2 (§§ 105-237), 2. Auflage, Berlin/New York 1996

Hicks, Andrew / Drury, Robert: Erfahrungen und Vorschläge: Das Vereinigte Königreich, in: Boucourechliev, Jeanne / Hommelhoff, Peter (Hrsg.): Vorschläge für eine Europäische Privatgesellschaft, Köln 1999, 69-126

Hill, Coral: Meaning of "unfairness" in section 459, Companies Act 1985 – O'Neill & Another v Philips & Others [1999] 1 WLR 1092, (1999) 96 (34) L.S.G., 30

Hirsch, Alexander / Britain, Richard: Arfully Inspired – Werden deutsche Gesellschaften englisch?, NZG 2003, 1100-1104

Hirte, Heribert: Kapitalgesellschaftsrecht, 4. Auflage, Köln 2003

- Bezugsrecht, Berichtspflicht, genehmigtes Kapital und europäisches Recht, DStR 2001, 577-581

- Die aktienrechtliche Satzungsstrenge: Kapitalmarkt und sonstige Legitimation versus Gestaltungsfreiheit, in: Lutter, Marcus / Wiedemann, Herbert (Hrsg.): Gestaltungsfreiheit im Gesellschaftsrecht – Deutschland, Europa und die USA, Berlin/New York 1998, 61-98
- Wege zu einem europäischen Zivilrecht, Stuttgart/München/Hannover/Berlin/Weimar/Dresden 1996
- Bezugsrechtsfragen bei Optionsanleihen, WM 1994, 321-329
- Bezugsrechtsausschluss und Konzernbildung, Köln/Berlin/Bonn/München 1986

Hohloch, Gerhard: Abschnitt Vereinigtes Königreich, in: Hohloch, Gerhard (Hrsg.): EU-Handbuch Gesellschaftsrecht, Herne/Berlin 1997

Hommelhoff, Peter: Einige Bemerkungen zur Organisationsverfassung der Europäischen Aktiengesellschaft, AG 2001, 279-288
- Die deutsche GmbH im System der Kapitalgesellschaften, in: Roth, Günter H. (Hrsg.): Das System der Kapitalgesellschaften im Umbruch, Köln 1990, 26-61
- Börsenhandel von GmbH- und KG-Anteilen?, ZHR 153 (1989), 181-215
- 100 Bände BGHZ: Aktienrecht, ZHR 151 (1987), 493–516

Honorat, Adrienne: Anmerkung zu: Cass. com., 10 février 1970, Rev. soc. 1970, 459-462

Hopt, Klaus J.: Europäische Aktiengesellschaft – per aspera ad astra?, EuZW 2002, 1
- Vertrags- und Formularbuch zum Handels-, Gesellschafts-, Bank- und Transportrecht, 2. Auflage, München 2000
- Europäisches Gesellschaftsrecht – Krise und neue Anläufe, ZIP 1998, 96-106
- Gestaltungsfreiheit im Gesellschaftsrecht in Europa, in: Lutter, Marcus / Wiedemann, Herbert (Hrsg.): Gestaltungsfreiheit im Gesellschaftsrecht – Deutschland, Europa und die USA, Berlin/New York 1998, 123-147
- Harmonisierung im europäischen Gesellschaftsrecht – Status quo, Probleme, Perspektiven –, ZGR 1992, 265-295

Horstmeier, Gerrit: Bilanzielle und steuerrechtliche Aspekte bei der Gründung eines Tochterunternehmens in Großbritannien in Form einer Private Limited Company, GmbHR 2001, 332-336

Houin, Roger: Sociétés commerciale – Sociétés par actions, RTD com. 1968, 88-95

Hübner, Ulrich / Constantinesco, Vlad: Einführung in das französische Recht, 3. Auflage, München 1994

Hueck, Goetz: Gesellschaftsrecht, 19. Auflage, München 1991

Hüffer, Uwe: Aktiengesetz-Kommentar, 5. Auflage, München 2002

- Gesellschaftsrecht, 6. Auflage, München 2003

Hüttemann, Rainer: Börsenkurs und Unternehmensbewertung, ZGR 2001, 454-478

Hughes, Graham: Rules, Policy and Decision Making, Yale LJ 77 (1968), 411-439

Immenga, Ulrich: Vertragliche Vinkulierung von Aktien?, AG 1992, 79-83

- Die personalistische Kapitalgesellschaft, Bad Homburg v. d. H. 1970

Instone, Ralph: Unfair Prejudice: An Interim Report, (1988) JBL, 20-26

Ivamy, E. R.. Hardy: Underhill's Principles of the Law of Partnership, 12th Edition, London 1986

Jaeger, Carsten: Die Europäische Aktiengesellschaft – europäischen oder nationalen Rechts, Baden-Baden 1994

Jauffret, Alfred / Mestre, Jacques: Droit commercial, 22e édition, Paris 1995

Jeantin, Michel: Anmerkung zu: Cass. 1re civ., 4 janvier 1995, Rev. soc. 1995, 526-527

- Droit des sociétés, 3e édition, Paris 1994
- Les associés de la société par actions simplifiée, Rev. soc. 1994, 223-237
- Anmerkung zu: Cass. 1re civ., 27 février 1985, Rev. soc. 1985, 622-625

Jeantin, Michel / Bougnoux, Anne: Dissolution des sociétés – Cause de dissolution communes à tous les types de sociétés, in: Juris-Classeur des Sociétés, Fasc. 30-10, Stand: 1997

Jeantin, Michel / Viandier, Alain: Anmerkung zu: Tribunal de commerce de Versailles, 2 mai 1989, in: RD bancaire et bourse 1989, n° 16, 214-215

Juglart, Michel de / Ippolito, Benjamin: Les sociétés commerciales, Cours de droit commercial, 2e volume, 10e édition, Paris 1999

Kecker, Jan Peter: Die Fungibilisierung von GmbH-Anteilen, Köln/Berlin/ Bonn/München 1991

Kellner, Christa: Die Kontrolle der Entscheidung der Gesellschafterversammlung über die Übertragung von Geschäftsanteilen an einer GmbH, Tübingen 1994

Kelly, David / Holmes, Ann / Hayward, Ruth: Business Law, 3rd Edition, London/Sydney 2000

Kern, Kerstin Christa: Verwertung der Personalfirma im Insolvenzverfahren, BB 1999, 1717-1720

Kindler, Peter: „Inspire Art" – Aus Luxemburg nichts Neues zum internationalen Gesellschaftsrecht, NZG 2003, 1086-1090

- Auf dem Weg zur Europäischen Briefkastengesellschaft? – Die „Überseering"-Entscheidung des EuGH und das internationale Privatrecht, NJW 2003, 1073-1079
- Die sachliche Rechtfertigung des aktienrechtlichen Bezugsrechtsausschlusses im Lichte der Zweiten Gesellschaftsrechtlichen Richtlinie der Europäischen Gemeinschaft, ZHR 158 (1994), 339-370

Klasen, Mathias: Zu den Grundlagen und zur Begrenzung der Haftung im Hinblick auf den OHG-und KG-Gesellschafter sowie den GmbH-Geschäftsführer, Regensburg 2000

Klinke, Ulrich: Europäisches Unternehmensrecht und EuGH, ZGR 2002, 163-203

Kötz, Hein: Rechtsvereinheitlichung – Nutzen, Kosten, Methoden, Ziele, RabelsZ 50 (1986), 1-18

Kölner Kommentar zum Aktiengesetz, herausgegeben von Wolfgang Zöllner, 2. Auflage, Köln/Berlin/Bonn/München 1986 ff.

Köster, Jürgen: Die Haftung des Gesellschafters einer Offenen Handelsgesellschaft im französischen Recht im Vergleich mit dem deutschen Recht, Freiburg 1962

Koller, Ingo: Der Ausschluss ohne wichtigen Grund zum Buchwert bei Familiengesellschaften, DB 1984, 545-549

Koller, Ingo / Roth, Wulf-Henning / Morck, Winfried: Kommentar zum Handelsgesetzbuch, 3. Auflage, München 2002

Kornblum, Udo: Rechtstatsachen zur GmbH aus Württemberg und aus den neuen Bundesländern, GmbHR 1994, 505-520

Kort, Michael: Die neuere Entwicklung im Recht der Abfindungsklauseln, DStR 1995, 1961-1967

Krämer, Achim: Die gesellschaftsvertragliche „Ausschließung" aus der Personengesellschaft, NJW 1981, 2553-2556

Kreß, Simone: Gerichtliche Beschlusskontrolle im Kapitalgesellschaftsrecht – Eine rechtsvergleichende Untersuchung zum deutschen, französischen und englischen Recht, München 1996

Krimmer, Ingeborg: La clause de rachat, JCP, éd. E, 1993, n° 223, 101-106

Kropff, Bruno: Zur Vinkulierung, zum Vollmachtstimmrecht und zur Unternehmensaufsicht im deutschen Recht, in: Semmler, Johannes / Hommelhoff, Peter / Doralt, Peter / Druey, Jean Nicolas: Reformbedarf im Aktienrecht, Berlin/New York 1994

Lamprecht, Philipp: Fortsetzung der OHG bei Ausscheiden eines Gesellschafters, ZIP 1997, 919-923

Lando, Ole: Die Regeln des Europäischen Vertragsrechts, in: Müller-Graff, Peter-Christian: Gemeinsames Privatrecht in der Europäischen Gemeinschaft, 2. Auflage, Baden-Baden 1999, 567-577

Lando, Ole / Beale, Hugh (Hrsg.): Principles of European Contract Law, Parts I and II, Den Haag/London/Boston 2000

Lapoyade-Deschamps, Christian: La liberté de se retirer d'une société, D. 1978, chron., 123-130

Larenz, Karl / Wolf, Manfred: Allgemeiner Teil des Bürgerlichen Rechts, 8. Auflage, München 1997

Larenz, Karl: Methodenlehre der Rechtswissenschaft, 6. Auflage, Berlin 1991

Law Commission: Limited Partnership Act 1907 – A Joint Consultation Paper, LCCP No. 161, Norwich 2001 (Alle Berichte der *Law Commission* sind auch im Internet einsehbar unter: http://www.lawcom.gov.uk.)

- Partnership Law – A Joint Consultation Paper, LCCP No. 159, Norwich 2000
- Shareholder Remedies, Final Report, Law Com. No. 246, Norwich 1997
- Shareholder Remedies, Consultation Paper, LCCP No. 142, Norwich 1996

Lazarides, M. T.: Director's powers in relation to transfers of shares, ICCLR 1994, 252-260

Le Cannu, Paul: Les apports à une SARL et la libération du capital des sociétés à capital variable, Rev. soc. 2001, 633-643

- Anmerkung zu: CA Paris, 12 janvier 1983, Rev. soc. 1983, 556-558

Lepargneur, J.: L'exclusion d'un associé, J. sociétés 1928, 257-276

- Anmerkung zu: Caen, 11 avril 1927, D. P. 1928, II, 65-67

Lesguillier, Gérard: Sociétés civiles, in: Juris-Classeur, Sociétés Formulaire, Fasc. E-20, Stand: 2000

- Société en nom collectif, in: Juris-Classeur, Sociétés Formulaire, Fasc. G-25, Stand: 1999

Limbach, Jutta: Theorie und Wirklichkeit der GmbH – Die empirischen Normaltypen der GmbH und ihr Verhältnis zum Postulat von Herrschaft und Haftung, Berlin 1966

Loritz, Karl-Georg: Rechtsfragen der notariellen Beurkundung bei Verkauf und Abtretung von GmbH-Geschäftsanteilen, DNotZ 2000, 90-109

Lowry, John: The pursuit of effective minority shareholder protection: s. 459 of the Companies Act 1985, (1996) 17 Co Law, 67-72

Lutter, Marcus: „Überseering" und die Folgen, BB 2003, 7-10

- Das Europäische Unternehmensrecht im 21. Jahrhundert, ZGR 2000, 1-18
- (Hrsg.): Umwandlungsgesetz, Kommentar, 2. Auflage, Köln 2000
- Konzepte, Erfolge und Zukunftsaufgaben Europäischer Gesellschaftsrechtsharmonisierung, in: Grundmann, Stefan: Systembildung und Systemlücken in Kerngebieten des Europäischen Privatrechts, Tübingen 2000, 121-143
- Die Funktion der Gerichte im Binnenstreit von Kapitalgesellschaften – ein rechtsvergleichender Überblick, ZGR 1998, 191-211
- Limited Liability Companies and Private Companies, in: International Encyclopedia of Comparative Law, Volume XIII, Chapter 2, Tübingen/Dordrecht/Boston/Lancaster 1998
- Europäisches Unternehmensrecht, 4. Auflage, Berlin/New York 1996
- Die Entwicklung der GmbH in Europa und der Welt, in: Lutter, Marcus / Ulmer, Peter / Zöllner, Wolfgang: Festschrift 100 Jahre GmbH-Gesetz, Köln 1992, 49-83
- Die Rechte und Pflichten des Vorstands bei der Übertragung vinkulierter Namensaktien, AG 1992, 369-375
- Rechtsverhältnisse zwischen den Gesellschaftern und der Gesellschaft, in: Centrale für Gesellschaften mit beschränkter Haftung Doktor Otto Schmidt (Hrsg.): Probleme der GmbH-Reform, Köln 1970, 63–95

Lutter, Marcus / Hommelhoff, Peter: GmbH-Gesetz-Kommentar, 15. Auflage, Köln 2000

Lutter, Marcus / Timm, Wolfram: Konzernrechtlicher Präventivschutz im GmbH-Recht, NJW 1982, 409-420

Maier, Arno: Die GmbH im französischen Recht, GmbHR 1990, 379-384

- Neuere Entwicklungen im französischen Wertpapierrecht, RIW 1986, 677-685

Marini, Philippe: La modernisation du droit des sociétés – Rapport au Premier ministre, Paris 1996

- Le droit de retrait des actionnaires minoritaires dans les sociétés non cotées, P. A. 1998, n° 132, 27-28

Martens, Klaus-Peter: Der Ausschluss des Bezugsrechts, ZIP 1992, 1677-1697

Martin, Didier: L'exclusion d'un actionnaire, in: La stabilité du pouvoir et du capital dans les sociétés par actions, Rev. jur. com. nov. 1990, n° spécial, 94-115

Masquelier, Frédéric / Simon de Kergunic, Nicolas: Société par actions simplifiée (SAS) – Création, Gestion, Évolution, Paris 2000

Matsopoulou, Haritini: La dissolution pour mésentente entre associés, Rev. soc. 1998, 21-44

Maul, Silja: Übertragung von Geschäftsanteilen einer französischen SARL, RIW 1999, 675-680

- Zur Ausgabe von Namensaktien, NZG 2001, 585-590

Mayson, Stephen W. / French, Derek / Ryan, Christopher L.: Company Law, 17th Edition, London 2000-2001

McGee, Andrew: Exit Mechanisms in Private Companies, CfiLR 1999, 52-64

McGee, Andrew / Williams, Christina: The Business of Company Law – An Introduction for Students, Oxford 1995

Mecklenbrauck, Dirk: Die Abfindung zum Buchwert beim Ausscheiden eines Gesellschafters, Lohmar/Köln 1999

Medicus, Dieter: Bürgerliches Recht, 18. Auflage, Köln/Berlin/Bonn/München 1999

Melber, Oliver: Die Kaduzierung in der GmbH, Köln/Berlin/Bonn/München 1993

Mercadal, Barthélémy / Janin, Philippe: Mémento pratique Francis Lefebvre: Sociétés civiles 2002, Levallois 2001

- Mémento pratique Francis Lefebvre: Sociétés commerciales 2001, Levallois 2000

Merle, Philippe: Droit commercial – Sociétés commerciales, 8e édition, Paris 2001

Mertens, Hans-Joachim: Satzungs- und Organisationsautonomie im Aktien- und Konzernrecht, ZGR 1994, 426-441

Mestre, Jacques: Anmerkung zu: Cour d'Appel d'Aix-en-Provence, 26.06.1984, in: D. 1985, 373-375

Michalsky, Udo: Vergleichender Überblick über das Recht der Kapitalgesellschaften in Großbritannien, DStR 1991, 1660-1664
- Vergleichender Überblick über das Recht der Kapitalgesellschaften in Frankreich, DStR 1991, 1563-1568

Milman, David / Flanagan, Terence: Modern Partnership Law, London/ Canberra 1983

Morse, Geoffrey: Partnership Law, 5th Edition, London 2001
- Charlesworth & Morse Company Law, 16th Edition, London 1999

Moury, Jacques: Des ventes et des cessions de droits sociaux à dire de tiers (étude des articles 1592 et 1843-4 du code civil), Rev. soc. 1997, 455-479
- Des clauses restrictives de la libre négociabilité des actions, RTD com. 1989, 187-210

Müller, Hans-Friedrich: Minderheitsschutz im englischen Kapitalgesellschaftsrecht nach ss. 459 ff. CA 1985 , RIW 1997, 994-997
- Das Austrittsrecht des GmbH-Gesellschafters, Köln/Berlin/Bonn/München 1996

Müller, Klaus J.: Die Haftung des Erwerbers von GmbH-Geschäftsanteilen und Schutz bei anfechtbarer Übertragung, Frankfurt am Main/Berlin/ Bern/New York/Paris/Wien 1996

Münchener Handbuch des Gesellschaftsrechts, Band 1: BGB-Gesellschaft, Offene Handelsgesellschaft, Partnerschaftsgesellschaft, Partenreederei, EWIV, herausgegeben von: Riegger, Bodo / Weipert, Lutz, München 1995

Münchener Handbuch des Gesellschaftsrechts, Band 3: Gesellschaft mit beschränkter Haftung, herausgegeben von: Priester, Hans-Joachim / Mayer, Dieter, 2. Auflage, München 2003

Münchener Handbuch des Gesellschaftsrechts, Band 4: Aktiengesellschaft, herausgegeben von Hoffmann-Becking, Michael, 2. Auflage, München 1999

Münchener Kommentar zum Aktiengesetz, herausgegeben von Kropff, Bruno / Semler, Johannes, Band 1 (§§ 1-53), München 2000; Band 2 (§§ 53 a-75), München 2003; Band 3 (§§ 76-117) und 4 (§§ 118-147), München 2004; Band 5/1 (§§ 148-151, 161-178), München 2003, und Band 7 (§§ 222-227), München 2001 (zugleich 2. Auflage von: Geßler/Hefermehl/Eckardt/Kropff, Aktiengesetz)

Münchener Kommentar zum Bürgerlichen Gesetzbuch, herausgegeben von Rebmann, Kurt u. a., Band 5 (§§ 705-853), 4. Auflage, München 2004

Münchener Kommentar zum Handelsgesetzbuch, herausgegeben von Schmidt, Karsten, Band 1 (§§ 1-104), München 1996; Band 3 (§§161-237), München 2002

Mutter, Stefan / Schwörer, Frank: Die beurkundungsfreie „Übertragung" von GmbH-Geschäftsanteilen, GmbHR 2000, 1144–1147

Naffah, Georges: Sociétés à responsabilité limitée – Modifications du capital social, in: Juris-Classeur, Sociétés Traité, Fasc. 78-20, Stand: 1999

Nagel, Bernhard: Deutsches und europäisches Gesellschaftsrecht, München 2000

Neßler, Volker: Wettbewerb der Rechtsordnungen oder Europäisierung? – Stand und Perspektiven des Europäischen Gesellschaftsrechts, ZfRV 2000, 1-8

Neye, Hans-Werner: Kein Stolperstein für die Europäische Aktiengesellschaft, ZGR 2002, 377-382

Neuling, Jasper: Deutsche GmbH und englische private company, Köln/ Berlin/Bonn/München 1997

Niemeier, Wilhelm Günther: Rechtstatsachen und Rechtsfragen der Einziehung von GmbH-Anteilen, Heidelberg/Hamburg 1982

Nitschke, Manfred: Die körperschaftlich strukturierte Personengesellschaft, Bielefeld 1970

Northam, John: Expulsion of a partner, Comm. Law. 1996, 1 (11), 74

Odet, Jean-Claude: La pratique des sociétés, mise à jour poursuivie par Bulle, Jean-Francois, Paris, Stand: 1998

van Ommeslaghe, Pierre / van Ryn, Jean: Business and private Organisations, in: International Encyclopedia of Comparative Law, Volume XIII, Chapter 5, Tübingen/Dordrecht/Boston/Lancaster 1989

Oppetit, Bruno: Anmerkung zu: Cass. com., 24 février 1975, Rev. soc. 1976, 97-102

Paclot, Yann: Anmerkung zu: Cass. com. 13 décembre 1994, JCP, éd. E, 1995, II, n° 705, 139-143

Palandt, Otto: Bürgerliches Gesetzbuch, 63. Auflage, München 2004

Palmer's Company Law, 25th Edition, London/Edinburgh 1992 ff.

Palmer's Company Law Manual (General Editor: Richard Smerdon), London 2000

Peczenik, Alexander: Principles of Law – The Search for Legal Theory, Rechtstheorie 2 (1971), 17-35

Peitsmeyer, Philip: Die Vererbung von Gesellschaftsanteilen an Personen- und Kapitalgesellschaften in Deutschland, Frankreich und England – Eine rechtsvergleichende Untersuchung zur Ermittlung gemeinsamer Prinzipien des Gesellschaftsrechts, Frankfurt am Main/Berlin/Bern/Bruxelles/New York/Oxford/Wien 2004

Pennington, Robert R.: Company Law, 8th Edition, London/Edinburgh 2001

- Abschnitt „Vereinigtes Königreich" in: Jura Europae, Das Recht der Länder der Europäischen Gemeinschaft, Band IV: Gesellschaftsrecht, München und Paris 1994

Périn, Pierre-Louis: La société par actions simplifiée – L'organisation des pouvoirs, Paris 2000

Pettet, Ben: Company Law, Harlow 2001

- Abschnitt „United Kingdom" in: Geens, K. (Editor): International Encyclopaedia of Laws – Corporations and Partnerships, Volume 4, The Hague/London/Boston 1996

Pfitzmann, Hans-Joachim: Ausschluss und Austritt aus der personalistischen Kapitalgesellschaft – Eine rechtsvergleichende Untersuchung über die GmbH und die Klein-AG nach belgischem, französischem, deutschem und schweizerischem Recht, Bern/Frankfurt am Main 1974

Piltz, Detlev J.: Unternehmensbewertung und Börsenkurs im aktienrechtlichen Spruchstellenverfahren, zugleich Besprechung der Entscheidung BVerfG 100, 289, ZGR 2001, 185-213

Prentice, D. D.: The Theory of the Firm: Minority Shareholder Oppression: Sections 459-461 of the Companies Act 1985, (1988) 8 OJLS, 55-91

- Minority Shareholder Oppression: Valuation of Shares, (1986) 102 LQR, 179-185

Prime, Terence / Scanlan, Gary: The Law of Partnerships, London/Dublin/Edinburgh 1995

Raiser, Thomas: Das Recht der Kapitalgesellschaften, 3. Auflage, München 2001

Rajak, Harry: Gestaltungsfreiheit im Gesellschaftsrecht des Vereinigten Königreichs, in: Lutter, Marcus / Wiedemann, Herbert (Hrsg.): Gestaltungsfreiheit im Gesellschaftsrecht – Deutschland, Europa und die USA, Berlin/New York 1998, 187-214

Randoux, Dominique: Anmerkung zu: Cass. com., 13 décembre 1994, Rev. soc. 1995, 303-307
- Anmerkung zu: Cass. com., 13 octobre 1992, Rev. soc. 1993, 579-581

Rasner, Henning: Abfindungsklauseln in OHG- und KG-Verträgen, NJW 1983, 2905-2911

Raz, Joseph: Legal Principles and the Limits of Law, Yale LJ 81 (1972), 823-854

Reher, Tim: Gesellschaftsrecht in Gemeinsamen Märkten, Baden-Baden 1997

Reichert, Jochem: Das Zustimmungserfordernis zur Abtretung von Geschäftsanteilen in der GmbH, Heidelberg 1984
- Zulässigkeit der nachträglichen Einführung oder Aufhebung von Vinkulierungsklauseln in der Satzung der GmbH, BB 1985, 1496 – 1502

Reichert, Jochem / Winter, Martin: Vinkulierungsklauseln und gesellschafterliche Treuepflicht, in: Lutter, Marcus / Ulmer, Peter / Zöllner, Wolfgang: Festschrift 100 Jahre GmbH-Gesetz, Köln 1992, 209-243

Reichold, Hermann: Das neue Nachhaftungsbegrenzungsgesetz, NJW 1994, 1617-1622

Reinhard, Yves: Anmerkung zu: Cass. com., 23 octobre 1990, in: D. 1991, 173-175

Reinisch, Armin: Der Ausschluss von Aktionären aus der Aktiengesellschaft, Köln 1992

Riley, Christopher A.: Contracting Out of Company Law: Section 459 of the Companies Act 1985 and the Role of the Courts, (1992) 55 MLR, 782-802

Rodière, Réné: Anmerkung zu: C. A. Rouen, 8 février 1974, Rev. soc. 1974, 5-513

Röhricht, Volker: Die aktuelle höchstrichterliche Rechtsprechung zum Gesellschaftsrecht, in: Gesellschaftsrechtliche Vereinigung: Gesellschaftsrecht in der Diskussion 1999, Köln 2000, 3-29
- Zum Austritt des Gesellschafters aus der GmbH, in: Festschrift für Alfred Kellermann, Berlin/New York 1991, 361-388
- Buchbesprechung von: Grunewald, Barbara, Der Ausschluss aus Gesellschaft und Verein, Köln/Berlin/Bonn/München 1987, AcP 189 (1989), 386-395

Röschinger, Helmut: Der Ausschluss eines Gesellschafters aus der OHG des deutschen Rechts und der Société en nom collectif des französischen Rechts – Ein Vergleich, Diss. Regenburg 1969

Roitzsch, Frank: Der Minderheitenschutz im Verbandsrecht, Königstein/Taunus 1981

Roth, Günter H.: GmbH und AG: Versuch einer Neuorientierung, in: Roth, Günter H. (Hrsg.): Das System der Kapitalgesellschaften im Umbruch – ein internationaler Vergleich, Köln 1990, 1-25

Roth, Günter H./ Altmeppen, Holger: Gesetz betreffend die Gesellschaften mit beschränkter Haftung (GmbHG), 4. Auflage, München 2003

Rowedder, Heinz / Schmidt-Leithoff, Christian: Gesetz betreffend die Gesellschaften mit beschränkter Haftung (GmbHG), 4. Auflage, München 2002

Sacker, Tony: Practical Partnership Agreements, Bristol 1995

Saintourens, Bernard: Anmerkung zu: Cass. com., 21 octobre 1997, Rev. soc. 1998, 100-103

- Société Civile, in: Encyclopédie Dalloz, Répertoire de droit des sociétés, Paris, Stand: März 1997
- Les réformes du droit des sociétés par la loi du 8 août 1994 portant diverses dispositions d'ordre économique et financier, Rev. soc. 1994, 625-647

Sauget, Isabelle.: Le droit de retrait de l'associé, thèse Paris X, 1991

Schindler, Hendrik: Das Austrittsrecht in Kapitalgesellschaften – Eine rechtsvergleichende Untersuchung zum Austrittsrecht als Mittel des Individual- und Minderheitenschutzes im deutschen und französischen Kapitalgesellschaftsrecht, München 1999

Schindler, Thomas: Die Restatements und ihre Bedeutung für das amerikanische Privatrecht, ZEuP 1998, 277-295

Schlechtriem, Peter (Hrsg.): Kommentar zum Einheitlichen UN-Kaufrecht, 3. Auflage, München 2000

Schlegelberger, Kommentar zum Handelsgesetzbuch, Band III/1. Halbband (§§ 105-160), München 1992

Schlüter, Wilfried: Veräußerung und Abtretung von GmbH-Geschäftsanteilen als Formproblem, in: Festschrift für Horst Bartholomeyczik, Berlin 1973, 359-375

Schmidt, Dominique: Les conflits d'intérêts dans la société anonyme, Paris 1999

- Gestaltungsfreiheit im französischen Gesellschaftsrecht, in: Lutter, Marcus / Wiedemann, Herbert (Hrsg.): Gestaltungsfreiheit im Gesellschaftsrecht – Deutschland, Europa und die USA, Berlin/New York 1998, 291-296

- Les droits de la minorité dans la société anonyme, Paris 1970

Schmidt, Karsten: Die Gesellschafterhaftung bei der Gesellschaft bürgerlichen Rechts als gesetzliches Schuldverhältnis, NJW 2003, 1897-1904

- Gesellschaftsrecht, 4. Auflage, Köln/Berlin/Bonn/München 2002
- Die BGB-Außengesellschaft: rechts- und parteifähig – Besprechung des Grundlagenurteils II ZR 331/00 vom 29.1.2001, NJW 2001, 993-1009
- Handelsrecht, 5. Auflage, Köln/Berlin/Bonn/München 1999
- Aktionärs- und Gesellschafterzuständigkeiten bei der Freigabe vinkulierter Aktien und Gesellschaftsanteile, in: Beisse, Heinrich / Lutter, Marcus / Närger, Heribald (Hrsg.): Festschrift für Karl Beusch zum 68. Geburtstag am 31. Oktober 1993, Berlin/New York 1993, 759-781

Schmidt-Tiedemann, Ulrike: Geschäftsführung und Vertretung im Gesellschaftsrecht Deutschlands, Frankreichs und Englands – Eine rechtsvergleichende Untersuchung zur Feststellung gemeineuropäischer Prinzipien des Gesellschaftsrechts, Frankfurt am Main/Berlin/Bern/Bruxelles/New York/Oxford/Wien 2004

Schmitthoff, Clive: Nachfolge in Anteile an Personengesellschaften auf Grund Gesellschaftsvertrages oder Erbrechts im englischen Recht, in: Goré, François / Peterson, Courtland H. / Schmitthoff, Clive / Zimmermann, Klaus (Hrsg.): Nachfolge in Anteile an Personenhandelsgesellschaften auf Grund Gesellschaftsvertrags oder Erbrechts, Frankfurt am Main/Berlin 1970

Schöne, Torsten: Gesellschafterausschluss bei Personengesellschaften, Köln 1993

Scholz, Franz: Kommentar zum GmbH-Gesetz, I. Band (§§ 1-44), 9. Auflage, Köln 2000; II. Band (§§ 45 – 87), 9. Auflage, Köln 2002

Scholz, Kai-Steffen: Akzessorietätstheorie und Formwechsel, NZG 2002, 414-415

Schröer, Henning: Der wichtige Grund für den Ausschluss eines Gesellschafters aus der GmbH, Frankfurt am Main/Berlin/Bern/New York/Paris/Wien 1995

Schrötter, Hans-Jörg: Die Grenzen der Abschließbarkeit personenbezogener Aktiengesellschaften gegenüber unerwünschten Beteiligungen nach deutschem, schweizerischem und französischem Recht, Dissertation Regensburg 1976

Schwanna, André: Die Gründung von Gesellschaften in Deutschland, Frankreich und Großbritannien – Gemeineuropäische Prinzipien des Gesellschaftsrechts, Frankfurt am Main/Berlin/Bern/Bruxelles/New York/Oxford/Wien 2002

Schwark, Eberhard: Börsengesetz – Kommentar zum Börsengesetz und zu den börsenrechtlichen Nebenbestimmungen, 2. Auflage, München 1994

Schwarz, Günter Christian: Europäisches Gesellschaftsrecht, Baden-Baden 2000

- Europäisches Gesellschaftsrecht – Textsammlung, Baden-Baden 2000

Schwennicke, Andreas: Der Ausschluss der Verbriefung der Aktien bei der kleinen Aktiengesellschaft, AG 2001, 118-125

Sealy, Len S. : Cases and Materials in Company Law, 7th Edition, London 2001

Secretary of State for Trade and Industry: Modernising Company Law (White Paper), Command Paper No. 5553-I und 5553-II, July 2002 (im Internet einsehbar unter: http://www.dti.gov.uk/companiesbill)

Shapira, G.: Valuation of shares in buyout orders, (1995) 16 Co Law, 11-15

Shearman, Jennifer: Die Gesellschaft mit beschränkter Haftung in England und Wales, GmbHR 1992, 149-157

Sheikh, Saleem: Partnership Reform: Legal and Practical Implications, [2001] ICCLR, 89-100

Sigle, Walter: Gedanken zur Wirksamkeit von Abfindungsklauseln in Gesellschaftsverträgen, ZGR 1999, 659-681

Smith, Douglas: Company Law, Oxford/Auckland/Boston/Johannesburg/ Melbourne/New Dehli 1999

Soergel, Kommentar zum Bürgerlichen Gesetzbuch, neu herausgegeben von Siebert, Wolfgang, Band 4: Schuldrecht III (§§ 705-853), 11. Auflage, Stuttgart/Berlin/Köln/Mainz 1985

Sonnenberger, Hans Jürgen: Französisches Handels- und Wirtschaftsrecht, 2. Auflage, Heidelberg 1991

Soufleros, Ilias: Ausschließung und Abfindung eines GmbH-Gesellschafters, Köln 1983

Spier, Jaap / Haazen, Olav A.: The European Group on Tort Law („Tilburg Group“) and the European Principles of Tort Law, ZEuP 1999, 469-493

Steinbeck, Anja: Die Verwertbarkeit der Firma und der Marke in der Insolvenz, NZG 1999, 133-143

Sterry, Nicola: Partnership, in: Lord Hailsham of St. Marylebone (Editor in chief): Halsbury's Laws of England, Volume 35, 4th Edition, London 1994

Stilz, Eberhard: Börsenkurs und Verkehrswert, Besprechung der Entscheidung BGH ZIP 2001, 734 – DAT/Altana, ZGR 2001, 875-900

Storck, Jean-Patrice: La continuation d'une société par l'élimination d'un associé, Rev. soc. 1982, 233-262

Storck, Michel: Sociétés à responsabilité limitée, Parts sociales, Cession. Transmission. Nantissement, in: Juris-Classeur, Sociétés Traité, Fasc. 73-20, Stand: 2000

Storp, Roger: Reform des französischen Unternehmensrechts im Rahmen des Gesetzes über „Neue Wirtschaftliche Regulierungen" vom 15.5.2001, RIW 2002, 409-423

Strothmann, York / Vieregge, Ralf: Gesellschaft bürgerlichen Rechts und ordentliche Kündigung, in: Jagenburg, Walter / Maier-Reimer, Georg / Verhoeven, Thomas (Hrsg.): Festschrift für Walter Oppenhoff, München 1985, 451-473

Süß, Gisela / Hurstel, Daniel: Bericht des Senators Marini zur Reform des französischen Gesellschaftsrechts, EuZW 1997, 97

Taithe, André-Gilles / Walet, Pierre: La Société civile, Paris 1979

Taupitz, Jochen: Europäische Privatrechtsvereinheitlichung heute und morgen, Tübingen 1993

Teichmann, Arndt: Der Übergang von Sozialansprüchen und Sozialverbindlichkeiten in der Personalgesellschaft, NJW 1966, 2336-2340

- Gestaltungsfreiheit in Gesellschaftsverträgen, München 1970

Teichmann, Christoph: Die Einführung der Europäischen Aktiengesellschaft – Grundlagen der Ergänzung des europäischen Statuts durch den deutschen Gesetzgeber, ZGR 2002, 383-464

Thole, Bernhard: Die geeignete Gesellschaftsform für kleine Unternehmen und Familienbetriebe in England, Berlin 2000

Tillmanns, Wolfhard: Abschnitt Frankreich, in: Hohloch, Gerhard (Hrsg.): EU-Handbuch Gesellschaftsrecht, Herne/Berlin 1997

Tilmann, Winfried: Eine Privatrechtskodifikation für die Europäische Gemeinschaft?, in: Müller-Graff, Peter-Christian: Gemeinsames Privatrecht in der Europäischen Gemeinschaft, 2. Auflage, Baden-Baden 1999, 579-594

Tilquin, T.: Les conflits dans la Société Anonyme et l'exclusion d'un associé, Revue pratique (belge) des Sociétés 1991, no. 6560, 1-54

Triebel, Volker / Hodgson, Stephen / Kellenter, Wolfgang / Müller, Georg: Englisches Handels- und Wirtschaftsrecht, 2. Auflage, Heidelberg 1995

Tschernig, Klaus: Der Ausschluss eines GmbH-Gesellschafters durch Gesellschafterbeschluss, GmbHR 1999, 691-698

Twomey, Michael: Partnership Law, London/Edinburgh 2000

Ulmer, Peter: Die höchstrichterlich „enträtselte" Gesellschaft bürgerlichen Rechts, ZIP 2001, 585 – 599

- Zwangseinziehung von Geschäftsanteilen und Ausschließung von GmbH-Gesellschaftern aus wichtigem Grund, in: Löwisch, Manfred / Schmidt-Leithoff, Christian / Schmiedel, Burkhard: Beiträge zum Handels- und Wirtschaftsrecht – Festschrift für Fritz Rittner zum 70. Geburtstag, München 1991, 735-755
- Die Kompetenz zur Bildung einer Ersatzfirma bei Firmenveräußerung im Konkurs der GmbH, NJW 1983, 1697-1702

Varin, Emmanuel: Sociétés par actions simplifiées – Statuts, in: Juris-Classeur des Sociétés Formulaire, Fasc. N-10, Stand: 18. April 2000

Viandier, Alain: Société civile – Retrait et décès d'un associé, in: Juris-Classeur des Sociétés, Fasc. 50, Stand: 1987

Vidal, Dominique: Der Dualismus von GmbH und AG in Frankreich: Benötigen wir zwei Rechtsformen für Kapitalgesellschaften?, in: Roth, Günter H. (Hrsg.): Das System der Kapitalgesellschaften im Umbruch – ein internationaler Vergleich, Köln 1990, 84-106

Völter, Heike: Der Lückenschluss im Statut der Europäischen Privatgesellschaft, Köln 2000

Vogel, Louis: Die Harmonisierung des europäischen Wirtschaftsrechts: Mythos oder Realität?, RabelsZ 65 (2001), 591-614

Wellhöfer, Werner: Ausscheiden eines GmbH-Gesellschafters in der Gesellschaftspraxis, GmbHR 1994, 212-223

Wendt, Susanne: Die Kontrolle der Geschäftsführung in Personen- und Kapitalgesellschaften in Deutschland, Frankreich und England – Eine rechtsvergleichende Untersuchung zur Ermittlung gemeinsamer Prinzipien des Gesellschaftsrechts, Frankfurt am Main/Berlin/Bern/Bruxelles/New York/Oxford/Wien 2004

Westermann, Harm Peter: Handbuch der Personengesellschaften, 4. Auflage, München 1994 ff., Stand: August 2003

Wiedemann, Herbert: Die Personenunabhängigkeit der Personengesellschaft, in: Gedächtnisschrift für Alexander Lüderitz, München 2000, 839-860

- Erfahrungen mit der Gestaltungsfreiheit im Gesellschaftsrecht, in: Lutter, Marcus / Wiedemann, Herbert (Hrsg.): Gestaltungsfreiheit im Gesell-

schaftsrecht – Deutschland, Europa und die USA, Berlin/New York 1998, 5-32
- Rechtsverhältnisse der BGB-Gesellschafter zu Dritten, WM 1994, Sonderbeilage Nr. 4
- Rechte und Pflichten des Personengesellschafters, WM 1992, Sonderbeilage Nr. 7
- Gesellschaftsrecht, Band 1, Grundlagen, München 1980
- Anmerkung zu: BGH, Urteil v. 30.4.1979, JZ 1980, 195-197
- Die Übertragung und Vererbung von Mitgliedschaftsrechten bei Handelsgesellschaften, München/Berlin 1965
- Die nachträgliche Vinkulierung von Aktien und GmbH-Anteilen, NJW 1964, 282–285

Wilhelm, Jan: Kapitalgesellschaftsrecht, Berlin/New York 1998

Wirth, Gerhard: Vinkulierte Namensaktien: Ermessen des Vorstandes bei der Zustimmung zur Übertragung, DB 1992, 617-621

Wolf, Martin: Abberufung und Ausschluss in der Zweimann-GmbH, ZGR 1998, 92-115

Wolff, Lutz-Christian: Das Schicksal eingezogener GmbH-Geschäftsanteile und alternative Satzungsregelungen, GmbHR 1999, 958-963

Würdinger, Hans: Aktienrecht und das Recht der verbundenen Unternehmen, 4. Auflage, Heidelberg/Karlsruhe 1981

Wymeersch, Eddy: Das Bezugsrecht der alten Aktionäre in der Europäischen Gemeinschaft: eine rechtsvergleichende Untersuchung, AG 1998, 382-393

Zimmer, Daniel: Nach „Inspire Art“: Grenzenlose Gestaltungsfreiheit für deutsche Unternehmen?, NJW 2003, 3585-3592
- Wie es Euch gefällt? Offene Fragen nach dem Überseering-Urteil des EuGH, BB 2003, 1-7

Zimmermann, Reinhard: Konturen eines Europäischen Vertragsrechts, JZ 1995, 477-491

Zweigert, Konrad / Kötz, Hein: Einführung in die Rechtsvergleichung auf dem Gebiete des Privatrechts, 3. Auflage, Tübingen 1996

Europäische Integration
und internationale Wirtschaftsbeziehungen
Rechtswissenschaftliche Studien

Herausgegeben von Peter Behrens

Band 1 Hella Kinder: Die Außenindustriepolitik der Europäischen Gemeinschaft dargestellt am Beispiel von Antidumpingmaßnahmen. 1996.

Band 2 Stefan Flach: Rechtsbindung einer industriepolitischen Instrumentalisierung öffentlicher Aufträge. 1996.

Band 3 Nicolas Baron von Behr: Multinationale Unternehmen und Exportkontrollen. Völkerrechtliche Zulässigkeit und Grenzen extraterritorialer Ausfuhrbeschränkungen. With an English Summary. 1996.

Band 4 Andreas Pense: Die personalistische Eurokapitalgesellschaft als Instrument der Unternehmenskooperation in der EU. Ein Entwurf auf rechtsvergleichender Grundlage. 1997.

Band 5 Marcus Mackensen: Institutionelle Anleger im Unternehmensrecht Deutschlands und der USA. 2000.

Band 6 André Schwanna: Die Gründung von Gesellschaften in Deutschland, Frankreich und Großbritannien. Gemeineuropäische Prinzipien des Gesellschaftsrechts. 2002.

Band 7 Ulfert Frenzel: Die Beurteilung von Forschungs- und Entwicklungskooperationen zwischen Herstellern und Zulieferern in der deutschen Automobilindustrie nach europäischem und deutschem Kartellrecht. 2003.

Band 8 Fabian Stancke: Einstweilige Anordnungen im dezentralen Vollzug des Gemeinschaftsrechts. Einstweilige Anordnungen und die Kohärenz des gemeinschaftlichen Rechtsschutzsystems bei der Anwendung des Gemeinschaftsrechts durch deutsche Verwaltungs- und Zivilgerichte. 2004.

Band 9 Katerina Buchtova: Marktstrukturelle Kriterien bei der kartellrechtlichen Beurteilung vertikaler Bindungen im europäischen und im tschechischen Kartellrecht. 2004.

Band 10 Katja Koch: Handelspräferenzen der Europäischen Gemeinschaft für Entwicklungsländer. Typologie, Konditionierungen, WTO-Konformität. 2004.

Band 11 Julia Richter: Gatekeeper Positionen in der europäischen Fusionskontrolle. Marktabschottungsgefahren bei Zusammenschlüssen im Informations- und Kommunikationssektor. 2004.

Band 12 Ulrike Schmidt-Tiedemann: Geschäftsführung und Vertretung im Gesellschaftsrecht Deutschlands, Frankreichs und Englands. Eine rechtsvergleichende Untersuchung zur Feststellung gemeineuropäischer Prinzipien des Gesellschaftsrechts. 2004.

Band 13 Kerstin Dittmann: Öffnung von Märkten durch kartellrechtlichen Kontrahierungszwang. Eine Analyse von § 20 Abs. 1 GWB und Art. 82 EG unter Berücksichtigung der *essential facilities-doctrine*. 2004.

Band 14 Susanne Wendt: Die Kontrolle der Geschäftsführung in Personen- und Kapitalgesellschaften in Deutschland, Frankreich und England. Eine rechtsvergleichende Untersuchung zur Ermittlung gemeinsamer Prinzipien des Gesellschaftsrechts. 2004.

Band 15 Britta Noack: Industrielle Zulieferverträge und Art. 81 EGV. Unter besonderer Berücksichtigung der Gruppenfreistellungsverordnung 2790/99 für vertikale Vereinbarungen. 2004.

Band 16 Sven Krämer: Der Wechsel von Gesellschaftern bei Personen- und Kapitalgesellschaften in Deutschland, England und Frankreich. Eine rechtsvergleichende Untersuchung zur Ermittlung gemeinsamer gesellschaftsrechtlicher Prinzipien. 2004.

FSC
www.fsc.org
MIX
Papier | Fördert gute Waldnutzung
FSC® C083411

Kolibri 360 GmbH
Ferdinand-Jühlke-Straße 7
99095 Erfurt, Deutschland
produktsicherheit@kolibri360.de

Druck:
CPI Druckdienstleistungen GmbH
im Auftrag der
Kolibri 360 GmbH
Ferdinand-Jühlke-Str. 7
99095 Erfurt